KB059826

권력의 미래

THE FUTURE

소프트 파워 리더십은 어떻게 세상을 바꾸는가?

권력의 미래

OF POWER

조지프 나이 지음
윤영호 옮김

늘 그랬던 것처럼 몰리에게,

우리의 세 아들 존, 벤, 댄에게.

그리고 금세기를 살아갈 손주들인 터퍼, 해나, 세이지,

에이버리, 콜, 메기, 앨리, 브룩, 몰리에게

C O N T E N T S

한국어판 서문

최근 전 세계적으로 약 1,700만 명의 목숨을 앗아간 것으로 추정되는 코로나19 팬데믹 사태를 포함해 많은 일들이 일어났다. 이는 세계화, 즉 대륙 간 상호의존이 교통과 통신기술 변화의 결과라는 것을 보여주며, 이것이 결코 멈추지 않으리라는 것을 보여준다.

무역 등 경제적 세계화의 일부는 정부의 법령에 영향을 많이 받으며, 관세나 다른 정책적 수단들을 통해 제한하고 조정할 수 있다.

반면 팬데믹이나 기후변화 등 세계화의 다른 측면들은 생물학과 물리학의 법칙에 더 크게 좌우되며, 그로 인한 초국가적 영향력은 장벽, 무기, 관세로 막지 못한다.

21세기에 들어선 이후, 20년 동안 이미 세 차례의 위기가 찾아왔다. 첫 번째는 9.11 테러다. 주짓수처럼 테러는 더 작은 플레이어가 공포로 인한 충격을 주고, 그것을 이용해 상대의 의제에 심대한 영향을 미치는 게임이다. 테러 이후 미국은 아프가니스탄, 이라크와 오랜 전쟁을 계속했다. 그런 공황 상태 중에 이뤄진 여러 선택들로 인해 미국의 외교 정책은 심각하게 왜곡되었다.

두 번째는 2008년의 금융위기다. 금융위기로 인한 대침체가 서구 민주사회들에서 포퓰리즘을 촉발했고 많은 국가들은 독재적 행태를 강화했다.

세 번째는 코로나19 팬데믹이다. 코로나19가 확산되기 시작한 직후, 초기 대응이 잘못된 길로 빠져들었다. 양대 경제대국인 미국과 중국은 초기에 사실을 부정하며 잘못된 정보로 수습에 나섰고, 방역에 힘쓸 수 있는 소중한 시간을 허비해 많은 문제를 발생시켰다. 국제협력의 기회 역시 무산되었다. 미국과 거의 대등한 규모의 경제를 지닌 유럽연합은 각국이 견해 차이를 드러내며 갈피를 잡지 못했다. 하지만 바이러스는 국경이나 희생자들의 국적과는 상관 없이 그저 퍼져나갈 뿐이다. 기후변화를 유발하는 이산화탄소 분자들도 마찬가지다. 이처럼 국가를 초월해 부상한 생태학적 세계화의 문제들은 어느 한 국가의 활동만으로 해결되지 못한다. 이 문제들에 대처하려면, 군림하는 권력이 아니라 공조하는 권력의 관점에 관해 생각해야 한다는 인식과 그에 따른 협력이 필요하다.

만약 국가들이 이 책의 4장에서 논의되는 소프트 파워에 더 많은 관심을 기울인다면 협력은 쉽게 이루어질 것이다. 물론 소프트 파워가 군사력이나 경제력 등을 말하는 하드 파워를 대체하지는 못한다. 하지만 마지막 장에서 설명하는 것처럼 스마트 파워 전략은 하드 파워와 소프트 파워를 서로 충돌하지 않고 강화하는 방식으로 결합하는 것이다.

중국은 소프트 파워에서 열세에 놓여 있다. 2007년 17차 전국대표대회에서 후진타오 주석은 자국의 소프트 파워를 증대한다는 목표를 발표한 바 있다. 그럼에도 불구하고 중국은 인접한 국가들과의 영토 분쟁을 심화시켰고, 억압적으로 통제하는 것에 집착해 풍부한 인재들이 활약하지 못하도록 막으면서 스스로 난관을 초래했다. '소프트 파워 30Soft Power 30' 지수 같은 전 세계 여론조사 순위에서 중국이 하위권에 선정되는 것은 놀랍지 않다. 상위 20개국은 민주국가들이 차지하고 있으며 여론조사에서 미국은 서로 순위가 같은 아프리카를 제외하면 모든 대륙에 걸쳐 소프트 파워에서 중국보다 순위가 높은 것으로 나타난다. 이 책이 처음 출간되고 10년 동안 가장 인상적으로 소프트 파워의 증대를 이루어낸 국가는 바로 한국이다.

이 모든 것은 최근의 코로나19 팬데믹을 통해 지정학적 권력의 어떤 전환점이 입증될 가능성이 낮음을 시사한다. 또한 그것이 이 책에서 설명하는 권력의 주요 형태들의 본질과 중요성을 바꾸지는 않을 것이다. 하지만 생태학적 상호의존의 시대에 더 많은 국가들이 스마트 파워 전략을 배워야 할 것이다. 그것은 다른 국가에 군림하는 권력인 동시에 공조하는 권력이다.

2021년 11월, 매사추세츠 케임브리지에서

Joseph Nye 조지프 나이

서문

2009년 취임 연설에서 버락 오바마 대통령은 우리의 권력은 현명한 사용을 통해 강화되고, 안보는 대의의 정당성과 선례의 근거, 겸손과 절제의 기질에서 비롯된다고 언급했다. 비슷한 맥락에서 국무장관 힐러리 클린턴은 "미국은 시급한 문제들을 단독으로 해결할 수 없지만 세계도 미국 없이는 그 문제들을 해결할 수 없다. 우리는 동원할 수 있는 수단의 최대 범위인 스마트 파워를 사용해야 한다"고 말했다.[1] 그보다 앞선 2007년에 국방장관 로버트 게이츠는 오직 군사력만으로 세계 전역에서 미국의 이해관계를 지킬 수 없다는 근거를 들어 미국 정부에 외교, 경제 원조, 민간 교류를 비롯한 소프트 파워 수단들에 더 많은 자금과 지원을 투입해줄 것을 요청했다. 그는 국무부의 예산인 360억 달러와 비교하며 국방비로 연간 총 5,000억 달러 이상이 지출된다고 지적했다. 그는 이렇게 말했다. "저는 이 자리에서 소프트 파워를 활용하는 능력을 강화하고, 소프트 파워와 하드 파워가 더 효과적으로 조화되어야 한다고 주장하는 겁니다."[2] 이것은 무슨 의미인가? 21세기에 권력은 어떻게 작용할 것이며 어떻게 변화하고 있는 것일까?

이런 질문에 대한 해답을 찾으려면 우리는 전형적인 틀에 얽매이는 최근의 논의들에서 벗어나 권력에 대해 더 심도 깊게 이해해야 한다. 나는 개인적, 국가적 차원의 두 가지 사례를 소개하고자 한다.

1970년대 중반에 프랑스는 파키스탄에 플루토늄을 추출할 수 있는 핵 재처리 시설을 이전하기로 합의했는데, 플루토늄은 민간 용도뿐만 아니라 무기 제조에도 사용될 수 있는 물질이었다. 핵무기의 확산을 우려하던 포드 행정부는 고성능 항공기를 제공하며 그 시설의 가동을 중단시키려고 했으나 파키스탄은 미국의 제안을 거부했다. 포드와 카터 행정부는 모두 프랑스에 계약을 취소하라고 설득했지만 프랑스는 오직 민간 용도로 제한된 합법적인 거래라는 근거를 내세우며 반발했다. 내가 카터의 핵무기 비확산 정책을 담당하면서 프랑스 행정관들에게 파키스탄이 핵무기를 준비하고 있다는 새로운 증거를 제시했던 1977년 6월 이전까지는 어떤 방법도 소용없는 듯했다. 당시 프랑스의 한 최고 책임자는 내 눈을 쳐다보며 만약 그것이 사실이라면 프랑스 측에서 핵 재처리 시설의 완공을 철회하는 방법을 찾아야 할 것이라고 말했다. 결국 그는 약속을 지켰고 핵 재처리 시설은 완공되지 않았다. 미국은 어떻게 이 중대한 목표를 달성했을까? 어떤 위협도 가해지지 않았고, 어떤 자금도 지출되지 않았다. 당근을 내걸거나 채찍을 휘두르지도 않았다. 프랑스의 태도는 설득과 신뢰를 통해 바뀌었다. 나는 현장에 있었고, 직접 눈으로 확인했다. 이것은 '지적, 혹은 감정적 수단이라는 이유로' 설득을 권력의 형태로 간주하지 않는 대부분의 사설들과 최근의 외교 정책 서적들에서 주류를 이루는 통상적인 권력의 모델과 상당히 동떨어져 있다.[3]

지난 2008년 8월에 중국과 러시아는 권력의 활용에서 극명한 대비를 나타냈다. 프랑스의 분석가 도미니크 무아시는 다음과 같이 적었다. "중국은 올림픽에서 획득한 메달의 숫자로 세계의 관심을 끌려고 하는 반면, 러시아는 막강한 군사력을 과시해서 세계의 주목을 받고 싶어 한다. 중국의 소프트 파워와 러시아의 하드 파워 간의 대결이다." 일부 분석가들은 러시아의 조지아 침공이 소프트 파워의 '결점'과 군사력을 내세운 하드 파워의 우위를 입증했다고 결론지었다.[4] 이 상황은 현실에서 장기적으로 두 국가에게 복잡한 양상으로 전개되었다.

러시아는 하드 파워를 사용함으로써 당위성을 상실했고 세계적으로 불안과 불신을 유발했다. 유럽의 주변국들은 더욱 신중해졌다. 폴란드는 즉시 그동안 반대했던 미국의 요격미사일 시스템 도입을 추진했다. 러시아가 상하이 협력기구 회원국들에게 자국의 조지아 정책에 대한 지지를 호소했을 때 중국을 비롯한 다른 국가들은 지지를 유보했다. 1년 후에 한 분석가는 주변국들을 향한 러시아의 호소가 그다지 솔깃하지 않았다고 결론지었다. "이상적으로 말하면, 러시아가 주변국들에게 정치적으로나 경제적으로 매력적인 모델을 제시했다면 젊은 세대들은 자발적으로 러시아어를 배우고 포스트 소비에트 연방에는 주변국들이 줄지어 합류하려고 했을 것이다." 러시아의 분석가 알렉세이 무킨은 이 문제를 다음과 같이 요약했다. "돈으로 얻은 사랑은 오래가지 않을 것이다. 그것은 매수된 사랑이며, 그리 미덥지 않다."[5]

반면 중국은 올림픽의 성공적인 개최를 통해 소프트 파워를 강화하며 8월을 마무리했다. 후진타오 주석은 2007년 10월에 소프트 파워를 증대하려는 중국의 의도를 천명했고, 올림픽은 그 전략의 중요한 부분이었다. 세계 전역에 중국 문화를 홍보하기 위해 많은 공자 학원을 설립하고, 국제 방송을 확충하고, 해외 유학생들을 유치하고, 동남아시아 국가들에 한층 유연한 외교를 실시하면서 중국은 소프트 파워에 막대한 투자를 실시했다. 여러 여론조사들에서 중국의 국제적 평판이 향상되었다는 것이 드러났다. 위협적인 하드 파워의 성장과 매력적인 소프트 파워의 화술을 병행함으로써 중국은 자국의 '평화적 부상'이라는 개념을 전달하면서 상쇄 효과를 통한 권력의 균형을 이루기 위해 스마트 파워를 활용하고 있었다.

21세기 미국의 권력

2008년과 2009년의 대침체 속에서 미국 경제가 휘청거리고 중국이 성장을 지속하자, 중국의 언론인들은 '미국에 대해 쇠퇴론적 전망을 쏟아냈다.' 한 전문가는 미국의 권력 투사power projection●는 지난 2000년에 정점에 이르렀다고 주장했다.[6] 단지 중국만 이런 전망을 내놓은 것은 아니었다. 2009년에 퓨 리서치 센터에서 실시한 조사에 따르면, 25개국 중 13개국의 대다수가 중국이 미국을 대신해 세계를 주도하는 초강대국이 될 것이라고 믿었다.[7] 심지어 미국 정부의 국가정보위원회조차 2025년에는 미국의 장악력이 '대폭 약화될 것'이라고 전망했다. 러시아의 드미트리 메드베데프 대통령은 2008년 경제 위기를 미국의 글로벌 리더십이 종결되는 징조라고 말했고, 미국에 호의적인 캐나다의 야당 총수 마이클 이그나티에프마저 이제 캐나다는 북미 너머로 시선을 돌려야 하며 "미국의 전성기와 세계 장악은 끝났다"고 언급했다.[8]

우리는 어떻게 그들의 말이 맞는지 틀린지 알 수 있을까? 이 질문은 지난 20년 동안 내 마음을 사로잡았으며, 이 책은 미국 권력의 근원과 궤적에 대한 내 연구의 결정판이다. 그 질문의 해답을 찾으

● 대의적으로는 한 국가가 국외에서 영향력을 행사할 수 있는 능력을 의미하며, 군사적으로는 해외 전쟁 수행 능력을 의미하기도 한다 – 옮긴이

려면 현재 우리가 말하는 권력이 어떤 의미인지, 21세기 정보기술과 세계화라는 새로운 혁명 속에서 권력이 어떻게 변하고 있는지에 대해 더 확실히 이해해야 한다. 더불어 몇 가지 함정들도 피해야 한다.

첫째, 우리는 유기체의 쇠퇴에 빗댄 잘못된 비유를 조심해야 한다. 국가는 인간과 달리 수명을 예측할 수 없다. 예를 들면, 영국이 18세기 후반에 아메리카 식민지를 상실하자 호러스 월폴은 영국이 '덴마크나 사르디니아 같은 하찮은 국가'로 전락했다며 한탄했다.[9] 그는 영국이 산업혁명으로 인해 더욱 눈부신 제2의 전성기를 맞이하게 될 것이라고 예측하지 못했다. 로마는 제국의 세력이 정점에 이른 후에도 3세기 이상 막강한 지배력을 유지했다. 심지어 쇠퇴기에 들어서도 다른 신흥 국가들에 굴복하지 않았지만, 결국 여러 야만 부족들에게 수많은 상처를 입고 소멸했다. 최근 들어 장차 수십 년 이내에 중국, 인도, 브라질이 미국을 추월할 것이라는 다양한 예상들이 나오고 있지만, 어쩌면 현대판 야만인들이나 비국가적 행위자들이 더 큰 위협이 될지도 모른다. 오히려 강대국들 간의 전통적인 권력 전이가 비국가적 행위자들의 부상보다 상대적으로 비중이 떨어질 가능성도 있다. 사이버 보안이 불안정한 정보화 세계에서 권력 분산은 권력 전이보다 훨씬 더 큰 위협이 될 수도 있는 것이다.

더 기본적인 차원에서 과연 21세기 글로벌 정보화 시대에 권력을 휘두른다는 것은 어떤 의미를 지닐 것인가? 두 번째 함정은 권력을 국가가 보유한 자원으로 혼동하고 오직 국가에만 초점을 맞추는 것이다. 어떤 자원이 권력을 창출할 것인가? 16세기에 스페인은 식민지와 황금을 장악하며 우세를 확보했고, 17세기에 네덜란드는 무역과 금융을 기반으로 번영했으며, 18세기에 프랑스는 인구와 군대의 수적 우위를 앞세워 세력을 확장했다. 19세기에 영국의 권력은 산업혁명을 통한 뛰어난 기술력과 막강한 해군력에 의존했다. 통상적으로 가장 강한 군사력을 지닌 국가가 늘 패권을 차지해왔지만, 정보화 시대의 승자는 가장 뛰어난 콘텐츠를 지닌 국가(혹은 비국가적 행위자)가 될지도 모른다.[10] 앞으로 5장에서 살펴보겠지만, 정보혁명과 세계화는 비국가적 행위자들에게 새로운 권력 자원을 제공하고 있다. 2001년 9월 11일에 한 비국가적 행위자는 뉴욕에서 과거 1941년에 일본이 진주만을 습격했을 때보다 더 많은 사람들의 목숨을 앗아갔다. 이것은 전쟁의 사유화라고 지칭할 수 있다. 오늘날 권력의 균형을 정확히 판단하기도 매우 힘들지만, 이 새로운 세계에서 생존할 수 있는 확실한 전략을 개발하기는 더욱 어렵다. 최근에 세계적 권력 균형의 변화에 대한 예상들은 주로 한 가지 요소에 근거하고 있다. 바로 여러 국가들의 GNP 성장이다. 이런 예상들은 이 책에서 논의하는 권력의 다른 차원들을 무시하며, 그 다양한 차원들을 성공적인 전략으로 조합하는 어려움도 간과하고 있다.

스마트 파워

스마트 파워는 강압과 응징을 앞세운 하드 파워와 설득과 유인을 내세운 소프트 파워의 조합이다. 소프트 파워는 모든 문제들의 해결책이 아니다. 비록 북한의 독재자 김정일이 할리우드 영화들을 보았을지라도 그것은 북한의 핵무기 정책에 거의 아무런 영향도 미치지 못했다. 1990년대에 소프트 파워는 알카에다에 대한 지원을 중단하도록 탈레반 정부를 설득하는 데 실패했다. 이 문제는 결국 2001년에 군사력을 앞세운 하드 파워를 통해 마무리되었다. 이 부분을 명확히 설명하자면, 지난 2004년에 출간된 책 《소프트 파워: 세계 정치에서 성공하기 위한 수단*Soft Power: The Means to Success in World Politics*》에서 나는 성공적인 전략의 도출을 위한 하드 파워와 소프트 파워의 조합을 언급하며 '스마트 파워'라는 용어를 도입했다. 몇 년 후에 리처드 아미티지와 나는 국제전략연구소의 초당적 기구인 스마트 파워위원회의 공동의장에 선임되었다. 이 위원회는 근간에 미국의 이미지와 영향력이 하락했으며, 미국이 공포를 조장하지 말고 낙관론과 희망을 고취해야 한다는 결론을 내렸다.[11] 오직 우리만이 이런 결론을 내린 것은 아니었고, 다른 사람들도 스마트 파워 전략의 필요성을 주창하는 대열에 합류했다.

펜타곤은 명실상부한 미국 정부의 최정예 군대이지만, 분명히 군사력의 효용성에는 한계가 있다. 민주주의, 인권, 시민사회의 촉진에 무력을 동원하는 것은 최선이 아니다. 미국의 군대가 탁월한 작전 수행력을 지니고 있는 것은 사실이나, 그 능력을 믿고 펜타곤에 의존하는 방식은 과도하게 군사력에 치중한 대외 정책이라는 인상을 자아낸다. 고위 장성들은 이런 부분을 이해하고 있다. 합참의장인 마이크 멀린 해군대장은 이렇게 말했다. "클린턴과 게이츠 장관은 소프트 파워에 대한 예산과 비중을 확대해야 한다고 요청했고, 나는 그들의 의견에 더 이상 반박할 수 없었다. 만약 우리가 오직 군대만으로 미국의 영향력을 행사하려고 한다면 조만간 그 영향력이 감소하는 광경을 보게 될 것이다."[12] 스마트 파워는 단순히 '소프트 파워 2.0'이 아니다. 그것은 다양한 상황에서 하드 파워와 소프트 파워를 조합해 효과적인 전략을 도출하는 능력을 나타낸다.

21세기의 상황

권력은 언제나 상황에 의해 좌우된다. 휴식 시간에 넓은 운동장을 주름잡는 날렵한 아이가 수업 종이 울리고 나서 잘 정돈된 교실로 환경이 바뀌면 느림보가 될 수도 있다. 20세기 중반에 조지프 스탈린은 교황에게 비꼬는 어투로 가톨릭에 얼마나 많은 분파가 난립하느냐고 물었는데, 사상의 측면에서 50년 후에 교황제는 살아남았던 반면 스탈린의 제국은 붕괴되고 말았다.

오늘날 세계의 권력은 복잡한 3차원 체스 게임과 유사한 형태로 분포되어 있다. 상단 체스판에서 군사력은 거의 단극 체제를 이루면서 한동안 미국이 최고의 자리를 유지할 듯하다. 그러나 중단 체스판에서는 경제력이 10년 이상 다극 체제로 지속되는데, 미국, 유럽, 일본, 중국이 주요 세력으로 활동하고 다른 국가들이 세력을 강화하고 있다. 유럽의 경제력은 미국보다 우세한 입장이다. 하단 체스판은 정부의 통제를 벗어나 국경을 초월한 국제관계의 영역으로, 여기에는 한꺼번에 국가 예산보다 많은 자금을 전자거래로 운용하는 투자가들, 위험한 살상 무기를 다루는 테러범들, 보안이 취약한 사이버 공간에서 다른 사람들을 위협하는 해커들 같은 다양한 비국가적 행위자들이 포함된다. 또한 전염병이나 기후변화 같은 새로운 초국가적 비상사태들도 포함된다. 이 하단 체스판에서 권력은 광범위하게 분산되어 있으며, 여기서 단극 체제, 다극 체제, 헤게모니를 비롯해 정치 지도자들과 유명한 학자들이 내세우는 다른 상투적 용어들을 언급하는 것은 아무런 의미도 없다.

금세기에는 두 가지 중요한 권력 이동이 진행되고 있다. 바로 국가들 간의 권력 전이와 국가들과 비국가적 행위자들 간의 권력 분산이다. 극심한 금융 위기의 여파에도 엄청난 속도의 기술 발전은 꾸준히 세계화를 이끌고 있지만, 그 정치적 효과는 국가의 세계와 비국가적 행위자의 세계에서 전혀 다르게 나타날 것이다. 국제 정치에서 가장 중요한 요소는 '아시아의 귀환'의 지속일 것이다.

1750년에 아시아는 세계 인구와 세계 생산의 절반 이상을 차지했다. 유럽과 미국에서 산업혁명이 끝난 시점인 1900년에는 세계 생산에서 아시아의 점유율이 5분의 1 수준으로 하락했다. 2050년에 아시아는 과거의 역사적인 점유율을 거뜬히 회복할 것이다. 권력의 차원에서 중국과 인도의 '부상'은 불안을 유발할지도 모르지만, 과거의 선례들이 있어 우리는 역사를 바탕으로 우리의 정책이 결과에 미치는 영향을 어느 정도 예측할 수 있다. 1세기 전에 영국은 미국의 부상을 충돌 없이 제어했지만, 전 세계가 통제하지 못했던 독일의 부상은 두 차례의 끔찍한 세계대전으로 이어졌다.

하단 체스판에 해당하는 초국가적 정세에서 정보혁명은 전산과 통신의 비용을 대폭 감소시키고 있다. 이미 40년 전에도 글로벌 직접 통신이 가능했지만, 엄청난 비용 문제로 인해 사용자는 정부와 기업으로 제한되었다. 오늘날 이런 통신은 인터넷 카페에 가입할 수단만 있으면 사실상 누구나 무료로 이용할 수 있다. 세계 정치에 입문하기 위한 장벽은 낮아졌고, 이제 비국가적 행위자들이 그 무대를 가득 채우고 있다. 해커들과 사이버 범죄자들은 여러 정부들과 기업들에 수십억 달러의 손실을 야기한다. 새들이나 여행객들을 통해 확산되는 전염병은 세계대전보다 더 많은 사망자를 양산할 수 있고, 기후변화는 상상을 초월하는 막대한 피해를 초래할 수 있다. 이것은 새로운 세계 정치이며, 우리에게 다소 생소한 양상으로 전개되고 있다.

21세기에 모든 국가들이 안고 있는 문제는 강대국들조차 통제하지 못하는 사항들이 점점 더 늘어나고 있다는 것이다. 그 이유는 국가들에서 비국가적 행위자들로 권력 분산이 이루어지고 있기 때문이다. 비록 미국이 군사적 수단을 잘 운용하고 있지만, 그런 수단으로도 포착하지 못하는 것들이 계속 증가하고 있다. 정보혁명과 세계화의 영향으로 인해 세계 정치는 모든 국제적 사안들을 미국이 단독으로 해결할 수 없는 방향으로 변화하고 있다. 예를 들면, 국제적 금융 안정성은 미국의 번영에 절대적인 비중을 차지하지만, 다른 국가들과의 협력 없이는 보장되지 않는다. 세계적인 기후변화도 생활환경에 큰 영향을 미치지만 미국이 그 문제를 단독으로 해결할 수는 없다. 어느 때보다도 마약, 전염병, 테러를 비롯한 온갖 위험 요소들에 대한 국경 보안이 취약해진 세계에서 국가들은 공동의 위협과 도발에 대처하기 위해 국제 공조를 강화하고 확실한 제도를 마련해야 한다. 이런 맥락에서 권력은 정합적 게임positive-sum game• 이 되고 있다. 권력을 그저 다른 사람들을 압도하는 힘으로 규정하기에는 다소 미흡한 부분이 있다. 우리는 권력을 다른 사람들과 협력해야 하는 목표를 달성하기 위한 힘으로도 생각해야 한다.[13] 많은 초국가적 문제들에 대해 다른 국가들과 행위자들에게 권한을 부여하는 것은 공동의 목표를 달성하는 데 도움이 될 수 있다. 이 세계에

• 참가자 모두가 이익을 거두는 게임 – 옮긴이

서 네트워크와 연계성은 상황에 부합하는 권력의 중요한 원천이 되고 있다.

변화하는 환경을 이해하고 추세를 활용하는 능력인 상황 지능contextual intelligence은 리더들에게 권력 자원을 성공적인 전략으로 전환할 수 있도록 이끄는 핵심 기술이 될 것이다.[14] 21세기에 미국이 당면한 문제는 가시적인 권력의 쇠퇴가 아니라 초강대국조차 다른 국가들의 도움 없이는 목표를 달성할 수 없다는 사실을 깨닫지 못하는 것이며, 그것을 이해하려면 무엇보다 상황 지능이 필요하다. 그런 상황 지능을 갖기 위해서는 권력의 개념, 권력이 변화하는 과정, 스마트 파워 전략을 구축하기 위한 방법에 대한 심층적인 이해가 수반되어야 할 것이다. 또한 강대국의 부상과 몰락에 대한 역사적 근거보다는 설득력을 갖춘 세련된 화술이 필요할 것이다. 미국은 21세기에도 초강대국의 지위를 유지할 가능성이 크지만, 그것이 곧 패권을 의미하지는 않을 것이다. 우리가 원하는 결과를 달성하는 능력은 새로운 스마트 파워의 화술에 의해 좌우될 것이다. 미국인들은 누가 최고냐고 물으면서 호기롭게 패권에 대해 언급하는 행태를 그만두고, 다양한 권력의 수단을 군림이 아닌 공조를 위한 현명한 전략으로 조합할 수 있는 방법에 대해 물어야 할 것이다. 권력에 대해 더 명확히 생각하고 더 폭넓은 화술을 독려하는 것이 바로 이 책의 목표이다.

나는 이 책을 학술계 독자들보다는 일반인 독자들이 더 쉽게 접할 수 있도록 하기 위해 세밀한 분석 자료들은 각주로 처리해서 가급적 분량을 줄이려고 노력했다. 그동안 나는 미국 권력의 미래에 대해 고찰하면서 여러 개념들을 다른 국가들에도 적용할 수 있는 방식으로 가다듬기 위해 고심을 거듭했다. 다양한 권력 자원을 성공적인 전략으로 전환하는 데 어떤 문제가 있는가? 국제적 목표에서 '제국주의적 과대 확장'과 자원의 활용에서 '국내적 역량 감소'의 문제는 무엇인가? 어떻게 이 두 가지 사항에 균형을 맞출 수 있는가? 금세기에 권력의 다양한 차원들에 어떤 변화가 일어나고 있으며, 그런 변화가 전략적 성공의 정의에 대해 어떤 의미를 지니는가? 사이버 시대에 미국의 권력, 중국의 권력, 비국가적 행위자들의 권력에 어떤 변화가 일어날 것인가? 그 누구도 논란의 소지가 다분한 권력의 개념을 단정할 수 없지만 그에 대한 논의는 불가피하기 때문에, 나는 그 논의를 더 명확히 이어가고 전략적 시야를 확장할 수 있기를 바란다. 그것이 바로 스마트 파워일 것이다.

THE F
UTUR
E OF P
OWER

1부 권력과 영향력

1

권력은 어떻게 작동하는가

아주 광범위하게 사용되는 용어인 '권력'은 몹시 파악하기도 힘들고 측정하기도 어려운 개념이다. 하지만 이런 문제 때문에 그 개념이 무의미해지지는 않는다. 우리가 "나는 그 무엇보다도 당신을 3.6배 많이 사랑해"라고 말할 수 없다고 해서 사랑의 중요성을 부정하지 않는 것과 같은 맥락이다. 사랑과 마찬가지로 우리는 일상생활에서 권력을 경험하며, 비록 정확한 측정이 불가능하지만 권력은 실제 영향력을 발휘한다. 이따금 분석가들은 너무 모호하고 부정확하다는 이유로 그 개념을 폐기하려고 하지만, 이미 그것을 대체하기 어렵다는 사실이 입증되었다.[1]

영국의 위대한 철학자 버트런드 러셀은 한때 사회과학에서 다루어지는 권력의 역할을 물리학에서 핵심이 되는 에너지의 개념과 비교했지만, 그 비교는 잘못된 것이다. 물리학자들은 정지 상태의 물체들에서 에너지와 힘의 관계를 아주 정확히 측정할 수 있는 반면, 권력은 환경에 따라 형태가 변화하는 다소 난해한 인간관계를 설명한다.[2] 어떤 사람들은 정치학의 권력이 경제학의 돈과 유사하다고 주장했다. 이것도 잘못된 비유에 해당된다. 돈은 유동성이 있고 대체가 가능한 자원이다. 돈은 아주 다양한 상품의 구매에 사용할 수 있지만 어떤 관계나 상황에서 권력을 창출하는 자원은 다른 관계나 상황에서 권력을 창출하지 못할 수도 있다. 돈은 주택 시장, 야채 시장, 인터넷 경매에서 두루 활용할 수 있는 반면, 국제적 권력 자원에서 거의 첫손에 꼽히는 군사력은 탱크 전투에서는 확실한 결과를 이끌어낼 수 있을지 몰라도 인터넷에서는 무용지물이나 다름없다.

오래전부터 여러 분석가들은 국제 정세의 권력을 수치화할 수 있는 공식을 고안하기 위해 노력했다. 일례로 CIA의 고위 임원이었던 레이 클라인은 냉전 시대에 미국과 소련 간의 권력 균형을 정치 지도자들에게 보고하는 업무를 담당했다. 그의 견해는 여러 차례 엄청난 위험 부담과 수십 억 달러의 지출이 걸린 중대한 정책 결정에 영향을 미쳤다. 1977년에 그는 권력 측정을 위해 사용했던 공식을 공개했다.

권력=(인구+영토+경제력+군사력)×(전략+의지)

그는 이 공식에 따라 수치를 입력한 후에 소련이 미국보다 두 배 정도 강한 권력을 보유한다는 결론을 내렸다.[3] 물론 이 공식은 아주 뛰어난 예측 수단은 아니었다. 불과 10년 남짓한 기간 만에 소련은 붕괴되었고, 여러 학자들은 이처럼 단극화된 세계에서 미국이 유일한 초강대국이라고 주장했다. 그 후에도 한 국가의 자원(기술, 기업, 인력, 자본, 자연), 수행 능력(외적 구속력, 기반 시설, 아이디어), 그것들이 군사력과 전투 숙련도를 증강하는 방식을 토대로 권력 지표를 산출하기 위한 노력이 이루어졌다.[4] 이 공식은 상대적인 군사력에 대한 정보를 제시하지만 권력의 모든 유형에 대한 정보를 제시하지는 못한다. 여전히 군사력은 국제 정세에서 핵심적인 권력 자원으로 손꼽히지만, 세계는 더 이상 역사가들이 '강대국'을 전쟁에서 승리할 수 있는 국가로 정의할 수 있었던 19세기의 유럽처럼 무질서한 난장판이 아니다.[5]

예를 들면, 군사력과 전투 숙련도는 금융계나 기후변화의 상황에서 일어날 결과에 대해 많은 정보를 제시하지 못한다. 또 비국가적 행위자들의 권력에 대해서도 많은 정보를 제시하지 못한다. 군사적 측면에서 알카에다는 거대한 미국과 비교하면 작은 꼬마에 불과하지만, 테러 조직의 영향력은 그들이 보유한 화력의 규모보다 그들의 극단적인 행동과 화술이 촉발할 수 있는 위협 효과에서 비롯된다. 이런 의미에서 테러리즘은 덩치가 작은 선수가 덩치가 큰 상대의 강한 힘을 역이용하는 운동인 주짓수와 흡사하다. 이런 역학관계는 전형적인 군사력의 지표에 포착되지 않는다.

토머스 셸링이 입증한 것처럼 특정한 교섭 상황에서 상대방을 붕괴시킬 수 있는 단점과 징후는 교섭력의 원천이 될 수 있다.[6] 지난 2008년 금융 위기에 "너무 규모가 커서 퇴출시킬 수 없다"는 판정을 받았던 기관들의 경우를 생각해보라. 1,000달러의 부채로 파산한 채무자는 거의 아무런 위력을 갖지 못하지만, 10억 달러의 부채를 떠안은 채무자는 상당한 교섭력을 지닐 수도 있다. 북한의 김정일은 아마도 전 세계에서 베이징을 무력하게 보이도록 할 수 있는 유일한 지도자일 것이다. 외교관들은 김정일이 뻔뻔스럽게 중국을 위협한다고 말한다. 그들은 만약 중국이 휘청대는 북한 경제에 지원을 해주지 않는다면 국경을 넘어 밀려드는 탈주민들로 인해 불안한 상황을 맞이하게 될 것이라고 경고한다.[7]

권력은 다양한 상황에 따라 변화하는 인간관계를 다루기 때문에 단일한 권력 지표를 개발하려는 시도는 모두 실패로 끝나고 말 것이다.[8] 돈은 여러 시장들에서 구매력을 측정하는 데 활용될 수 있지만, 권력은 모든 관계와 상황을 요약해서 총체적인 것을 창출할 수 있는 가치 기준이 없다.[9]

권력의 정의

많은 기본 개념들과 마찬가지로 권력도 논란의 소지가 다분한 개념이다. 이 용어를 사용하는 모든 사람들에게 인정받는 한 가지 정의는 없으며 사람들이 선택하는 정의는 각자의 관심사와 가치관을 반영한다. 어떤 사람들은 권력이 변화를 이끌거나 변화에 반발하는 힘이라고 정의한다. 또 어떤 사람들은 자신이 원하는 것을 성취하는 능력이라고 말한다.[10] 이 광범위한 정의에는 다른 사람들뿐만 아니라 자연까지 지배하는 힘도 포함된다. 나는 행위와 정책에 관심을 두고 있기에 먼저 사전부터 찾아보는데, 권력의 사전적 정의는 어떤 일들을 해내는 능력이며, 사회적으로는 다른 사람들에게 영향을 미쳐서 자신이 원하는 결과를 얻어내는 힘이다.[11] 어떤 사람들은 이것을 영향력이라고 지칭하면서 권력과 영향력을 구분하지만, 사전에서는 두 용어를 서로 혼용할 수 있다고 정의하기 때문에 적잖은 혼동을 유발한다.

많은 요소들이 우리가 원하는 것을 얻어내는 능력에 영향을 미친다. 우리는 오랜 세월 이어져온 사회 권력의 틀 속에서 살고 있는데, 그중 일부는 가시적인 것들이며 다른 일부는 때로 '구조적'이라고 불리기도 하는 간접적인 것들이다. 우리는 우리의 이해관계에 근거하는 다른 요소들보다 일부 구속력과 영향력에 관여하고 치중하는 성향을 나타낸다. 예를 들면, 정치학자 피터 카첸스타인은 문명에 관한 연구에서 문명의 권력은 문명 내부의 권력과 다르다고 주장한다. 문명 내부의 행위자들은 하드 파워와 소프트 파워를 행사한다. 사회 권력은 그 토대가 되는 사회 구조, 지식 체계, 제반 환경을 형성하면서 행태적 수준의 기저에서 작용한다.[12] 비록 이런 구조적 사회 권력이 중요할지라도 우리는 정책의 관점에서 행위자들이나 활동가들이 주어진 상황에서 무엇을 할 수 있는지 이해하고 싶어 한다.[13] 문명과 사회는 불변성 체제가 아니며, 뛰어난 리더들은 능력에 따라 얼마든지 더 큰 사회 권력을 형성할 수 있다. 독일의 유명한 이론가 막스 베버가 말했던 것처럼 우리는 사회관계에서 한 행위자가 자신의 의지로 이룩할 수 있는 가능성을 알고 싶어 한다.[14]

심지어 우리가 특정한 행위자나 활동가에 대해 주목하는 경우에도 '무엇을 할 수 있는' 권력인지 규명하지 못하면 그 행위자가 '권력을 지닌다'고 말할 수 없다.[15] 우리는 반드시 권력관계에 연관된 주제(권력의 영역)뿐만 아니라 관여하는 인물(권력의 범위)에 대해서도 확인해야 한다. 예를 들면, 교황은 일부 크리스천(가톨릭)에 대해 권력을 지니며 다른 일부(프로테스탄트)에 대해서는 권력을 지니지 못한다. 또한 가톨릭 내부에서조차 교황이 모든 윤리적 결정을 판정하는 권력을 원할지라도 일부 신자들은 몇몇 문제들(피임이나 동성 결혼)에 대해 교황의 권력에 반발할지도 모른다. 따라서 교황이 권력을 지닌다는 발언을 하려면 교황과 모든 개인들 간의 관계에 대한 상황(범위와 영역)을 규명해야 한다.

정신이상자에겐 낯선 사람들을 마음대로 죽이거나 다치게 할 수 있는 능력은 있어도 그들을 설득할 수 있는 능력은 없을지 모른다. 이런 경우에 다른 사람들에게 영향을 미쳐서 원하는 결과를 얻어내는 일부 행동들은 완전히 파괴적일 수 있으며, 희생자의 의사는 전혀 반영되지 않는다. 예를 들면, 폴 포트는 수백만 명에 달하는 캄보디아 시민들을 학살했다. 어떤 사람들은 이런 무력의 사용이 쌍방적 관계에 근거하는 것이 아닌 상황과 동기에 좌우되는 것이라는 이유로 권력이 아니라고 말한다. 만약 그 행위자의 동기가 가학성이나 공포 유발이라면 그가 사용한 무력은 다른 사람들에게 영향을 미쳐 자신이 원하는 결과를 얻어낸다는 권력의 정의에 부합한다. 하지만 대부분의 권력관계는 희생자의 의사가 크게 반영된다. 한 독재자가 목숨을 걸고 명분에 호소하는 반체제자를 처형하려고 한다면 독재자는 자신이 권력을 행사한다고 생각할 수도 있다. 하지만 독재자의 목적이 그저 반체제자를 제거하려는 것이라면 반체제자의 의도는 독재자의 권력과 전혀 상관없다.

일부 행위들은 간혹 뜻밖의 엄청난 결과를 이끌어내기도 하지만 정책의 관점에서 우리는 사전에 의도한 결과를 달성하는 능력에 관심을 집중한다. 만약 아프가니스탄에 주둔하는 나토NATO군의 한 병사가 총격 중에 실수로 아이를 죽였다면 그는 다른 사람을 사살할 수 있는 권력을 지녔지만 바람직한 결과를 이끌어내지 못한 것이다. 공습으로 한 명의 폭도와 다수의 시민이 목숨을 잃었다면 그것은 대량살상을 허용한 권력을 나타내지만, 오히려 폭도 진압 정책의 역효과를 입증한 것일지도 모른다. 경제력이 월등한 국가의 행위는 약소국에 일시적인 피해(혹은 혜택)를 유발하는 뜻밖의 결과를 초래할 수 있다.[16] 만약 그 결과가 의도하지 않은 것이라면 피해(혹은 혜택)를 입힐 수 있는 권력은 존재하지만, 그것은 바람직한 결과를 달성하기 위한 권력이 아니다. 캐나다인들은 때때로 미국과 인접한 국가에서 사는 것이 코끼리 옆에서 잠자는 것과 비슷하다고 불평한다. 캐나다의 관점에서, 만약 코끼리가 쓰러져서 심각한 부상을 당한다면 그들의 의사는 전혀 중요하지 않을 것이다. 하지만 정책 지향적 관점에서 바람직한 결과를 얻어내려고 한다면 그들의 의사는 중요하다.[17] 권력의 정책 지향적 개념은 우리에게 누가, 무엇을, 어떻게, 어디서, 언제 얻는지 알려주는 확실한 상황에 의해 결정된다.[18]

이따금 실천적인 정치가들과 일반인들은 행동과 동기에 대한 이런 질문들이 너무 복잡하고 예측하기 어렵다는 것을 알게 된다. 권력의 행태적 정의는 행위 이전(경제학자들이 '사전'이라고 지칭하는 것)이 아닌 행위 이후('사후')에 결정되는 결과에 의해 판별된다. 하지만 정책 결정자들은 그들의 행위를 제어하기 위해 미래를 예측하고 싶어 한다. 따라서 그들은 그저 결과를 산출할 수 있는 자원의 관점에서 수시로 권력을 규정한다. 이처럼 자원을 대입한 권력의 부차적 정의를 통해 인구, 영토, 천연자원, 경제력, 군사력, 사회 안정성에서 상대적 우위를 지닌 국가가 강력하다고 간주된다. 이 부차적 정의의 가치는 권력을 구체화하고 측정과 예측이 가능하도록 만들어 행위의 지침을 도출한다는 것이다. 이런 의미에서 권력은 카드 게임에서 높은 패를 쥐는 것과 비슷하다. 그러나 여기에는 심각한 맹점이 존재한다. 사람들이 결과를 창출하는 자원과 권력을 같은 의미라고 규정할 경우에 간혹 권력을 지닌 최상의 조건에서도 항상 원하는 결과를 얻지 못한다는 모순에 직면한다는 것이다.

이것은 권력 자원의 중요성을 부정하는 것이 아니다. 권력은 유형이든 무형이든 자원을 통해 전달된다. 사람들은 자원에 주목한다. 만약 당신이 포커 게임에서 가장 높은 패를 보여준다면 상대방은 당신과 승부를 겨루지 않고 조용히 패를 덮으려고 할 것이다. 하지만 한 게임에서 승리를 이끌었던 권력 자원이 다른 게임에서는 승리에 전혀 도움이 되지 않을 수도 있다. 포커 게임에서 아무리 높은 패라도 브리지 게임에서는 승리를 이끌어내지 못한다. 심지어 포커 게임에서도 높은 패를 쥐고도 제대로 활용하지 못하거나 상대방의 허세와 기만에 휘말리면 자칫 패배할 가능성이 있다. 권력 전환(자원에서 행태적 결과를 창출하는 것)은 아주 중요한 매개변수다. 권력 자원을 보유했다고 해서 항상 원하는 결과가 보장되는 것은 아니다. 일례로 미국은 자원의 측면에서 베트남보다 월등했지만 오히려 전쟁에서는 패배하고 말았다. 자원을 바람직한 결과를 창출할 수 있는 권력으로 전환하려면 치밀한 전략과 능숙한 리더십이 필요하다. 그것이 바로 내가 스마트 파워라고 부르는 것이다. 하지만 전략은 때때로 어긋나고 리더십은 수시로 흔들리기 마련이다.

그럼에도 자원을 대입한 권력의 정의는 정책 입안자들에게 유용한 지름길로 여겨진다. 대체로 권력 자원이 풍부한 강대국은 약소국에 쉽게 영향력을 행사할 수 있어 그만큼 최적의 전략이 절실하지 않다. 약소국들도 비슷한 약소국을 상대하거나 일부 주요한 사안들에만 집중한다면 가끔은 원하는 결과를 이끌어낼 수 있다. 통상적으로 우리는 직접적인 충돌에서 핀란드가 러시아를 상대로 승리할 것이라고 예상하지 않는다.[19]

모든 게임에서 첫 단계로 높은 패를 쥔 상대와 그가 보유한 자금을 파악하는 것은 대단히 중요하다. 마찬가지로 정책 입안자들에겐 현재 어떤 게임을 하고 있는지 이해하는 상황 지능을 지니는 것이 매우 중요하다. 어떤 자원이 특정한 상황에서 권력 행동을 위한 최고의 기반을 제공하는가? 산업시대 이전에 석유는 중요한 권력 자원이 아니었고, 핵시대 이전에 우라늄도 그리 주목받는 권력 자원이 아니었다. 국제 정세의 현실주의적 관점에서 전쟁은 국제 정치의 카드들이 오가는 최종적인 게임이었다. 모든 카드들이 테이블 위에 펼쳐졌을 때 상대적인 권력의 평가가 입증되거나 반증되었다. 그러나 수 세기를 거치며 기술이 진보되면서 무력의 자원은 수시로 변화되었다. 더욱이 21세기에 점점 더 많은 문제들이 등장하면서 전쟁은 더 이상 최후의 중재자가 되지 못한다.

그 결과, 많은 분석가들은 '국력의 요소' 접근법에 오류의 소지가 다분하며, 20세기 후반에 사회과학 분석의 주류를 이루었던 행태적, 관계적 접근법에 비해 허술하다고 지적한다. 엄밀히 말하면 그런 비판들은 정곡을 찌르는 사실이다. 권력 자원은 그저 권력관계의 기저를 이루는 유형과 무형의 원료나 수단일 뿐이며, 주어진 자원으로 원하는 결과를 창출하는지의 여부는 상황에 따른 행동에 의해 결정된다. 그 수단은 권력관계가 아니다.[20] 그것은 자동차의 마력과 효율을 알고 있다고 해서 자신이 원하는 목적지에 도달할 수 있을지 여부를 알 수 없는 것과 같은 이치다.

실제로 국제 정세에서 이루어지는 권력 논의에는 이 두 가지 정의가 모두 포함된다.[21] 우리가 일상적으로 사용하는 '군사력'과 '경제력' 같은 용어들은 자원과 행위가 결합된 일종의 혼종어들이다. 따라서 우리는 권력의 행태적, 자원적 정의를 명확히 구분해야 하며, 그 두 가지 정의의 불완전한 관계에 주의해야 한다. 예를 들면, 권력의 측면에서 중국이나 인도의 부상을 말할 때 사람들은 대체로 그 두 국가의 많은 인구, 성장하는 경제, 증강되는 군대에 주목한다. 하지만 그런 자원을 원하는 결과로 전환시킬 수 있는 능력은 그 국가를 둘러싼 상황과 자원을 효과적인 전략으로 전환하는 그 국가의 기술에 의해 결정된다. 이 두 가지 정의는 그림 1.1에 요약되어 있다. 이 그림에는 다른 사람들의 행동을 변화시켜 원하는 결과를 이끌어내는 능력으로써 권력의 관계적 정의도 자세히 기술되어 있다.

이것은 사람들이 "권력이 반드시 영향력으로 이어지지 않는다"라고 말할 때 이해하게 되는 사항이다(이미 그 이유를 설명했지만 이런 공식화는 혼동을 유발한다).

그림 1.1 자원으로서의 권력과 행태적 결과로서의 권력

자원으로 정의되는 권력

상황 기술

권력 = 자원 → 전환 전략 → 바람직한 결과

행태적 결과로 정의되는 권력

권력 = 다른 사람들에게 영향을 미친다 → 무언가 변화시킨다 → 수단 → 바람직한 결과

[영역] [범위] [강압, 보상, 유인]

결국 우리가 주목하는 것은 자원이 아닌 결과이기 때문에 우리는 상황과 전략을 더 주의 깊게 살펴보아야 한다. 하지만 권력 전환 전략은 결정적인 변수임에도 그리 주목받지 않는 것으로 드러났다. 전략은 수단에서 결과를 이끌어내며, 다양한 상황에서 소프트 파워와 하드 파워의 자원을 성공적으로 조합하는 전략은 스마트 파워의 핵심이다.

관계적 권력의 세 가지 양상

권력의 자원적 정의와 관계적 정의의 구분에 덧붙여 관계적 권력도 변화 강제commanding change, 의제 제어controlling agendas, 기호 확립establishing preferences의 세 가지 양상으로 구분해두는 것이 유용하

다. 이 세 가지 양상은 아주 빈번하게 융합된다. 예를 들면, 최근에 출간된 외교 정책에 관련된 한 서적은 권력을 '사람들이나 집단들에게 그들이 원하지 않는 것을 하도록 이끄는 것'이라고 정의했다.[22] 그러나 이런 편협한 접근법은 오해를 유발할 소지가 있다.

다른 사람들에게 본래의 기호와 다르게 행동하도록 강제하는 능력은 관계적 권력의 중요한 차원이지만, 그것이 전부는 아니다. 또 다른 차원은 다른 사람들의 기호에 영향을 미쳐서 그들에게 당신이 원하는 것을 원하도록 유도하고, 당신이 굳이 그들에게 변화를 강제할 필요가 없도록 만드는 능력이다. 예비역 장군이자 전임 대통령인 드와이트 아이젠하워는 이것을 '직접적인 강요 없이 사람들에게 직관적으로 당신이 원하는 것에 동조해서' 그것을 실행하도록 이끄는 힘이라고 언급했다.[23] 이런 포섭력co-optive power은 강제력command power과 대비되며 강제력을 보완한다. 다른 사람들에게 변화를 강제하는 힘이 권력의 전부라는 생각은 잘못된 발상이다. 사전에 자신이 원하는 결과를 이끌어낼 수 있는 방향으로 기호를 형성한다면 '막다른 상황에 이르러' 채찍과 당근을 동원할 필요 없이 다른 사람들의 태도에 영향을 미칠 수 있다. 이따금 당신은 강요나 간섭 없이도 원하는 결과를 얻어낼 수 있다. 이런 차원을 무시하고 지나치게 편협한 권력의 정의를 활용한다면 자칫 형편없는 외교 정책으로 이어질 수 있다.

권력의 첫 번째 양상, 혹은 '측면'은 1950년대에 예일 대학의 정치학 교수 로버트 달에 의해 규정되었는데, 그것은 권력 행동의 지극히 일부에만 적용됨에도 불구하고 오늘날까지 널리 통용되고 있다.[24] 이 측면은 다른 사람들을 본래의 기호나 전략과 어긋나게 행동하도록 이끄는 능력에 초점을 맞춘다. 이 경우에 권력을 평가하거나 판단하려면 다른 사람이나 국가가 지닌 본래의 기호가 얼마나 강한지, 자신의 노력으로 그것을 얼마나 변화시킬 수 있는지를 파악해야 한다. 강압은 선택의 폭이 크지 않은 상황에서 대단히 효과적일 수 있다. 만약 총을 든 괴한이 당신에게 '돈을 내놓지 않으면 죽인다'고 협박한다면, 당신이 지닌 선택의 폭은 몹시 제한적이며 자살을 염두에 두지 않은 한 본래의 기호와도 어긋날 것이다.[25] 체코슬로바키아가 1938년과 1968년에 독일과 소련의 군대에게 굴복하며 프라하 입성을 허용했던 것은 그들의 의사와 전혀 무관했다.

경제적 수단은 더욱 복잡한 구도를 보인다. 부정적 제재(경제적 혜택의 박탈)는 확실히 강압적으로 인식된다. 상대방이 애초에 원하지 않는 것을 하도록 유도하는 보상이나 경제적 이득은 짐짓 매력적일지도 모르지만 어떤 경우에든 보상은 간접적, 혹은 직접적 박탈 위협을 통해 쉽사리 부정적 제재로 전환될 수 있다. 연말 보너스는 보상에 해당되지만 보너스의 박탈은 징계로 여겨진다. 더욱이 백만장자 지주와 가난한 소작인 같은 불평등한 교섭관계에서 '받든지 말든지' 식의 야박한 보상은 소작인에게 사실상 선택의 여지가 없는 것이나 다름없다. 여기서 중요한 사실은 한 사람이 다른 사람들에게 본래의 기호나 전략에 어긋난 행동을 하도록 이끌 수 있는 능력을 지녔다면, 그것은 양측 모두에게 권력으로 인식된다는 것이다.

로버트 달의 정의가 널리 인정받던 1960년대에 정치학자 피터 바흐라흐와 모턴 바라츠는, 달의 정의에는 그들이 '권력의 두 번째 측면'이라고 지칭하는 부분이 간과되었다고 지적했다. 달은 의제 구성 및 설정의 차원을 무시했던 것이다.[26] 만약 이념과 제도가 다른 사람들의 기호를 부당하거나 위험한 것으로 만드는 행위를 옹호하는 의제의 구성에 사용될 수 있다면, 결코 그들에게 강요나 간섭을 할 필요가 없을지도 모른다. 요컨대 다른 사람들이 생각하는 타당성이나 적합성에 영향을 미쳐서 그들의 기호를 형성할 수도 있다는 것이다. 의제 구성은 겉으로 문제를 드러내지 않거나 셜록 홈즈가 말했던 것처럼 개들을 짖지 못하게 만드는 능력에 초점을 맞춘다.

강력한 행위자들은 약자들을 아예 테이블에 앉지도 못하게 할 수 있으며, 설혹 약자들이 테이블에 앉더라도 이미 게임의 규칙은 자리를 선점한 강자들에 의해 결정되어 있다. 국제 금융 정책은 2008년의 위기로 인해 G-8이 어느 정도 문호를 개방해서 G-20으로 확장하기 전까지 그런 특성을 지니고 있었다. 이런 권력의 두 번째 측면에 종속된 사람들은 그것을 인식할 수도 있고, 인식하지 못할 수도 있다. 만약 그들이 의제를 구성하는 제도나 사회적 논의를 수용한다면, 권력의 두 번째 측면에 의해 심하게 구속된다고 느끼지 못할 수도 있다. 그러나 행위의 의제가 강압의 위협이나 보상의 약속에 의해 제한된다면, 그것은 권력의 첫 번째 측면에 해당되는 경우다. 의제의 타당성에 대한 상대방의 묵인은 이런 권력의 측면에 포섭 효과와 소프트 파워(의제 구성, 설득, 관심 도출과 같은 포섭 수단을 통해 당신이 원하는 것을 얻어내는 능력)의 요소를 부여하는 기반이다.

그 후 1970년대에 사회학자 스티븐 루크스는 사상과 믿음도 다른 사람들의 본래의 기호를 형성하는 데 기여한다고 지적했다.[27] 로버트 달의 접근법에 의하면, 나는 당신이 원하지 않는 것을 하도록 유도함으로써 권력을 행사할 수 있다. 다시 말해, 나는 당신의 상황을 변화시켜서 당신이 선호하는 전략을 바꾸도록 만들 수 있다. 한편 나는 당신의 기호를 결정함으로써 권력을 행사할 수도 있다. 나는 굳이 기호를 성취하기 위한 당신의 전략을 바꾸도록 상황을 변화시키지 않아도 당신의 근본적인 기호를 형성할 수 있다.

이런 권력의 차원은 달의 정의에서 간과된 부분이다. 한 남학생은 학교에서 여학생에게 잘 보이기 위해 고민을 거듭하며 최근에 유행하는 셔츠를 구입했지만, 정작 그 셔츠가 엄청난 인기를 끄는 이유는 의류업체에서 실시했던 전국적인 대규모 광고 캠페인 때문이라는 것을 인식하지 못할지도 모른다. 그 남학생을 비롯한 다른 학생들의 기호는 보이지 않는 행위자가 이미 구성해둔 기호의 구조에 의해 형성된 것이다. 만약 당신이 다른 사람들에게 당신이 원하는 것을 똑같이 원하도록 유도할 수 있다면 굳이 그들의 근본적인 요구를 묵살할 필요가 없을 것이다. 루크스는 이것을 '권력의 세 번

째 측면'이라고 지칭했다.[28]

사람들이 얼마나 자유롭게 기호를 선택하는지의 여부를 판단함에 있어 자발성은 대단히 중요한 문제다.[29] 모든 소프트 파워가 외부의 비평가들에게 아주 유연하게 보이는 것은 아니다. 일부 극단적인 경우에는 기호의 자발적 구성을 유도하는 요소를 파악하기가 힘들어지기도 한다. 예를 들면, '스톡홀름 증후군'에서 정신적 충격을 받은 인질은 점차 납치범에게 동질감을 느끼기 시작한다. 납치범은 때로 인질을 '세뇌'하고 때로 호의를 베풀며 포섭한다.[30] 하지만 다른 사람들의 관심사를 파악하기가 몹시 어려운 경우도 있다. 아프가니스탄의 여성들이 부르카를 착용해야 한다고 해서 억압을 받는 것인가? 민주국가인 프랑스에서 베일을 착용하는 여성들은 어떠한가?[31]

이따금 단지 외적 형태만으로 자발성의 범위를 파악하기는 매우

표 1.1 관계적 권력의 세 가지 양상

첫 번째 양상: A가 위협이나 보상을 활용해서 B에게 본래의 기호와 전략에 어긋난 행동을 하도록 변화시킨다. B는 이런 사실을 알며 A의 권력의 영향을 감지한다.

두 번째 양상: A가 B의 전략 선택을 제한하는 방향으로 행동의 의제를 통제한다. B는 이런 사실을 알 수도, 모를 수도 있으며 A의 권력을 인식할 수도, 인식하지 못할 수도 있다.

세 번째 양상: A가 B의 기본적인 신념, 인식, 기호가 생성되고 형성하는 과정에 개입한다. B는 이런 사실을 인식하지 못하거나 A의 권력이 미치는 영향을 실감하지 못할 가능성이 크다.

어렵다. 아돌프 히틀러와 스탈린 같은 독재자들은 추종자들을 끌어들이기 위해 무적의 기운을 창출하고자 노력했고, 유럽 남동부 국가들의 일부 리더들은 그 효과에 굴복했다. 다른 사람들을 끌어들이는 경외감을 발휘할 수 있는 한도에서 무력은 포섭력의 간접적인 근원이 될 수 있지만, 만약 지나치게 강압적이라면 그것은 단지 권력의 첫 번째 측면에 해당되는 것일 뿐이다.

일부 이론가들은 권력의 근원을 찾는 과정에서 목표 대상이 지니는 난이도를 반영해 그것들을 각각 권력의 대중적 측면, 숨겨진 측면, 불가시적 측면이라고 지칭했다.[32] 두 번째와 세 번째 측면은 구조적 권력의 양상에 내재한다. 구조는 단지 전체를 이루는 모든 부분들의 배치와 배열이다. 인간은 자신에게 영향을 미치고 구속을 가하는 문화, 사회관계, 권력의 복잡한 구조 속에서 존재한다. 개인의 행동 영역은 '자신과 전혀 교류나 소통이 없는 행위자들, 시간적, 공간적으로 괴리가 있는 행위들, 그 대상이 불분명한 행위들에 의해 결정된다.'[33] 일부 권력의 행사에는 특정한 행위자들의 의도적인 결정이 반영되지만, 다른 일부는 의도하지 않은 결과와 더 큰 사회 권력의 산물이다.

예를 들면, 왜 우리가 사는 도시들의 도로는 대형차들로 넘쳐나는 것인가? 이런 현상은 소비자들의 개별적인 선택이 집결된 결과이기도 하지만, 소비자의 기호는 제품 광고, 제조사의 정책, 세금 혜택, 대중교통 정책, 도로 건설 보조금, 도시 계획의 사회적 변천사를 통해 형성된다.[34] 이런 문제들에 대해 수많은 현재의 드러난 행위자들과 과거의 드러나지 않은 행위자들이 내린 다양한 선택들이 오늘날 도시 거주자들의 선택권을 제한하고 있다.

1993년에 빌 클린턴의 정치 보좌관 제임스 카빌은 다시 태어난다면 실제 권력을 가질 수 있는 채권 시장으로 태어나고 싶다고 농담 삼아 말했다고 한다.[35] 우리가 시장의 힘에 대해 말할 때면 그것은 구조적 권력의 형태에 대해 언급하는 것이다. 밀을 재배하는 한 농부가 대학에 다니는 딸의 학비 때문에 더 많은 수입을 원한다면 당연히 더 많은 밀을 심어야 할 것이다. 하지만 밀의 수요가 변하지 않은 상황에서 다른 농부들도 더 많은 밀을 심는다면 시장의 힘에 의해 그 농부의 수입이 감소하여 자칫 딸의 학업에까지 영향을 미칠지도 모른다. 완벽한 시장에서 한 명의 행위자는 결코 가격 결정권을 지니지 못한다. 개별적인 선택권을 지닌 수백만 명의 드러나지 않은 다른 행위자들이 가격을 결정하는 수요와 공급을 창출하기 때문이다. 이런 이유로 범용품을 생산하는 가난한 국가들이 종종 교역 과정에서 광범위한 변수들에 종속되는 것이다. 그러나 한 행위자가 수요나 공급의 독점으로 시장의 구조를 변화시킬 방법을 찾을 수 있다면 가격에 대해 상당한 권력을 지닐 수 있다. 그는 광고 전략, 브랜드 충성도의 창출, 특별 판매장 선정과 같은 제품의 차별화를 통해 그런 권력을 행사할 수 있다. 가령 산유국들의 경우에 행위자들은 OPEC(석유수출국기구) 같은 카르텔을 조직할 수 있다.

여러 분석가들은 복잡한 인과관계의 형태를 파헤치며 개인적인 선택과 더 큰 구조들 간에 경계선을 긋는다. 예를 들면, 사회학자들은 정치학자들에 비해 특정한 행위들과 결과들에 초점을 맞추지 않는 편이다.[36] 권력의 첫 번째 측면처럼 오직 개별적인 행위자들에 초점을 두는 분석가들은 권력관계를 완전히 이해하고 설명하지 못한다. 반면 권력의 두 번째와 세 번째 측면처럼 오직 광범위한 사회 권력과 장기적인 역사의 관점에 초점을 두는 분석가들은 정책의 핵심이 되는 개인적인 선택과 의도에 거의 관심을 갖지 않는다. 일부 비평가들은 내 접근법이 지나치게 '행위자 중심적'이라고 지적했지만, 나는 비록 모든 부분은 아닐지라도 구조적 권력에 대해 고려할 수 있는 여지를 두고 있다.[37]

일부 분석가들은 이런 구분을 자칫 권력의 첫 번째 측면으로 귀결될 수 있는 쓸데없는 관념화라고 여긴다.[38] 하지만 우리가 그런 유혹에 넘어간다면 우리는 행동의 관점에서 이해하는 것들을 제한하고, 그에 따라 정책 입안자들이 목표를 달성하기 위해 고안하는 전략을 제한하는 성향을 나타낼 것이다. 강제력(권력의 첫 번째 측면)은 지극히 가시적이며 쉽게 획득할 수 있다. 그것은 강압과 보상을 통해 원하는 결과를 이끌어내는 능력인 하드 파워의 기반이다. 포섭력(권력의 두 번째와 세 번째 측면)은 다소 미묘한 특성을 지니며 그다지 가시적이지 않다. 그것은 의제 구성, 설득, 유인과 같은 포섭 수단을 통해 원하는 결과를 이끌어내는 능력인 소프트 파워의 근간을 이룬다. 흔히 정책 입안자들은 기호 구성에서 비롯되는 소프트 파워를 무시하고 다른 사람들을 기호와 다르게 행동하도록 이끌기 위해 강압적인 하드 파워에 치중해왔다. 그러나 포섭이 가능할 경우에 정책 입안자들은 굳이 당근과 채찍을 사용할 필요가 없다.[39]

국제 정치에서 국가들이 추구하는 일부 목표들은 권력의 첫 번째 측면보다 두 번째와 세 번째 측면에서 접근하는 것이 더 용이할 경우가 있다. 한때 아놀드 울퍼스는 점유적 목표possession goal(구체적, 유형의 목표)와 환경적 목표milieu goal(구조적, 무형의 목표)를 구분했다.[40] 예를 들면, 자원이나 기본권, 무역 협정에 대한 접근은 점유적 목표인 반면에 개방 무역 체제, 자유 시장, 민주주의, 인권에 대한 촉진은 환경적 목표에 해당된다. 앞서 다룬 용어에서 구체적 목표와 일반적, 혹은 구조적 목표를 생각할 수 있다. 오직 강제력과 권력의 첫 번째 측면에만 치중하는 태도는 이런 목표를 촉진하는 방법의 활용에서 실수를 유발할지도 모른다. 예를 들면, 미국이 이라크를 상대하며 깨달았던 것처럼 민주주의의 촉진 과정에서 군사적 수단의 단독적 활용은 소프트 파워 접근법을 병행한 군사적 수단의 활용에 비해 효과적이지 못하다. 유인과 설득을 내세운 소프트 파워는 행태적, 구조적 차원을 모두 아우를 수 있다. 예를 들면, 한 국가가 대중민주주의 같은 행위를 통해 다른 국가들을 유인할 수 있다면 그 사례의 구조적 효과나 '언덕 위의 빛나는 도시' 효과라고 불리는 것을 통해서도 다른 국가들을 유인할 수 있을지 모른다.

권력의 세 가지 측면이 첫 번째 측면으로 귀결되어선 안 되는 또 다른 이유는 그런 상황이 되면 21세기 구조적 권력의 중요한 형태인 네트워크에 대한 관심이 감소하기 때문이다. 네트워크는 정보화 시대에 점차 그 중요성이 증가하고 있으며, 사회적 네트워크에서의 위치는 중요한 권력 자원이 될 수 있다. 예를 들면, 허브-스포크 네트워크•에서 권력은 교류의 허브(중추)에서 비롯될 수 있다. 만약 당신이 나를 통해 친구들과 교류한다면 그 관계는 내게 권력을 부여한다. 만약 모서리의 꼭짓점들이 서로 직접 연결되지 않는다면 그것들은 허브를 통해 교류하는 과정에서 공동 의제를 형성할 수 있다. 예를 들면, 아프리카의 여러 프랑스 식민지들은 독립한 후에도 대부분 파리를 통해 교류했고, 그 결과 그들의 의제를 형성하는 과정에서 프랑스의 권력이 점차 증대되었다.

이론가들은 다른 복잡한 네트워크 배열에서 특정한 부분들 간의 직접적인 교류를 차단하는 구조적 공백의 중요성을 지적한다.[41] 구조적 공백을 연결하거나 창출할 수 있는 사람들은 다른 사람들의 교류를 제어함으로써 자신의 위치를 권력의 원천으로 활용할 수 있다. 권력과 연관된 네트워크의 또 다른 양상은 그 규모의 방대함이다. 심지어 폭 좁은 관계조차 새롭고 혁신적인 정보를 획득하고 전파하는 데 유용할 수 있다. 열악한 관계도 다양한 집단들을 공조할

• 자전거 바퀴처럼 중심을 축으로 사방으로 연결되는 형태의 네트워크 – 옮긴이

수 있도록 연계하는 능력을 제공한다.[42] 이런 상황에서 한 국가는 다른 국가들에 군림하기보다 다른 국가들과 공조하는 능력을 증대하게 된다. 경제학자 케네스 볼딩은 집단들에게 공동의 목표를 위해 공조하도록 이끌면서 신뢰에 근거한 네트워크를 창출하는 능력을 '통합력 integrative power'이라고 지칭한다.[43] 심리학자들에 의하면, '다년간의 연구를 통해 공감과 사회 지능은 권력의 획득과 행사에서 무력이나 기만, 공포보다 훨씬 더 중요하다는 것이 밝혀졌다.'[44]

정치 이론가 해나 아렌트는 "권력은 사람들이 협력할 때 발생한다"고 말했다.[45] 이런 맥락에서 한 국가는 그저 다른 국가들을 제압하기보다 다른 국가들을 이끌고 공조함으로써 세계적인 권력을 행사할 수 있다. 프린스턴 대학의 정치학자 존 아이켄베리는 제2차 세계대전 이후 미국의 권력은 자국을 억제하면서 다른 국가들에는 개방적인 제도(네트워크)에 의존했고 그에 따라 다른 국가들과 공조하는 미국의 권력이 증대되었다고 주장한다.[46] 이것은 현재의 국제 체제에서 국가들의 권력을 평가하는 중요한 요소이며, 21세기에 미국과 중국의 권력의 미래를 평가하기 위한 중요한 차원이다.[47] 예를 들어, 미국이 더 많은 교류 네트워크에 관여하고 있다면 권력의 세 번째 측면에서 기호를 형성할 수 있는 기회를 증대하고 있는 것이다.

정책의 관점에서는 권력의 세 가지 측면을 사회학자들이 판단했던 것처럼 역순으로 생각하는 것이 유용할 수 있다. 정책 입안자는 권력의 첫 번째 측면, 혹은 강제력에 의지하기 전에 먼저 기호 형성과 의제 구성을 환경 조성의 수단으로 고려해야 한다.[48] 요컨대 권력의 두 번째와 세 번째 측면을 첫 번째 측면으로 귀결시키는 사람들은 21세기에 점차 중요성이 커지는 권력의 차원을 간과하게 될 것이다.

현실주의와 권력 행동의 모든 범위

미국이 권력의 첫 번째 측면에 치중하는 성향에는 어느 정도 미국의 제도와 정치 문화가 반영되어 있다. 어떤 정치인도 '부드러운' 인상을 보이고 싶어 하지 않으며, 의회는 국무부의 예산보다 국방부의 예산을 확충하기 쉽다는 것을 알고 있다. 이런 성향은 국제 정치의 주류를 이루는 이론들에 의해 강화되었다. 수 세기 동안 국제 정세에서 주류를 이루던 접근법은 이른바 '현실주의'였으며, 그 기원은 투키디데스와 마키아벨리 같은 위대한 사상가들로까지 거슬러 올라간다. 현실주의는 초국가적 정부가 없는 세계 정치의 무정부적 환경에서 국가들이 자체적 수단으로 독립을 유지해야 하며 막다른 상황에서는 최후의 수단으로 무력을 사용한다고 가정한다. 현실주의는 세계를 군사력이라는 궁극의 수단으로 안보를 유지하려는 주권국가들의 관점에서 묘사한다. 따라서 전쟁은 수 세기 동안 지속된 국제 정세의 양상이었다. 많은 현실주의자들은 한결같이 국제 정치가 권력 정치라고 주장했다. 이런 그들의 주장은 일리가 있지만 권력에 대한 시각이 너무 편협한 탓에 이해의 폭이 좁다. 실용적인 현실주의자들은 이념, 설득, 유인을 비롯한 권력 자원의 모든 범위를 고려한다. 과거의 많은 전통적인 현실주의자들은 오늘날의 일부 후배들보다 소프트 파워의 역할을 더 잘 이해했다.

현실주의는 일부 국제관계의 양상을 훌륭히 묘사하는 첫 번째 성과를 이루었다. 그러나 우리가 알고 있듯, 국가는 더 이상 국제 정세에서 중요성을 갖는 유일한 행위자가 아니고, 안보는 국가가 총력을 기울여 추구하는 유일한 결과가 아니며, 무력은 그런 결과를 달성하기 위한 독보적, 궁극적 수단이 아니다. 실제로 이런 복잡한 상호 의존적 상황은 미국, 캐나다, 유럽, 호주, 일본 같은 탈산업화된 선진국들의 관계에서 나타나는 전형적인 특징이다. 민주주의, 자유문화, 긴밀한 연계를 통한 초국가적 연대는 무정부 상태가 현실주의의 예측과 전혀 다른 영향을 미친다는 것을 의미한다. 이런 상황에서 스마트 파워 전략은 권력의 두 번째와 세 번째 측면의 더 복잡한 조합으로 이루어진다.

그러나 소프트 파워가 오직 선진국들 간의 관계에서만 중요한 역할을 담당하는 것은 아니다. 정보화 시대에 교류 전략은 점점 더 중요해지고 있으며, 성과는 군대로 승리하는 국가들이 아닌 콘텐츠로 승리하는 국가들에 의해 형성되고 있다. 예를 들면, 테러와의 전쟁에서 주류 세력에 호소하고 급진 세력의 확장을 방지하는 화술은 필수적이다. 반란 세력과의 투쟁에서 강력한 군사력은 대중의 마음을 얻을 수 있는(기호를 형성할 수 있는) 소프트 파워 수단과 병행되어야 한다.

현명한 전략은 정보와 교류의 요소를 포함해야 한다. 국가들은 기준을 규정하기 위한 권력을 획득하기 위해 노력한다. 예를 들면, CNN과 NBC는 1991년에 걸프전의 뉴스를 구성했지만 2003년에는 알자지라가 이라크전의 논조를 형성하는 데 큰 역할을 담당했다. 이런 구성은 단순한 선전 활동 이상의 의미를 지닌다. 2003년 3월의 사건에 대한 묘사에서 우리는 '미군이 이라크에 진입했다'거나 '미군이 이라크를 침공했다'라는 표현을 쓸 수 있다. 두 가지 표현은 모두 사실이지만 기호를 형성하는 권력의 관점에서 전혀 다른 영향을 미친다. 마찬가지로 우리가 국제기구에 대해 생각할 때, G-8이 소수의 참관국들과 협의한 의제와 G-20이 같은 수의 참관국들과 협의한 의제는 전혀 다르게 인식된다. 이것들은 정보화 시대의 국제 정치에서 권력의 두 번째와 세 번째 차원이 점차 중요해지고 있다는 것을 입증하는 일부 사례들에 불과할 뿐이다.

소프트 파워 행동과 소프트 파워 자원

일부 비평가들은 소프트 파워의 보편적 정의가 '경제적인 통치력(당근과 채찍을 모두 활용하는)과 군사력으로까지 확장되면서 점차 혼탁해지는 것에 대해 불만을 표시한다. 이제 소프트 파워는 모든 것을 의미하는 듯하다.'[49] 그러나 이런 비평가들은 국가가 원하는 결과를 달성하기 위해 추구하는 행위와 그런 결과를 달성하기 위해 사용하는 자원을 혼동하고 있기 때문에 착각하고 있는 것이다. 온갖 형태의 자원이 소프트 파워에 기여할 수 있지만, 그것이 소프트 파워가 모든 형태의 행동을 아우른다는 의미는 아니다. 무력, 보상, 혹은 그런 것들에 근거한 의제 구성을 나는 하드 파워라고 지칭한다. 목표 대상에게 타당하다고 여겨지는 의제 구성, 긍정적 유인, 설득은 내가 소프트 파워에 포함시키는 행동의 범위에 속한다. 하드 파워는 밀어내는 것이고 소프트 파워는 끌어당기는 것이다. 완전한 정의를 내리자면, 소프트 파워는 바람직한 결과를 이끌어내기 위해 의제 구성, 설득, 긍정적 유인과 같은 포섭 수단을 통해 다른 사람들에게 영향을 미치는 능력이다.[50]

여기에 권력 행동의 모든 범위를 제시한다.[51]

하드 강제 → 강압 위협보상 제제 구성 설득 유인 ← 포섭 **소프트**

일반적으로 하드 파워와 관련된 자원의 형태에는 무력과 자본 같은 유형의 요소들이 포함된다. 소프트 파워와 관련된 자원의 형태에는 종종 제도, 이념, 가치, 문화, 타당성이 인정된 정책 같은 무형의 요소들이 포함된다. 하지만 그 관계가 항상 완벽한 것은 아니다.

애국심, 사기, 적법성 같은 무형의 자원은 전쟁에서 승리를 거두기 위한 군사력에 상당한 영향을 미친다. 무력을 내세운 위협은 무형적 요소지만 하드 파워의 차원에 해당된다.[52]

만약 권력 자원과 권력 행동의 구분을 기억한다면, 우리는 간혹 하드 파워 행동과 관련된 자원이 주변 상황과 활용 방식에 따라 소프트 파워 행동을 생성할 수도 있다는 것을 깨닫게 된다. 예를 들면, 국제기구들이 소프트 파워 자원을 제공하기도 하는 것처럼 강제력이 장차 소프트 파워의 생성에 기여하는 자원들을 창출할 수도 있다. 마찬가지로 포섭적 수단도 군사 동맹이나 경제 원조 같은 형태로 하드 파워 자원을 생성하는 데 활용될 수 있다. 군대 같은 유형의 하드 파워 자원은 활용 방식에 따라 강제적 행동(승리)과 포섭적 행동(유인)을 모두 충족시킬 수 있다. 유인은 대상의 의향에 근거하기 때문에, 주어진 자원이 하드 파워 행동과 소프트 파워 행동 중 어느 것을 창출하는지 여부는 사실상 대상의 인식에 의해 좌우된다.

예를 들면, 해군력은 상황과 대상에 따라 전투의 승리(하드 파워)나 민심의 확보(소프트 파워)를 위해 사용될 수 있다. 2004년에 쓰나미가 동아시아를 휩쓴 이후 미 해군이 인도네시아에 제공한 지원 활동은 미국과 인도네시아의 우호관계를 크게 증진했는데, 미 해군의 2007년 해상 전략에는 비단 전투뿐만 아니라 '해군력은 국가들 간의 우호와 신뢰의 구축을 위해서도 활용되어야 한다'는 내용이 언급되었다.[53] 마찬가지로 중국의 경우처럼 눈부신 경제적 성장은 경제적 제재와 시장 접근의 제한이라는 하드 파워와 유인과 성공에 대한 모방이라는 소프트 파워를 모두 창출할 수 있다.

일부 분석가들은 소프트 파워를 문화와 동의어로 오해하면서 그 중요성을 폄하했다. 예를 들면, 역사학자 니얼 퍼거슨은 소프트 파워를 '문화적, 상업적 상품 같은 비전통적 힘'으로 설명한 후에 '유연하다'는 이유로 도외시한다.[54] 물론 맥도널드 햄버거를 먹거나 마이클 잭슨 셔츠를 입는 행위가 저절로 소프트 파워를 나타내지는 않는다. 민병대들은 나이키 신발을 신고 코카콜라를 마시면서도 잔혹한 만행을 저지르거나 미국인들과 전투를 벌일 수 있다. 하지만 이런 비판은 행위를 생성할 수 있는 자원과 그 행위 자체를 혼동하는 것이다. 권력 자원의 보유가 실제 바람직한 행위를 생성하는지 여부는 주변 상황과 그 자원을 행태적 결과로 전환시키는 행위자의 기술에 의해 결정된다. 생선회를 먹고 포켓몬 카드를 교환하고 일본인 투수를 고용한다고 해서 반드시 권력이 일본으로 전이되는 것은 아니다. 그러나 이것은 소프트 파워 자원에만 국한된 현상이 아니다. 대규모 탱크 부대는 사막 전투에서 승리를 이끌어낼 수 있지만 전장이 늪지대로 바뀐다면 승리를 보장하지 못한다. 마찬가지로 환한 미소는 소프트 파워 자원이 될 수 있는데, 내가 당신과 만날 때마다 환한 미소를 짓는다면 당신은 내게 더 많은 호의를 베풀려고 할 수 있지만, 만약 당신의 어머니 장례식에서 환한 미소를 짓는다면 소프트 파워를 창출하는 것은 기대할 수조차 없을 것이다.

소프트 파워와 스마트 파워

서문에서 언급했던 것처럼 나는 소프트 파워 단독으로 효과적인 외교 정책을 창출할 수 있다는 잘못된 인식을 바로잡기 위해 2004년에 '스마트 파워'라는 용어를 도입했다. 나는 스마트 파워를 하드 파워 자원과 소프트 파워 자원을 조합해서 효과적인 전략을 이끌어낼 수 있는 능력으로 정의했다.[55] 소프트 파워와 달리 스마트 파워는 설명과 평가가 모두 가능한 개념이다. 소프트 파워는 규범적인 관점에서 활용 방식에 따라 좋을 수도, 나쁠 수도 있다. 스마트 파워는 평가를 통해 정의를 내릴 수 있다. "소프트 파워 2.0으로 불릴 수 있는 스마트 파워가 미국의 외교 정책 사전에서 소프트 파워 1.0을 대체했다"고 말하는 비평가들은 완전히 착각하고 있는 것이다.[56] 더 정확한 비판은 소프트 파워와 달리 이 개념에는 규범적인 차원이 존재하기 때문에 그 자체가 슬로건이 되어서는 안 되지만 간혹 그런 경우가 발생한다는 것이다.

스마트 파워는 오직 미국에만 해당되는 것이 아니며, 모든 국가들과 비국가적 행위자들도 활용할 수 있다. 예를 들면, 이후 7장에서 살펴보겠지만 약소국들도 종종 스마트 파워 전략을 개발한다. 인구가 500만에 불과한 노르웨이는 평화 조정과 개발 원조에서 적절한 정책을 유지하며 자국의 위상을 강화하면서 나토의 회원국으로도 충실히 활동하고 있다. 한편 인구의 측면에서 극명한 대비를 이루는 중국(경제적, 군사적 자원에서 강력한 세력으로 부상했다)은 막강한 하드 파워의 위협적인 인상을 상쇄하기 위해 의도적으로 소프트 파워 자원에 투자함으로써 스마트 파워 전략을 개발했다.

스마트 파워의 핵심적인 문제는 권력 전환이다. 앞서 살펴보았던 것처럼 일부 국가들이나 행위자들은 월등한 권력을 지니고서도 정작 모든 범위의 권력 자원을 바람직한 결과를 이끌어내는 전략으로 원활히 전환시키지 못할지도 모른다. 어떤 사람들은 18세기의 비효율적인 정부 구조를 지니고 있어 미국이 권력 전환에 취약하다고 주장한다. 다른 사람들은 미국의 힘이 대부분 정부를 벗어난 개방 경제와 시민사회에서 비롯된다고 반박한다. 어쩌면 권력 전환은 국가가 넉넉한 잉여 자산을 바탕으로 실패의 비용을 충당할 수 있을 경우에 더 원활히 이루어질지도 모른다. 그러나 스마트 파워와 효과적인 권력 전환 전략을 위한 첫 번째 단계는 권력 자원의 모든 범위를 이해하고 다양한 상황에서 그것들을 효과적으로 조합하는 문제를 인식하는 것이다.

하드 파워와 소프트 파워는 때로 서로를 강화하고 때로 서로를 잠식하기 때문에 다양한 상황에서 그것들이 상호 작용하는 방식을 구분하는 상황 지능이 매우 중요하다. 그러나 홍보 캠페인을 소프트 파워의 본질을 오해하는 것으로 생각하는 것은 실수다. 만약 국제 정치에서 군대와 소프트 파워 중 하나를 선택해야 한다면 우리는 군사력을 선택할 것이다. 하지만 스마트 파워는 두 가지를 모두 보유하는 것이 최선이라고 제안한다. "군대는 무력 활용의 관점에서, 특히 그 힘의 용도가 호소력을 지니지 못할 경우에 소프트 파워를 행사하기가 더 어렵다는 것을 이해해야 한다."[57] 만약 소프트 파워의 수단이 병행되지 않는다면, 간혹 군대는 자체적으로 바람직한 환경을 창출할 수 없다.

2006년 초에 국방장관 도널드 럼스펠드는 부시 행정부의 범세계적 대테러전에 대해 다음과 같이 말했다. "이 전쟁에서 가장 중요한 몇몇 전투는 아프가니스탄의 산악 지대나 이라크의 시가지가 아닌 뉴욕, 런던, 카이로를 비롯한 여러 도시들의 뉴스실에서 벌어졌을지도 모른다." 『이코노미스트』는 럼스펠드의 연설에 대해 "최근까지 그는 '늙은 유럽'의 테러리즘에 대한 유화 정책 같은 '소프트 파워'의 부드러운 측면에 대해 노골적인 우려를 표시했다"고 언급했다. 이제 그는 민심 확보의 중요성을 깨달았지만 '그의 연설에서 훌륭한 부분은 교묘한 홍보로 미국이 선전 전쟁에서 승리할 수 있는 방법에 주목했다는 것이다.'[58] 그러나 럼스펠드는 제품이 형편없다면 최고의 광고도 소용없다는 광고의 첫 번째 규칙을 망각했다. 또한 행정부의 형편없는 권력 전환 전략이 하드 파워 자산과 소프트 파워 자산을 모두 낭비하고 있다는 사실도 망각했다. 더 효과적인 스마트 파워 전략을 개발하기 위한 첫 번째 단계는 권력의 형태와 활용에 대한 폭넓은 이해에서 시작된다.

2

군사력

대부분의 사람들은 군사력에 대해 말하면서 군인, 탱크, 전투기, 전함과 같은 하드 파워 행동(전쟁과 전쟁의 위협)의 기반이 되는 자원의 측면에서 생각하는 경향을 나타낸다. 결국 막다른 상황에 이르면 이런 군사적 자원은 그 중요성을 드러낸다. 나폴레옹은 "신은 더 많은 병력을 보유한 군대의 편이다"라는 유명한 말을 남기기도 했다.

하지만 군사력은 더 면밀히 살펴보아야 한다. 군사적 자원은 무기와 군대의 범주를 초월하고 군사적 행동은 전쟁이나 전쟁의 위협 이상의 의미를 지닌다. 군사력 자원은 오래전부터 동맹국의 보호와 우방국의 지원을 위해 사용되어왔다. 심지어 우방국을 위한 전쟁 행위는 소프트 파워를 생성할 수도 있다. 앞서 1장에서 살펴보았던 것처럼 군사력 자원의 온건하고 비강압적인 사용은 국제 정치에서 의제 구성, 설득, 유인 같은 소프트 파워 행동의 중요한 자원이 될 수 있다.

오직 전쟁과 위협만 생각할 경우에도 많은 사람들은 국가의 정규군에 편성되어 훈련과 교육을 마친, 제복을 입은 군인들 간의 전투를 떠올린다. 하지만 21세기에 이르기까지 '전쟁'은 국가들 사이에서보다 국가들의 내부에서 더 많이 발생했고, 많은 군인들이 제복을 입지 않았다.[1] 물론 전통적인 전쟁 법규의 차원에서도 내전과 비정규군은 전혀 새로울 것이 없다. 금세기의 새로운 현상은 비정규적인 충돌의 증가와 기술의 변화(온갖 공격의 위협을 증대하면서 과거에 자금력에서 현격히 뒤떨어졌던 소규모 비국가적 행위자 집단의 수중에 파괴력[destructive power]을 안겨주었다)일 것이다. 새로운 기술은 사이버 공격이라는 전쟁의 새로운 차원으로 이어졌다. 앞으로 5장에서 논의하겠지만 적대 세력(국가나 비국가적 행위자)은 물리적으로 국경을 침공하기 위한 군대 없이도 다른 국가들을 상대로 엄청난 물리적 파괴나 그런 파괴에 대한 위협을 실행할 수 있다.

전투와 전쟁

2,500년 전에 아테네의 장군들이 밀로스 섬을 점령해서 주민들

을 죽이거나 노예로 삼으려고 했던 이유를 투키디데스는 이렇게 설명했다. "강자는 마음대로 행동하고 약자는 당할 수밖에 없다."[2] 전쟁과 무력의 사용은 인간의 역사에서 다반사로 일어난다. 실제로 정치사는 흔히 전쟁과 정복의 역사라고도 일컬어진다. 그러나 성경의 「시편」 2편 1절에서는 이런 질문을 던진다. "왜 나라들이 분노하는가?"

한 가지 대답을 하자면 인간의 본성 때문이다. 인류학자들은 침팬지들(인간의 유전자와 거의 99퍼센트 일치한다)이 같은 무리 안에서뿐만 아니라 다른 무리들과도 무력 충돌을 일으킨다고 말한다.[3] 일부 전통적인 현실주의자들은 탐욕을 일종의 동기라고 주장한다. 또 다른 일부는 지배욕을 강조한다.[4] 중앙아시아 대평원을 호령했던 칭기즈칸 같은 위대한 정복자들이나 아메리카 대륙을 장악했던 에르난 코르테스와 프란시스코 피사로 같은 스페인의 정복자들은 그 두 가지 동기를 모두 지니고 있었을지 모른다. 그러나 마호메트의 사후에 일어난 이슬람의 확장, 중세 기독교의 십자군 운동, 19세기의 민족자결주의처럼 이념도 사람들을 전쟁과 정복에 나서도록 이끄는 역할을 한다.

전쟁은 근대 유럽의 국가 체제뿐만 아니라 거대한 제국들도 형성했지만, 군사적 자원을 통해 창출된 강압적인 하드 파워는 대체로 일정한 수준의 소프트 파워와 병행된다는 것을 기억해야 한다. 18세기의 철학자 데이비드 흄이 지적했던 것처럼, 그 누구도 혼자 힘으로 다른 모든 사람들을 지배할 수 있을 만큼 강하지는 않다.[5] 독재자는 대규모의 강압을 행사하기 위한 기반으로서 부하들을 끌어들일 수 있는 소프트 파워를 지녀야 한다. 예를 들면, 오랫동안 세력을 유지했던 로마제국은 군사적 정복을 이념으로 뒷받침했고 로마 시민이 될 수 있는 기회를 부여해서 정복당한 야만인들을 끌어들였다.[6] 병사를 포함한 군사적 자원과 관련된 문제들 중 하나는 일단 자원의 확보에 상당한 비용이 소요되고 운송비도 거리에 비례해서 증가한다는 것이다. 만약 포섭이 가능하다면 지역에서 직접 자원을 수급하는 편이 비용도 절감될 것이다.

칭기즈칸의 등자나 스페인 정복자들의 총 같은 새로운 기술은 소규모 병력에게 그 기술이 널리 보급되기 전까지 대규모 병력을 제압할 수 있는 수단을 제공하기도 한다. 19세기에 해리 존슨 경은 소수의 부대로 니아살랜드(현재의 말라위)를 정복했다. 인도에서는 고작 10만 명 미만의 영국 병사들과 행정관들이 무려 300만 명 이상의 인도인들을 통치했다. 하지만 이런 성공의 비결을 오직 기술만으로 설명하지는 못한다. 그것에는 지역의 거주민들을 분류하고 그 중 일부를 동맹 세력으로 포섭하는 능력도 포함된다. 마찬가지로 이슬람의 확산은 단지 무력의 힘만이 아닌 신앙의 힘도 뒷받침되었다. 오늘날 대게릴라전의 원칙은 민심 확보의 중요성을 강조한다. 따라서 군사력을 이해하려면 그저 "우리에겐 개틀링 건이 있고 그들에겐 없다"는 19세기의 유명한 격언만으로 성공의 비결을 설명하지 못한다는 것을 깨달아야 한다.

현실주의의 한 학파는 인간의 본성이 아닌 국제 정치의 구조를 강조한다.[7] 이 구조적 접근법은 국제 정치의 무정부적 본질과 국가들이 호소할 수 있는 초국가적 권력의 부재에 초점을 맞춘다. 국가들은 자조적自助的 환경에 처해 있으며, 군사적 자원은 가장 강력한 수단을 제공한다. 탐욕이나 지배 같은 동기는 안보와 생존에 비해 중요성이 떨어진다. 국가들은 제로섬 게임을 진행하고 있고, 이런 상황에서 아무도 신뢰할 수 없기 때문에 자력으로 생존을 지속해야 한다. 만약 한 행위자가 무장을 해제하고 다른 행위자들은 무장을 유지한다면, 그 행위자는 무정부적 환경에서 생존할 가능성이 희박해진다. 호의와 신뢰를 유지하는 행위자들은 점차 자취를 감추게 된다. 그들은 체제의 구조에서 생성된 역학관계에 의해 제거된다. 그들이 안보와 생존을 유지하는 방법은 성장을 통해 군사적 자원을 개발하고 동맹을 형성해서 다른 행위자들과 권력의 균형을 이루는 것이다. 이 세계에서 상대적인 이득은 절대적인 이득보다 더 중요하다.

투키디데스와 마키아벨리의 전통적인 현실주의에서 주장하는 인간의 본성에 근거하든, 근대의 구조적 현실주의에서 강조하는 더 큰 구조적 권력에 근거하든, 전쟁에서 승리하기 위한 능력을 제공하는 군사적 자원은 전통적으로 국제 정세에서 가장 중요한 권력의 형태로 묘사된다. 실제로 19세기에 강력한 권력(강대국)의 정의는 전쟁에서 승리를 거두는 능력이었으며, 확실히 전쟁은 현재에도 지속되고 있다. 그러나 1장에서 살펴보았던 것처럼 19세기 이후에 세계는 점점 더 복잡해졌고, 현실주의적 모델은 모든 부분에서 똑같이 적용되지는 않는다.

영국의 외교관 로버트 쿠퍼는 국가관계에는 최소한 세 가지 영역(탈산업화된 영역, 산업화된 영역, 비산업화된 영역)이 존재하며, 전쟁은 각 영역에서 다른 역할을 수행한다고 주장한다. 탈산업화된 진보된 민주주의 세계에서 전쟁은 더 이상 국가관계의 주요한 수단이 아니다. 이 세계에서 이론가들은 진보된 자유민주주의 국가들이 서로 전쟁하는 사례를 찾아보기란 거의 불가능하다고 단언한다.[8] 대신 그들은 복잡한 상호 의존의 정치학에 치중하는데, 그 속에서는 다른 수단들이 권력 투쟁에 사용된다. 이것은 진보된 민주국가들이 다른 국가들과 전쟁을 벌이지 않는다거나 미약한 신흥 민주국가들이 서로 전쟁을 벌이지 못한다는 의미가 아니다.[9] 중국과 인도 같은 신흥 산업국가들에겐 현실주의자들이 예측했던 것처럼 전쟁이 잠재적인 수단으로 존재한다. 더불어 아프리카의 대부분과 중동을 비롯한 비산업화된 사회들에는 아직도 현실주의적 모델이 무난하게 적용된다. 따라서 21세기에 "군사력이 국제 정치에서 가장 중요한 권력의 형태인가?"라는 질문에 대한 대답은 상황에 따라 달라진다. 세계의 대부분 지역에서 그렇다고 대답할 수 있지만 모든 지역에서 그렇다고 할 수는 없으며 가장 중요하다고 말할 수도 없다.

군사력의 효용성은 시간이 흐를수록 감소하는가?

지금도 국가들은 분명히 무력을 사용하지만 지난 반세기 동안 그 역할은 점차 변화되었다. 많은 국가들, 특히 강대국들은 무력을 동원해서 목표를 달성하려면 과거보다 더 많은 희생을 감수해야 한다는 것을 알고 있다. 미국의 국가정보위원회(대통령에게 보고할 예측 자료를 준비하는 기관)는 미래를 전망하면서 21세기에 군사력의 효용성이 감소할 것이라고 주장한다.[10]

그 이유는 무엇일까? 한 가지 이유는 무력의 최종적 수단(강대국들이 보유한 핵무기)이 탄력을 잃고 있기 때문이다. 한때 보유량이 5만 기를 넘는 것으로 추산되던 핵무기는 1945년 이후로 전쟁에서 사용되지 않았다. 핵무기가 촉발할 수 있는 대참사와 모든 합리적 정치 목표들 간의 불균형은 자연스럽게 국가들의 지도자들에게 핵무기의 사용을 꺼리게 만들었다. 따라서 무력의 궁극적 형태는 모든 실용적 목적의 관점에서 너무 희생이 크기 때문에(윤리적 금기와 보복의 위험) 국가들의 지도자들이 전쟁에서 사용할 수 없게 되었다.[11]

이것은 핵무기가 국제 정치에서 아무 역할도 하지 못한다는 의미는 아니다. 실제로 테러범들은 핵 금기에 전혀 거리낌이 없을지도 모른다.[12] 비록 다른 국가들을 강제하기 위한 핵무기의 사용이 어려울지라도 억제는 여전히 미덥고 중요한 부분이다. 여기에는 미국이 유럽과 일본 같은 동맹국들에 실행했던 것처럼 다른 국가들로 억제를 확장하는 능력이 포함된다. 북한과 이란 같은 약소국들도 미국을 억제하면서 지역적 영향력과 국제적 위상을 증대하기 위해 핵무기를 보유하려고 하지만, 그들은 국제 정치에서 동등한 입장이 아니다. 어떤 상황에서 그들이 다른 국가들에 확산을 유발하는 결정을 내린다면, 그들은 완전한 통제력을 갖추지 못한 채 핵무기가 사용되거나 테러범들에게 유출될 가능성을 증대함으로써 안보의 약화를 초래할지도 모른다. 그러나 지금까지 핵무기 사용에 대한 금기는 60년 동안 지속되었다. 핵무기는 여전히 국제 정치에서 중요성을 지니지만 전쟁에서는 중요성을 상실하고 있다.

두 번째 이유는 전통적 무력•이 민족적, 사회적으로 결집하는 대중을 통치하는 데 사용될 경우에 희생이 더욱 커졌기 때문이다. 점령은 다른 환경에서 이질적일 수 있는 대중을 결속하는 데 효과적이다. 하지만 광범위한 사회 교류의 시대에 해외 통치는 상당한 희생을 유발한다. 이미 지난 세기에 인쇄 매체와 매스컴은 지역의 주민들에게 그들의 의식과 정체성을 소위 '가상의 공동체imaginary communities'로 확장할 수 있는 기반을 제공했고, 인터넷 시대는 이런 추세를 한층 더 강화했다.[13] 19세기에 프랑스는 3만 4,000명의 병력으로 알제리를 정복했지만 20세기에는 60만 명의 병력으로도 식민지를 유지하지 못했다.[14] 자동차 폭탄과 사제 폭발물처럼 게릴

• 핵무기나 특수 작전용 무기가 아닌 재래식 무기를 사용하는 무력 – 옮긴이

라들이 사용할 수 있는 장비는 비용의 측면에서 점령군이 사용하는 장비보다 훨씬 저렴하다. 자살 폭탄의 사용과 외국 군대의 점령 사이에는 아주 밀접한 상관관계가 존재한다.[15]

세 번째 이유는 무력의 사용이 내부적 구속에 직면하기 때문이다. 특히 민주국가들에서 시간이 지날수록 반군국주의적 윤리가 대두되고 있다. 이런 성향은 미국보다 유럽이나 일본에서 더 두드러지며 모든 진보된 민주국가들에서 공통적으로 나타난다. 이런 견해가 무력의 사용을 방지하지는 못하지만, 지도자들에게 위험한 정치적 선택이 되는 분위기를 조성해서 무력의 대대적 사용이나 장기적 사용을 특히 억제한다. 사람들은 간혹 민주국가들이 희생자의 발생을 감수하지 않을 거라고 말하지만 그것은 지나치게 단순한 생각이다. 예를 들면 미국은 1990년에 걸프전 참전을 계획하면서 약 1만 명 정도의 사상자가 발생할 것으로 예상했지만, 국가적 이익이 크게 개입되지 않은 소말리아나 코소보에서는 사상자가 발생하는 것을 꺼렸다. 더욱이 사상자를 감수하려는 의향에는 성공 가능성이 영향을 미친다.[16] 만약 무력의 사용이 다른 국가들에 부당하거나 부적절하게 비쳐진다면 그것은 정치 지도자들에게 타격을 입힐 수도 있다. 무력은 쓸모없는 퇴물이 아니지만 비국가적 행위자 테러범들이 이런 윤리적 사안에 대해 국가들보다 구속을 덜 받는 반면, 대부분의 국가들은 과거보다 무력을 사용하기가 더 어렵고 더 많은 희생을 감수해야 한다.

마지막 이유는 많은 문제들에 대해 성급히 무력적 해결책에 의지하지 않기 때문이다. 일례로 미국과 일본의 경제적 관계를 살펴보자. 1853년에 매슈 페리 제독은 일본의 시모다 항구에 정박하고 일본이 개항하지 않으면 포격을 가할 것이라고 위협했다. 이런 태도는 오늘날 미일 무역 분쟁의 해결에 그다지 유용한 방식도 아니고, 정치적으로 적절한 방식도 아닐 것이다. 현재 중국은 온실가스 최대 배출국이 되었고, 나날이 석탄 연료를 사용하는 공장이 늘어나고 있다. 하지만 그로 인해 다른 국가들이 악영향을 받을 수 있다고 해서 폭탄이나 미사일로 그런 시설들을 파괴한다고 위협하겠다는 발상은 너무 설득력이 부족하다. 방대한 영역과 규모의 경제적 세계화, 복잡한 국가들 간의 상호 의존관계는 지난 19세기와 전혀 달라진 현재의 상황이다.

무력은 국제 정치의 결정적인 수단으로 건재하지만 결코 유일한 수단은 아니다. 경제적 상호 의존, 국제 교류, 국제기구, 초국가적 행위자들은 이따금 무력보다 더 큰 역할을 하기도 한다. 물론 군사력이 국가적 수단으로써 전혀 쓸모없는 것은 아니다. 미국이 2001년 9월에 뉴욕을 공격했던 테러 조직의 비호 세력인 탈레반 정권을 축출하기 위해 벌인 아프가니스탄전과 미국과 영국이 2003년에 사담 후세인을 전복시키기 위해 합동 공격을 감행한 이라크전을 보면 그것을 확실히 알 수 있다. 그러나 이 두 가지 사례를 비교하면 비국가적 테러범들보다 국가의 정부를 상대로 승리를 거두는 것이 더

쉬웠다. 더욱이 오직 무력만으로 테러를 방지하기에는 부족한 부분이 존재한다. 9.11 테러가 발생하기 전에 알카에다의 핵심 조직원 한 명이 함부르크에 머물렀지만 정작 함부르크는 테러의 목표가 아니었다. 여전히 무력은 국제 정치의 중요한 수단이지만 그 비용과 효율성의 변화로 인해 오늘날 군사력의 활용 계획은 과거보다 더 복잡하다.

변화하는 전쟁의 양상

전쟁과 무력은 감소할지는 몰라도 사라지지는 않는다. 대신 무력의 사용은 새로운 형태로 발전하고 있다. 일부 군사 이론가들은 간혹 '전선이나 전장을 명확히 규정할 수 없고' 민간인과 군인의 구분이 사라질 수도 있는 '4세대 전쟁fourth-generation warfare'에 대한 이론을 주장했다.[17] 이 견해에 의하면, 근대 전쟁의 1세대는 프랑스 혁명 이후에 나타난 전열의 전술이 반영되었다. 2세대는 대규모 화력에 의존하며, 이 방식은 제1차 세계대전에 절정을 이루었다. 이 시대의 슬로건은 포병이 정복하면 보병이 점령한다는 것이었다. 3세대의 작전은 1918년에 독일이 까다로운 참호전을 타개하기 위해 개발한 전술에서 시작되었고, 이후 1940년에 프랑스를 침공해서 영국과 프랑스의 우세한 탱크 부대를 격파할 수 있었던 전격전 전술로 완성되었다. 지식과 기술은 변화를 주도했다. 이런 변화는 전쟁에 대한 적국의 사회적, 정치적 의지에 초점을 두는 오늘날의 4세대 전쟁에도 그대로 적용된다. 한 이론가가 언급했던 것처럼 "각 세대는 적을 격파하기 위해 적의 영토에 더 깊숙이 침입했다."[18] 비록 근대 전쟁을 4세대로 구분하는 것이 다소 임의적이고 억지스러운 측면이 있다고 해도, 군대의 영역인 전방과 민간의 영역인 후방 사이의 경계가 모호해진 것은 중요한 추세로 주목할 만하다.

장기적인 관점에서 이스라엘의 이론가 마르틴 판 크레펠트는 서기 1000년부터 1945년에 이르는 1,000년 동안 전쟁의 주요한 특징은 전쟁의 강화였다고 주장한다. 중세에는 어떤 영주라도 수천 명 이상의 병력을 거느리기는 힘들었다. 18세기에 그 규모는 수십만 명 단위로 증가했다. 20세기의 세계대전에서는 7개국이 1억 명 이상의 병력을 투입해 세계 전역에서 전투를 벌였다. "국가들이 서로 총력전을 치르면서 대규모의 치열한 전투들을 벌인 끝에 결국 4,000만에서 6,000만에 이르는 인명이 사망했고, 대륙의 대부분이 폐허로 변했다. 1945년 8월 6일에 첫 번째 원자폭탄이 투하되면서 모든 것은 완전히 뒤바뀌었다."[19] 비록 핵무기 이외에 다른 요인들도 있었지만[20] 총력전은 한동안 그 의미가 제대로 이해되지 않았고, 이내 한국전쟁 같은 국지전에 자리를 내주었다. 제2차 세계대전의 종식을 위해 핵무기를 사용했던 해리 트루먼은 한국에서는 사용하지 않기로 결정했고, 드와이트 아이젠하워는 핵무기를 사용할 가능성을 암시했지만 실제로 사용하는 것은 주저했다. 총력전의 시대가 끝나는 듯했다.[21] 한편 국지전마저 '지극히 드물어졌다'는 것도 주목할 만한 현상이었다. 판 크레펠트는 1945년 이후 반세기 동안 고작 20차례에 불과했다고 밝혔다.

그러나 무력 충돌은 사라지지 않았다. 국가들 간의 전쟁은 내전이나 비국가적 행위자들이 연관된 초국가적 전쟁보다 발생 빈도가 줄어들었다. 1945년부터 2002년 사이에 벌어진 226차례의 중대한 무력 충돌 가운데 절반가량은 1950년대에 국가들과 무장 단체들 간의 분쟁이었는데, 무력 충돌의 주요한 형태는 1990년대부터 나타나기 시작했다.[22] 그런 집단들은 점차 범주가 모호해지지만 주로 게릴라, 테러 단체, 반란군, 범죄 조직으로 분류할 수 있었다.[23] 예를 들면, 콜롬비아 무장 혁명군은 자국의 마약 조직과 동맹을 형성했고, 아프가니스탄의 일부 탈레반 집단은 초국가적 알카에다 테러범들과 밀접한 관계를 맺었던 반면, 다른 집단들은 보다 지역적인 성향을 나타낸다. 일부는 국가의 지원을 받지만 대다수는 그렇지 않다.

이런 집단들은 충돌을 지역의 대중에 대한 통제권을 가져다줄 장기간의 정치적, 비정규적 무력전으로 여긴다. 그들은 정치적 정당성이나 영토에 대한 효율적 통치력이 부족한 많은 약소국들의 현실을 이용한다. 그 결과는 북아일랜드와 발칸 반도에서 영국군 사령관을 역임했던 루퍼트 스미스 경이 '민간인들 간의 전쟁'라고 지칭한 것으로 나타난다.[24] 이런 충돌이 전통적인 전장에서 전통적인 군대에 의해 좌우되는 경우는 드물다. 그것은 점차 혼종 전쟁hybrid war(재래식 무기, 비정규적 전술, 테러 활동, 범죄 행위가 혼재하는 전장)이 되고 있다.[25] 예를 들면, 2006년에 이스라엘과 벌인 34일 간의 전투에서 레바논의 무장 정당 헤즈볼라는 많은 거주민들이 '정치적 승리'라고 여기는 것을 쟁취하기 위해 고도로 훈련된 조직원들을 동원해서 정치 선전, 전통적인 군사 전술, 인구가 밀집한 민간 지역에서 발사하는 로켓포를 복합적으로 활용했다. 2년 후 하마스와 이스라엘은 가자의 인구가 밀집한 지역에서 공중전과 지상전을 벌였다. 혼종 전쟁에서 전통적인 무력과 비정규적 무력, 전투병과 민간인, 물리적 파괴와 정보전은 서로 완전히 뒤섞이게 되었다. 더욱이 카메라가 장착된 휴대전화와 포토샵이 설치된 컴퓨터로 인해 정보 경쟁은 시간과 장소를 가리지 않고 진행된다.[26]

일부 이론가들은 이 새로운 전쟁의 형태를 '비대칭전asymmetrical warfare'으로 설명했지만 그런 특징적인 설명은 구체적인 사례만큼 도움이 되지 않는다. 전쟁은 항상 불균형적이었다.[27] 지도자들과 지휘관들은 언제나 적군의 약점을 파헤치면서 승리를 거두기 위해 아군의 장점을 극대화하려고 노력했다. 소련이 붕괴된 이후로 미국은 1991년에 불과 148명의 희생만으로 이라크를 물리쳤던 사막의 폭풍 작전을 통해 입증되었던 것처럼 전통적인 전쟁에서 압도적인 우위를 유지했다. 마찬가지로 1999년에 세르비아와 치른 코소보전에서 제공권을 장악한 미국은 결국 자국민의 희생 없이 승리를 이끌어냈다. 미국 위주의 이런 전통적인 불균형에 직면한 적들은 쉽게 포기하지 않았다. 그들은 미국의 우위에 맞서기 위해 비전통적인 전술을 구사했다. 중국의 전략가들은 미국과의 정면 대결이 어리석은 행위라는 것을 깨닫고 외교, 경제, 정치, 간접 테러, 사이버 기술, 정치 선전에 이르는 수단을 두루 조합해서 미국의 체제를 교란하고 소진하는 '무제한 전쟁unrestricted warfare' 전략을 개발했다. 중국의 한 장교가 언급했던 것처럼 '무제한 전쟁의 첫 번째 규칙은 규칙이 없다는 것이다.'[28] 불균형을 깨뜨리기 위한 비전통적인 전술의 활용은 전혀 새로운 방식이 아니며, 2,000년 전으로 거슬러 올라가 중국의 손자에게서 그 기원을 찾을 수 있다. 하지만 그는 싸우지 않고 이기는 것이 최선이라는 유명한 격언을 남기기도 했다.

이 오랜 격언은 단지 국가들의 정부들만 이해하고 있는 것은 아니다. 테러 조직들도 강대국의 정부와 정면 대결을 시도해서는 안 된다는 것을 잘 알고 있다. 앞서 1장에서 언급했던 것처럼 그들은 주짓수의 원리에 따라 강대국의 힘을 역이용한다. 테러 행위는 강자의 분노와 과잉 반응을 유발하려는 의도로 계획된다. 예를 들면, 오사마 빈 라덴의 전략은 미국에게 자국의 신뢰성을 떨어뜨리고 이슬람 세계와의 동맹을 약화시키는 대응을 유도하는 것이었다. 실제로 미국은 이라크를 침공하고 초기와 달리 아프가니스탄에서 실패를 거듭하면서 그 함정에 빠져들었다. 알카에다는 '총사령관'이 아닌 '총선동관inciter-in-chief' 전술을 활용했다.[29] 이 전술은 조직에 지역의 집단들이 자체적인 선발을 통해 네트워크를 형성할 수 있는 엄청난 탄력을 부여한다.

미국은 이런 변화에 적응하는 속도가 더뎠다. 소련이 붕괴되면서 미국은 세계적 영향력을 지닌 유일한 군사 대국이 되었다. 미국은 다른 모든 국가들의 국방 예산을 합한 규모와 비슷한 국방 예산을 지출했고 '군사 혁신'을 창출하던 정보 경제의 최전선에 있었다. 1990년대에 미국의 군사 전략은 두 개의 전쟁(예를 들면, 북한과 이라크)을 동시에 수행하며 승리하는 능력과 사막의 폭풍 작전에서 입증되었던 것처럼 '월등한 전장 지식dominant battle space awareness'을 유지하는 기술의 개발에 초점을 맞추었다. 무력이 사용되는 다른 경우는 전쟁이 아닌 '전쟁 이외의 군사 작전'으로 간주되었다. 2001년에 도널드 럼스펠드는 국방 장관에 임명되면서 새로운 기술에 의존하는 군사 혁신을 추구했다. 아프가니스탄에서 현지의 병력과 합동해 초기에 탁월한 성과를 이끌어냈던 최첨단 공군력과 소수 정예 특수부대의 조합과 2003년 3월의 이라크 침공에서 불과 32명의 희생만으로 거두었던 신속한 작전 성공은 이 접근법의 장점과 단점을 동시에 드러냈다.[30] 미국인들은 군사 혁신에 투자하는 잘못된 결정을 내리지 않았지만 미군의 전력이 충분하다는 생각은 잘못된 판단이었다.

기술은 항상 군사력에 심대한 영향을 미쳤으며 '군사 혁신'은 새로운 것이 아니다. 사실 기술의 구분은 다소 임의적이며 주요한 기술적 변화에 대한 목록은 다양하게 작성될 수 있다.[31] 맥스 부트는 이런 기술의 변화를 초창기 근대 유럽의 화약혁명, 19세기의 산업혁명, 20세기 초반의 2차 산업혁명, 현재의 정보혁명에 이르는 네 단계로 구분했다. 그는 "역사는 우위를 점유하지 못한 초강대국의 사례들로 가득하다. 몽고는 화약혁명을 이루지 못했고 중국, 터키, 인도는 산업혁명을 주도하지 못했으며 프랑스와 영국은 2차 산업혁명의 주요한 영역에서 뒤떨어졌고 소련은 정보혁명을 따라가지 못했다"고 덧붙인다.[32] 그 대가는 아주 확실했다. 그러나 기술에 대한 지나친 믿음의 대가는 다소 불분명하다.

일단 기술은 양날의 검이다. 그것은 시대를 앞서갈 역량은 부족하지만 진보된 기술에 대한 의존도가 낮은 적들에게 보급되어 결국 그들도 사용할 수 있게 된다. 미국의 군사 이론가들은 장차 다른 국가들이 일부 '상용화된' 첨단기술을 보유할 수 있게 된다고 해도 미국은 차세대 기술을 개발해서 여러 기술들을 거대 시스템으로 통합할 것이라고 주장했다. 하지만 그것은 체스 게임의 1라운드에 불과했다. 미국은 로봇 공학과 무인조종 시스템 분야에서 우위를 차지하지만 결국 후반 라운드에 접어들면 적국들도 사용할 수 있게 될 것이다. 예를 들면, 2009년에 미군은 무장 세력들이 불과 30달러도 안 되는 소프트웨어로 무인 비행선 프레데터의 데이터 다운링크를 해킹하고 있었다는 사실을 파악했다.[33] 한편 첨단 인공위성과 컴퓨터 네트워크 제어 시스템에 대한 의존도가 높아지면서 미국은 일부

적대 세력들보다 더 취약해질 수도 있게 되었다.[34]

기술적 우위에 대한 지나친 믿음과 과도한 집중은 자칫 적들에게 활용할 수 있는 불균형적 수단에 대한 관심을 분산시킬 수 있다. 미국은 이라크전 초기에 정밀 조준이 가능한 스마트 폭탄을 앞세운 '충격과 공포' 전술을 구사했지만 게릴라들은 그들만의 값싸고 효율적인 스마트 폭탄인 자동차 폭탄과 사제 폭발물을 적절히 활용하며 대응했다. 첨단기술에 대한 지나친 집중은 훈련, 헌병, 언어학자를 비롯해 게릴라들과의 교전에 필요한 다른 측면들에 대한 투자를 소홀하게 만들 수 있다.

2006년에 미군은 베트남전 이후로 거의 의도적으로 무시되고 첨단 전쟁에 집중하면서 뒷전으로 밀렸다가 결국 일부 특수부대의 임무로 격하되었던 대게릴라전의 교훈을 재발견하고 있었다.[35] 데이비드 페트레이어스 장군이 감수한《미 육군/해병 대게릴라전 야전 교본*The U.S. Army/Marine Corps Counterinsurgency Field Manual*》은 영국, 프랑스, 베트남에서 경험했던 교훈을 반영해 적군의 섬멸보다 민간인의 안전을 최우선순위로 채택했다. 진정한 전투는 게릴라 '고기들'이 민간인들의 '바다' 속에 숨어서 헤엄치지 못하도록 민간인들의 지원을 얻는 것이 되었다. 흔히 'COIN'으로 불리는 대게릴라전은 공격 작전을 축소하고 민심의 확보를 강조했다.

소프트 파워는 군사 전략으로 통합되었다. 하드 파워는 게릴라들의 거점을 파괴하고 점령하는 데 사용되고, 뒤이어 소프트 파워가 도로, 의료 시설, 학교를 건설하는 데 사용되었다. 새라 시월은 그녀의 새로운 교본을 소개하면서 "이것은 압도적이고 치명적인 공격력의 사용을 내세운 와인버거-파월 정책에서 완전히 벗어난 것으로…… 이따금 무력은 더 많이 사용할수록 오히려 효과가 더 줄어들기도 한다"고 말한다. 대게릴라전 교본은 적군 병력에 대비해서 파견 부대의 규모를 판단하지 않고 거주민에 초점을 맞추면서 거주민 1,000명당 최소한 20명의 대게릴라전 요원을 권고한다.[36] 미국 합동 참모 본부 의장은 아프가니스탄 마르자 대공세에 대해 다음과 같이 언급했다. "우리는 융단폭격이나 미사일 공격으로 전장을 쓸어내지 않았다. 우리는 그저 정확한 시점에 진격했을 뿐이다. 그 이유는 솔직히 말해서 전장이 더 이상 야전이어야 할 필요가 없기 때문이다. 전장은 바로 사람들의 마음속에 있다."[37] 더욱이 이런 추세는 미국에만 국한되지 않는다. 러시아연방 잉구셰티아의 대통령은 "대테러전은 대체로 소프트 파워의 문제에 해당된다. 엄중한 처벌은 1퍼센트에게만 내려져야 한다. 99퍼센트에게는 설득에 설득을 거듭해야 한다"라고 말한다.[38]

더불어 대게릴라전은 모든 군사적 문제에 대한 해결책이 아니다. 최선의 노력에도 불구하고 민간인 희생자들의 발생은 불가피하다. 아프가니스탄에서 '호송차 공격과 검문소 발포가 끊이지 않으면서 점점 더 분노가 증폭되었고, 결국 마찰이 일어나며 여러 마을들이 점령에 강하게 반발하게 되었다.'[39] 또 현대 작전에서 민간 보안요원들은 중요한 역할을 담당하지만 간혹 통제하기 어려울 경우가 있다.[40] 더욱이 대게릴라전에 소요되는 병력과 시간은 정치적 측면과 예산의 차원에서 모두 과도한 부담을 초래할 수 있기 때문에 실행하기 어려운 경우가 많다. 예를 들면, 이전의 비율에 근거한 보안군의 파병 규모와 주둔 기간은 서구 여론에서 지지를 얻지 못할지도 모르며, 이런 상황에서 비판론자들은 소위 '약식 대게릴라전COIN-lite'이라고 불리는 것의 효과에 대해 의혹을 제기한다.[41] 아프가니스탄의 한 탈레반이 "너희에겐 시계가 있지만 우리에겐 시간이 있다"고 말한 것처럼.

문화적 보수주의, 불신, 민간인 희생자, 지역적 부패는 COIN 전략의 소프트 파워 영역에 해당하는 민심의 확보를 어렵게 만든다. 랜드RAND 연구소의 한 보고서는 '이슬람 게릴라들과 벌이는 투쟁의 최대 약점은 미국의 화력이 아니라 종교적 독재의 대안을 자처하는 체제의 부당성과 부조리'라고 결론 내린다. 더욱이 대게릴라전의 실적은 다소 혼란스럽다. 비록 정확한 수치는 아니지만 한 연구 결과에 의하면 '대게릴라전의 성공 확률은 경험상 50퍼센트 정도'로 추정된다.[42] 또 다른 RAND의 연구 결과에서는 1979년 이후에 종결된 30건의 사례 중 8건을 성공으로 간주하거나 성공률을 약 25퍼센트라고 주장한다.[43] 한 군사 비평가가 말한 것처럼 새로운 대게릴라전 교본은 '매우 설득적인 논조로 워낙 명확히 목표를 밝히고 있어 불가능을 가능하게 보이도록 한다.'[44] 그 방식의 지지자들 중한 명은 "대게릴라전은 가급적 우리가 피해야 할 게임이다……그 피해가 너무 심각하고 이익은 너무 불확실하기 때문에 우리는 가급적 그런 개입을 지양해야 한다"고 결론짓는다.[45]

물론 게릴라전이 전략가들이 고려해야 할 유일한 군사적 위협은 아니다. 국가들 간의 충돌은 완전히 사라지지 않았고, 혼종 전쟁도 여전히 주목해야 할 사항이다. 정책을 담당하는 국방차관은 전략 수립에 대해 다음과 같이 발표했다. "나는 혼종이라는 단어가 결정적인 특성이 될 것이라고 생각한다. 전통적인 범주(명확한 구분)는 더 이상 현실에 부합되지 않는다."[46] 2010년 펜타곤의 《4개년 국방검토 보고서*Quadrennial Defence Review Report*》는 국가 보안에 대한 위협으로 국가들 간의 전쟁뿐만 아니라 공해상의 해적, 핵 확산, 국제 범죄, 초국가적 테러, 국가적 재난의 중요성을 강조했다.[47] 새로운 기초 정책을 준비하는 미군의 전략가들은 기술적 우위, 체계적 계획, 집중화에 대한 비중을 축소했다. 오히려 그들은 불확실성, 탈집중화, 충돌의 범위에 대한 판단을 강조했다. H. R. 맥매스터 장군의 말에 따르면, 새로운 정책은 "기술적 능력이 반드시 전쟁의 안개를 걷어내고……그런 기술적 능력의 개발이 특히 지상전에 대한 전투력의 전통적인 요소를 대체할 것이라는 믿음을 명확히 부정한다."[48] 이 정책은 군대를 훈련하는 방법과 한정된 자원을 군비 예산에 투자하는 방법을 결정하는 임무를 어느 때보다도 복잡하게 만든다.[49]

군사적 자원으로 행태적 결과를 창출하는 방법

군사 전략가들과 분석가들은 끊임없이 적대 세력의 자원과 역량을 평가하고 비교한다. 예를 들면, 한 국가의 인구는 보병과 같은 특정한 수단을 형성할 수 있는 기본 자원이다. 대체로 분석가들은 우선적으로 예산, 유효 병력, 군사적 기반 시설, 군사 제도, 방위산업, 보유 무기 같은 전략적 자원에 주목한다. 그 다음으로 전략, 정책, 훈련 방식, 편제, 혁신 능력 같은 전환 능력에 영향을 미치는 요소들을 살펴보고, 마지막으로 지상전, 해상전, 공중전의 세부적 차원에서 전투 숙련도를 평가한다. 하지만 '국력의 궁극적 척도가 군사력'이라고 믿는 전략가들조차 역량에 근거한 방법론으로 전투 결과를 예측할 수 없다는 사실을 인정한다.[50] 앞서 살펴보았던 것처럼 우리는 권력 자원을 바람직한 행태적 결과로 전환시킬 수 있는 근원을 철저히 규명해야 한다. 군사 분석가 스티븐 비들이 결론을 내린 것처럼 "'군사력'이라는 한 가지 획일적인 개념이 모든 장소와 시간에서 일어나는 모든 충돌에 적용될 수는 없다."[51] 무력의 사용은 결정적인 요소로 작용한다. 목적을 달성하기 위해 자원을 조합하는 기술인 전략은 군사적 스마트 파워의 핵심이다.

우리는 더 기본적인 수준에서 군사적 자원이 1장에서 논의했던 관계적 권력의 세 가지 양상과 모두 연관된다는 것을 깨달아야 한다. 권력의 첫 번째 측면에서 무력은 다른 사람들에게 본래의 기호와 전략을 변경하도록 위협하거나 강제할 수 있다. 군사적 자원은 권력의 두 번째 측면에 해당하는 의제 구성에도 영향을 미친다. 가령 약소국이 강대국을 물리칠 수 없다는 것을 안다면 아마도 공격은 그 약소국의 의제에 포함되지 않을 것이다.[52] 멕시코는 19세기에 미국에게 빼앗긴 자국의 영토를 회복하고 싶어 할지도 모르지만, 군사적 재탈환은 21세기의 의제로 적합하지 않다. 한편 제1, 2차 세계대전 이후에 탄생된 제도에서 입증된 것처럼 전쟁의 승리는 향후의 의제를 확립하는 제도를 생성할 수 있다. 제2차 세계대전 이후 미국 군사력의 압도적 우위는 유럽과 일본에 상대적 이익보다 절대적 이익을 강조해서 경제적 상호 의존과 세계화의 성장을 촉진했던 경제적 의제에 집중할 수 있는 안정적 기반을 제공했다.

무력은 권력의 세 번째 측면을 구성하는 기호의 형성에도 영향을 미칠 수 있다. 앞서 살펴보았던 것처럼 히틀러와 스탈린 같은 독재자들은 막강한 군사력을 통해 무적의 기운을 창출하려고 했다. 작전의 성공은 사람들을 모여들게 만들고, 무력의 사용 능력에 대한 평판은 사람들을 끌어들이는 데 상승 효과를 일으킨다. 1991년에 미국은 걸프전에서 탁월하고 적절하게 무력을 사용함으로써 중동 지역에서 미국의 위상이 크게 증대되었다. 이런 사례들을 통해는 군사적 자원으로 바람직한 결과를 창출할 수 있는 방법이 다양하다는 것을 알 수 있다. 군대에서 무력의 '역동적' 사용이라고 지칭하는 것이 군사력의 유일한 표출은 아니다. 베트남전이 끝난 후에 이루어진 대담에서 미국의 해리 서머스 대령은 다음과 같이 지적했다. "당신들도 알겠지만 당신들은 전장에서의 역동적 교전에서는 결코 우리를 이길 수 없소." 그러자 베트남의 투 대령이 적절히 응수했다. "아마 그럴 수도 있겠죠. 하지만 우리가 전략적 소통의 전투에서 승리했고 결국 전쟁에서도 승리했기 때문에 그렇지 않을 수도 있소."[53]

군사적 자원은 군사력의 양식, 혹은 통용에 해당하는 네 가지 유형의 행위로 실행될 수 있다. 군사적 자원은 (1)물리적 전투와 파괴, (2)강압적 외교에서의 보조적 위협, (3)평화 유지를 포함한 방어의 약속, (4)다양한 형태의 지원을 위해 사용될 수 있다. 이런 행위들은 잘 수행된다면 목표 대상에게 바람직한 행태적 변화를 이끌어낸다. 하지만 그것들이 바람직한 결과를 창출하는 데 효과적인지 여부는 전환 전략에 사용되는 특별한 자질과 기술에 의해 결정된다. 성공적인 전략이 되려면 대상의 상황, 행위의 조건이나 환경, 대상의 예상 반응(수용, 혹은 저항)을 고려해야 한다. 비들은 군사력에 대해 다음과 같이 결론 내렸다. "역량은 대체로 물질적인 문제가 아니다. 그것은 국가들이 물질적 자원을 사용하는 방식에서 비롯되는 결과다…… 다양한 군사 임무들은 서로 큰 차이가 존재한다. 한 가지(혹은 몇 가지)를 잘하는 능력이 다른 것들에 숙달하는 능력을 의미하지는 않는다."[54]

표 2.1은 군사력의 양식을 구성하는 네 가지 주요한 행위를 간략

히 소개한다.

표 2.1 군사력의 차원

	강제 ◀			▶ 포섭
행동의 유형	물리적 강압	강압의 위협	보호	지원
양상	전투와 파괴	강압적 외교	동맹과 평화 유지	원조와 교육
전략적 성공을 위한 핵심 자질	역량	능력과 실행력	능력과 신뢰	역량과 덕망
유형의 자원	병력, 무기, 전술	신속한 외교	군대와 외교	조직과 예산

전투

첫 번째 양식인 전투의 성공은 역량과 당위성을 포함한 전략에 의존한다. 전투력에서 역량은 확연히 드러나지만 '싸우는 대상'에 대한 분석이 요구된다. 역량에는 전투의 숙련도와 다양한 전술, 군대와 후방의 사기뿐만 아니라 병력, 무기, 기술, 조직, 예산의 측면에서 평가된 전투 서열이 포함된다. 전투력에서의 역량은 전략적 지식 기반, 정치적 목표에 대한 통찰력, 다양한 잠재적 충돌을 아우르는 정책적 기반을 요구하는 광범위한 차원을 지닌다. 무력의 활용 계획에서 너무 근시안적인 집중은 자칫 권력의 수단으로써 무력의 효과를 저하시킬 수 있다.

신은 항상 더 많은 병력을 보유한 군대의 편이 아니다. 비록 장기전에서 승리할 가능성이 희박할지라도 전투력에서의 역량은 약소국들에게 상당히 중요할 수 있다. 예를 들면, 스위스는 역사적으로 지리적 환경과 징병 제도를 적절히 활용해서 주변국들에 손쉬운 점령을 허용하지 않았고, 인구가 고작 400만에 불과한 도시국가 싱가포르는 잠재적 적국들에 '독이 든 새우'처럼 선뜻 구미가 당기지 않도록 군사력에 막대한 투자를 실시한다.

당위성은 무형의 요소이고 가변적인 성격을 지니기 때문에 전투를 위한 전략에서 그다지 두드러지지 않는다. 사회학적 관점에서 당위성이란 어떤 행위자나 행위가 타당하다는 폭넓은 믿음을 가리킨다. "당위성의 개념은 다분히 전략적이거나 이기적인 이유가 아닌 윤리적인 이유를 근거로 공동의 능력에 호소해서 다양한 행위자들에게 서로 협력하도록 유도할 수 있다."[55] 당위성에 대한 믿음은 저마다 다르고 일치하는 경우가 지극히 드물지만, 목표 대상과 제3자들의 관점에서 무력의 사용에 대한 당위성의 인식은 목표 대상에게 예상되는 반응(신속한 굴복, 혹은 저항의 지속)과 무력의 사용으로 인해 발생되는 희생과 밀접한 관계가 있다. 당위성은 무력의 사용 방식에서 인식되는 균형감과 분별력뿐만 아니라, 명분의 정당성 같은 전통적인 정당한 전쟁의 기준에 의해 어느 정도 좌우된다.

당위성의 인식은 유엔의 엉뚱한 정치적 책략, 인권법에 대한 비정부기구NGO들의 경쟁적 해석, 대중 언론과 개인정보가들(블로그와 휴대전화를 사용하는)의 견해에 의해 영향을 받기도 한다. 2003년의 이라크전은 바그다드를 침공하고 점령하는 과정에서 미국의 월등한 역량을 입증했지만 유엔의 결의가 없었던 탓에 당위성의 인식이 결여된다는 비난에 시달렸다. 더욱이 점령 이후에 벌어진 약탈 행위, 파벌 투쟁, 게릴라의 진압을 위한 적절한 무력이 준비되지 못하면서 결국 미국이 보유한 역량에 대한 인식은 반감되었다. 이런 교훈들 중 일부는 아프가니스탄에서 반영되었다. 전임 아프가니스탄 주둔군 사령관 스탠리 맥크리스털은 이렇게 말했다. "가장 중요한 과제는 아프가니스탄의 국민들을 납득시키는 것이다. 이것은 완전히 인식의 전쟁이다. 얼마나 많은 사람들을 죽이는지, 얼마나 많은 영토를 점령하는지, 얼마나 많은 시설을 파괴하는지의 여부를 따지는 물리적 전쟁이 아니다. 이것은 전적으로 사람들의 마음에 의해 좌우된다."[56]

오래전부터 노련한 군인들은 단지 역동적 효과만으로 전투에서 승리를 거두지 못한다는 것을 알고 있었다. 페트레이어스 장군의 말에 따르면, "우리는 이라크에서 우리가 극렬한 게릴라를 소탕하거나 제압하지 못한다는 인식을 재확인했다."[57] 또한 맥크리스털이 언급한 것처럼 "우리가 편법적인 수단을 활용한다면 결국 그 대가를 치르게 된다. 아부 그라이브와 다른 유사한 상황들은 결코 은

폐할 수 없다. 그런 사실들은 사라지지 않는다. 적들은 그것들을 빌미로 공세를 지속한다."[58] 아프가니스탄에서 탈레반은 주민들의 민심을 확보하려는 미국의 새로운 전술에 맞서 자신들의 이미지를 쇄신하고 주민들의 호의를 얻기 위해 전통적인 수단뿐만 아니라 최신 미디어까지 동원해서 교묘한 홍보전을 시작했다.[59] 호주의 대게릴라전 전문가 데이비드 킬컬렌은 다음과 같이 지적한다. "이것은 미국의 국제적 평판, 윤리적 권위, 외교적 영향력, 설득력, 문화적 매력, 전략적 신뢰성(즉, 미국의 소프트 파워)이 군사력에 대한 부가적 선택 사항이 아니라는 것을 의미한다. 오히려 이것은 수용적 작전 환경을 조성하기 위한 핵심적인 동력이며……세계화된 게릴라들에 대응하기 위한 최고의 정치적 경쟁력이기도 하다."[60]

마찬가지로 파괴적 관점에서, 2006년에 이스라엘은 레바논에서 헤즈볼라에 승리를 거두었지만 헤즈볼라는 민간인 희생자들(민간인 거주 지역과 인접한 지점에 미사일을 배치한 것도 한 가지 원인으로 작용했다)의 방송을 영리하게 활용하고 이스라엘이 침략자라고 주민들과 제3자들을 설득한 끝에 결국 이스라엘이 후퇴한 뒤에는 오히려 승자로 인식되었다.[61] 2008년에 러시아는 조지아를 무난히 격퇴하고 아브카자와 남오세티아의 독립을 선포했지만, 새로운 종속국들에 대한 국제적 승인을 얻는 데 상당한 곤란을 겪었다. 나토가 코소보에 개입했던 것과 같은 상황이 반복된 것뿐이라는 러시아의 불만은 똑같이 유엔의 승인을 받지 못했지만, 코소보전은 널리 당위성을 인정받았다는 점을 간과하고 있었다.

당위성은 특히 대게릴라전 전략에서 매우 중요한데, '오늘날 군대의 리더십이 직면한 난관의 본질은 윤리적 차원……그 효과에 대한 한 가지 중요한 객관적 자료가 안전하게 보호한 민간인의 숫자가 아니라 의도와 무관하게 발생한 민간인 사상자의 숫자이기 때문이다.' 1950년대에 프랑스가 알제리에서 실패했던 궁극적인 요인은 잔인한 고문과 무분별한 무력의 사용에서 비롯되었다.[62] 호주의 한 군사 전문가는 게릴라들의 상당수가 외세의 침입에 맞서는 과격한 저항군에 가담한 '일시적인 게릴라들'로, 과격한 게릴라들과 분리될 수 있다고 지적한다. 그의 견해에 따르면, 국제적인 기준에 부합하는 행위는 '선택적 사치나 윤리적 무기력의 징표가 아니다. 오히려 그것은 핵심적인 전략 요건이다.'[63] 정당한 전쟁 이론just-war theory을 통해 알 수 있듯, 당위성은 전투의 명분과 전투의 절차를 모두 포함한다.

강압적 외교

군사력의 두 번째 양식인 강압적 외교는 앞선 전투와 마찬가지로 역동적 전투와 파괴에서 역량을 창출하는 자원에 의존하지만, 신뢰성과 위협의 역효과도 상당한 비중을 차지한다. 무력을 내세운 위협은 강제와 억제에 모두 사용될 수 있으나, 대체로 후자의 경우가 더 큰 신뢰성을 지닌다. 만약 위협이 신뢰성을 지니지 못한다면 상대에게 수락을 이끌어내지 못하고 강압을 행사한 국가의 평판에 역효과를 초래할 수 있다. 대체로 위협은 실패할 경우에 상대에게 저항을 유발할 뿐만 아니라, 결과를 지켜보는 제3자들에게 악영향을 미치면서 상당한 역효과를 일으킨다.

해군함과 전투기의 배치는 강압적 외교의 전통적인 사례로, 해군 자원은 공해상에서 자유로운 이동이 가능하다는 장점을 지닌다. 20세기에 미국이 '비전쟁 무력'을 사용했던 215개 사례 중 절반은 해군 병력만 단독으로 동원되었던 반면, 나머지 절반은 육군 병력이나 공군 병력으로 대체되거나 합동으로 배치되었다.[64] 무력은 노골적으로 위협에 사용될 필요가 없다. 군사력은 '입장의 천명'이나 '위용의 과시'에 사용될 수 있다. 20세기 초에 시어도어 루스벨트 대통령은 미국 권력의 부상을 과시하기 위해 새로이 '대백함대great white fleet'를 편성해서 세계 일주를 하도록 지시했다. 일부 국가들도 똑같은 목적으로 국경일에 대규모 군사 행렬을 실행한다.

최근에 중국은 대기권 저궤도에 위치한 자국의 인공위성 한 대를 파괴했다. 많은 사람들은 그것을 우주에 대한 미국의 무제한적 통제에 반발하는 강압적 견제라고 여겼다. 사이버 시대에 강압적 외교는 출처의 모호성을 활용해서 간접적으로 실행될 수 있다. 예를 들면, 2008년에 남중국해 자원의 소유권을 둘러싼 산발적인 외교 분쟁이 심각해진 상황에서 중국의 베트남 침공 계획이라는 문서가 중국 최대의 언론사인 시나닷컴sina.com을 비롯한 중국의 주요한 웹사이트들에 게시되었다.[65] 앞으로 5장에서 살펴보겠지만 사이버 전쟁의 가능성은 강압과 위협에 새롭고 흥미로운 차원을 추가한다.

방어

세 번째 양식인 방어의 약속은 동맹관계의 핵심이며, 다른 국가들에도 확장될 수 있다. 이 전략이 성공하려면 신뢰성과 그 신뢰성이 대상 국가에 신뢰를 생성하는지의 여부가 매우 중요하다. 예를 들면, 2009년 가을에 러시아가 군사 훈련을 실행했을 때 미국의 군함 한 척이 발트해를 순회했고, 12개월 동안 6명의 고위 장성이 라트비아를 방문하며 합동군사 훈련을 계획했다.[66] 나토군은 라트비아의 치안과 방어에 동원되었고 러시아에게 라트비아의 안보는 나토의 동맹국들에 의해 보장된다는 사실을 상기시켰다.

신뢰의 형성에는 대체로 희생이 따르지만 간혹 그렇지 않은 경우도 있다. 예를 들면, 2006년에 북한이 핵 실험을 단행하는 과정에서 일본에 파견된 미군은 일본의 지원 덕분에 비교적 적은 비용으로 신뢰성을 강화했다. 일본과 다른 동맹국들로 억제력을 확장하는 능력은 아시아에서 미국의 권력이 지니는 중요한 요소다. 예를 들면, 1990년대에 일본은 미국의 반대에 따라 미국을 배제하는 경제 블록을 형성하자는 말레이시아의 제안을 지지하지 않기로 결정했다. 확장된 억제력extended deterrence은 군사력과 신뢰성의 조합에 의존한다. 그것은 방어 국가가 지니는 이해관계의 정도에 따라 달라진다. 이익이 적은 지역에 대한 방어의 약속은 신뢰성이 떨어지지만, 일본과 한국에 주둔하는 미군은 높은 연대성과 신뢰성을 입증한다. 일본과 한국에 대한 공격은 미국인 사상자를 유발할 가능성이 크기 때문에 그 국가들의 운명에 관여한다는 약속은 단순히 말로 끝나지 않는다는 것을 의미한다.

방어는 그 방어를 제공하는 국가에게 하드 파워와 소프트 파워를 모두 창출할 수 있다. 나토와 같은 동맹관계는 미국의 하드 파워 역량을 강화할 뿐만 아니라 인간적인 유대관계와 우호적인 분위기도 이끌어낸다. 냉전 기간에 군사적 방어를 내세운 미국의 하드 파워는 대서양 지역의 안정과 경제적 번영이라는 미국의 환경적 목표를 촉진하는 소프트 파워 분위기를 조성하는 데 기여했다. 반면 제2차 세계대전 이후 사우디아라비아에 대한 미국의 방어는 공식적인 동맹이 아닌 암묵적인 보장과 국가적 이해관계에 따른 옹색한 협상에 의존했다. 이 방어 체제는 양국의 관계에서 한정된 소프트 파워만을 창출했지만, 간혹 사우디 정부가 미국의 요구에 따라 에너지 정책을 변경하면서 경제적 혜택을 이끌어내기도 했다.[67]

평화 유지 작전은 대체로 적극적인 전투를 수반하지 않는 군사적 지원의 방어적 양식에 포함되는 또 다른 양상이다. 최근의 여러 작전들에서 평화 유지군은 사살을 하거나 사살을 당하기도 했지만, 그들의 주요한 목표는 억제와 치안을 통한 안정의 확립이다. 다시금 반복되지만 군사적 자원이 바람직한 결과를 창출할 수 있을지 여부는 하드 파워와 소프트 파워의 조합에 의해 크게 좌우된다. 군사적 기술에서의 역량은 훈련 분야와 전투 상황에 따라 차이가 날 수 있지만, 오늘날 군사적 개입이 이루어진 환경에서 군인들은 3개의 인접한 구역 안에서 완전한 전술 활동, 평화 유지 작전, 인도주의적 지원을 동시에 수행할 수 있어야 한다.[68] 따라서 무력을 효과적으로 사용하려면 많은 부대들이 폭넓은 능력을 갖추어야 한다. 이런 폭넓은 능력의 신중한 실행은 목표 대상의 반응과 제3자들의 인식을 좌우한다.

지원

마지막으로 무력은 지원을 제공하는 데 사용될 수 있다. 이 양식은 외국 부대에 대한 훈련, 국제 군사 교육의 참여, 정기 훈련의 실행, 인도주의적 지원 활동, 재난 구호 활동의 형태로 이루어질 수 있다. 이런 지원은 하드 파워와 소프트 파워를 모두 증대할 수 있다.

예를 들면, 이라크군이나 아프가니스탄군에 대한 훈련에서 미국은 그들의 게릴라전 능력을 강화하기 위해 노력한다. 만약 훈련, 교육, 인도주의적 지원이 우호 증진으로 이어진다면 군사적 자원이 소프트 파워를 생성하는 것이다. 최근에 미 해군은 해상의 자유를 유지하기 위한 다른 국가들과의 협력관계와 상호 신뢰를 촉진하는 공동 협약의 구축에서 해군의 역할에 초점을 맞춘 21세기 재해권을 위한 협력 전략A Cooperative Strategy for 21st Century Seapower을 개발했다.[69] 이 전략에는 인도주의적 지원을 위한 상호 협조뿐만 아니라 합동훈련과 기술 지원도 포함된다.

2010년에 아이티에서 대지진이 일어나자 미국과 브라질 같은 인접국들뿐만 아니라 이스라엘과 중국 같은 비인접국들도 피해 복구를 돕기 위해 군부대를 파견했다. 지원의 가치가 바람직한 결과를 창출하는 전략으로 전환될지 여부는 목표 대상에게 인식되는 역량과 성의 같은 자질에 의해 결정된다. 역량은 확연히 드러나지만 호감을 증대하는 성의는 부족할 경우에 오히려 역효과를 유발할 수 있다. 냉소적이거나 가식적이거나 소극적인 인상을 주는 지원 활동은 실제로 부정적 반응을 일으킬 수 있다.

요컨대, 군사적 자원은 하드 파워와 소프트 파워를 모두 생성할 수 있으며, 그 조합의 비율은 네 가지 양식 중 어떤 것이 활용되는지 여부에 따라 달라질 수 있다.[70] 여기서 주목할 사항은 성의, 역량, 당위성, 신뢰에서 비롯된 소프트 파워가 군사력을 앞세운 하드 파워의 효과를 증대할 수 있다는 것이다. 두 가지를 성공적으로 조합한 전략은 군사적 스마트 파워를 의미한다.

군사력의 미래

2009년에 노벨 평화상을 수상하면서 버락 오바마는 다음과 같이 말했다. "우리는 일생 동안 폭력적 충돌을 근절하지 못할 것이라는 사실부터 인정해야 한다. 언젠가 국가들은 단독적 행동이든 공동의 행동이든 무력의 사용에는 단순히 필요성뿐만 아니라, 윤리적 정당성도 뒤따라야 한다는 것을 알게 되는 시기가 올 것이다."[71] 비록 21세기에 들어 국가들 간에 무력의 사용과 무력을 앞세운 위협이 발생할 가능성이 줄어들고 있지만, 자칫 불의의 충돌이 일어난다면 상당한 충격을 일으킬 것이며, 이런 상황은 이성적인 행위자들에게 값비싼 보험을 들도록 유도한다. 미국은 그런 보험 정책을 주관하는 선도적 국가가 될 것이다. 더욱이 국가들 간의 전쟁이나 내전이 확연히 감소하고 있지만 비국가적 행위자들과 게릴라군 간의 전쟁이나 국가들과 그런 집단들 간의 전쟁은 지속될 가능성이 크다. 혼종 전쟁과 '민간인들 간의 전쟁'도 끊이지 않을 것이다. 국가들 간의 전쟁이 지속적으로 감소할지라도 전투, 강압, 방어, 지원의 능력은 중요한 요소로 남을 것이다.

이런 추세는 권력의 두 번째 측면인 의제 구성과 연관되는 국제 정치에서 군사력의 역할에 대한 폭넓은 논의로 이어진다. 군사력은 국제 정치의 구조에 기여하기 때문에 여전히 중요성을 지닌다. 일부 이론가들은 군사력의 효용성이 지극히 제한적이기 때문에 더 이상 '권력의 다른 형태들과 비교되지 않는 궁극적 척도'가 아니라고 주장한다.[72] 그러나 일부 특정한 상황을 좌우하지 못한다고 해서 군사력이 완전히 무용지물이라는 의미는 아니다.[73] 비록 군사력을 사용하기 어려운 상황과 환경이 많아졌다고 해도 군사적 자원의 네 가지 양식을 모두 아우르며 여러 전망과 정치적 예상을 형성하기 때문에 군사력은 금세기에도 여전히 권력의 중요한 근원이다.

다음 장에서 살펴보겠지만, 시장과 경제력은 정치적 구조에 의존한다. 극도의 불안으로 혼란한 상황에서 시장은 정상적인 기능을 발휘하지 못한다. 정치적 구조는 규범과 제도에 기반을 두지만 강제력의 운용도 상당히 중요하다. 질서가 잡힌 근대국가는 무력의 합법적 사용에 대한 독점의 차원에서 정의되며, 이런 조건에서 국내 시장은 정상적으로 운영될 수 있다. 비록 가능성은 적지만 상대적으로 질서가 빈약한 국제적 차원에서 무력의 강압적 사용에 대한 막연한 우려는 중대한 영향을 미칠 수 있다. 군사력은 최소한의 질서를 부여하는 구조(더불어 규범, 제도, 관계)를 제공한다. 비유적으로 표현하자면, 군사력은 호흡에 산소가 필요한 것처럼 질서에 필요한 안정을 부여한다. 호흡은 산소가 희박해질 때까지 거의 인식되지 않는데, 일단 이런 상황이 일어나면 산소는 무엇보다도 중요해진다. 이런 맥락에서, 국제 정치의 구성에서 군사력의 역할은 21세기에도 무난히 유지될 가능성이 크다. 비록 국가들에게 19세기나 20세기와 똑같은 효용성을 발휘하지 못하겠지만, 군사력은 국제 정치에서 권력의 핵심적인 요소로 남을 것이다.

3

경제력

냉전이 끝난 후에 일부 분석가들은 '지경학geoeconomics'이 '지정학geopolitics'을 대체했다고 주장했다. 경제력은 국제 정치에서 성공을 위한 핵심이 되었다. 당근이 채찍보다 더 중요해진 것이다. 한 학자는 다음과 같이 말했다. "과거에는 다른 국가와의 상업적 교역으로 이익을 얻기 위한 합리적인 경제 체제와 무역 장치를 개발하는 것보다 무력으로 다른 국가의 영토를 점령하는 것이 더 수월했다."[1] 많은 사람들은 그로 인해 일본과 독일에 의해 장악되는 세계가 도래했다고 생각했다. 어떤 사람들은 권력의 다른 차원들을 고려하지 않은 채 오늘날 세계 생산에서 증가하는 중국의 점유율을 세계 권력의 균형에서 일어나는 중대한 변화로 간주한다.

정치 연구가들은 경제력과 군사력의 중요성에 대한 우위를 두고 오랜 논쟁을 벌여왔다. 마르크스주의자들은 경제학을 권력의 기저 구조, 정치 제도를 기생적 상부 구조로 여긴다. 19세기에 자유주의자들은 무역과 금융에서 증대되는 상호 의존이 전쟁을 쓸모없게 만들 것이라고 믿었다. 한편 현실주의자들은 1914년에 영국과 독일은 서로에게 최대의 교역국이었지만 그런 관계도 세계적 경제 통합을 반세기나 늦추는 무력 충돌을 막지는 못했다고 대답한다. 그들은 시장이 질서를 유지하기 위해 정치적 구조에 의존한다고 지적한다. 19세기에 소위 '자유 무역'은 영국의 막강한 해군력에 의존했다.[2] 더욱이 시장의 운영은 종종 무력의 행사보다 속도도 더디고 효과도 떨어진다.

양측의 주장은 모두 일리가 있지만, 앞서 1장에서 살펴보았던 것처럼 자원이 권력을 창출하는 여부는 상황에 의해 결정된다. 나귀를 물가로 끌고 가려고 할 경우에는 당근이 채찍보다 효과적이지만, 다른 사람의 나귀를 빼앗으려고 할 경우에는 권총이 대화보다 유용할 것이다. 군사력은 국제 정치에서 '권력의 궁극적 형태'라고 일컬어지지만[3] 그런 권력을 창출하려면 반드시 번창한 경제가 수반되어야 한다. 심지어 군사력과 경제력이 뒷받침되는 상황에서도 무력은 금융 안정이나 기후변화 같은 여러 중요한 문제들을 해결하지 못할지도 모른다. 상대적 중요도는 상황에 따라 결정된다.

경제적 자원은 하드 파워 행동과 더불어 소프트 파워 행동도 생성할 수 있다. 성공적인 경제 모델은 하드 파워를 행사하기 위한 잠재적인 군사적 자원을 생성할 뿐만 아니라, 그 모델을 모방하려는 다른 국가들을 포섭할 수도 있다. 냉전 이후 유럽연합EU의 소프트 파워와 현재 중국의 소프트 파워는 모두 경제 모델의 성공에 의해 강화되었다. 성공적인 대규모의 경제는 하드 파워 자원뿐만 아니라 소프트 파워 흡인력을 생성한다. 하드 파워와 소프트 파워를 모두 생성할 수 있는 기본적인 경제적 자원에는 무역, 금융, 경쟁 같은 특별한 영역에서 형성된 다양한 자원들뿐만 아니라 국내총생산GDP, 1인당 소득, 기술의 수준, 천연자원과 인력자원, 시장을 위한 정치 제도와 법 제도 등도 포함된다.

경제력 행동은 사회적 삶('돈으로 측정할 수 있는 부의 생산과 소비')의 경제적 양상에 의존한다.[4] 일부 경제학자들은 과연 그런 활동들이 경제력이라고 불릴 수 있는 것을 창출할 수 있을지 여부에 대해 회의적인 견해를 표출한다. 어떤 사람은 이렇게 말한다. "순수한 경제적 거래에서 정치는 존재하지 않는다."[5] 자유 시장 경제에서 거래가 완벽한 경쟁을 통해 구매자와 판매자 간에 자유롭게 이루어진다면 공동의 이익은 권력관계보다 교역 활동에서 발생한다. 하지만 경제 관계에서 절대적 이익에만 치중하는 것은 실수다. 절대적 이익은 양측의 역량을 강화할 수 있지만 전통적인 정치 경쟁에서 국가들은 종종 공동의 이익보다 상대적 이익에 대해 걱정한다.[6] 19세기에 프랑스는 경제적으로 부상하는 독일과의 무역을 통해 이익을 얻을 수 있었지만 라인강 너머에서 이루어지는 경제 성장이 초래할 수 있는 군사적 위협을 두려워했다. 더욱이 어떤 시장도 완벽할 수 없으며 권력관계는 공동의 이익에 대한 분배에 영향을 미칠 수 있었다. 경제 성장은 파이의 크기를 키우지만 상대적 권력은 가장 큰 몫의 임자를 결정한다.

다른 경제학자들은 경제력의 실체를 '지배나 통제를 위해 사용할 수 있는 경제적 역량'으로 인정한다.[7] 일부 학자들은 그것을 '상대에게 징벌이나 보상을 가할 수 있는 능력'으로 여기지만 그 효용성에 대해서는 여전히 회의적인 견해를 나타낸다. "국가의 세금 기반을 통한 군사력과의 연계성을 제외하면 대체로 경제력은 지역적, 혹은 일시적 효력을 발휘하는 수준에 머무른다. 경제력을 세계적인 규모로 행사하기는 어렵다. 그 이유는 근본적으로 경제적 결정의 주체가 가정들과 기업들이기 때문에, 경제적 결정권이 극도로 분산되어 기업들은 '시장'이 허용하는 범위에서 너무 벗어날 경우에 자칫 심각한 타격을 입을 수도 있는 경쟁의 압박에 시달린다."[8] 심지어 경제력이 수요나 공급의 독점에 기반을 두며 그런 권력이 국가들이 아닌 비국가적 활동가들(개인들과 기업들)에 의해 유지된다고 주장하는 사람들도 있다.[9] 비록 이따금 정부들이 국내의 이해관계, 다국적 기업, 복잡한 관계로 얽힌 문제들, WTO 같은 국제기구의 제한 때문에 잠재적인 경제력을 사용하는 데 어려움을 겪기도 하지만, 결코 국가들에게 경제력이 부족한 것은 아니다. 그러나 얼마나 많은 권력을 지니는지의 여부는 상황, 특히 시장의 본질의 의해 결정된다.

완벽한 시장에서 구매자와 판매자는 그들의 통제를 초월하는 수요와 공급의 힘을 지닌 시장의 구조적 권력에 이끌리는 가격 수용자가 된다. 하지만 상품의 차별화를 통해 불완전한 시장을 창출할 수 있다면 그들은 가격 조정력을 확보해서 가격 수용자가 아닌 가격 결정자가 될 수 있다. 브랜드 충성도를 창출하는 광고가 바로 그런 경우에 해당한다. 경제적 하드 파워 행동의 핵심적인 양상은 시장의 구조를 형성해서 관계적 지위를 향상하려는 행위자들의 노력이다. 이것은 앞서 설명했던 권력의 두 번째 측면과 흡사하다. 경제적 하드 파워의 또 다른 핵심적인 양상은 긍정적 제재와 부정적 제재로 활용되는 보상의 지급이나 박탈이며, 권력의 첫 번째 측면을 예시한다. 국가가 시장의 구조를 형성하고 보상을 활용하는 수단에는 관세, 할당제(쿼터제), 시장 접근 제한 규정, 법적 제재, 환율 조정, 천연자원 카르텔의 구성, 금전 외교checkbook diplomacy, 개발 원조 등이 포함된다.[10] 여기서 우리는 몇 가지 중요한 사항들만 살펴보겠지만, 경제력 행동의 중요한 차원은 상대적으로 다른 사람들을 자신에게 더 의존하게 만드는 것이다.[11]

경제적 상호 의존과 권력

시장의 힘에 의해 서로 연결되면서 국가들은 상호 의존을 구축하기 위해 노력하는데, 그 목적은 한편으로는 공동의 이익을 달성하고 다른 한편으로는 더 많은 이익과 권력을 부여하는 비대칭(불균형)을 조성하려는 것이다. '상호 의존'은 단기적인 민감성과 장기적인 취약성을 수반한다.[12] '민감성'은 한 체제의 일부에서 일어난 변화가 얼마나 빠르게 다른 일부에 변화를 유발하는지 여부 같은 상호 의존 효과의 규모와 속도를 나타낸다. 예를 들면, 1998년에 아시아 신흥 시장들의 침체는 러시아와 브라질 같은 다른 신흥 시장들의 침체로 이어지는 전염 효과를 일으켰다. 마찬가지로, 2008년 9월에 뉴욕에서 일어난 리먼브라더스의 붕괴는 급속도로 세계 전역의 시장들에 영향을 미쳤다.

하지만 고도의 민감성은 고도의 취약성과 똑같은 것이 아니다. '취약성'은 상호 의존 체제의 구조 변화로 인한 상대적 손실을 나타낸다. 취약성은 민감성보다 관계에서 더 많은 권력을 생성한다. 취약성이 덜하다는 것은 반드시 민감성이 덜하다는 것이 아니라, 상황의 변화로 인해 발생하는 손실이 적다는 것이다. 1998년에 미국은 동아시아의 경제 상황에 민감했지만 취약하지는 않았다. 동아시아의 경제 위기는 미국의 성장률을 0.5퍼센트 낮추었지만, 미국은 경제 호황 덕분에 충분히 감당할 수 있었다. 반면 인도네시아는 세계적인 무역과 투자의 형태 변화에 민감하면서 취약하기도 했다. 인도네시아의 경제는 극심한 타격을 받았고, 그로 인해 내부적인 정치 분쟁까지 일어났다. 취약성에는 정도의 차이가 존재한다. 2008년에 서브프라임 모기지 시장의 거품 현상과 적자의 증가는 그 시장이 한창 호황이었던 10년 전에 비해 미국이 더 취약해졌다는 것을 입증했다.

취약성은 총액 측정치의 범위를 초월하며, 이 영역에서 앞서 언급한 주의사항들은 경제력에 적용된다. 취약성은 사회가 변화에 신속히 대응할 수 있는지 여부에 의해서도 좌우된다. 예를 들면, 시장에서 민간 부문, 대기업, 투기 세력은 모두 시장의 상황을 주시하며 기근이 심해질 거라는 판단이 들면 공급을 축소하기로 결정할 것이다. 그들의 행위는 기근의 심화를 유도하고 시장의 수요를 증대하기 때문에 가격의 상승을 더욱 촉진할 것이다. 정부는 이따금 이런 시장 행위를 통제하기 어렵다는 것을 알게 된다.

'대칭'은 불균형적 의존에 대비해 상대적으로 균형적인 상황을 나타낸다. 의존도가 적은 상태는 권력의 근원이 될 수 있다. 만약 두 진영이 상호 의존관계에 있지만 한 진영이 다른 진영보다 의존도가 적다면, 양측이 상호 의존관계를 유지하는 동안 의존도가 적은 진영은 권력의 근원을 지닌다. 상호 의존에서 비대칭의 조장은 경제력의 중요한 차원이다. 완벽한 대칭은 지극히 드물며, 거의 대부분의 경우에 경제적 상호 의존은 잠재적인 권력관계를 수반한다.

1980년대에 로널드 레이건이 세금을 축소하고 지출을 확대했을 때 미국은 연방 정부의 예산을 맞추기 위해 일본에서 유입된 자본에 의존하게 되었다. 일부 전문가들은 이런 추세가 지속되면 일본에게 엄청난 권력을 부여한다고 주장했다. 그러나 일본이 미국에 제공하는 차관을 중단하면 미국뿐만 아니라 일본도 피해를 입게 되었다. 더불어 이미 미국에 많은 지분을 보유한 일본인 투자자들은 일본에서 갑자기 미국에 제공하는 차관을 중단하면 미국 경제가 받을 피해만큼 그들의 투자 가치도 하락하게 된다는 것을 알게 되었다. 일본 경제는 규모 면에서 미국 경제의 절반 정도에 불과했는데, 그것은 양국이 서로를 필요로 하고 상호 의존을 통해 이익을 거두지만 일본이 수출에서 상대적으로 미국 시장을 더 필요로 한다는 것을 의미했다.

오늘날 미국과 중국 간에도 비슷한 관계가 이루어지고 있다. 미국은 중국의 수입품을 들여오면서 달러로 대금을 지불하고 중국은 보유한 미국의 달러와 채권으로 미국에 차관을 제공한다. 중국은 총 2조 5,000억 달러의 외환 보유고를 지니고 있으며, 그중 대부분이 미국 재무부 채권이다. 일부 전문가들은 이 상황을 세계 권력의 균형에 일어난 큰 변화로 묘사했다. 그 이유는 중국이 달러를 매각한다는 위협으로 미국을 무릎 꿇릴 수 있게 되었기 때문이다. 하지만 그런 위협을 실행에 옮기면 중국도 달러의 하락으로 외환 보유고의 가치가 떨어질 뿐만 아니라, 자극을 받은 미국에 자국의 값싼 상품을 수출하기 어려워져 결국 국내의 실업 증가와 불안 증폭을 초래하게 된다. 만약 중국이 달러를 매각한다면 미국을 무릎 꿇릴 수는 있지만 중국도 발목을 다치게 될 것이다. 중국의 한 경제학자는 이렇게 말한다. "우리는 상호 의존적 세계에서 살고 있다. 만약 우리가 상대에게 피해를 입히기 위해 일방적인 행동을 한다면 자칫 우리가 피해를 입을 수도 있다."[13]

경제적 상호 의존이 권력을 생성하는지의 여부를 판단하려면 평형 상태의 한 측면만이 아닌 비대칭의 균형을 살펴보아야 한다. 이 경우에 비대칭의 균형은 핵 교전을 통해 서로를 파괴할 수 있는 잠재력을 지녔지만 결코 실행하지 않았던 냉전 시대 미국과 소련 간의 군사적 상호 의존에 비유되는 '금융 테러의 균형'과 유사하다. 2010년 2월에 중국의 고위 장성들은 대만에 무기를 판매한 미국에 대한 보복으로 미국 정부의 채권을 매각할 것을 요구했지만 중국 정부는 그들의 요구를 수용하지 않았다.[14] 중국 외환 관리국의 국장 이강은 "미국 재무부에 대한 중국의 투자는 시장 투자 활동이며, 우리는 그것을 정치적으로 다루고 싶지 않다"고 설명했다.[15] 만약 그것이 정치적으로 활용된다면 그 고통은 양측 모두에게 돌아갈 것이다.

그러나 이런 균형은 안정을 보장하지 않는다. 전혀 예상하지 못한 결과를 초래할 수 있는 사고의 위험이 존재할 뿐만 아니라, 두 국가가 서로 취약성을 줄이기 위한 구조의 변화도 모색하기 때문이다. 2008년 금융 위기 이후에 미국은 자국의 무역 적자와 달러 불균형을 완화하기 위해 중국에 통화량을 확충하도록 압박했다. 한편 중국 중앙은행의 관계자들은 미국이 저축을 늘이고 적자를 줄이면서 달러가 준비 통화로 특별 인출권을 발행하는 IMF에 의해 보완되는 장기적 미래를 향해 나아가야 한다는 성명을 발표하기 시작했다. 그러나 중국은 그저 말만 거창할 뿐이었다. 채권자의 권력에 대한 불길한 예측에도 불구하고 중국의 증대된 금융력은 미국의 탄원에 반발할 수 있는 능력을 증대했지만, 미국의 정책을 변경하도록 강제하는 능력은 거의 증대하지 못했다.[16] 중국은 달러 보유고의 증가를 완화하기 위해 여러 수단을 동원했지만 국내의 정치적 이유로 자국의 통화를 완전한 교환성 통화로 전환하는 위험을 감수할 의사는 없었다. 따라서 위안화는 향후 10년 이내에 세계 최대의 준비 통화(60퍼센트 이상)로서 달러의 역할에 도전할 가능성이 크지 않다. 그럼에도 중국에서 점차 국내 소비가 증가하며 경제 성장의 동력으로 수출에 대한 의존도가 감소하게 되면 중국의 지도자들은 국내의 정치적 안정에 결정적인 역할을 하는 고용의 근원으로서 미국 시장에 의존할 필요성이 줄어든다고 느낄지도 모른다. 그러면 정치적 협상에는 대칭의 정도에서 인식된 한계 변화가 반영될 수도 있다.

통화 시장에서 비대칭은 무역과 금융 시장의 방대한 체제의 기저를 이루기 때문에 특히 중요하고 효율적인 경제력의 차원이다. 통화 권력monetary power은 통화 조작, 통화 의존의 조성, 체제를 붕괴할 수 있는 역량에서 비롯된다.[17] 자국 통화의 교환성을 제한함으로써 중국은 국제 통화 시장에서 비롯될 수 있는 국내의 경제적 결정에 대한 규제를 회피하는 한편, 무역에서 경쟁력의 우위를 창출한다.

한 국가의 통화가 교환과 가치 저장의 수단으로 널리 통용되면 그것은 세계 준비 통화로 알려지면서 상당한 권력을 발휘할 수 있다. 예를 들면, 1998년에 국제 은행과 IMF가 인도네시아와 한국에 행사할 수 있었던 규제와 2008년에 금융 위기가 지속되는 동안 미국이 자국의 통화로 부채가 표시된다는 이유로 조정 과정에서 누렸던 상대적 자유를 비교해보라. 달러의 가치는 폭락하지 않았고, 투자자들이 미국의 내재적 힘을 안전 자산으로 여기면서 오히려 가치가 상승했다. 세계 외환 보유고에서 상당한 비율을 차지하는 국가의 통화는 앞서 언급했던 조정의 차원과 도움이 필요한 다른 국가들에 대한 영향력의 차원에서 모두 경제력을 창출할 수 있다. 예를 들면, 1956년에 수에즈 운하의 위기로 영국과 프랑스가 이집트를 공격한 후에 파운드가 금융 시장에서 공격을 당하자, 미국은 수에즈에서 철수하는 조건으로 영국에 파운드를 지원하겠다고 제안했다.[18] 영국은 몹시 불만스러웠지만 다른 해결책을 찾을 수 없었다.

프랑스의 대통령 샤를 드골은 "달러가 세계적인 기준 통화가 된 후로 다른 국가들이 달러의 부실한 관리에 따른 영향에 시달리게 되었다. 이런 상황은 용납할 수도 없고 지속되어서도 안 된다"고 불만을 표시했다.[19] 하지만 그런 상황은 지속되었다. 10년 후에 프랑스 대통령 발레리 지스카르데스탱은 달러의 역할이 미국에게 '터무

니없는 특권'을 부여했다고 지적했다.[20] 한 경제사학자의 말에 따르면, "경제력과 정치력은 불안정하면서 안보와 성장에 높은 가치를 두는 세계에서 서로 협력하는 성향이 있다."[21] 미국의 막강한 군사력은 안전 자산으로서 달러의 신뢰성을 강화한다. 한 전문가는 이렇게 표현한다. "진보된 자본 시장에 그 시장을 지키는 강력한 군사 장비와 재산권 보호를 위한 규정, 신뢰성에 대한 평판 같은 다른 안전 장치가 조합되면 아주 쉽게 자본을 끌어들일 수 있다."[22]

그러나 우리는 한 국가가 다른 국가들에 준비 통화로 통용되는 통화를 보유함으로써 얻는 경제력을 과소평가해서는 안 된다. 화폐 주조이차(화폐 생산비와 액면 가치의 격차)는 오직 국제적으로 통용되는 3,800억 달러의 지폐에만 적용되고 높은 이자율을 부담해야 하는 재무 채권(비록 달러에 대한 신뢰도 덕분에 재무부는 기준치보다 낮은 이자율로 채권을 발행할 수 있지만)에는 적용되지 않는다. 2010년에 그리스와 다른 국가들의 재정 문제가 일어나 유럽의 신뢰도를 떨어뜨리기 전까지 유로화는 "그저 금융 시장의 규모와 유동성을 강화함으로써 채무를 지닌 정부들을 위해서뿐만 아니라 유럽 전역에서 실제 이자율을 낮추는 데 기여했을지도 모른다."[23]

앞서 설명했던 조정과 적자에 대한 자금 조달의 용이성에 반해 잠재적인 손실도 존재한다. 예를 들면, 재무부는 정책을 수립할 때 달러에 대한 국제 여론에 의해 제한을 받는다. 더불어 국제적 역할에 의해 준비 통화의 수요가 증가하면 그 통화의 가치가 상승하고 준비 통화 국가의 제조업체들은 그들의 상품이 세계 시장에서 상대적으로 경쟁력을 잃는다는 것을 알게 된다. 미국의 많은 제조업체들은 달러의 축소된 역할을 반가워할 것이다. 미국 경제의 규모와 미국 금융 시장의 상대적 영향력 때문에 달러는 향후 10년, 혹은 그 이상 중요한 국제 준비 통화로 계속 통용될 가능성이 크지만 통화 시장의 준비 수단으로써 지니는 경제력은 간과되거나 과장되어서는 안 된다.[24]

미국과 중국은 모두 서로를 구속하는 비대칭의 균형을 파괴할 의향이 없지만 미국은 국제 포럼에서 점차 증대되는 중국의 영향력을 용인하고 있다. 그에 따라 G-8(8개국 중 4개국이 유럽 국가다)은 세계 생산의 80퍼센트를 담당하는 국가들을 포함하는 G-20 정상회담에 의해 효과적으로 보완되고 있다. 이런 회담들에서는 그동안 미국의 적자가 중국의 흑자로 이어지던 형태를 변경하는 자금 이동의 '균형에 대한 재조정rebalance'의 필요성이 논의되었다. 그런 변화가 이루어지려면 미국의 저축 증대와 중국의 소비 증진 같은 정치적으로 어려운 국내의 소비와 투자 형태의 전환이 반드시 수반되어야 했다. 그런 변화는 빠른 시일에 이루어질 가능성이 적지만 흥미롭게도 G-20에서는 이미 IMF 투표에서 유럽의 비중을 축소하고 중국과 다른 신흥 경제 국가들의 비중을 점차 확대하기로 협의했다.

이것은 다시금 경제력에 대한 제한의 중요성을 보여준다. 비록 중국이 달러를 매각해서 미국 경제에 타격을 가하겠다고 위협할 수 있을지라도 미국 경제가 쇠약해지면 중국은 수출 시장이 축소되고 미국 정부는 중국 제품에 대해 관세로 대응할지도 모른다. 양측은 모두 서둘러 취약성 상호 의존의 대칭을 깨뜨리지 않겠지만 끊임없이 시장관계의 구조와 제도적 체제를 형성해서 우위를 차지하려고 할 것이다. 더욱이 인도와 브라질 같은 다른 신흥 경제 국가들은 저평가된 중국의 통화로 인해 수출에 타격을 입게 되면서 G-20과 같은 국제 포럼을 활용해 미국의 입지를 강화하려고 할지도 모른다.[25]

다른 문제 영역들에도 상호 의존의 비대칭이 존재할 경우에 국가들은 그 문제들에 연계할 수도 있고 연계하지 않을 수도 있다. 만약 각 문제가 별개의 게임이고 모든 게임이 동시에 진행된다면, 한 국가는 대부분의 칩을 한 테이블에 올려놓고 다른 국가는 대부분의 칩을 다른 테이블에 올려놓을지도 모른다. 국가들은 저마다 이해관계와 입지에 따라 게임을 별도로 진행할지 테이블 간에 연계를 조성할지 여부를 선택할 것이다. 따라서 경제적 상호 의존에 대한 대부분의 정치적 충돌에는 연계의 창출이나 방지가 수반된다. 국가들은 강세를 지니는 영역에서 상호 의존의 연계를 조장하고 열세를 지니는 영역에서 연계를 회피하려고 한다.

국제기구들은 간혹 의제를 형성하고 문제 영역을 규정함으로써 상호 의존관계에서 절충을 위한 규칙을 제정한다. 국가들은 테이블 사이에서 이루어지는 칩의 이동에 영향을 미치는 규칙을 정하기 위해 국제기구를 이용하려고 한다. 예를 들면, WTO의 회원국들은 일부 국가들이 사용할 수 있는 특정한 정책 수단을 제한하고 다른 국가들에 한 가지 분쟁 해결 방식에 따르도록 강제한다. 역설적이지만 반세계화 시위자들의 주장에 의하면, 국제기구들은 약소국들이 상대적 우위를 보이는 일부 영역들을 강자들이 장악한 영역들과 격리함으로써 약소국들을 보호할 수도 있다. 그러나 일부 국가들이 강력한 힘을 바탕으로 한 개 이상의 테이블을 뒤엎을 수 있다는 위험이 존재한다. 예를 들면, 1971년에 미국의 국제수지가 악화되자 닉슨 대통령은 갑자기 미국은 더 이상 달러를 금으로 태환하지 않을 것이라고 발표했고, 결국 1944년에 다국적 협의에 의해 탄생된 브레턴 우즈 통화 체제가 붕괴되었다.

가장 큰 국가가 항상 경제적 상호 의존의 조작에서 승리하는 것은 아니다. 만약 한 약소국이 어떤 문제에 상대적으로 큰 관심을 보인다면 그 국가는 뛰어난 성과를 이끌어낼지도 모른다. 예를 들면, 미국은 캐나다의 해외 무역에서 거의 4분의 3을 차지하는 반면, 캐나다는 미국의 해외 무역에서 약 4분의 1을 차지하기 때문에 캐나다는 상대적으로 미국에 대한 의존도가 높다. 그럼에도 캐나다가 미국과의 많은 분쟁에서 승리를 거두었던 이유는 캐나다가 미국을 억제할 수 있는 관세와 규제 같은 보복성 행위를 내세우며 위협했기 때문이다.[26] 만약 그런 위협이 완전한 분쟁으로 이어지면 캐나다는 미국보다 훨씬 많은 타격을 받게 되지만 캐나다인들은 항상 자국이 패배할 수밖에 없는 규칙에 동의하는 것보다는 간혹 보복을 감행하는 위험을 감수하는 것이 낫다고 판단했다. 경제적 상호 의존의 조작을 통한 억제는 효과적인 타격과 신뢰성 있는 의도를 창출하는 능력에 근거한다는 측면에서 핵 억제와 유사하다. 약소국들은 종종 상대적 우위를 나타내는 집약력, 집중력, 신뢰성을 활용해서 비대칭적 상호 의존에서의 상대적 취약성을 극복할 수 있다. 앞서 1장에서 논의했던 개념들의 관점에서 그들은 탁월한 권력 전환 능력을 개발할 수 있다. 이따금 자원의 비대칭은 관심과 의도의 비대칭을 통해 균형을 이루기도 한다.

천연자원

사람들은 간혹 천연자원의 방대한 보유량을 경제력과 동등하게 여기기도 하지만 그 관계는 복잡하고 미묘하다. 예를 들면, 20세기에 일본은 중요한 천연자원 없이도 세계 2위의 경제대국이 되었지만 일부 천연자원 보유국들은 그 자원을 국부나 국력으로 전환하지 못했다. 또 일부 산유국들은 여전히 약소국에서 벗어나지 못하고 있으며, 석유의 왜곡된 사회적, 정치적 영향 때문에 '석유의 저주oil curse'라는 말까지 등장하게 되었다. 석유로 인한 부가 폭넓은 기업가 정신과 인적 자원에 대한 투자를 저해하는 부패한 제도와 불균형적인 경제로 이어지면 결국 국력의 발전을 가로막을지도 모른다.[27]

국가들은 관세, 쿼터, 특허를 통해 시장 접근을 조작하고, 공급 체인을 다양화하고, 기업들의 보통주를 확보하고, 특권을 획득하기 위해 원조를 활용함으로써 자국에 유리한 시장 구조를 형성하려고 노력한다. 물론 성공 여부는 특정한 시장들에서 나타나는 비대칭 상황에 따라 달라진다. 예를 들면, 수십 년 동안 대규모 철광 공급 업체들과 유력한 철강 제조업체들 간의 가격 조정 협상은 매년 지지부진했고, 그에 따라 가격도 아주 서서히 상승했다. 그러나 중국이 철광 수출량의 절반 이상을 수입하는 구매자로 부상하면서 2002년과 2008년 사이에 철광 가격은 무려 4배나 치솟았다. 중국 정부는 철광에 대한 의존도에 몹시 민감했다. 고작 3개 회사BHP(리오 틴토, 베일)가 철광 무역을 장악하고 있었기 때문이다. 따라서 중국 정부는 국영 기업들을 통해 활동하며 '중국의 수입업체들에 공동 협상을 시도하거나 다른 공급업체를 물색하거나 심지어 리오 틴토에 뇌물을 제공하라고까지 독려하면서' 과점 체제를 붕괴시키려고 노력했다.[28] 비록 중국은 후일 리오 틴토의 관계자들에게 뇌물수수 혐의를 적용했지만 이 경우에 탄력적인 수요와 제한된 공급은 시장을 재구성하려는 중국 정부의 권력을 제한했다.[29] 반면 중국 시장에 대한 직접적인 투자나 접근에 관련된 경우에는 상황이 역전되어 중국 정부가 마음껏 경제력을 행사했다. 2010년 9월에 중국은 해상권 분쟁을 일으켰던 일본에 희토류 수출을 중단했다.

아무리 천연자원이 희박한 국가라도 자원의 부재가 낮은 경제력의 지표는 아니다. 그것은 대부분 국가의 취약성과 관련되며 대체 자원의 가용 여부와 다양한 공급원의 존재 여부에 의존한다. 예를 들면, 1970년대에 일부 분석가들은 미국의 원자재에 대한 수입 의존도의 증가와 그에 따른 취약성의 증대를 경고했다. 13개의 기본적인 산업용 원자재들 중에서 미국은 알루미늄, 크롬, 망간, 니켈을 거의 90퍼센트가량 수입에 의존했다. 카르텔의 형성을 통해 산유국들이 보여준 능력은 다른 필수품들에게 일종의 전조로 여겨졌다. 권력이 천연자원 산출국들에게 전이되는 것처럼 보였다. 하지만 그 후 10년 이상 원자재 가격은 인상되지 않고 오히려 인하되었다. 왜 이런 예측이 빗나간 것일까? 취약성을 판단하는 과정에서 분석가들은 산출국들의 인위적인 가격 인상을 방지했던 원자재의 대체물과 다양한 공급원에 대해 고려하지 않았다. 더욱이 기술은 시간이 지날수록 발전을 거듭한다. 이처럼 기술과 대체물에 대해 적절히 고려하지 않았기 때문에 원자재 부족으로 인한 미국의 취약성에 대한 예측은 정확하지 않았다.

석유, 가스, 그리고 경제력

한때 마오쩌둥은 권력은 총부리에서 나온다고 말했지만, 오늘날 많은 사람들이 권력은 석유에서 비롯된다고 믿는다. 그러나 천연자원에서 비롯된 경제력에 대한 평가에서 석유는 규칙이 아닌 예외로 판명되었기 때문에 보다 면밀히 분석할 가치가 있다. 석유는 경제적, 정치적 관점에서 세계적으로 가장 중요한 원자재이며 금세기에도 핵심적인 에너지원으로 사용될 가능성이 크다. 미국은 세계 석유 생산량의 20퍼센트를 소비한다. 반면 중국은 소비량이 급속도로 증가하고 있지만 아직 세계 석유 생산량의 8퍼센트 정도를 소비하는 수준에 그치고 있다. 중국의 고도성장에도 불구하고 석유는 근시일 안에 고갈되지 않을 것이다. 이미 1조 배럴 이상 매장된 것으로 확인되었고, 장차 더 많이 발견될 것으로 전망되고 있다. 하지만 현재 확인된 매장량의 66퍼센트 이상이 페르시아만에 집중되어 있기 때문에 정치적 혼란에 취약할 수 있고, 그 결과 세계 경제에 치명적인 영향을 미칠 수도 있다.

석유 시장에 영향을 미치는 규칙, 규범, 제도의 구조는 지난 수십 년 동안 극적으로 변화되었다.[30] 1960년대에 석유 체제는 주요한 소비국들의 정부들과 긴밀한 연계로 맺어진 사적인 과점 구도였다. 주로 영국과 미국에 기반을 둔 7개의 대규모 다국적 석유 회사들이 석유 생산량을 결정했는데, 간혹 그들은 '일곱 자매들'로 불리기도 했다. 석유 가격은 그 회사들이 생산하는 양과 대부분의 석유가 판매되는 부자 국가들의 수요에 의해 좌우되었다. 다국적 기업들은 생산 비율을 설정했고, 가격은 부자 국가들의 상황에 의해 결정되었다. 전통적인 관점에서 국제 체제의 최강국들은 이따금 석유 시장의 불평등한 구조를 유지하기 위해 개입했다. 예를 들면, 1953년에 이란에서 민족주의 운동이 일어나 왕정을 전복하려 했을 때 영국과 미국은 이란의 국왕이 왕위에 복귀할 수 있도록 은밀히 지원했다.

1973년의 석유 파동 이후에 석유 시장을 지배하는 국제 체제에 중대한 변화가 일어났다. 그 당시 부자 국가들에서 상대적인 약소국가들로 권력과 부의 대규모 전이가 이루어졌다. 산유국들이 생산 비율을 설정하기 시작하면서 오직 부자 국가들의 시장에 의해 결정되었던 가격에 엄청난 영향을 미쳤다. 흔히 산유국들이 서로 연대해서 OPEC를 조직했다는 근거를 들어 이 사건을 설명하지만, OPEC는 이미 1960년에 조직되었고 극적인 변화는 10년 후인 1973년 후반까지 일어나지 않았다. 1960년대에 OPEC 회원국들의 절반이 유럽의 식민지였던 데다 1973년에 이르러 비로소 모두 독립국가가 되었기 때문이었다. 민족주의의 부상과 더불어 군사적 개입의 손실이 커진 것이 요인이었다. 식민지에서 벗어나 민족주의에 자각한 사람들을 무력으로 진압하기가 훨씬 더 어려워졌던 것이다. 1953년에 영국과 미국이 이란의 내정에 개입했을 때는 단기적 관점에서 손실이 아주 적었지만 1979년에 미국이 이란혁명에 맞서 왕권을 유지하려고 했을 때는 도저히 손실을 감당할 수 없는 수준이었다.

석유 시장에서 경제력의 상대적 대칭에도 변화가 이루어졌다. 1956년과 1967년의 두 차례 중동 전쟁 동안 아랍 국가들은 석유 수출 중단을 시도했지만 미국에 의해 허무하게 좌절되었다. 아랍 국가들이 유럽에 수출을 중단하자 미국이 유럽에 공급할 석유를 생산했기 때문이었다. 1971년에 석유 생산이 절정에 다다른 미국이 석유를 수입하기 시작하면서 석유 시장의 균형을 유지하던 권력은 사우디아라비아와 이란 같은 국가들에 넘어갔다. 미국은 더 이상 부족한 석유를 공급할 수 있는 최후의 보루가 아니었다.

이 기간에 '일곱 자매들'은 점차 권력을 잃어갔다. 그 이유들 중 하나는 산유국들과의 '부진한 협상'이었다.[31] 한 다국적 기업이 자원이 풍부한 국가에 새로운 투자를 시작하면, 그 기업은 공동의 이익 중 많은 부분을 차지하는 계약을 성사시킬 수 있다. 가난한 국가의 관점에서 다국적 기업이 자원 개발에 참여하면 장차 자국의 경제가 발전하게 된다. 다국적 기업이 자본, 기술, 국제 시장에 대한 접근을 독점하는 초기에는 가난한 국가에 불리한 조건으로 계약이 체결된다. 그러나 시간이 흐르면서 다국적 기업은 자선의 의도가 아닌 단지 사업의 차원에서 가난한 국가에 자원을 투입하고 주민들을 교육시킨다. 마침내 가난한 국가는 더 많은 이익을 원하게 된다. 다국적 기업은 사업을 철수한다고 위협할 수 있지만, 이제 가난한 국가도 자체적으로 운영한다고 응수할 수 있다. 자원 보유국과의 협상의 측면에서 시장의 구조를 형성하는 다국적 기업의 권력은 시간의 흐름에 따라 점차 감소한다. 일곱 자매들은 석유 시장에 새로운 다국적 기업들이 진출할 때마다 '작은 사촌들'을 맞이했다. 비록 일곱 자매들만큼 엄청난 규모는 아니었지만 그들도 나름대로 큰 규모를 바탕으로 저마다 산유국들과 계약을 체결하기 시작했다. 이런 경쟁으로 인해 시장의 구조를 형성하는 일곱 자매들의 권력은 더욱 감소되었다. 오늘날 6개의 대규모 다국적 기업은 세계 석유 매장량 중 고작 5퍼센트밖에 통제하지 못하며, 나머지 95퍼센트는 산유국의 국영 기업들이 완전히 장악하고 있다.[32]

카르텔로서 OPEC의 효과도 서서히 증대되었다. 석유산업에서 공급을 제한하는 카르텔은 오랜 세월 관례로 지속되었지만, 과거에는 일곱 자매들의 사적 합의에 불과했다. 카르텔은 대체로 시장이 약해지고 가격이 떨어지면 생산 할당을 속이려는 성향이 나타나기 때문에 문제가 발생한다. 시장의 힘이 시간이 지나면서 카르텔을 잠식하게 되는 것이다. OPEC는 설립되던 첫해인 1960년부터 1970년대 초반 이전까지 선가규율price discipline을 시행하지 못했다. 그러나 석유 공급이 부족해진 후에는 산유국들의 교섭권을 조정하는 과정에서 OPEC의 역할이 증대되었다.

1973년의 중동 전쟁은 OPEC에 추진력을 제공했다. 아랍 국가들이 전쟁 기간에 정치적 이유로 석유에 대한 접근을 차단하면서 OPEC가 효력을 발휘할 수 있는 상황이 조성되었다. 아랍 국가가 아닌 이란은 페르시아만을 단속하기 위한 미국의 거점이었지만 이란 국왕이 석유 가격을 4배나 올리면서 다른 OPEC 회원국들도 신속하게 뒤따랐다. OPEC는 오랫동안 시장의 힘 때문에 장기간 높은 가격을 유지하지 못했으나 OPEC의 단합으로 가격이 쉽게 하락하지는 않았다.

이 위기가 고조되던 시점에 미국의 국무장관 헨리 키신저는 만약 미국이 '질식할 상황'에 이른다면 부득이 무력을 사용하게 될 것이라고 경고했다. 석유 무역의 15퍼센트가 중단되었고 아랍의 수출 중단으로 미국에 대한 석유 수출은 25퍼센트 감소했다. 그러나 석유 회사들은 어떤 국가도 극심한 피해를 입지 않도록 조치를 취했다. 그들은 세계 석유 무역의 경로를 재편성했다. 미국으로 수입되던 아랍권 석유가 25퍼센트나 감소하자, 그들은 베네수엘라나 인도네시아에서 더 많은 석유를 생산해 미국에 공급했다. 그들이 수출 금지로 인한 피해를 완화한 덕분에 부자 국가들은 석유 공급이 7~9퍼센트 감소하는 수준에 그치며 질식점strangulation point에 이르지 않았다. 석유 회사들이 자체적인 이익을 위해 안정 유지 차원에서 실행한 조치가 경제적 충돌이 군사적 충돌로 자칫 확대되는 비극을 방지했다.[33]

1973년을 기점으로 석유는 얼마나 강력한 경제적 무기가 되었을까? 일방적인 생산 중단과 이스라엘의 우방국들에 대한 수출 금지를 통해 아랍 국가들은 그들의 문제를 미국의 최우선 의제로 끌어올릴 수 있었다. 석유 공세oil weapon는 미국에게 욤 키푸르 전쟁 이후에 아랍과 이스라엘의 분쟁을 보다 원만히 중재하는 역할을 하도록 촉구했다. 하지만 석유의 무기화도 중동에 대한 미국의 기본 정책을 바꾸지는 못했다.

왜 석유 공세는 더 큰 효과를 거두지 못했으며, 오늘날 어떤 교훈을 얻을 수 있을까? 전반적인 상호 의존의 대칭이 어느 정도 대답이 될 것이다. 석유 시장에서 핵심 국가가 된 사우디아라비아는 미국에 많은 투자를 실행했다. 만약 사우디가 미국 경제에 심각한 타격을 가한다면 사우디도 상당한 경제적 손실을 떠안게 되는 것이다. 게다가 사우디는 자국의 안보를 미국에게 의존했다. 결국 미국은 페르시아만의 안정된 권력 균형을 유지시킬 수 있는 유일한 국가였다. 사우디는 이런 사실을 알고 있었고 석유 공세에 매우 신중한 태도를 보였다. 한때 사우디는 페르시아 지역의 미군 6함대에 석유를 공급하기로 은밀히 약속하기도 했다.[34] 사우디는 미국에서 제공하

그림 3.1 실제 국내 원유 가격(1946–2008)*

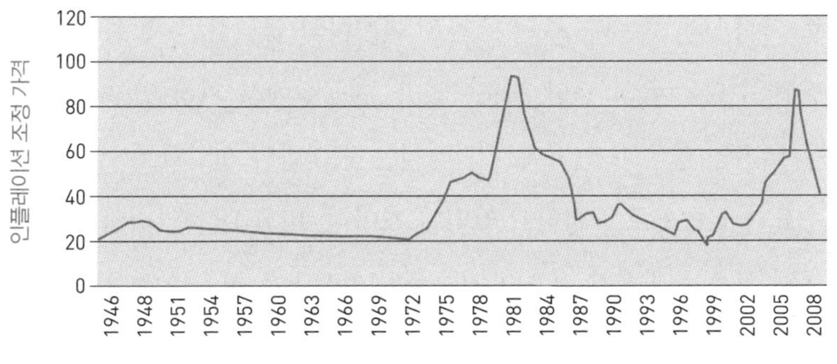

* 2008년 11월 가격에 맞추어 조정된 소비자 물가 지수
출처: 일리노이 석유가스협회와 미국 노동통계청

는 장기적 안보를 통해 이익을 얻고 있었다. 안보의 상호 의존과 석유의 상호 의존 간에 간접적인 연관이 있었던 것이다. 무력은 워낙 희생이 크기 때문에 노골적으로 사용하기 어려웠지만 배후에서 권력 자원의 역할을 수행했다. 달리 말해, 위기의 결과에는 시장 구조의 변화로 인한 비대칭이 수반되었지만 그 결과는 오직 경제력만으로 결정되지 않았다. 이처럼 복잡한 요인들의 조합은 현재에도 석유 자원의 보유를 통한 권력의 창출과 제한에 적용되고 있다.

1990년대 후반에 석유 가격은 폭락했다. 높은 가격으로 인한 효율성의 향상은 수요를 감소시켰고 공급의 측면에서 OPEC 이외에 석유 자원을 보유한 국가들이 새로이 부상하면서 OPEC는 세계 시장에서 경쟁에 직면했다. 지질학자들은 기술의 발전으로 과거에 탐사하지 못했던 지역들에서 석유를 발견할 수 있게 되었다. 그러나 2005년 이후에 석유 가격은 전쟁, 허리케인, 테러 위협 등의 요인으로 다시 폭등했는데, 주된 요인은 아시아의 급격한 경제 성장에 수반된 수요 상승의 전망 때문이었다. 지구상에서 가장 인구가 많은 두 국가인 중국과 인도에서 진행되는 근대화와 산업화로 에너지의 수요가 급속도로 증가하고 있었던 것이다. 비록 1970년대의 위기를 통해 석유는 대체가 가능한 필수품이며 시장은 석유를 보유한 주체와 상관없이 공급은 물론 고통까지 확산하는 성향을 지녔다는 교훈을 얻었지만, 두 국가는 모두 해외의 석유 공급을 확보하고 제어하기 위해 상업주의적 노력을 기울이고 있다. 아무튼 이 두 국가의 급속한 경제 성장은 석유의 세계적 수요에 상당한 영향을 미칠 것이고, 그것은 페르시아만 같은 세계 최대의 석유 생산 지역들이 국제 정치에서 계속 중요한 역할을 담당하게 된다는 것을 의미한다. 사우디아라비아는 세계 제일의 산유국이자 최대 매장량을 지닌 국가이기 때문에 그들의 정치적 안정을 위협하는 중대한 변화는 세계 전역에 영향을 미칠 수 있다.

석유 시장과 천연가스 시장에 대한 비교는 흥미롭다. 러시아는 두 자원의 주요한 산출국이지만 석유보다 천연가스에서 시장의 비대칭을 조성해 권력을 창출하려는 성향이 두드러진다. 석유는 대체가 가능한 필수품으로 공급원이 다양하고 운송이 용이한 반면, 최근까지 천연가스는 매장량이 희박하다고 여겨졌고 공급 또한 고정된 파이프라인에 대한 의존도가 높았다. 비록 천연가스의 액화 운송과 풍부한 혈암층에서 가스를 생산하는 신기술로 인해 장차 이런 상황이 바뀔 수도 있지만, 지금까지 러시아는 유럽에 천연가스를 공급하는 주요한 국가였다. 러시아 정부는 가스전과 파이프라인의 소유권을 가즈프롬이라는 한 회사로 통합한 후에, 그 회사를 활용해서 러시아에 유리한 구조로 시장을 형성했다. 러시아는 가스 가격을 두고 우크라이나 같은 주변국들과 분쟁이 벌어지자 지체 없이 가스 공급을 중단하며 일종의 경제력을 과시했다. 그 후 우크라이나에 우호적인 정부가 들어서자 러시아는 우크라이나의 해군 기지 임대 기간을 연장하기 위해 대폭 할인된 가스 가격을 미끼로 제

시하면서 우크라이나가 나토에 가입할 가능성을 낮추었다.[35]

독일은 국내에서 사용하는 천연가스의 3분의 1을 러시아에 의존하지만 독일 정부는 이런 상호 의존을 대칭으로 판단하기 때문에 지나치게 우려하지 않는다고 단언한다.[36] 독일의 관점에선 독일의 소비자들이 워낙 큰 규모이기 때문에, 러시아의 수입은 독일의 안정된 수요에 의존하고 독일의 소비자들은 러시아의 안정된 공급에 의존한다. 따라서 유럽연합이 러시아의 영토를 거치지 않고 카스피해를 통해 유럽으로 파이프라인을 연결하는 데 관심을 촉구했을 때 독일은 별다른 관심을 표명하지 않았다. 오히려 독일은 북해의 해저로 연결되는 파이프라인을 지지했는데, 이 경우에 독일은 러시아의 공급을 확충할 수 있고 러시아는 우크라이나와 폴란드를 우회할 수 있었다.

반면 우크라이나와 폴란드의 취약성은 증가할 것이다. 과거에 두 국가는 자국의 영토를 지나는 파이프라인을 차단할 수 있는 능력을 바탕으로 교섭력을 행사했다. 그로 인해 발생하는 독일의 피해는 러시아에 대한 우크라이나와 폴란드의 교섭력을 증대했다. 요컨대 러시아는 경제력을 강화하기 위해 파이프라인 외교를 활용했던 것이다. 그것은 독일 같은 대규모 소비자들에게 믿음직한 공급자가 된다는 약속을 지키기 위한 동기가 되지만, 러시아는 소위 자국의 영향권에 속하는 발트 3국, 조지아, 벨라루스, 우크라이나 같은 소규모 소비자들에게는 비대칭의 우위를 행사할 수 있다. 마찬가지로 러시아는 중앙아시아 공화국들과 자국의 파이프라인을 통해 유럽으로 가스를 공급하는 계약을 체결하려고 노력하지만, 이 시장을 형성하려는 계획은 중앙아시아에서 동쪽으로 파이프라인을 건설하려는 중국에 가로막혀 있다. 더욱 중요한 사실은 최근에 탐사 장비와 시추 기술의 발달로 미국과 다른 지역들의 혈암층에서 엄청난 양의 가스를 추출할 수 있게 되었다는 것이다. 천연가스를 액화시켜 해상으로 미국에 수출하는 방식은 더 이상 미국 시장에서 경쟁력을 가질 수 없었다. 이런 가스가 유럽 시장으로 유입되면서 파이프라인 외교를 통해 증대될 수 있었던 러시아의 권력은 감소되었다.[37]

이런 석유와 천연가스의 사례를 통해 나타난 사실은 비록 원자재가 소위 정보화 시대의 경량화된 경제lightweight economy에서 비중이 감소하고 있다고 해도 석유와 천연가스는 경제력 창출의 관점에서 여전히 중요성을 지닌다는 것이다. 그러나 에너지 자원의 통제에서 비롯된 권력은 증감을 되풀이한다. 경제력은 특정한 시장의 상황에 따라 크게 좌우된다.

제재: 부정적 제재와 긍정적 제재

흔히 전투가 군사력의 핵심으로 여겨지는 것처럼 제재는 경제력의 가장 명확한 수단으로 여겨진다. 이따금 제재에는 시장 접근에 대한 통제가 수반되기도 하지만 제재의 실행은 시장의 재편성에 비해 구체적이다. '제재'는 결정을 강화하거나 정책에 효력을 부여하기 위한 장려나 응징의 수단으로 정의된다. 제재는 부정적 방식과 긍정적 방식으로 모두 활용될 수 있다. 한때 토머스 셸링이 지적했던 것처럼 "위협과 약속, 강압과 보상의 차이는 간혹 기준선의 위치에 의해 결정되기도 한다. 애초에 우리는 말을 잘 듣고 심부름을 잘하는 조건으로 자녀들에게 매주 용돈을 주었다……하지만 매주 건네는 용돈이 당연한 것으로 여겨지면 말을 잘 듣지 않는다는 이유로 용돈을 주지 않는 것은 아이의 입장에선 처벌처럼 느껴지게 된다."[38] 제재의 성격은 인식에 의해 좌우된다.

데이비드 볼드윈은 수출 금지부터 우선 매입에 이르는 열한 가지 부정적 무역 제재의 사례와 자산 동결, 비우호적 세제, 원조 보류를 비롯한 일곱 가지 자본 제재의 사례를 제시한다. 또 그는 관세 감면, 우호적 시장 접근, 원조 제공, 투자 보장을 포함한 열두 가지 긍정적 제재의 사례도 제시한다.[39] 최근에 나타난 제재의 사례에는 여행 금지, 무기 수출 금지도 포함된다. 제재는 국가들과 비국가적 활동가들이 모두 활용할 수도 있고 적용될 수도 있다. 모든 제재의 공통점은 정치적 목적을 위한 경제적 거래의 조작이라는 것이다.

국가들은 무역에서 더 큰 수익률을 확보하거나 정치적으로 중요한 국내 단체들에게 편의를 제공하려는 보호주의적 차원에서 자국의 시장 접근을 제한하지만, 많은 보호주의적 수단들에는 권력 창출의 목적도 내재되어 있다. 예를 들면, 유럽연합이 과거의 식민지들에 우호적인 시장 접근을 보장했던 것은 역사적 부당 행위에 대한 보상(소프트 파워의 창출에 대한 기대)이나 신식민지 통제의 수단에 대한 적용(하드 파워의 창출에 대한 기대)으로 여겨질 수도 있지만, 그 목적은 다분히 정치적이다.

큰 규모의 시장을 지닌 국가들은 종종 자국의 규제력을 영토 너머까지 확장하기 위해 시장 접근의 재편성에 대한 위협을 활용하기도 한다. 일례로 브뤼셀은 개인정보 보호규정의 영역에서 세계적 기준의 확립을 주도할 수 있었는데, 어떤 기업도 유럽 시장에서 배제되는 것을 원하지 않기 때문이었다. 마찬가지로 미국 시장과 유럽 시장의 중요성 때문에 다국적 기업들은 매우 엄격한 독점 금지 규정을 준수해야 한다. 심지어 미국의 법무부가 GE의 허니웰 인수(두 회사 모두 미국 기업이다)를 승인했음에도 GE는 유럽연합의 반대로 인해 그 계약을 파기했다. 중국 시장에 접근하려는 기업들은 소수 주주 보호규정, 사유 기술 이전, 정보 교류 규제법에 동의해야 한다. 중국은 시장의 규모가 확대되면서 '기술 기준을 전환하기 위한 의식 전략으로 자국의 경제 규모를 활용해서'[40] 공급업체들에게 기술을 공유하고 중국의 기술 기준을 채택하도록 강제하는 엄격한 조항을 내세운다. 해외 투자자들은 중국에 투자 신뢰의 분위기를 저해하는 정책에 대해 경고했지만 아무 소용이 없었다. 2009년에 브뤼셀을 방문한 기간에 중국의 부총리 왕치산은 유럽연합에 지속적으로 시장을 개방하고 무기 수출 금지를 해제하고 중국인들에게 더 많은 비자를 발급해줄 것을 요구했다. 유럽연합이 반대 의사를 표명했을 때 왕 부총리는 거만한 태도로 대응했다. "당신들이 내게 무슨 말을 해도 달라지는 건 없습니다. 여하튼 당신들은 중국에 투자하게 될 것이기 때문입니다."[41] 더 큰 시장을 지닌 국가들은 시장 접근의 통제와 제재의 활용의 측면에서 더 유리한 위치에 있다.

세계 최대 규모의 경제를 지닌 국가로서 미국은 종종 주도적으로 제재를 활용하기도 한다. 미국은 1996년부터 2001년까지 외국에 대해 85가지 새로운 제재를 시행했고[42] 일부 독설가들은 미국이 인류의 절반을 상대로 제재를 실행한다고 비난했다. 하지만 대부분의 전문가들은 "제재로는 효과를 거두지 못한다"고 말한다. 이런 판단은 모두 실패로 끝났던 에티오피아를 공격한 이탈리아에 대한 국제 연맹의 제재, 피델 카스트로의 독재를 전복하기 위한 반세기에 걸친 미국의 무역 제재, 이라크의 사담 후세인 정권을 제거하기 위한 미국의 제재 같은 사례들에 의해 뒷받침되고 있다. 그럼에도 제재는 왜 그토록 자주 활용되는 것인가?

그 해답은 부분적으로 실패에 대한 판단이 과장된다는 것에서 찾을 수 있다. 1950년부터 1990년까지 주요한 국가들이 활용한 115가지의 경제적 제재에 대해 세심히 분석한 연구 결과에 의하면, 약 3분의 1에 달하는 사례들에서 제재는 어느 정도 의도한 목표를 달성하는 데 기여했던 것으로 드러났다. 이 연구에서는 목표가 적당하면서 명확하고, 목표 대상이 열세에 있고, 경제적 관계가 대규모이고, 제재의 수위가 높고, 기간이 제한적일 경우에 제재가 성공할 가능성이 크다는 사실이 밝혀졌다.[43] 일부 전문가들은 이 결과에 반박했는데, 한 학자는 115가지의 사례들 중 고작 5가지만이 효과적이었다고 주장했지만 성공한 사례에는 남아프리카공화국과 리비아 같은 중요한 사례들이 포함되었다.[44]

볼드윈은 효율이나 효용에 대한 판단이 수단과 결과를 모두 고려하는 반면, 효과에 대한 판단은 오직 결과에만 연연한다고 지적한다. 모든 상황에서 고려해야 할 중요한 사항이 한 가지 있다. 과연 제재의 대안이 있는가? 만약 경제적 제재를 통해 기대한 결과를 달성할 가능성이 낮다면 그것이 다른 정책적 대안보다 가능성이 높은지 여부가 중요해진다. 간혹 군사력이 더 효과적일 경우가 있지만 자칫 너무 큰 손실이 발생할 수도 있기 때문에 더 효율적인 것은 아니다. 쿠바의 카스트로 정권에 대한 제재를 사례로 살펴보자. 쿠바의 미사일 위기에서 드러났던 것처럼 군사적 수단을 활용해 카스트로를 제거하려는 계획은 핵전쟁의 위험과 같은 엄청난 희생을 초래할 가능성이 컸다. 더불어 냉전 시대의 양극화 체제를 감안하면 무대응은 소련과의 정치적 경쟁에서 미국이 뒤떨어지는 것이었다. 비록 제재가 카스트로의 제거에 효과적이지 못한 것이 사실이지만, 카스트로의 억제에는 효율적인 수단이었다. 군사적 행동으로 카스트로의 제거에 성공했을 수도 있지만(피그즈만 사건의 경우처럼 실패할 수도 있다) 그로 인한 잠재적 손실을 감안하면 제재가 현실적으로 가장 효율적인 정책이었을지도 모른다.[45]

모든 권력의 형태와 마찬가지로 경제적 제재의 행사도 상황, 목적, 자원을 바람직한 결과로 전환하는 기술에 의존한다. 성공 여부를 판단하려면 목표를 명확히 파악해야 하며, 간혹 행위자들과 전문가들이 협조해서 목표를 조화시켜야 한다. 제재의 주요한 목표에는 행태적 변화, 봉쇄, 타국의 제도 변화가 포함된다.[46] 한편 목표는 강압, 억제, 표명으로 설명할 수 있다. 강압은 목표 대상에게 어떤 행위를 하도록 강제하는 것이고, 억제는 목표 대상에게 어떤 행위를 할 수 없도록 손실의 규모를 확대하는 것이며, 표명은 목표 대상과 자국민들, 제3자들에게 의사를 전달하는 것이다.[47] 한 연구 결과에 의하면, 무역 제재는 좀처럼 대상 국가의 굴복을 강제하거나 대상 국가의 정부를 전복시키며 억제의 가치를 훼손하지 않았지만 일종의 상징으로서 대내외적 성과를 거두는 경우가 많았다.[48]

대표적인 '실패작'인 쿠바의 사례로 돌아가면, 비록 제재를 통해 카스트로를 제거하지 못하고 단지 그의 국제적 역량을 억제하는 수준에 그쳤지만(그가 소련의 지원을 받았기 때문에), 미국의 정책 입안자들은 자국민들과 다른 국가들에게 소련과 동맹을 맺으면 손실을 초래할 수 있다는 메시지를 전달하는 데 성공했다(냉전의 종식으로 상황이 변화된 후에 그 제재가 본래의 목적을 상실하며 역효과를 초래했는지의 여부는 별개의 문제다). 마찬가지로 1979년에 소련이 아프가니스탄을 침공했을 때 지미 카터 대통령은 자칫 신뢰성에 영향을 미칠 수도 있는 무력을 앞세운 위협이 아닌 곡물 수출의 중단과 모스크바 올림픽의 불참으로 대응했다. 위협은 쉽게 활용할 수 있지만 실패할 경우에는 신뢰성에 타격을 입게 된다. 이런 제재들이 미국에 손실을 유발했다는 사실은 소련의 침공에 대한 미국의 대응에 어느 정도 신뢰를 구축하는 데 기여했다.

일반적인 제재는 독재국가들에서 결정권을 지닌 엘리트 계층에 고통을 유발하지 못하고, 빈곤하고 힘없는 계층에 고통을 유발하는 투박한 수단이 될 수도 있다. 더욱이 이라크의 경우에 후세인은 유엔 제재의 당위성을 약화시키고 제재의 규모를 축소하려는 의도로 제재의 잔인한 효과를 부각하는 극적인 화술을 활용할 수 있었다. 1990년대에 효과의 한계를 드러낸 제재들이 늘어나면서 일반 대중이 아닌 엘리트 계층을 겨냥한 '세련된(스마트) 제재'를 개발하려는 노력이 이루어졌다. 엘리트 계층의 특정한 인물들은 여행이 금지되었고, 해외의 금융자산이 동결되었다. 2007년에 미국 재무부는 마카오 은행에서 북한의 자산을 효율적으로 동결한 덕분에 북한을 협상 테이블로 돌아오도록 만들 수 있었다. 더불어 정책 입안자들은 제재를 모 아니면 도의 방식이 아닌 많은 수단들 중 하나로 여기고 협상관계에서 유연하게 사용해야 한다는 것을 깨닫기 시작했다. 예를 들면, 미국은 1990년대에 베트남과의 관계를 재정비하기 시작하면서 다른 외교적 수단들과 병행해서 단계적인 제재의 완화를 실행했다. 최근에 미얀마와의 관계에서 국무장관 힐러리 클린턴은 "연대와 제재의 대립된 선택 구도는 잘못된 방식이며, 앞으로 우리는 이 두 가지 수단을 모두 활용할 것입니다"라고 발표했다.[49]

제재의 표명적 역할은 종종 '그저 상징적인' 것으로 치부되기도 한다. 그러나 우리가 당위성과 소프트 파워를 고려한다면, 표명이 목표 대상에게 실제로 손실을 유발할 수 있다는 것을 확실히 이해할 것이다. 이름을 부각한 수치심 유발 캠페인은 비국가적 활동가들이 브랜드 자산을 공격함으로써 다국적 기업의 정책에 영향을 미치기 위해 활용하는 중요한 방식이다. NGO들도 국가의 평판을 공략해서 국가들에게 행동을 이끌어내고 국가들도 자국의 소프트 파워를 증대하면서 상대국들의 소프트 파워를 축소시키는 화술을 창출하기 위해 서로 경쟁한다. 이런 캠페인은 때로 성공하고 때로 실패하기도 하지만 당위성은 권력의 실체이며, 당위성에 대한 투쟁은 실제로 손실을 수반한다. 일부 논평가들은 1994년에 마침내 남아프리카공화국에서 다수결 원칙을 이끌어낸 반인종격리 정책에 대한 제재는 대체로 경제적 효과가 아닌 세계적 고립에 대한 위기감과 소수 백인 통치의 당위성에 대한 의구심에서 비롯된 것이라고 믿는다. 마찬가지로 리비아의 테러 지원과 핵무기 개발 정책을 좌절시킨 유엔 제재의 성공도 경제적 효과뿐만 아니라 당위성에 대한 우려에서 기인했다.[50] 제재는 표명과 소프트 파워의 측면에서 효과적이고 상대적으로 손실이 적은 유일한 정책이기 때문에 성공과 실패의 확률을 떠나서 21세기에도 권력의 주요한 수단으로 꾸준히 활용될 가능성이 크다.

보상과 원조를 비롯한 다른 긍정적 제재도 하드 파워와 소프트 파워의 차원을 모두 지닌다. 앞서 언급했던 것처럼 보상의 제공과 철회는 동전의 양면과 같은 것이다. 원조의 제공과 중단은 동일한 제재의 긍정적 측면과 부정적 측면이다. 다른 국가들의 지지를 확보하기 위한 보상은 각료 외교cabinet diplomacy에서 오랜 역사를 이어왔고, 오늘날 민주주의 시대에도 지속되고 있다. 실제로 베이징이 아닌 타이베이의 중화민국을 인정하는 많은 약소국들은 타이완에게 상당한 경제적 원조를 받고 있다. 마찬가지로 우리가 일부 비포경 국가들이 국제회의에서 포경(고래잡이)과 관련된 문제에 대해 일본에 동조하는 이유를 알고자 한다면, 그들이 일본에게 원조를 받는다는 것에 주목해야 한다.

2005년 이후에 석유 가격과 가스 가격의 상승은 1990년대에 낮은 석유 가격으로 고통을 받았던 러시아, 베네수엘라, 이란 같은 에너지 생산국들의 정치적 역량을 강화했다. 비록 사우디아라비아처럼 시장의 구조를 편성할 수 있는 경제력을 지니지 못했지만, 그들은 잉여 자금으로 자국의 외교 정책 목표를 증진하기 위해 보상과 원조를 제공했다. 베네수엘라의 우고 차베스 대통령은 라틴아메리카에서 소프트 파워를 획득하기 위해 자국의 석유로 창출한 부를 활용했는데, 심지어 소프트 파워 정치선전의 책략으로 매사추세츠의 소비자들에게 석유를 저가로 공급했다. 이란은 석유로 쌓은 부를 동원해서 레바논과 다른 지역들에 대한 영향력을 강화했다. 러시아는 오일 머니로 영향력을 사들였다. 러시아는 태평양의 작은 섬나라 나우루에 아브카지아와 남오세티아를 조지아의 자치구로 인정하는 조건으로 5,000만 달러를 제공했다고 알려졌다. 한편 중국은 산유국이 아님에도 불구하고 나우루에 타이베이가 아닌 베이징을 중화민국으로 인정하는 대가로 매년 500만 달러를 지불한다고 알려졌다.[51]

강대국들은 다양한 목적으로 해외 원조를 제공한다. 전쟁으로 폐허가 된 아프가니스탄과 파키스탄 이후로 미국의 원조를 받는 최대 수혜국은 이스라엘과 이집트이며, 보상의 취지는 두 국가의 안보 유지를 위한 것이다. 중국의 원조는 주로 원자재의 획득을 위해 활용된다. 원자재의 양도 계약은 종종 중국이 새로운 경기장이나 공항의 건설을 제안한 후에 이루어진다. 일부 전문가들에 의하면, "OECD 회원국이 아닌 중국은 서구에서 거의 폐지된 규정을 고수하고 있다. 중국은 정부 대 정부의 은밀한 계약을 통해 원조와 사업을 연계한다."[52] 건전한 통제나 인권 규범을 기피하는 중국의 방식은 간혹 독재국가들에서 환영을 받기도 한다. 르완다의 대통령 폴 카가메는 서구의 방식과 비교하며 중국의 방식에 호의적인 태도를 보인다.[53] 오직 중국만이 이런 방식을 고수하는 것은 아니다. 인도와 브라질도 원조를 주고받는 다른 신흥 경제 국가들이다. "새로운 제공자들(러시아를 제외한 모든 국가들은 여전히 원조를 받는다)은 납득할 만한, 심지어 납득할 수 있는 수치를 발표하지 못한다."[54]

러시아의 원조는 소위 구소련의 '인접한 외국near abroad'에서 러시아의 영향력을 증대하기 위해 이루어진다. 일부 국가들은 원조의 대부분을 개발에 할당하고 그 운영을 특별 부서에 위임하는데, 영국의 경우는 외교부가 아닌 국제 개발부에서 담당한다. 미국의 지원 프로그램을 살펴보면 국제 개발국에서 운영하지만 개발에 할당되는 프로그램은 전체의 절반에 미치지 못한다.[55] 초강대국으로서 미국은 개발과 직접적인 관계가 없는 지원을 많이 한다. 미국이 제공하는 원조 중 4분의 1은 국방부에 의해 운영되고 있다.

오직 개발만을 위한 원조라도 동맹국의 경제적, 행정적 역량의 구축을 통해 경제적 하드 파워의 창출에 활용될 수 있다. '국가 건설nation- building'은 동맹의 하드 파워를 증진할 수 있다. 미국이 GDP의 2퍼센트를 제2차 세계대전으로 폐허가 된 유럽의 경제를 복구하는 데 투입했던 마셜 플랜이 대표적인 사례에 해당된다. 서부 유럽의 성장과 번영을 회복시킴으로써 미국은 주요한 외교 정책 목표였던 공산주의와 소련에 대한 저항력을 강화하는 데 성공했다. 더불어 마셜 플랜은 유럽의 미국에 대한 우호감을 증진하고 수혜국들에서 미국의 소프트 파워를 증대하는 데 기여했다.

간혹 사람들은 많은 저개발 지역들에 마셜 플랜과 유사한 정책을

표 3.1 미국 원조 프로그램 구성(2008)*

범주	총 원조상의 비율
상호 개발 원조	35.5
경제, 정치, 보안 원조	27.1
군사 원조	17.5
인도주의적 원조	14.4
다자간 원조	5.5

출처: 미 국무부, "Summary and Highlights, International Affairs, Function 150, FY2009"; House and Senate Appropriations Committees; and CRS calculations.

* 커트 타노프와 매리언 로슨, "Foreign Aid: An Introduction to U.S. Programs and Policy" (Washington, DC: Congressional Research Service Report, April 2009), www.fas.org/sgp/crs/row/R40213.pdf.

실행해줄 것을 요청했지만, 그런 제안들은 두 가지 문제를 간과하고 있었다. 그것은 마셜 플랜의 규모와 이미 개발된 상태에서 그저 회복만 하면 되는 당시 유럽 경제의 상황이었다. 더욱이 유럽은 미국의 원조를 대부분 효율적으로 운영했다. 오늘날 경제학자들은 개발을 위한 확실한 공식이 있다거나 원조가 항상 효과적이라는 것에 동의하지 않는다. 실제로 일부 학자들은 원조가 의존과 부패의 문화를 초래해서 역효과를 일으킬 수 있다고까지 주장한다. 예를 들면, 제프리 색스는 극심한 빈곤이 신중한 개발형 원조를 통해 2025년까지 사라질 수 있다고 생각하는 반면, 전직 세계은행의 경제학자 윌리엄 이스털리는 해외 원조에 지극히 회의적인 태도를 보이며 원조는 그릇된 동기를 유발한다고 믿는다.[56] 색스는 케냐의 여러 마을에서 효과를 거둔 파일럿 프로젝트를 개발했지만 '이스털리와 다른 학자들은 색스가 원조 프로젝트의 좋은 의도를 훼손하고 자금의 유용을 유발할 수 있는 통제와 부패 같은 중요한 문제들에 충분한 관심을 기울이지 않았다고 비난했다.'[57] 비록 우리는 경제학자들의 주장에 대한 진위를 판단하지 못하지만, 원조가 동맹의 구축을 통한 경제력의 창출에 활용될 수 있는 방식에서 개발과 국가 건설이 지니는 한계의 불확실성을 인식할 수는 있다. 이것은 원조가 항상 효과적이지 못하다는 의미가 아니라 우리가 경제적 하드 파워의 원천으로서 개발 지향적 원조에 대한 지나치게 낙관적인 평가를 주의해야 한다는 의미다. 실제로 제공자들이 전략적 목표를 지니고 있다면 성장 촉진을 위한 개혁의 동력을 상실할지도 모른다.[58]

원조 프로그램은 인도주의적 취지로 사용될 수도 있고, 적절히 운영만 된다면 충분히 소프트 파워를 창출할 수 있다. 하지만 그런 소프트 파워 효과가 항상 보장되는 것은 아니다. 비록 원조가 엘리트 층의 구미에 맞을지라도 부정부패와 기존의 권력 균형의 붕괴를 초래한다면 일반 대중에 호의가 아닌 분노를 유발할 수도 있다. 더욱이 엘리트 층을 제한하는 조건은 역효과를 일으킬 수 있다. 예를 들면, 2009년에 미국은 75억 달러에 이르는 파키스탄 지원 예산을 공개하면서 예산의 일부는 민간 개발 목적에 제한한다는 조건을 정했지만, 그 제한이 파키스탄 언론에 민족주의 열풍을 일으켰다.[59] 마찬가지로 아프가니스탄에 대한 지원 프로그램을 분석한 결과에서도 간혹 원조는 단순히 효과적이지 않을 뿐만 아니라 소프트 파워의 측면에서 역효과까지 일으킨다는 사실이 드러났다. 지역의 정치적 균형을 저해하고 부정부패를 자극함으로써 대규모의 원조는 종종 지역의 집단들 간에 시기, 질투, 분노를 유발하기도 한다. 한 논평가는 이렇게 결론을 내렸다. "여전히 성공 여부가 불확실한 제재로부터 얻을 수 있는 교훈이 있다면 소규모 프로젝트가 최선의 결과를 이끌어낼 확률이 높고, 지역민들의 찬성과 참여가 필수적이며, 사소한 진전에도 수년의 기간이 소요된다는 것이다."[60] 부정적 제재와 마찬가지로 보상과 지원 같은 긍정적 제재도 하드 파워와 소프트 파워의 창출에서 성공과 실패의 확률을 보장하지는 못했다.

경제력의 미래

협상과 권력 투쟁은 국가들, 기업들, 국가와 기업의 구분이 애매한 혼종 조직들 간에 벌어진다. "어디서든 당신은 공공 부문과 민간 부문의 경계를 애매하게 만드는 혼종 조직들이 증가하는 것을 볼 수 있다. 그들은 경제의 주요한 영역을 관리하기 위한 국영 기업들도 아니고 자사의 역량에 따라 흥하거나 망하는 민간 기업들도 아니다. 그들은 목적에 따라 한 세계와 다른 세계를 넘나드는 듯한 헷갈리는 존재들이다."[61] 가즈프롬 같은 러시아의 기업들, 중국의 국영 기업들, 두바이 월드 같은 국부 펀드들은 시장 행위를 교란하고 정치 조작의 기회를 증대한다.

견실하고 성장하는 경제는 모든 권력의 수단을 위한 토대를 제공한다. 더불어 제재와 원조 같은 경제적 수단은 상대적 손실의 차원에서 가장 효율적인 수단이기 때문에 금세기에 매우 중요한 역할을 할 것이다. 하지만 21세기가 지경학의 시대가 될 것이라는 주장은 잘못된 생각이다. 다국적 기업을 포함한 비국가적 활동가들로의 권력 분산은 경제적 수단의 활용을 위한 국가적 전략에 한계를 설정한다. 국가들은 종종 시장의 활동가들을 통제하기 어렵고 시장의 조건이 가변적인 탓에 경제력을 행사하기 어렵다는 것을 알게 될 것이다. 그러나 21세기에 경제력이 군사력보다 우위에 있다고 일반화하는 것은 명백한 착오지만 경제 정책을 위한 수단의 모든 범위를 이해하는 것은 대단히 중요하다. 시장의 구성은 제재의 활용과 원조의 제공보다 중요하다. 많은 경우에 개방된 시장 구조와 공급원의 다양화를 촉진하는 정책은 소유권을 통해 공급을 통제하는 중상주의적 방식보다 공급자들에게 부여되는 경제력을 차단하는 데 효과적인 것으로 입증될 것이다. 경제력은 스마트 파워의 수단들 중 가장 중요한 요소가 되겠지만, 정책적 선택은 각 시장과 시장이 지닌 취약성의 비대칭의 상황에 의해 결정될 것이다.

4

소프트 파워

소프트 파워는 여러 신문들의 1면에 인용되고 중국, 인도, 유럽 등지에서 최고 지도자들의 입에 거론되는 학술적 개념이다. 그러나 광범위한 용도로 사용되면서 간혹 군사력의 유의어 개념으로만 오용되기도 한다.[1] 더욱이 소프트 파워는 노골적인 권력 정치의 대안으로 등장했기 때문에 윤리적 사상을 지닌 학자들과 정책 입안자들에게 자주 수용된다. 하지만 소프트 파워는 규범적인 개념이 아닌 설명적인 개념이다. 모든 형태의 권력과 마찬가지로 소프트 파워도 좋은 목적이나 나쁜 목적을 위해 행사될 수 있다. 히틀러, 스탈린, 마오쩌둥은 모두 추종자들의 시각에서 엄청난 소프트 파워를 지녔지만, 결국 좋은 방면으로 사용되지 않았다. 팔 대신 마음을 비트는

것이 반드시 더 좋은 것만은 아니다.[2]

회의론자들은 소프트 파워를 '많은 외교 정책 테스트에서 실패한, 그저 아름다운 학술적 관념들 중 하나로 치부하며 아무리 심오한 문화적 공감도 군대를 제지하지는 못한다고 주장했다.'[3] 소프트 파워의 개념은 최근에 등장했지만 그 개념이 나타내는 행동은 인류의 역사만큼 오래된 것이다. 그 본질은 최고의 통치자는 백성들에게 명령을 잘 따르도록 이끄는 통치자가 아니라 백성들에게 존재가 드러나지 않도록 처신하는 통치자라고 말한 노자의 격언에 함축되어 있다. 18세기에 유럽에서는 프랑스의 언어와 문화가 확산되면서 프랑스의 권력이 강화되었다. 1762년에 프로이센의 프리드리히 대왕은 패배를 목전에 두고 개인적인 소프트 파워 덕분에 위기에서 벗어났는데, '당시에 러시아의 차리나 엘리자베타가 사망하고 그를 우상으로 여기던 그녀의 아들 표트르가 왕위를 계승하면서……러시아 군대에 귀환하라고 명령했다.'[4] 미국의 남북전쟁 기간에 영국의 일부 정치가들은 남부를 지원하는 방안을 고려했지만 확실한 상업적, 전략적 이익에도 불구하고 영국의 엘리트 층은 노예 제도 반대에 대한 지지와 북부의 명분에 대한 호응 때문에 주저했다. 제1차 세계대전이 일어나기 전에 미국이 독일과 영국 중 어느 진영으로 참전할지 고심할 때 1914년에 독일이 처한 심각한 열세는 미국의 여론에 알려지지 않았다. 따라서 영국을 향한 자연적인 인력을 저지할 요소가 거의 없었던 데다, 영국은 대서양 횡단 교류의 경로를 장악하고 있었다.[5] 회의론자들의 견해와 다르게 소프트 파워는 역사적으로 군대의 이동을 포함해 실제적인 효과를 거둔 경우가 많았다.

소프트 파워가 권력의 한 가지 형태임에도 유독 허술하고 불완전한 현실주의자들은 소프트 파워를 무시한다.[6] 전통적인 현실주의자들은 소프트 파워를 무시하지 않았다. 1939년에 유명한 영국의 현실주의자 E. H. 카는 국제 권력을 군사력, 경제력, 여론에 대한 장악력의 세 가지 범주로 설명했다. 이런 세밀한 구분은 대부분 구조적 판단을 위해 권력을 측정할 수 있게 만들고자 했던 동시대의 신현실주의자들에 의해 사라졌다.[7] 그들은 소위 '구체성의 오류'[8]로 일컬어질 수 있는 실수를 저질렀다. 권력은 측정할 수 있는 유형의 자원으로 격하되었다. 그것은 무엇을 떨어뜨리도록 당신의 마음을 바꿀 수 있는 것이 아닌, 당신의 발이나 도시들 위로 떨어질 수 있는 무엇이었다.

궁극적인 현실주의자 마키아벨리가 5세기 전에 언급했던 것처럼 군주는 사랑의 대상보다 공포의 대상이 되는 것이 나을 수도 있지만, 증오의 대상이 되는 것은 가장 위험한 상황이다. 현실주의와 소프트 파워 간에는 어떤 모순도 존재하지 않는다. 소프트 파워는 이상주의나 자유주의의 형태가 아니다. 그것은 권력의 한 가지 형태이며 바람직한 결과를 얻기 위한 방법이다. 당위성은 권력의 실체다. 당위성의 확보를 위한 투쟁은 행위자들의 소프트 파워를 강화하거나 박탈하는 영역이며, 그것은 21세기 정보화 시대에 더욱 중요성이 두드러진다.

오직 국가들만 해당되는 것은 아니다. 기업들, 기구들, NGO들, 초국가적 테러 조직들도 저마다 소프트 파워를 지닌다. 심지어 유명 인사들도 호응을 일으킬 수 있는 납득할 만한 관념이나 사상을 제시함으로써 소프트 파워를 사용할 수 있다. 가수 보노•는 "사람들이 옳은 일을 하면 박수를 쳐주고 옳은 일을 하지 않으면 불행을 안겨주는 것이 내 역할이다"라고 말했다.[9] 2007년에 스티븐 스필버그는 베이징 올림픽을 앞두고 있던 중국의 후진타오 주석에게 수단이 다푸르에 유엔 평화 유지군을 수용하도록 중국에서 압력을 행사해줄 것을 요청하는 공개 서한을 보냈다. "중국은 서둘러 외교 사절을 다푸르에 파견했는데, 이것은 (베이징이) 취약한 시기에 취약한 지점을 공략한 압박 활동이 수년간의 외교로도 달성하지 못했던 목표를 이루어내는 방식을 제시한 획기적인 사례였다."[10]

소프트 파워를 정부의 전략에 편입시키기는 매우 어렵다. 첫째, 결과의 측면에서 성공은 하드 파워의 경우보다 목표 대상에 대한 통제에 더 의존한다. 둘째, 결과를 이끌어내는 데 오랜 기간이 소요되며 대부분의 정치가들과 일반 대중은 참을성이 부족해서 투자에 따른 신속한 결과를 요구한다. 셋째, 소프트 파워의 수단은 정부의 완전한 통제가 불가능하다. 정부는 정책을 통제하지만 문화와 가치

• 아일랜드의 록 밴드 U2의 리드싱어로, 본명은 폴 데이비드 휴슨이다 – 옮긴이

는 시민사회에 내재한다. 소프트 파워는 경제력이나 군사력보다 위험성이 적은 듯하지만 활용하기 어렵고 상실하기 쉬우며 재확립에 손실이 따른다.

소프트 파워는 신뢰성에 의존하는데, 정부가 작위적으로 인식되고 정보가 선전처럼 느껴지면 신뢰성은 훼손된다. 한 비평가는 만약 정부가 의도적으로 기만이나 조작을 자제한다면 그것은 실제 소프트 파워를 행사하는 것이 아니라 그저 교류하는 것에 불과할 뿐이라고 주장한다.[11] 비록 정부가 신뢰성을 유지하는 과정에서 난관에 직면할지라도 이런 비판은 소프트 파워 상호 작용에서 강요에 비해 인력의 중요성을 과소평가하는 것이다. 최고의 선전은 선전이 아니다.

물론 소프트 파워(혹은 다른 모든 형태의 권력)의 영향력을 과장하지 않는 것은 중요하다. 간혹 소프트 파워가 거의 아무런 수단도 제공하지 못하는 경우가 있다. 예를 들면, 소프트 파워로 북한의 핵무기에 관한 논란을 해결하는 방식을 이해하기란 어려운 일이다. 일부 비평가들은 종종 부족한 측면을 드러낸다는 이유로 소프트 파워가 권력의 형태가 아니라고 생각하는 실수를 저지른다. 하지만 그런 문제는 권력의 모든 형태에 적용되는 것이다. 그럼에도 정부가 민주주의, 인권, 자유의 촉진과 같은 구조적인 환경 목표나 일반적인 가치 목표에 대해 관심을 둔다면 대체로 소프트 파워가 하드 파워보다 더 효과적인 방식이다.

정보의 세계화와 비국가적 활동가들로의 권력 분산이 대두되는 세기에 소프트 파워는 스마트 파워 전략의 일부로서 그 중요성이 점차 증대될 것이다.

소프트 파워의 근원

한 국가의 소프트 파워는 문화(다른 국가들에게 호감을 주는 영역), 정치적 가치(국내와 해외에서 자국의 가치를 충실히 따르는 경우), 외교 정책(다른 국가들에게 당위성과 윤리적 권위를 인정받는 경우)의 세 가지 기본 자원에 크게 의존한다. 괄호 안에 언급된 조건은 잠재적인 소프트 파워 자원이 바람직한 결과로 이어지도록 다른 국가들에게 영향을 미칠 수 있는 유인의 행위로 전환되는 여부를 결정하는 핵심적인 사항이다. 소프트 파워에서 목표 대상의 인식은 특히 중요하며 대상자는 행위자에 못지않게 중요한 비중을 차지한다. 유인과 설득은 사회적으로 형성된다. 소프트 파워는 파트너를 필요로 하는 댄스라고 할 수 있다.

문화는 상황에 따라 중요한 권력 자원이 될 수 있다. '문화'란 집단들이 지식과 가치를 전달하는 사회적 행위의 양식이며 다양한 차원에서 존재한다.[12] 인간 문화는 보편적 차원, 국가적 차원, 특정한 사회계층이나 소규모 집단의 차원으로 구분된다. 문화는 결코 고정적이지 않으며 다양한 문화들이 다양한 방식으로 상호 작용을 한다. 따라서 문화와 권력 행동의 관계에 대해서는 더 많은 연구가 이루어져야 한다. 예를 들면, 오늘날 서구 문화의 매력이 일부 이슬람 사회들에서 일어나는 기존의 과격한 반응을 감소시킬 수 있는가? 일부 전문가들은 서로 연결될 수 없는 문화적 경계에 주목한다. 그러나 이슬람 국가인 이란의 경우를 생각해보라. 서구의 음악과 영화는 통치 계층인 이슬람 율법가들에게는 저주나 다름없지만, 수많은 젊은 세대에겐 흥미를 자극한다.

이따금 제3자들은 문화적 중재에 도움이 되기도 한다. 중국에서 한국을 통해 유입된 많은 미국과 일본의 문화적 관념은 아주 매력적이라는 것이 입증되고 있다. 한 대학생은 TV 토론 프로그램에서 다음과 같이 언급했다. "미국의 드라마도 똑같은 생활 방식을 보여준다. 우리는 한국과 미국이 유사한 정치 제도와 경제 체제를 지니고 있다는 걸 알고 있다. 하지만 문화적으로 더 친숙하기 때문에 한국의 생활 방식을 더 쉽게 받아들이게 된다. 몇 년 후에는 우리도 그들처럼 살 수 있을 것 같다는 기분이 든다."[13]

그러나 직접적인 문화 접촉도 중요할 수 있다. 중국 외교부장의 아들은 미국에서 유학하는 중국 학생들에 대해 이렇게 말했다. "우리는 경험을 통해 조국이 발전하기 위한 방식과 개인들이 살아가는 방식에 여러 대안이 있다는 걸 이해하게 되었다. 미국에 살면서 우리는 많은 부분에서 조국과 다를 수 있다는 걸 깨닫게 되었다."[14] 시간이 흐르면서 문화는 서로에게 영향을 미친다. 예를 들면, 베이루트에 설립된 미국의 대학은 처음에 레바논에서 미국의 소프트 파워를 강화했지만 이후에는 여러 연구를 통해 미국에서 레바논의 소프트 파워를 강화했다는 것이 밝혀진다.[15]

오직 문화, 가치, 정책만이 소프트 파워를 창출하는 자원은 아니다. 앞 장에서 보았던 것처럼 경제적 자원도 하드 파워와 소프트 파워를 모두 창출한다. 그것들은 강압뿐만 아니라 유인에도 활용될 수 있다. 간혹 실제 상황에서 경제적 관계의 하드 파워와 소프트 파워를 구성하는 부분을 구분하기 어려울 때도 있다. 유럽의 지도자들은 다른 국가들이 유럽연합에 가입하려는 열망을 유럽 소프트 파워의 상징으로 설명한다.[16] 예를 들면, 과거 중부 유럽의 사회주의 국가들이 브뤼셀의 체제를 지향하면서 법 제도를 개정했다는 것은 인상적인 변화다. 터키도 비슷한 이유에서 자국의 인권 정책과 법 제도를 변경했다. 하지만 그 변화에서 어느 정도가 시장 접근에 대한 경제적 유인의 결과이며, 또 어느 정도가 유럽의 성공적인 경제 체제와 정치 제도를 통한 유인의 결과인가? 이 상황은 여러 동기들의 복합적 작용으로 인한 결과이며, 한 국가의 행위자들이라도 그 복합적 요인을 다른 방식으로 이해할지 모른다. 언론인들과 역사가들은 특정한 과정들을 자세히 조사해서 인과관계를 규명해야 한다.

많은 사람들이 특히 2008년에 미국에서 시작된 세계적 금융 위기가 끝난 이후로 아시아와 다른 개발도상국들에서 중국의 소프트 파워가 증대되는 것을 보고 있다.[17] 《피플스 데일리*People's Daily*》에 의하면, "소프트 파워는 핵심 단어가 되었다……중국의 증대되는 소프트 파워에는 엄청난 잠재력이 존재한다."[18] 여러 개발도상국들에서 권위주의 체제와 성공적인 시장 경제가 조합된 소위 베이징 컨센서스Consensus가 과거에 주류를 이루었던 민주주의 체제와 자유 시장 경제가 조합된 워싱턴 컨센서스보다 더 많은 호응을 얻게 되었다. 그러나 베네수엘라와 짐바브웨가 베이징 컨센서스에 호응하는 것은 어느 정도까지가 지난 10년간 2배의 GDP 성장을 이룬 중국을 존중하는 것이며, 또 어느 정도까지가 성장을 거듭하는 거대한 시장에 접근하기 위한 목적인가? 더욱이 전제주의 성장 모델은 전제주의 국가들에서 중국의 소프트 파워를 생성하지만, 민주주의 국가들에서는 호응을 이끌어내지 못한다. 카라카스에서 호응을 얻은 것이 파리에서는 거부를 당할지도 모른다.[19]

우리는 간혹 군사적 자원도 소프트 파워에 기여할 수 있다는 것을 보게 된다. 독재자들은 종종 기대감을 조성하고 다른 사람들을 수하로 끌어들이기 위해 무적의 신화를 날조한다. 사람들은 대체로 강한 힘에 이끌린다. 오사마 빈 라덴이 말했던 것처럼 사람들은 약한 말보다 강한 말에 호감을 갖는다. 막강한 군대는 유인의 근원이 될 수 있으며, 군대와 군대 간의 협력 및 훈련 프로그램은 한 국가의 소프트 파워를 강화하는 초국가적 네트워크를 구축할 수 있다. 정당한 전쟁의 원칙인 구별과 균형에 대한 무관심은 당위성을 무너뜨릴 수 있다. 2003년에 미군의 이라크 공격이 거둔 초기의 효율성은 일부 이라크인들과 다른 외국인들에게 감탄을 자아냈을지도 모르지만, 그 소프트 파워는 이후에 드러난 비효율적인 점령과 포로들의 학대로 인해 약화되었다. 반면 미국, 중국, 브라질과 다른 국가들은 모두 2010년에 발생한 아이티 지진의 구호 작업에 군사적 자원을 투입하면서 소프트 파워를 증대했다.

소프트 파워와 미국의 헤게모니

일부 분석가들은 21세기의 소프트 파워를 문화적 제국주의의 한 형태로 간주하면서 미국의 문화가 자유 교류의 패권을 창출했다고 주장한다.[20] 국제 정치에는 다양한 담론들 간의 '설전verbal fighting'도 포함되며 이 분석가들은 9.11테러 이후에 국제 정치를 '세계적인 테러와의 전쟁'으로 이끌어가는 미국의 역량이 여러 논쟁들과 행위들을 미국의 체제로 전환시켰다고 주장한다.[21] 하지만 동시대의 교류에 대한 미국의 장악을 강압적이라고 설명하는 것은 '강압'이라는 단어의 적절한 용례라고 할 수 없다. 스티븐 루크스가 주장한 것처럼, 권력의 세 번째 측면이 작용하는 양식에도 합리적 형태와 비합리적 형태가 존재하고, 행위자들이 목표 대상의 기호와 사익self-interest의 형성에 영향을 미치는 방식에도 권한을 부여하는 형태와 권한을 박탈하는 형태가 존재한다. 그 과정이 쉽지는 않지만 우리는 대부분의 경우에 자유로운 선택과 강제적인 주입을 구분할 수 있다.[22]

더 많은 사람들이 참여와 표현의 자유를 추구하는 정보화 시대에 미국의 가치는 일부 절대적인 부분에서 보편적이지 않지만 다른 많은 부분에서 다른 국가들의 가치와 유사하다. 가치는 널리 공유되는 경우에 미국 내외의 여러 방향으로 작용하는 소프트 파워의 기반을 제공할 수 있다. 이런 상황에서 미국인들은 많은 이익을 거둘지도 모르지만, 한편으로 자국에 대한 호응도를 유지하려면 다른 외국인들과 공유하는 가치를 준수해야 하는 제약이 뒤따른다는 것을 알게 된다. 국제관계의 정치적 다양성과 제도적 다분화를 감안하면 담론에 대한 미국의 헤게모니를 믿는 사람들은 그 근거를 제시하기 어렵다. 많은 국가들과 집단들은 저마다 다른 가치를 지닌다. 그렇지 않다면 현재의 국제 정세에서 존재하는 것보다 훨씬 더 획일화된 관점이 존재할 것이다. 지역의 문화들이 꾸준히 충성도를 유지하는 요인은 '사람들이 지위와 신분으로 연결된 네트워크에 속해 있으면서 종교적, 집단적 정체성의 표상을 추구하기 때문이다.'[23]

미국의 소프트 파워 헤게모니에 대한 문제를 제대로 판단하려면 중국을 살펴보는 것이 도움이 된다. 중국인들은 '소프트 파워'의 개념에 상당한 관심을 지니고 있다. 싱가포르의 한 분석가는 소프트 파워가 중국의 전략적 미래상에서 핵심을 차지하며, 외부의 인식에 대한 중국의 민감성을 명확히 나타낸다고 주장한다.[24] 1990년대 초반 이후로 소프트 파워에 관한 수백 편의 논문과 학술 기사가 중화인민공화국에서 발표되었다. 그 단어는 중국의 공식적인 언어로도 등장했다. 2007년 10월에 열린 17차 중국공산당총회의 기조 연설에서 후진타오 주석은 "중국공산당은 조국의 소프트 파워의 일부로서 문화를 강화해야 하며……전반적인 국력의 경쟁에서 중요성이 증대되는 요소"라고 언급했다.[25]

중국은 오래전부터 매력적인 전통 문화를 이어왔지만 이제 세계적 유행을 선도하는 문화의 영역까지 진입하고 있다. 1978년부터 2008년까지 총 140만 명의 중국 학생들이 해외에서 유학했고, 2009년에는 22만 명의 외국 학생들이 중국의 대학들에 등록했다. 중국의 공무원들은 2020년에 유학생의 수가 50만 명까지 증가할 것으로 전망한다.[26] 중국은 세계 전역에 수백 개소의 공자 학원을 설립해서 중국어와 중국 문화를 전파하고 있으며, 보이스 오브 아메리카가 중국어 방송을 하루 19시간에서 14시간으로 축소했던 반면 중국 국제 라디오 방송은 영어 방송을 하루 24시간으로 확대했다.[27] 2009년과 2010년에 중국은 알자지라를 모방해서 제작한 24시간 신화 케이블 뉴스를 비롯한 '해외 홍보 사업'에 89억 달러를 투자했다.[28]

중국은 외교 정책도 수정했다. 1990년대 초반에 중국은 다자간 협정을 경계하면서 여러 주변국들과 의견을 조율하지 않았다. 이후 중국은 세계무역기구WTO에 가입했고, 유엔 평화 유지군에 3,000

명 이상의 병력을 파견했으며, 핵무기 비확산 외교(북한과의 6자 회담 개최를 포함한다)에 한층 협조적인 자세로 전향했고, 주변국들과 영토 분쟁을 조정했으며, 동아시아 정상회담 같은 여러 지역 기구들에 가입했다. 이런 새로운 외교 정책은 불안을 완화하고 다른 국가들이 신흥 강국(중국)과 균형을 이루기 위해 동맹할 가능성을 낮추었다.[29] 한 연구 결과에 의하면, 중국의 방식은 캄보디아 의회나 모잠비크 외교부와의 관계를 재개하는 것 같은 상징적인 관계와 시선을 끄는 행위를 강조했다.[30] 그러나 미국의 소프트 파워뿐만 아니라 중국의 소프트 파워에도 한계는 존재한다.

2006년에 중국은 명 왕조의 제독 정화의 해상 원정 기념일을 내세워 인도양 방면의 해상 확장을 정당화하기 위한 명분을 조성했지만, 그것은 중국의 해상 야욕이 불신의 분위기를 야기한다고 의심하던 인도에서 소프트 파워를 창출하지 못했다.[31] 마찬가지로 중국은 2008년 올림픽을 성공적으로 개최하면서 자국의 소프트 파워를 강화하기 위해 노력했지만, 국내에서 벌어진 티베트와 신장성의 유혈 사태와 류샤오보(후일 노벨 평화상을 수상했다) 같은 활동가들의 시위는 소프트 파워의 효과를 격감시켰다. 2009년에 베이징은 '군대가 아닌 소프트 파워를 활용해서 해외의 우호 세력을 확보하기 위해' 블룸버그, 타임워너, 바이아컴에 필적하는 세계적인 거대 언론사를 개발하는 데 수십억 달러를 투자한다는 계획을 발표했다.[32] 하지만 이런 시도는 정작 국내의 정치적 검열에 의해 저지되었다. 신화 통신과 중앙 방송을 CNN과 BBC의 경쟁사로 전환하기 위해 온갖 노력을 기울였지만 '해외의 시청자들은 그런 덧없는 선전에 관심을 갖지 않는다.' 인도의 볼리우드 영화들은 국제적으로 중국의 영화들보다 훨씬 더 많은 관객들에게 호응을 받는다. "최근에 영화감독 장이모우는 항상 과거를 배경으로 영화를 제작하는 이유를 묻자, 현시대의 중국을 다룬 영화는 검열에 의해 거세를 당하기 때문이라고 대답했다."[33]

이런 이유에서 2008년 후반에 아시아 지역의 설문조사에서 중국의 소프트 파워가 미국의 소프트 파워에 미치지 못한다는 반응이 나타났던 것과 '아직까지는 중국의 유화 공세charm offensive가 비효율적이라고 결론을 내렸던 것'이 전혀 놀랍지 않다.[34] 이런 사실은 2010년에 BBC가 28개국에서 실시한 설문조사를 통해 재확인되었는데, 중국의 이미지는 오직 파키스탄과 아프리카에서만 긍정적이었고 아시아, 아메리카, 유럽에서는 형편없는 수준이었다.[35] 초강대국들은 문화와 담론을 활용해서 자국의 장점을 증진하는 소프트 파워를 창출하려고 노력하지만 그들이 내세우는 말과 상징이 국내의 현실과 일치하지 않으면 결코 쉽게 이루어지지 않는다.

소프트 파워는 제로섬 관계와 정합적 관계에서 모두 활용될 수 있다. 앞서 살펴보았던 것처럼 권력(다른 사람들에게 영향을 미쳐 바람직한 결과를 이끌어내는 능력)을 다른 사람들과의 '공조'가 아닌 다른 사람들에 대한 '군림'을 위한 힘으로 생각하는 것은 잘못된 발상이다.

일부 논평가들은 중국 소프트 파워의 잠재적인 증대에 대해 우려의 견해를 표출했다. 그것이 다른 국가들에게 문제가 될지의 여부는 그 권력의 사용 방식에 의해 좌우될 것이다. 만약 중국이 아시아의 정치에서 미국을 배제하려는 조작에 소프트 파워를 사용한다면 자칫 마찰을 일으킬지도 모르지만, 국제 정세에서 '책임 있는 이해관계국'의 태도를 유지한다면 중국이 지닌 하드 파워와 소프트 파워의 조합은 긍정적인 기여를 할 수 있다.

중국은 소프트 파워에서 미국이나 유럽에 한참 뒤떨어지지만 중국이 거두는 성과를 무시하는 태도는 어리석은 것이다. 다행히 그런 성과는 중국뿐만 아니라 다른 국가들에도 좋은 것일 수 있다. 소프트 파워는 한 국가의 이익에 반드시 다른 국가의 손해가 수반되어야 하는 제로섬 게임일 필요가 없다. 예를 들면, 중국과 미국이 서로의 시각에서 더 매력적으로 보이게 된다면 피해를 수반하는 충돌의 가능성은 감소할 것이다. 만약 부상하는 중국의 소프트 파워가 충돌의 가능성을 감소시킨다면 그것은 정합적 관계의 일부가 될 수 있다.

소프트 파워 행동: 의제 구성, 유인, 설득

지금까지 우리는 소프트 파워 자원에 초점을 맞추었지만 소프트 파워는 1장에서 논의했던 권력의 세 가지 양상과 관계된 모든 행동들과 조화된다.

예를 들어, 한 학교의 교장이 10대 학생들이 담배를 피우지 않기를 바란다고 가정하자. 권력의 첫 번째 측면에서 그 교장은 학생들에게 흡연의 욕구를 억제하도록 벌칙이나 규제로 위협하거나(하드 파워) 오랜 시간에 걸쳐 흡연의 기호를 바꾸도록 설득할 수 있다(소프트 파워). 두 번째 측면에서는 담배 자판기의 사용을 금지시키거나(의제 구성의 강제적 양상) 흡연의 유해성과 혐오성을 부각하는 분위기를 조성하는 공익 광고를 활용할 수 있다(소프트 파워). 세 번째 측면에서는 학생회를 개최해서 흡연에 대해 토론하며 금연 투표를 실시하거나(소프트 파워) 담배를 피우는 소수의 학생들을 퇴학한다고 위

표 4.1 권력 행동의 세 가지 양상

첫 번째 측면
(달: 다른 사람들에게 원하지 않는 것을 하도록 이끄는 것)
하드 파워: B의 기존 전략을 바꾸기 위해 A가 무력/보상을 이용한다.
소프트 파워: B의 기존 기호를 바꾸기 위해 A가 유인/설득을 이용한다.

두 번째 측면
(바흐라흐와 바라츠: 의제의 구성과 설정)
하드 파워: B의 의제를 제한하기 위해 A가 무력/보상을 이용한다(B의 의사와 상관없이).
소프트 파워: B가 의제를 합법적이라고 여기도록 A가 매력이나 제도를 이용한다.

세 번째 측면
(루크스: 다른 사람들의 기호를 형성하는 것)
하드 파워: B의 기호를 형성하기 위해 A가 무력/보상을 이용한다.
소프트 파워: B의 본래 기호를 형성하기 위해 A가 매력/제도를 이용한다.

협할 수 있다(하드 파워). 달리 말해, 그 교장은 담배를 피우는 학생들을 대상으로 금연을 강제하는 하드 파워를 활용할 수도 있고, 의제 구성, 설득, 유인 같은 소프트 파워를 활용할 수도 있다. 그가 지닌 소프트 파워의 성공 여부는 학생들을 이끌면서 믿음과 신뢰를 창출하는 능력에 의해 좌우될 것이다.

유인은 상당히 복잡하다. 유인은 매혹 효과나 긍정적 자석 효과를 창출하는 것뿐만 아니라 긍정적이든 부정적이든 관심을 이끌어내는 것까지 의미할 수 있다. 자력이나 인력과 마찬가지로 유인도 상황에 따라 호응이나 반발을 일으킬 수 있다. 법률가들은 일부 사물들을 '매력적 위험물attractive nuisance'이라고 지칭한다. 만약 매력이 비대칭적이면서 하드 파워 반응으로 이어진다면 그것은 권력이 아닌 취약성을 생성한다. 예를 들면, 19세기에 인도는 영국에게 매력적이었지만, 그 결과는 인도에게 소프트 파워가 아닌 식민지 합병으로 이어졌다.[36] 더욱이 관심은 종종 비대칭적이다. 사안이 클수록 관심도 커지게 된다. 미국과 캐나다나 중국과 베트남의 경우에서 드러난 것처럼 약소국은 강대국에 비해 큰 주목을 받는 상황에서 전술적 이익을 얻을 수 있다. 그러나 이런 형태의 유인은 소프트 파워가 아니다. 소프트 파워는 '매혹'의 관점에서 긍정적 유인에 의존한다.

무엇이 긍정적 매력을 창출하는가? 심리학자들은 우리가 자신과 비슷한 사람들이나 같은 집단에 소속된 사람들을 좋아하며 신체적

특성과 비슷한 태도에도 이끌린다고 말한다.[37] 국가의 차원에서 알렉산더 부빙은 유인의 핵심이 되는 행위자와 행동의 세 가지 자질로 자비, 역량, 매력(카리스마)을 제시한다. '자비'는 행위자가 다른 사람들과 관계하는 방식에 대한 측면이다. 자비롭다는 인식은 대체로 공감, 믿음, 신뢰, 묵종을 이끌어낸다. '재능'이나 '역량'은 행위자가 무엇을 실행하는 방식을 나타내며 주로 존경, 존중, 경쟁을 생성한다. '매력'이나 '카리스마'는 행위자가 지닌 이상, 가치, 미래상에 관계되는 측면이며 대체로 감화와 지지를 창출한다.[38] 이런 자질들은 자원(예를 들면, 문화, 가치, 정책 등)을 권력 행동으로 전환하는 데 중요한 역할을 한다.

이런 자질이 없다면 자원은 소프트 파워의 정반대에 해당하는 무관심, 혹은 혐오까지 유발할 수도 있다. 유인을 통한 소프트 파워의 창출은 행위자의 자질과 그것이 대상에게 인식되는 방식에 의해 좌우된다. 한 대상에게 매력을 창출한 것이 다른 대상에겐 혐오를 유발할 수도 있다. 어떤 행위자나 행동이 악의적이고 작위적이고 무능하고 추악하다고 인식되면 그것은 혐오를 일으킬 가능성이 크다. 따라서 독립적으로 행동하는 자유 여성을 묘사한 할리우드 영화 같은 문화적 산물은 리오에서 긍정적 유인을 창출할 수 있지만, 리야드에선 혐오를 유발할지도 모른다. 원조 프로그램도 작위적인 인상을 주면 소프트 파워를 저해할 수 있고 흥미로운 TV 프로그램도 명백한 선전으로 인식되면 혐오를 유발할 수 있다.

설득은 유인과 밀접한 연관이 있다. 설득은 무력의 위협이나 보상의 약속 없이 다른 사람들의 믿음과 행동에 영향을 미치기 위해 논법을 활용하는 것이다. 설득에는 항상 어느 정도 조작이 수반되는데, 일부 논점은 강조되고 나머지는 무시된다. 부정한 설득은 기만에 가까운 수준에 이를 수도 있다. 설득에서 사실, 인과관계에 대한 믿음, 규범적인 전제에 호소하는 이성적인 논법은 회유적인 방식의 의제 구성, 감정적인 호소와 조합된다.[39] 이런 이유에서 유인, 신뢰, 설득은 밀접한 연관이 있다. 일부 이성적인 논법은 자동 집행self-executing의 특성을 지닌다. 순수한 수치상의 명확한 증명은 적대 세력에 의해 제시되더라도 그 자체의 가치에 대한 설득력을 지닐 수 있다. 그러나 대부분의 논법은 일정한 수준의 유인(교감)과 신뢰를 담보하는 사실, 가치, 의제 구성에 대한 주장을 포함한다. 예를 들면, 이 책의 초반부에서 소개했던 프랑스가 파키스탄에 핵 시설을 수출하려고 했던 일화를 생각해보라. 미국의 주장은 프랑스와 미국이 동참하는 핵무기 비확산이라는 공동의 이익에 호소했지만, 프랑스 정부와 미국 정부 간에 이루어진 유인(교감)과 미국의 발언이 거짓이 아니며 그 정보가 정확하다는 신뢰가 없었다면 설득의 노력은 실패로 끝나고 말았을 것이다.

마찬가지로 의제 구성도 설득과 밀접한 연관이 있다.[40] 매력적인 구성으로 목표 대상에게 정당한 것으로 여겨지는 논법은 설득력을 지닐 가능성이 크다. 더욱이 대부분의 설득은 간접적이며 엘리트 층보다 일반 대중을 통해 매개되는 경우가 많다. 당위성의 인식에는 제3자인 대중도 포함된다. 간접적인 설득은 종종 제3자들을 대상으로 삼으며 순수한 논리보다 감정적인 호소와 화술이 사용된다. 화술은 설득을 위한 의제 구성에서 특히 중요하기 때문에 일부 '사실들'은 비중이 커지고 다른 사실들은 비중이 줄어들게 된다. 하지만 화술이 너무 작위적이고 선전처럼 변질되면 그것은 설득력을 잃게 된다. 다시금 강조하지만 소프트 파워의 생성에서는 행위자의 영향력뿐만 아니라 대상자의 인식도 결정적인 비중을 차지한다.

소프트 파워의 작용 방식

이따금 거의 아무런 노력 없이 유인을 통해 소프트 파워가 생성되기도 한다. 앞서 살펴보았던 것처럼 행위자가 지닌 가치는 '언덕 위의 도시'에서 빛나는 후광 같은 효과를 발휘할 수 있다. 이 사례와 같은 유인은 소프트 파워에 대한 수동적 접근법이다. 다른 경우에 행위자는 민간 외교, 방송, 교류, 지원 같은 다양한 프로그램을 통해 유인과 소프트 파워를 창출하기 위해 적극적인 노력을 기울인다. 소프트 파워가 목표 대상에게 영향을 미치는 방식에는 두 가지 모델(직접적 모델, 간접적 모델)이 있다. 직접적 모델에서 지도자들은 다른 지도자들의 자비, 역량, 카리스마에 의해 유인되고 설득될 수 있는데, 앞서 소개했던 표트르 황제와 프리드리히 대왕의 관계나 G-20 회담에서 기부의 확대를 이끌어낸 오바마 대통령의 설득적인 노력이 그런 경우에 해당된다.[41] 엘리트들 간의 관계와 네트워크는 종종 중요한 역할을 하기도 한다. 그러나 먼저 일반 대중과 제3자들이 영향을 받은 후에 그들이 다른 국가들의 지도자들에게 영향을 미치는 2단계 모델이 더 일반적인 경우다. 이런 경우에 소프트 파워는 우호적인 환경을 조성함으로써 중요한 간접적 효과를 발휘한다. 반면 행위자나 행동이 불쾌한 인식을 유발하면 그것은 비우호적인 환경을 조성하게 된다.

소프트 파워의 유발 효과causal effect에 대한 판단은 각 모델에 따라 달라진다. 첫 번째 모델에서 직접적 요인에 대한 판단에는 뛰어난 역사가들이나 언론인들이 추구하는 방식처럼 다양한 요인들을 구분하는 철저한 과정 분석이 요구된다. 두 번째 모델의 간접적 요인에 대한 판단에도 철저한 과정 분석이 필요한데, 그 이유는 다양한 유발 요소들이 포함되기 때문이기도 하지만, 여론조사와 내용 분석을 통해 우호적인 환경이나 비우호적인 환경의 형성 여부도 1차적으로 추정할 수 있기 때문이다. 여론조사는 잠재적 소프트 파워 자원의 존재와 동향을 판단할 수 있지만, 그것은 결과의 측면에서 고작 행태적 변화에 대한 1차적 추정에 불과하다. 143개국에 대한 연구를 통해 여론조사에서 한 국가의 국민들이 다른 국가의 리더십을 인정하지 않는 경우에 테러의 발생 확률이 높다고 밝혀진 것처럼 상호관

그림 4.1 소프트 파워: 직접적, 간접적 유발 모델

모델1

직접적 영향

자원 → 정부의 엘리트 → 유인 → 엘리트의 결정과 결과

모델2

간접적 영향

자원 → 대중 → 유인/반발 → 우호적 혹은 비우호적 환경 → 엘리트의 결정

계는 개연성을 암시하지만 인과관계를 입증하지는 못한다.[42] 시간이 흘러도 여론이 강력하고 일관적인 지역에서는 영향력을 발휘할 수 있지만 다른 변수들과 비교한 여론의 영향은 오직 철저한 과정 분석을 통해서만 결정될 수 있다. 이런 경우는 종종 단기간에 판별하기 어려우며 상당한 시간이 흐른 후에 뛰어난 분석력을 갖춘 역사가들에 의해 가장 명확한 판단이 내려진다.

일부 회의론자들은 여론조사를 극도로 불신한다. 그들은 '외교정책에서 국가가 여론에 통제되지 않고 여론을 통제한다는 사실은 소프트 파워의 논리를 저해하는 것'이라고 주장한다.[43] 하지만 그런 주장은 직접적인 효과, 정도의 문제, 목표의 형태, 다른 요인들과의 상호 작용을 간과하고 있기 때문에 잘못된 것이다. 더욱이 여론은 간혹 독재자들에 대한 억제 장치로 작용하며 내부의 반대가 묵살되는 많은 독재국가들에서 국제적 비난이 영향을 미치기도 한다. 비

록 여러 상황에서 많은 정부들이 거의 여론에 의해 억제되지 않는다고 해도 소프트 파워가 무력한 것은 아니다.

특정한 목표에 대해서는 간혹 여론을 거치지 않고 정책 입안자들에게 곧장 영향을 미치는 직접적인 모델도 존재한다. 교환 학생과 리더십 교류가 좋은 사례다. 현직 46명, 전직 165명에 달하는 정부의 수장들은 미국 고등 교육의 산물이다. 매년 거의 75만 명에 이르는 미국의 해외 유학생들 모두가 미국에 매력을 느끼는 것은 아니지만 대다수는 미국에 매력을 느낀다. '연구 결과를 통해 지속적으로 드러난 것처럼 교환 학생들은 자신이 공부했던 국가와 교류했던 사람들에게 더 긍정적인 견해를 지닌 채 귀국하고' 민주국가에서 공부했던 유학생들은 고국에서 민주주의를 촉진할 가능성이 크다.[44] 더욱이 이런 프로그램들은 간접적인 참가자들에게 유익한 '파급 효과'를 일으킬 수 있다.[45] 그리고 그 결과는 극적으로 나타날 수도 있다. 예를 들면, 미하일 고르바초프가 페레스트로이카와 글라스노스트를 수용한 이유는 수십 년 전에 미국에서 공부했던 알렉산더 야코블레프의 사상에 영향을 받았기 때문이었다. 냉전의 종식에는 여러 요인이 작용했지만 많은 전직 소련 엘리트들은 경제적 쇠퇴와 사상의 상호 작용에 대해 언급한다. 전직 소련의 행정가 게오르기 샤크나자로프는 이렇게 말한다. "고르바초프와 나, 우리 모두는 이중 사고자double thinker들이다."[46]

2단계 모델에서도 여론은 특정한 정책 사안에 대해 우호적이거나 비우호적 환경을 조성함으로써 종종 엘리트 층에게 영향을 미친다. 예를 들면, 2003년의 이라크전에서 터키의 행정가들은 여론과 의회에 의해 제지되어 미국 제4보병대의 영토 횡단을 허용할 수 없었다. 부시 행정부의 부족한 소프트 파워는 하드 파워마저 손상시켰던 것이다. 마찬가지로 멕시코의 대통령 비센테 폭스는 2차 유엔 결의 침공을 지지하면서 조지 W. 부시에 동조하려고 했지만 여론에 의해 제지되었다. 반미 성향의 태도가 정치적 죽음의 키스로 여겨지는 시기에 여론은 회의론자들의 단순한 주장과 다르게 정책에 영향을 미친 것이다. 심지어 긴밀한 동맹국인 영국조차 부시 행정부의 정보 기준에 대응하면서 "우리는 여전히 그들과 공조해야 하지만 다른 방식으로 공조한다"고 결정했다.[47]

상대적으로 '거부'를 파악하기 쉬운 부정적인 경우에는 인과관계를 이해하기가 더 쉬운 편이다. 긍정적인 경우에는 다양한 변수들 중에서 소프트 파워의 효과를 파악하고 입증하기가 더 어렵다. 한 연구에서는 국가적 차원에서 소프트 파워의 효율적 사용을 위한 세 가지 필수 조건으로 사상의 시장marketplace of ideas에서 목표 대상과 교류하기, 목표 대상에게 정치적 문제에 대한 태도의 변화 설득하기, 정치적 결과에 영향을 미치는 새로운 태도 확립하기를 제시한다.[48] 각 단계에 대한 분석은 소프트 파워를 통해 다른 정부의 정책을 변화시키기 위한 정부의 노력을 설명하는 데 도움이 된다. 그러나 이것은 첫 번째 모델의 직접적 효과뿐만 아니라 두 번째 모델의 다른 측면도 간과하고 있다. 그것은 바로 장기적인 유인을 통한 우호적인 환경의 창출이다. 그런 분위기는 시민사회와 비국가적 활동가들의 산물일 수도 있으며, 종종 정부의 직접적인 노력보다 더 신뢰성 있게 여겨지기도 한다. 오직 정부의 행위자들과 특정한 정책의 변화에 대한 노력에만 초점을 두는 경우에 우리는 언덕 위의 도시 효과와 사례를 통한 유인 효과도 고려해야 한다. 한 사회가 다른 사회에 호감을 일으킨다면, 그 사회는 특정한 엘리트 층의 결정뿐만 아니라 일반적인 환경 목표에 대해서도 우호적인 환경을 창출할 수 있다.

이때 소프트 파워의 목표 대상은 광범위한 여론과 문화적 태도다. 제2차 세계대전 이후의 시대를 연구했던 대부분의 역사가들은 군대와 자금에 덧붙여 그 시기에 유럽에서 그런 목표를 촉진했던 미국의 권력은 문화와 사상에 강한 영향을 받았다는 것에 동의한다. 비록 마셜 플랜 같은 정부의 프로그램이 중요했지만, 그 시기의 역사가들은 비국가적 활동가들의 영향도 중요했다는 것을 강조한다. "할리우드 영화사들은 물론, 미국의 기업들과 광고 회사들도 세계 전역에 그들의 제품뿐만 아니라 미국의 문화와 가치(미국이 거둔 성공의 비결) 또한 판매하고 있었다."[49] 노르웨이의 한 학자는 이렇게 주장한다. "연방주의, 민주주의, 개방 시장은 미국의 핵심 가치를 나타냈다. 그것이 바로 미국이 수출했던 것이다." 그런 노력을 통해 그가 말하는 '초대를 통해 건설된 제국'이 훨씬 쉽게 유지될 수 있었다.[50]

이런 일반적인 목표는 오늘날에도 여전히 중요성을 지닌다. 예를 들면, 많은 테러 활동의 목적은 특정한 정부의 전복을 기도하기보다 극단주의적 화술이 이슬람 세계에 더 널리 확산될 수 있는 분극화의 분위기를 조성하려는 것이다. 정부와 무관하게 베이루트와 카이로에 설립한 미국 대학의 효과에 대한 흥미로운 연구에서 두 대학은 현지 사회의 위태로운 시기에 자유롭고 비종교적이고 개인적인 교육의 확립이라는 환경 목표의 촉진에 성공했지만, 평판이 좋지 않은 미국 외교 정책의 수용이라는 특정한 목표에 기여하지는 못했다.[51]

그러나 소프트 파워의 소극적인 언덕 위의 도시 효과는 과장되어서는 안 되며, 특히 단기적인 목표의 효과에 대해서는 더욱 주의해야 한다. 유럽의 소프트 파워는 냉전 이후에 중부 유럽의 민주화라는 장기적 목표의 달성에 중대한 영향을 미쳤지만 2009년 코펜하겐 기후변화 협약에서 기후에 대한 훌륭한 사례를 보여준 유럽 국가들의 소프트 파워는 효과를 발휘하지 못했다. 유럽의 전략은 다른 국가들에게 탄소 배출에 대한 유럽의 기준을 따르도록 압박하려는 것이었다. 하지만 유럽연합은 회담에서 거의 드러나지 않았는데, '그들의 높은 기대치가 다른 국가들이 주도하는 제한된 협상과 너무 동떨어졌기 때문이다.'[52]

흥미로운 '자연적 실험natural experiment'은 오직 자금과 가족 왕조에 의존하는 폐쇄된 미국 정치 체제의 부정적인 전형을 깨뜨리는 데 기여했던 2008년 버락 오바마의 대통령 선거에서도 찾아볼 수 있다. 2009년에 실시된 여러 여론조사들은 '세계 전역에서 새로운 대통령에 대한 신뢰를 반영하는 미국의 세계적 이미지의 인상적인 부활'을 보여주었다.[53] 브랜드 가치의 평가에 근거한 한 여론조사에서는 오바마 효과가 브랜드 자산에서 2조 달러의 가치가 있다고까지 추산했다.[54] 2010년에 미국의 인기는 유럽, 러시아, 중국에서 상승했지만 이집트에서는 하락했고,[55] 미국의 정책에 대한 평판이 좋지 않았던 파키스탄과 팔레스타인 같은 지역에서 '오바마에 대한 평가는 완전히 바닥을 치던 부시보다 간신히 나은 수준이었다.'[56] 아프가니스탄에 주둔하는 동맹군의 증강이나 관타나모 수용소 수감자들에 대한 다른 국가들로의 이감 수용 같은 대통령 부임 첫해에 오바마가 실행했던 특정한 정책들의 결과는 아주 좋게 말해서 부시의 정책들보다 나은 정도였다. 요컨대 오바마 효과는 긍정적이었지만 단기간의 제한된 수준에 불과했다.

행위자들은 소프트 파워로 서로에게 직접적, 간접적으로 영향을 미치기 위해 노력할 뿐만 아니라, 상대국이나 제3국들의 여론에서 비우호적인 환경을 창출하기 위해 서로 간에 유인력attractiveness과 정당성을 박탈하기 위한 경쟁을 벌이기도 한다. 예를 들면, 미국의 상원이 3,000만 달러의 예산을 투입해 이란의 인권 위반을 조사하고 공표하는 법안을 통과시키자, 이란의 의회는 미국의 인권 위반을 폭로하기 위해 2,000만 달러의 기금을 조성했다.[57] 간혹 지도자들은 제3자들의 의견('세계 여론'이라는 잘못된 명칭으로 불리기도 한다)을 무시하려고 들지만 외교적 고립을 우려해서 실행에 옮기지는 못한다.

2008년에 러시아는 조지아를 침공한 후에 철저히 국내 언론을 통제했지만 국제 언론을 압박하지는 못한 듯했다. 조지아의 대통령 미하일 사카쉬빌리는 유창한 영어로 세계 전역의 언론을 장악했다. "크렘린이 조지아에 탱크를 보냈을 때처럼 선뜻 그들의 입장에 대한 지지를 호소하지 않는 것을 보면 그들의 세계관을 알 수 있다."[58] 러시아는 군사력에서 우월했지만 군사적 승리를 뒷받침하기 위한 소프트 파워의 행사에는 능숙하지 못했다.

앞서 우리가 살펴보았던 것처럼 적절한 전환 전략을 통해 소프트 파워로 전환할 수 있는 기본 자원은 매우 다양하다. 기본 자원에는 문화, 가치, 합법적인 정책, 긍정적인 국내 모델, 성공적인 경제, 강력한 군대가 포함된다. 간혹 이런 자원들은 특별히 소프트 파워 목적을 위해 구성되기도 한다. 이처럼 특별히 구성된 자원에는 국가정보국, 정보기관, 외교, 민간 외교, 교류 프로그램, 지원 프로그램, 훈련 프로그램 등이 포함된다. 이런 특수성 자원들은 광범위한 정책 수단을 제공하지만 그것이 목표 대상에게 긍정적, 혹은 부정적 반응을 유발할지 여부는 상황, 목표 대상, 권력 전환 전략의 수준에 의해 좌우된다. 이런 전환 과정은 그림 4.2에 제시되어 있다.

소프트 파워 자원과 수단을 바람직한 결과로 전환하기 위해서는

그림 4.2 소프트 파워 자원의 행동(결과)으로의 전환

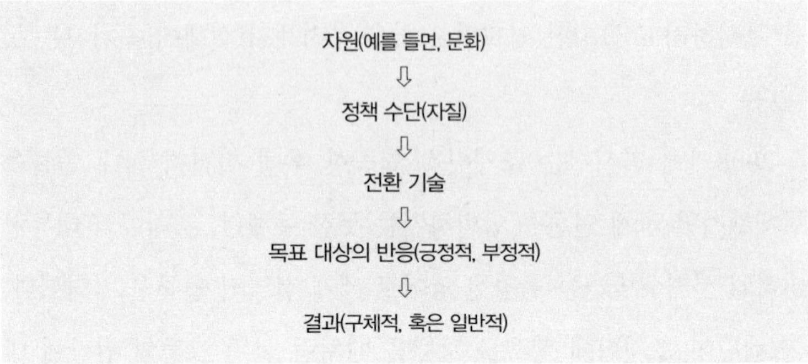

자원(예를 들면, 문화)
⇩
정책 수단(자질)
⇩
전환 기술
⇩
목표 대상의 반응(긍정적, 부정적)
⇩
결과(구체적, 혹은 일반적)

목표 대상에게 자비, 역량, 카리스마 같은 자질의 인식을 창출하는 능력이 절실히 요구된다. 그런 인식은 잘못된 것일 수도 있지만(선전의 효과를 통해) 목표 대상이 그것을 믿고 긍정적, 혹은 부정적 반응을 나타낸다는 것이 중요하다.

민간 외교를 통한 소프트 파워의 행사

앞서 살펴보았던 것처럼 소프트 파워는 정부의 차원에서 행사하기 어려운 것이다. 지속적인 매력(언덕 위의 도시로서)은 가치가 동반된 실천의 일관성을 요구한다. 더 나아가 유인, 의제 구성, 설득을 실행하기는 더욱 어렵다. 앞서 살펴보았던 것처럼 대체로 소프트 파워의 일상적인 경로는 간접적인 방식이고, 그 효과는 종종 시간

이 흘러야 나타나며, 소프트 파워가 지향하는 일부 일반적인 목표는 광범위하고 정부들은 모든 수단을 완전히 통제하지 못한다. 우리는 2장과 3장에서 소프트 파워의 잠재력 중 일부를 살펴보았지만, 군사적 자원과 경제적 자원을 사용해서 소프트 파워를 창출하기가 어렵다는 것도 살펴보았다. 이런 상황은 민간 외교의 수단을 통해 소프트 파워를 창출하는 경우에도 마찬가지다. 정책적인 어려움은 정보의 과잉, 네트워크의 중요성, 민주사회에서 변화하는 리더십의 형태에 의해 가중된다. 그러나 민간 외교를 통한 소프트 파워의 창출이 어렵다는 것은 결코 그것이 중요하지 않다는 의미가 아니다.

권력이 국가들에서 비국가적 행위자들로 분산되고 있는 시기에 신뢰성을 갖추려면, 소프트 파워를 실행하려는 정부는 정보화 시대에 권력은 계급적 성향이 약해지고 사회적 네트워크가 더 중요해졌다는 사실을 받아들여야 할 것이다. 네트워크화된 세계에서 성공을 거두려면 지도자들은 군림보다는 유인과 공조의 차원에서 생각해야 한다. 지도자들은 자신이 정상에 우뚝 서 있지 않고 집단에 속해 있다고 생각해야 한다. 그것은 일방적인 지시보다 양방향 교류가 더 효과적이라는 것을 의미한다. 잘츠부르크에서 열린 한 세미나에서 체코의 한 참가자는 이렇게 말했다. "이것은 최고의 선전이다. 왜냐하면 선전이 아니기 때문이다."[59]

소프트 파워 중 고작 일부만이 정부에 의해 실행되는 정책과 민간 외교를 통해 생성된다. 소프트 파워의 생성에는 한 국가 내외의 비국가적 행위자들도 긍정적, 부정적 방식으로 영향을 미친다. 그런 행위자들은 다른 국가들에서 일반 대중과 엘리트 통치 계층 모두에게 영향을 미치고 정부의 정책에 우호적이거나 비우호적인 환경을 창출한다. 앞서 언급했던 것처럼 일부의 경우에 소프트 파워는, 다른 국가들의 엘리트들에게 우리가 원하는 결과를 수월하게 달성할 수 있는 정책을 채택할 가능성을 증대할 것이다. 반면 미국 행정부에 대한 친화적인 행보가 정치적 죽음의 키스로 여겨지는 지역들에서 소프트 파워의 저하나 부재는 미국에게 특정한 목표의 달성을 가로막는 장애 요소가 될 것이다. 그러나 이런 경우에도 시민 사회와 비국가적 행위자들의 상호 작용은 민주주의, 자유, 개발과 같은 일반적인 환경 목표의 촉진에 도움이 될지도 모른다.

간혹 '각료 외교'로도 불리는 전통적인 외교에는 종종 은밀한 교류로서 한 통치자에서 다른 통치자로 전달되는 메시지가 동반된다. 그림 4.3의 첫 번째 모델에서 정부 A는 정부 B와 직접 교류한다. 그러나 정부들은 그림 4.3의 간접적인 모델에 제시된 것처럼 다른 정부들에게 영향을 행사하는 데는 다른 국가들의 대중과 교류하는 방법도 유용하다는 것을 깨달았다. 그런 간접적인 형태의 외교는 소위 민간 외교로 알려지게 되었다. 다른 국가들의 대중에 영향을 미치려는 노력은 오래전부터 이어져왔다. 프랑스 혁명 이후에 새로운 정부는 미국에 사절단을 파견해서 직접적으로 미국 여론에 영향을 미치려고 했다. 19세기 후반에 프랑스-프로이센 전쟁에서 패배한

그림 4.3 두 가지 외교 모델

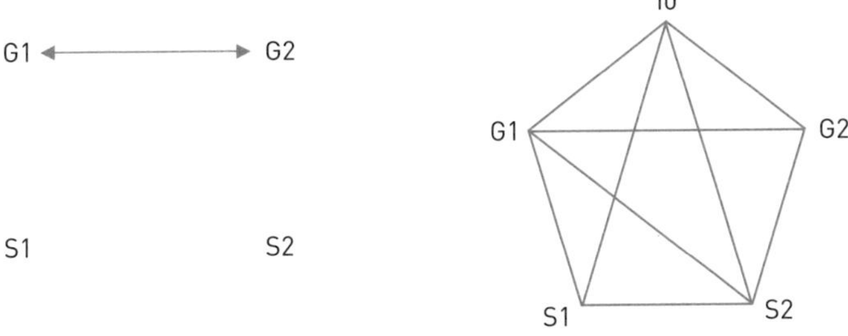

G: 정부, S: 사회, IO: 국제기구

프랑스 정부는 자국의 문화를 홍보하고 국가적 위신을 회복하기 위해 알리앙스 프랑세즈를 설립했다. 제1차 세계대전 중에 미국 정부는 순회공연을 기획하고 할리우드를 설득해서 미국의 긍정적인 측면을 묘사하는 영화를 제작하도록 했다.[60]

라디오라는 신기술이 등장하면서 방송은 1920년대에 민간 외교의 주요한 모델이 되었다. 1922년에 BBC가 설립되었고, 전제 정부들은 1930년대에 선전 방송과 선전 영화의 형태를 완성했다. 지금까지도 방송은 중요한 수단으로 남아 있지만, 인터넷과 해외여행이 자유로운 시대에 정부 간 국제기구와 초국가적 기구의 등장으로 국가들에서 이탈되는 권력 분산은 민간 외교를 더욱 복잡하게 만들었다. 교류의 형태는 더 이상 두 정부 간에 직선으로 이어지지 않고 정부, 대중, 사회, 비정부기구 간에 이어지는 직선을 포함하는 별 모양에 가까워진다.

이런 세계에서 행위자들은 정부들보다 소프트 파워를 행사하기 수월한 위치에 있다. 정부 A는 사회 B의 대중에 영향을 미치려고 노력하겠지만 사회 B의 초국가적 기구들도 정부 B뿐만 아니라 정부 A에까지 영향을 미치기 위해 홍보 캠페인을 시행할 것이다. 그들은 대기업 같은 다른 비정부적 행위자들에게 압박을 가하기 위해서뿐만 아니라 다른 정부들에게 영향을 미치기 위해서도 이름을 부각한 수치심 유발 캠페인을 활용할 것이다. 간혹 그들은 정부 간 국제기구들을 통해서도 활동할 것이다. 그 결과는 저마다 자체적인 목표를 위해 민간 외교를 활용하는 정부적, 정부 간, 비정부적 행위자들이 혼재하는 새로운 연합으로 나타난다. 예를 들면, 지뢰 금지 국제운동은 세계 최강국의 가장 막강한 관료 체제(펜타곤)를 물리치기 위해 캐나다와 노르웨이 같은 중소국의 정부들과 연합하면서 버몬트의 한 운동가가 조직한 네트워크와 연계하고 다이애나 황태자비의 대중적 명성까지 동원했다.

민간 외교를 활용해서 소프트 파워를 행사하려는 정부들은 새로운 문제들에 직면하고 있다. 국가의 매력적인 이미지에 대한 홍보는 전혀 새로운 것이 아니지만 소프트 파워를 창출하기 위한 조건은 최근 몇 년 동안 극적으로 변화되었다. 첫째, 전 세계의 국가들 중 거의 절반이 이제 민주국가가 되었다. 이런 상황에서 여론을 겨냥한 외교는 지도자들 간의 교류를 통한 전통적인 외교만큼 결과에 중요한 영향을 미칠 수 있다. 정보는 권력을 창출하는데, 오늘날 전 세계 인구의 대다수가 그런 권력에 접근하고 있다. 기술의 진보는 정보의 처리와 전송에 관한 비용을 대폭 절감시켰다. 그 결과는 정보의 폭발로 이어졌고, 그것은 '풍요의 역설'을 초래했다.[61] 정보의 과잉은 관심의 결핍으로 이어진다. 사람들은 엄청난 정보량에 압도되면 무엇에 집중해야 할지 몰라서 당황한다. 정보가 아닌 관심이 희귀 자원이 되고, 정보의 홍수 속에서 중요한 정보를 판별할 수 있는 사람들이 권력을 획득한다. 따라서 분석 정보 제공자cue-giver들은 점점 더 필요성이 증대되고, 그것은 우리의 관심을 집중해야 할 분야를 알려줄 수 있는 사람들에게 권력의 근원이 된다.

편집자들과 분석 정보 제공자들 사이에서 신뢰성은 핵심적인 자원이자 소프트 파워의 중요한 근원이다. 평판은 과거에 비해 훨씬 더 중요해지고 정치적 분쟁은 신뢰성의 창출과 말살을 두고 벌어진다. 정부들은 비단 다른 정부들뿐만 아니라 뉴스 미디어, 기업, NGO, 정부 간 국제기구, 연구 단체의 네트워크와도 신뢰성 경쟁을 벌인다.

정치는 신뢰성의 우위를 다투는 경연장이 되었다. 전통적인 권력 정치의 세계는 특히 군사력이나 경제력의 승자를 결정하는 데 치중한다. 앞서 언급했던 것처럼 정보화 시대의 정치는 '아마도 콘텐츠로 승자를 결정하게 될 것이다.'[62] 정부들은 자신들의 신뢰성을 강화하면서 상대들의 신뢰성을 약화시키기 위해 다른 정부들을 비롯한 다른 많은 조직들과 경쟁한다. 2000년에 벌어진 사건들을 두고 세르비아와 나토가 벌였던 분쟁이나 2009년 이란의 대통령 선거 후에 일어난 정부와 시위자들의 충돌을 생각해보라. 초국가적 소통에서 전자의 경우는 방송과 인터넷이 결정적인 역할을 담당했고, 후자의 경우는 인터넷과 트위터가 중요한 역할을 담당했다.

선전처럼 보이는 정보는 경멸을 당할 뿐만 아니라 국가의 신뢰성에 대한 평판을 저해할 경우에 자칫 역효과까지 일으킬 수도 있다. 사담 후세인의 대량살상 무기와 알카에다와의 연계에 대한 과장된 주장은 이라크전에 대한 국내의 지지를 이끌어내는 데 도움이 되었을지 모르지만, 이후에 과장된 주장이라는 사실이 밝혀지면서 영국과 미국은 신뢰성에 치명적인 타격을 입었다. 역사상 유례없는 새로운 환경에서 소프트 셀soft sell•은 하드 셀hard sell••보다 더 효과적인 방식으로 입증되었다. 이따금 영국 정부를 깜짝 놀라게 하는 BBC의 독자성은 탄자니아의 대통령 자카야 키크웨테의 일상에서 드러난 것처럼 신뢰성에 비중을 두고 있다. "그는 새벽에 일어나 탄자니아의 언론이 아닌 BBC 세계 방송을 청취한다."[63]

'민간 외교'라는 용어를 그저 선전을 위한 완곡어법 정도로 치부하는 회의론자들은 이 부분을 간과하고 있다. 단순한 선전은 민간 외교로서 역효과를 유발한다. 더욱이 민간 외교는 단순한 홍보 캠

• 부드럽고 친절한 태도로 자연스럽게 구매를 유도하는 판매 방식 – 옮긴이

•• 제품의 장점을 강조하면서 구매를 강요하는 판매 방식 – 옮긴이

페인이 아니다. 정보의 전달과 긍정적인 이미지의 선전이 포함되지만 민간 외교는 정부의 정책에 대한 우호적인 환경을 창출하는 장기적인 관계의 구축까지 아우른다.[64]

장기적인 문화적 관계에 대한 직접적인 국정 홍보government information의 조합은 세 가지 동심원 혹은 민간 외교의 단계에 따라 다르며, 그 세 가지 단계는 모두 중요하다.[65] 첫 번째이자 가장 직접적인 동심원은 일상적인 교류로 국내의 상황과 외교 정책 결정에 대한 설명을 포함한다. 첫 번째 단계에는 위기 상황의 대처를 위한 준비도 포함되어야 한다. 오늘날 정보화 시대에는 많은 행위자들이 어떤 사건 이후에 일어날 수 있는 정보의 공백을 메우기 위해 몰려들 것이다. 민간 외교에서 신속한 대응 능력은 잘못된 판단이나 왜곡된 정보가 즉시 해명될 수 있다는 것을 의미한다. 이 단계는 시간, 일간, 주간 단위로 평가된다.

두 번째 단계, 혹은 동심원은 전략적인 교류로 정치나 광고 캠페인의 역할을 할 수 있는 간단한 주제들을 개발한다. 첫 번째 단계가 시간이나 일일 단위로 평가된다면 두 번째 단계는 주간, 월간, 심지어 연간 단위로 일어난다. 2010년 상하이 엑스포나 남아공 월드컵 같은 특별한 행사들이 이런 범주에 해당된다. 제이콥 주마 대통령은 월드컵을 위한 지출을 '이 시대 최대의 마케팅 기회'라고 합리화했다.[66] 민간 외교 캠페인은 핵심적인 주제를 강화하거나 정부의 특정한 정책을 촉진하기 위한 상징적인 행사와 교류를 계획한다. 특별한 주제는 특정한 정책의 전개에 초점을 맞춘다. 예를 들면, 레이건 행정부가 소련의 중거리 미사일에 대한 폐기 협상을 벌이면서 나토의 미사일 배치에 대한 이원적 결정을 이행하기로 결정했을 때, 소련은 유럽의 여론에 영향을 미치면서 미사일 배치를 불허하는 합동 캠페인으로 대응했다. 전임 국무장관 조지 슐츠는 후일 이렇게 결론을 내렸다. "나는 아주 적극적인 민간 외교 프로그램이 없었다면 우리가 그 일을 해낼 수 있었을 것이라고 생각하지 않는다. 소련이 1983년 내내 평화 운동을 비롯해 우리의 유럽 우방국들에게 미사일 배치를 하지 못하도록 설득하기 위한 온갖 수단을 동원해…… 아주 활발하게 움직였기 때문이다."[67]

세 번째이자 가장 광범위한 동심원, 혹은 민간 외교의 단계는 장학금, 교류, 연수, 세미나, 회의, 언론과 같은 경로를 통해 오랜 기간 핵심 인물들과 지속적인 관계를 발전시키는 것이다. 오랫동안 약 70만 명에 달하는 사람들이 미국의 문화 교류와 학술 교류에 참여했고, 그런 교류는 안와르 사다트, 헬무트 슈미트, 마가렛 대처 같은 지도자들의 교육에 기여했다. 다른 국가들도 유사한 프로그램을 운영한다. 예를 들면, 일본은 매년 40개국에서 6,000명의 젊은 외국인들을 선발해서 일본어 교육을 실시하고 동창회를 통해 그들과 연대관계를 유지하는 교류 프로그램을 개발했다.[68] 이런 프로그램은 한때 에드워드 R. 머로가 결정적인 '마지막 3피트(상호관계가 창출한 강화된 신뢰성이 부각되는 양방향의 일대일 교류)'라고 지칭했던 것을 이끌어낸다.

이 세 단계의 민간 외교는 각각 정부가 바람직한 결과를 달성할 가능성을 증대할 수 있는 매력적인 국가 이미지를 창출하는 데 중요한 역할을 담당한다. 하지만 최고의 광고도 인기 없는 제품을 팔리게 하지는 못한다. 교류 전략은 정책의 성격을 제거하지 못하면 효과를 발휘할 수 없다. 행동은 말보다 더 중요하며 하드 파워의 실행을 위한 겉치레처럼 보이는 민간 외교는 성공할 가능성이 낮다. 미국의 가치와 일치하지 않는 아부 그레이브와 관타나모의 수감자들에 대한 대우는 미국에서 잘 사는 이슬람교도들의 모습을 묘사한 방송으로 만회할 수 없는 위선의 인식으로 이어졌다. 실제로 미국 위성 방송국 알 후라의 세련된 제작물의 가치는 대다수가 그것을 정부의 선전 수단으로 여기는 중동에서 경쟁력을 발휘하지 못했다. 흔히 정책 입안자들은 민간 외교를 다른 수단으로 인해 입은 상처에 붙일 수 있는 반창고 정도로 취급한다. 예를 들면, 이란에 대한 공격이 현지에서 왕권에 동조하는 저항 세력의 형성을 유발할지의 여부를 묻는 질문에 강경책을 지지하는 한 사람은 민간 외교 캠페인을 병행하면 그런 상황을 예방할 수 있기 때문에 그다지 문제가 되지 않을 것이라고 대답했다.[69]

정보화 시대의 새로운 환경에서 소프트 셀은 하드 셀보다 훨씬 더 효과적이라는 것이 입증되고 있다. 근본적인 국가의 신뢰성이 없으면 민간 외교의 수단은 문화적 자원을 유인의 소프트 파워로 전환하지 못한다. 민간 외교의 효용성은 소요된 자금이나 세련된 제작물이 아닌 변화된 민심(인터뷰나 여론조사를 통해 드러난다)에 의해 평가된다. 미국 의회에서 국방장관 게이츠에게 2010년의 전략적인 교류를 위한 예산에 대해 물었을 때 '중점적인 논의가 이루어지지 않았던 탓에 아무도 대답을 내놓지 못했다. 처음에 나온 답변은 10억 달러였지만 이후에 6억 2,600만 달러로 바뀌었다.' 그런 계획들은 '그동안 대부분 국무부의 민간 외교 부문에서 관장했다.'[70]

비평가들은 민간 외교의 과도한 군사화는 신뢰성을 저해한다고 우려한다. 한 전문가는 "군대에게 전략적인 교류의 수행을 위임하는 것은……구호 요원에게 공중 침투의 지휘를 지시하거나 외교관에게 야전 병원의 운영을 맡기는 것과 별반 차이가 없다"고 비난한다. 다른 전문가들은 현재 필요한 것은 뉴스 미디어, 문화 교류, 지역 지식에 해박하면서 비주류 단체들과 교류할 수 있는 네트워크 또한 갖춘 외교관들을 활용하는 '더욱 강력한' 새로운 민간 외교라고 주장한다.[71]

매스미디어 위주의 민간 외교 방식은 여전히 중요한 역할을 담당한다. 정부들은 장기적인 전략 메시지의 전달을 위해 노력해야 할 뿐만 아니라 일상적 차원에서 정책의 와전된 부분들도 신속하게 정정해야 한다. 매스미디어 방식의 주요한 장점은 파급 효과가 크고 대중 인식을 생성하며 의제 구성을 이끈다는 것이다. 그러나 다른 문화적 환경에서 메시지가 인식되는 방식에 영향을 미치지 못한다는 것은 단점이다. 전달자는 자신이 말한 내용을 알지만 대상자가 듣는 내용까지 알지는 못한다. 문화적 장벽은 전달된 내용을 왜곡하는 성향이 있다.

반면 네트워크 방식의 교류는 양방향 교류와 동등 계층 관계의 장점을 활용해서 문화적 차이를 극복할 수 있다. 문화 간의 경계를 관통하는 메시지에 대한 중앙 집중형 계획과 방송이 아닌 '네트워크가 먼저 효과적인 교류 경로를 위한 구조와 역학관계를 확립하고 그 후에 구성원들이 협력해서 메시지를 고안한다. 메시지나 콘텐츠는 여러 문화에서 공동으로 생성되기 때문에 문화적 경계를 지니지 않으며, 문화는 장벽을 이루거나 장애를 일으키지 않고 네트워크 역학관계에 통합된다.'[72] 정부들의 중앙 책임형 구조를 감안하면 이런 유형의 탈집중화와 탄력성은 그들에게 달성하기 어려운 것이다.

네트워크에 대한 활용의 측면에서 NGO의 뛰어난 탄력성은 일부 계층에서 '새로운 민간 외교'로 불리는 것을 탄생시켰는데, 그것은 '더 이상 외교 정책 목표를 위한 메시지의 전달, 홍보 캠페인, 정부와 해외 대중의 직접적인 접촉에 국한되지 않는다. 또 그것은 다른 국가들에서 시민사회(민간) 행위자들과의 관계를 구축하고 국내외의 비정부단체들 간의 네트워크를 촉진하는 데 초점을 맞추기도 한다.'[73] 이런 민간 외교 방식에서 정부의 정책은 국경을 초월한 네트워크에 대한 통제가 아닌 홍보와 참여를 목표로 삼는다. 실제로 정부의 과도한 통제나 잦은 출현은 그런 네트워크를 통해 창출하려는 신뢰성을 떨어뜨릴 수 있다. 단방향 교류에서 양방향 교류로 진보된 민간 외교는 대중을 의도와 소통에 대한 동등 계층의 공동 창출자로 취급한다.[74]

새로운 민간 외교의 네트워크로 이루어진 세계에서 정부들이 성공을 거두려면 통제를 대폭적으로 축소하는 방법을 배워야 하며, 그런 상황에서 종종 비정부적 민간 행위자들은 정부의 정책이나 목표에 따르지 않을 수도 있다. 정부들은 공무원들에게 페이스북과 트위터의 사용을 허용하면 소셜 네트워킹이라는 새로운 기술의 장점을 활용할 수 있다.[75] 어쩌면 정부들은 일정한 수준에서 자유를 허용할지도 모르지만 네트워크의 한 부분이 공식적인 직함을 지니는 경우에는 완전한 자유를 허용하려고 하지 않을 것이다. 예를 들면, 민주국가에서 야당 국회의원들은 국가의 메시지와 국가의 이익을 보호하지 못한 불성실하고 무능력한 외교부 공무원들을 아주 쉽게 비난할 수 있다. 이런 비난은 국내에 거주하는 비정부적 행위자들에게도 똑같이 돌아가는데, 특히 그들이 정부기관과 연계되거나 지원을 받는 경우에 더욱 두드러진다.

새로운 민간 외교는 국내의 정치적 문제를 유발하기도 하지만, 그 국제적인 효과는 유익할 수 있다. 반대와 자기비판은 메시지의 신뢰성을 강화할 뿐만 아니라 반대를 수용하려는 사회에 대한 호감을 생성한다. 정부의 정책에 대한 비판은 정부의 입장에서 거북할 수도 있지만, 그 사회에 대해 한층 호의적인 인상을 부각시켜 소프트 파워의 생성에 기여할 수 있다. 글로벌 정보화 시대에 소프트 파워의 창출을 위한 민간 외교의 활용에서 나타나는 역설은 탈중앙화와 통제의 축소가 소프트 파워의 생성에 가장 핵심적인 요소일 수도 있다는 것이다.

대중에 의해 실행되는 민간 외교가 증가하면서 정부들은 통제의 딜레마에 빠져들게 되었다. 2010년에 쿠란을 불태우겠다고 위협했던 플로리다의 목사 같은 무분별한 시민들은 소프트 파워를 저해할 수 있다. 그러나 새로운 민간 외교가 민주국가들에서 다소 어려울 수 있다면 중국 같은 전제국가들에선 훨씬 더 어려울지도 모른다. 한 논평가는 "만약 진정한 소프트 파워가 정부가 아닌 사회에서 비롯된다면 중국 정부는 자국의 인권 환경, 정치 제도, 경제력, 군사력이 해외에서 부정적인 이미지를 조성하고 있는 상황에서 가장 다양하고 창조적인 요소들까지 억압하고 있는 것이다"라고 지적한다.[76] 소프트 파워의 행사는 매우 중요하지만 결코 쉽지만은 않으며, 특히 사이버 시대에는 더욱 어려워지고 있다.

2부 힘의 이동

5

사이버 시대, 힘의 분산

두 가지 형태의 권력 이동이 일어나고 있다. 바로 권력 전이와 권력 분산이다. 한 국가에서 다른 국가로의 권력 전이는 역사적으로 익숙한 과정이지만, 권력 분산은 다소 생소한 현상이다. 오늘날 글로벌 정보화 시대에 모든 국가들이 당면한 문제는 더 많은 일들이 초강대국조차 통제할 수 없는 범위에서 일어나고 있다는 것이다. 전직 국무부 정책 수립 책임자의 말에 의하면, "정보의 확산은 무기의 확산만큼 무극화nonpolarity의 중요한 요인으로 작용한다."[1] 또 영국의 한 분석가는 이렇게 표현한다. "우리는 금융 위기, 조직 범죄, 대규모 이주, 지구 온난화, 전염병, 국제 테러 등등……한 국가의 국민들에게 영향을 미치지만 대체로 혹은 전적으로 다른 국가들에서 비롯되는……점점 더 많은 위험, 위협, 도전에 직면하고 있다. 이런 난관이 발생하는 주요한 이유 중 하나는 권력이 수직과 수평의 양방향으로 분산되고 있기 때문이다. 우리는 다극화 세계인 동시에 무극화 세계에서 살고 있다."[2]

일부 논평가들은 이런 추세가 1648년에 베스트팔렌 조약이 체결된 이후 유력한 세계 제도로 존속되어온 주권국가의 쇠퇴를 나타내는 징후라며 반색한다. 그들은 정보혁명이 관료적 계층 제도를 네트워크 조직으로 대체할 것이라고 예측한다. 더 많은 정부의 기능들이 비영리단체들과 민간 주도 시장private market에 의해 처리될 것이다. 인터넷에서 생겨난 가상의 공동체들은 영역적 관할권을 초월하면서 자체적인 통치 형식을 개발할 것이다. 국가들은 점차 사람들의 삶에서 차지하는 핵심적인 비중을 잃게 될 것이다. 사람들은 다수의 자발적 계약을 맺고 살아가면서 마우스 클릭 한 번으로 공동체를 가입하고 탈퇴할 것이다. 공동체와 통치권을 관통하는 새로운 양식은 근대국가의 부상 이전에 존재했던 봉건 세계와 유사하면서도 더 현대적이고 문명화된 형태가 될 것이다.[3]

정보혁명

이처럼 극단적인 사이버 변환은 여전히 예측을 불허하며 새로운 정보혁명은 권력의 본질을 변화시키고 권력 분산을 확대한다. 국가들은 세계 무대에서 유력한 행위자로 남겠지만 그 무대가 훨씬 더 혼잡하고 통제하기 어렵다는 것을 알게 될 것이다. 많은 국가들에서 인구의 대다수가 정보에서 비롯된 권력에 접근하고 있다. 정부들은 항상 정보의 흐름과 통제에 대해 걱정하지만 현시대가 정보기술의 극적인 변화에 의해 심대한 영향을 받은 최초의 시대는 아니다.

간혹 '3차 산업혁명'으로도 불리는 현재의 정보혁명은 컴퓨터, 통신, 소프트웨어의 급격한 기술 진보에 기인하며, 그 결과는 정보의 생성, 처리, 전송, 검색에 관한 비용의 극적인 감소로 이어졌다. 연산력computing power은 30년 동안 18개월마다 2배씩 증가했고, 21세기 초에는 연산 비용이 1970년대 초반에 비해 1,000분의 1 수준으로 절감되었다. 만약 자동차 가격이 반도체 가격만큼 빠르게 하락했다면, 현재 자동차는 한 대에 고작 5달러에 불과할 것이다.

1993년에 웹사이트는 전 세계적으로 약 50개 정도였지만 2000년에는 그 수가 무려 500만 개를 상회했다. 2010년에는 중국만 해도 인터넷 사용자가 4억 명을 넘어섰고, 소셜 네트워크 페이스북은 사용자가 약 5억 명에 이르렀다. 통신 대역폭은 급속도로 확장되고 통신 비용은 연산력보다 더 빠르게 절감되고 있다. 1980년대에 동선을 사용한 전화는 1초에 겨우 1페이지 분량의 정보밖에 전송할 수 없었지만, 오늘날 미세한 광학섬유는 1초에 책 9만 권 분량의 정보를 전송할 수 있다. 1980년에 1기가바이트를 저장하려면 방 하나가 필요했지만, 지금은 200기가바이트도 셔츠 주머니에 충분히 저장한다. 디지털 정보의 용량은 5년마다 10배씩 증가한다.[4]

이 정보혁명의 핵심적인 특징은 부유층과 권력층 간에 이루어지는 교류의 속도가 아니다. 유럽과 북미 간에 전신을 통한 실시간 통신은 130년 이상 이루어지지 못했다. 결정적인 변화는 정보 전송을 위한 비용의 엄청난 절감이다. 모든 실용적인 관점에서 실제 전송 비용은 무시할 수 있는 수준이 되었기 때문에 세계 전역으로 전송할 수 있는 정보량은 사실상 무한대나 마찬가지다. 그 결과는 문서들이 작은 단편처럼 취급되는 정보의 폭발로 나타난다. 한 조사 결과에 의하면, 2006년 한 해에만 1억 6,100만 기가바이트의 디지털 정보가 생성되고 저장된 것으로 추산된다(이 수치는 지금까지 출간된 모든 책들에 수록된 정보의 약 300만 배에 해당된다).

2010년에는 디지털 정보의 연간 증가량이 약 6배 이상 늘어난 9억 8,800만 기가바이트에 달할 것으로 예상된다. 21세기 초반에 컴퓨터 사용자들은 매년 약 250조 개의 이메일을 전송했다. 2010년에 전 세계적으로 생성된 모든 정보의 70퍼센트는 이메일, 동영상, 월드와이드웹에서 비롯되었다. 이처럼 전산과 통신에 연관된 기술의 극적인 변화는 정부의 본질을 변화시키면서 권력 분산을 가속화한다.

20세기 중반에 사람들은 컴퓨터와 통신 중심의 정보혁명이 조지 오웰의 디스토피아 소설 《1984》에 묘사된 것 같은 중앙정부의 통제를 초래할 것이라고 걱정했다. 메인프레임 컴퓨터들은 중앙 계획을 강화하고 통제의 피라미드 최정상에 위치한 계층의 감시력surveillance power을 증대할 것처럼 보였다. 정부의 TV방송이 뉴스를 장악하고, 정부가 중앙 데이터베이스와 연계된 컴퓨터를 활용해서 확인과 감시를 수월하게 할 수 있을 것 같았다.

그러나 연산력이 비용을 감소시키고 컴퓨터가 스마트폰과 다른 휴대기기들만큼 작은 크기로 축소되면서 그런 장비들의 탈중앙화 효과는 중앙 집중화 효과보다 중요해졌다. 오늘날 정보에 대한 권력은 불과 수십 년 전보다도 훨씬 더 광범위하게 분산되어 있다. 편집자와 방송 제작자에 의해 통제되는 라디오, 텔레비전, 신문에 비해 인터넷은 무제한적인 일대일(이메일을 통해), 일대다(개인 홈페이지, 블로그, 트위터를 통해), 다대일(위키피디아 같은 수단을 통해), 다대다(온라인 채팅방, 혹은 페이스북과 링크드인 같은 소셜 네트워크 사이트 같은 수단을 통해) 교류를 창출한다. 이런 새로운 수단들을 과거의 통신수단들과 비교하면 우리는 '인터넷이 더 적은 매개체로 더 빠르고 더 멀리 메시지를 전송할 수 있는 능력을 지녔다'는 차이를 알 수 있다.[5] 정보는 종종 핵심적인 권력 자원을 제공할 수 있으며, 어느 때보다 더 많은 사람들이 더 많은 정보에 접근하고 있다.

이것은 국제 정치가 오직 정부들만의 영역이 되지 않으리라는 것을 의미한다. 전산과 통신의 비용이 감소하면서 그만큼 진입 장벽도 낮아졌다. 기업들부터 NGO들, 테러범들에 이르기까지 개인들과 민간 조직들이 모두 국제 정치에서 직접적인 역할을 할 수 있는 권한을 갖는다. 정보의 확산은 권력이 더 널리 분산되고 비공식적 네트워크들이 전통적인 관료 체제의 독점을 잠식하게 되리라는 것을 의미한다. 인터넷의 속도는 모든 정부들의 의제에 대한 통제력이 감소한다는 것을 의미한다. 정치 지도자들은 과거에 비해 특권이 줄어들고 더 많은 행위자들과 무대를 공유해야 할 것이다.

원칙적으로 시장 진입을 위한 비용과 장벽이 줄어들면서 정보혁명은 강대국들의 권력을 감소시키고 약소국들과 비국가적 행위자들의 권력을 강화하게 된다. 그러나 국제관계는 현실적으로 그런 기술적 결정론보다 훨씬 더 복잡한 양상을 지닌다. 정보혁명의 일부는 약소국에게 도움이 되지만, 다른 일부는 기존의 강대국에게 도움이 된다. 여전히 규모가 중요한 비중을 차지한다.

경제학자들이 규모의 경제라고 지칭하는 것은 정보와 연관된 권력의 양상에도 내재하고 있다. 비록 해커와 정부가 모두 정보를 생성하고 인터넷을 활용할 수 있을지라도, 규모가 큰 정부들이 수만 명의 전문 인력을 동원해 암호를 해독하거나 다른 조직들에 침투할 수 있는 방대한 연산력을 지니는 것이 여러 측면에서 중요하다. 소프트 파워의 경우에 할리우드나 볼리우드 같은 대규모 연예산업들은 제작과 배급에서 엄청난 규모의 경제를 운용한다. 더욱이 정보경제에서는 규모에 따라 수익이 증가하는 '네트워크 효과'가 존재한다. 우리가 알고 있듯 전화기 한 대는 아무 쓸모가 없다. 사용자가 늘어나고 네트워크가 성장할수록 가치가 증가하는 것이다.

더불어 기존의 정보 보급에는 많은 비용이 소요되지 않는다고 해도 새로운 정보의 수집과 생성에는 종종 대규모 투자가 필요하기도 하다. 많은 경쟁 상황에서 새로운 정보는 가장 중요한 비중을 차지한다. 한편 정보가 비경합 공공재nonrival public good가 되는 경우도 있다. 한 사람의 소비가 다른 사람의 소비를 감소시키지 않는 것이다. 토머스 제퍼슨은 촛불의 비유를 들면서 "내가 당신에게 불빛을 비춘다고 해서 내 불빛이 줄어들지는 않는다"고 설명했다. 그러나 경쟁 상황에서 내가 먼저 촛불을 들고 당신보다 앞서 다른 것들을 본다면 큰 차이가 생길 수도 있다. 정보의 수집은 훌륭한 사례가 된다. 미국, 러시아, 영국, 중국, 프랑스는 정보의 수집과 생성에서 대부분의 국가들을 위축시키는 탁월한 역량을 갖추고 있다.

앞서 2장에서 살펴보았던 것처럼 군사력은 여전히 국제 정치의 핵심적인 영역들에서 중요한 비중을 차지한다. 정보기술은 무력의 사용에서 다소 차이가 있지만 약소국들과 기존의 강대국들 모두에게 유리한 영향을 미친다. 그것은 마치 양날의 검과도 같다. 과거에 고가의 군사 장비였지만 현재 상용화된 기술들은 약소국들과 비국가적 행위자들의 입지를 강화하고 강대국들의 취약성을 증대한다. 예를 들면, 오늘날 모든 사람들이 기업들에 위성 사진을 주문하거나 그저 구글어스 소프트웨어를 사용해서 다른 국가들의 상황을 적은 비용이나 무료로 살펴볼 수 있다.

정확한 위치를 포착하는 위치탐색 장비는 한때 군대의 전유물이었지만 이제는 상점들에서도 구입할 수 있다. 더욱이 정보 시스템은 돈을 노리는 테러 집단에게 쉽게 파괴할 수 있는 목표물이 되기 때문에 부유한 국가들의 입장에서 취약성을 유발한다. 위키피디아 같은 비정부적 행위자들은 군사 활동을 복잡하게 만드는 민감한 정보를 수집하고 전파한다. 이런 환경에서 기술력을 갖춘 적대 세력(사이버 전쟁 자원을 지닌 약소국)이 강대국들을 협박하는 상황이 충분히 일어날 수 있다. 또한 국가의 지원을 받는 '무적자들freelance'이나 '위탁자들privateer'의 사이버 공격이 일어날 가능성도 다분하다.

하지만 기존의 강대국들에게 유리한 추세도 나타난다. 위성 센서, 직접 방송, 초고속 컴퓨터, 첨단 소프트웨어는 광범위한 지역에서 일어나는 다양한 사건들에 대한 정보를 수집하고 분석하고 처리하고 전송하는 능력을 창출한다. 이런 군사 시스템의 네트워크화는 강력한 우월성을 (더불어 잠재적인 취약성도) 창출한다. 결정적인 요소는 강력한 하드웨어나 진보된 시스템을 보유하는 것이 아니라 거대 시스템을 통합하는 능력이다. 이런 차원에서는 작은 우위가 크나큰 격차를 만들어낸다. 정보혁명은 권력 분산을 주도하고 있지만 강대국들은 여전히 더 많은 자원을 보유하고 있다.

정부들과 초국가적 행위자들

권력 분산과 주권국가의 운명에 대한 논쟁은 종종 지나치게 단순화되기도 한다.[6] 사람들은 이따금 국가 체제에 대한 장기적인 대안을 '오직 제도적으로 국가를 대체할 수 있는 체제의 관점'으로만 생각하곤 한다.[7] 중세 초기에 발달했던 마을 시장 생활은 더 나은 발상의 전환을 이끈다. 중세의 시장trade fair은 봉건 제도의 대안이 아니었다. 그것은 성벽을 허물거나 영주를 축출하지는 못했지만 새로운 부, 새로운 연합, 새로운 태도를 창출했다.

중세의 상인들은 상거래에 대한 민간 규칙으로 대부분의 상업적 관계를 통제하는 상관습법Lex Mercatoria을 개발했다. 오늘날에도 해커부터 대기업에 이르기까지 모든 사람들이 공식적인 정치 제도의 통제에서 다소 벗어난 인터넷 양식과 규범을 개발하고 있다. 기업의 인트라넷이나 환경 같은 특정한 문제에 주력하는 월드와이드 뉴스 그룹 같은 민간 시스템들은 주권국가들의 정부에 정면으로 도전하지 않는다. 사람들은 끊임없이 초국가적 인터넷 공동체들에 충실한 시민으로 참여하겠지만, 그들의 시각에는 차이가 있을 것이다.

권력 분산과 관련된 실제적인 문제는 국가의 존속이 아니라 국가의 기능이다. 정반대의 현상이 동시에 일어날 수도 있다. 국유 기업들은 수백 개의 국경을 연결하는 다국적 기업들과 공존하며 경쟁한다. 예를 들면, IBM은 수익의 4분의 3을 해외에서 창출하고 임직원

40만 명 중 고작 4분의 1만이 미국에서 근무한다.[8] 유엔은 전 세계적으로 이민자들이 2억 1,400만 명 정도이며, 많은 이민자들이 현대적 통신수단을 통해 서로 연락한다고 추정한다.[9] 정치는 더 불안정해지고 국가의 틀 속에서 독자성도 떨어지게 된다. 지구촌 상호의존의 세계에서 국제 정치의 의제는 더 광범위해지고 모두가 이런 상황에 동참하고 있는 듯하다.

이런 초국가적 활동 중 일부는 전혀 새로운 것이 아니다. 다국적 기업들은 오랜 역사를 지니고 있고, 초국가적 종교 단체들은 수 세기 전에 생겨났으며, 사회주의 인터내셔널, 적십자, 여성 참정권 조직, 국제법협회 같은 단체들도 19세기에 설립되었다. 제1차 세계대전 이전에 이미 176개의 비정부적 국제 조직들이 존재했다. 그러나 이후 NGO들의 폭발적인 증가로 인해 그 수가 약 6,000개에서 1990년대에 약 2만 6,000개까지 증가했다. 수십 년 전에 세계 전역을 연결하는 고속 통신은 기술적으로 가능했지만 엄청난 비용이 소요되었다. 이제는 누구든지 인터넷 카페에 가입할 비용만 있다면 고속 통신을 사용할 수 있다. 더욱이 스카이프는 무료로도 사용할 수 있다. 초국가적 조직이나 네트워크를 창출하는 비용은 하찮은 수준까지 낮아졌다.

이런 초국가적 행위자들은 대부분 개별적인 국가들의 범위를 초월해 광범위한 대중의 이익을 반영하는 '세계적 양심'에 따라 행동한다고 주장한다. 비록 민주적으로 선출되지 않을지라도 이런 행위자들은 직접적으로 정부들이나 기업들에게 정책을 변경하도록 압박하거나 간접적으로 정부들과 기업들의 윤리와 당위성에 대한 대중의 인식의 변화시켜서 새로운 규범의 개발에 기여하기도 한다. 권력 자원의 관점에서 이런 단체들은 거의 강력한 하드 파워를 지니지 못하지만 정보혁명은 그들의 소프트 파워를 대폭적으로 강화했다. 그들은 기업이나 정부를 상대로 쉽게 '이름을 부각한 수치심 유발' 캠페인을 실행할 수 있다.

초국가적 행위자들은 수적으로 엄청나게 증가했을 뿐만 아니라 형태에서도 상당한 변화가 일어났다. 초기의 초국가적 추세는 다국적 기업이나 가톨릭 교회 같은 기존의 대규모 조직들에 의해 엄격히 통제되었고, 그 결과 규모의 경제로 이익을 창출할 수 있었다. 그런 조직들은 여전히 중요성을 지니지만 인터넷 시대에 저렴한 통신비용은 다소 규모도 작고 구조도 허술한 네트워크 조직들과 개인들에게까지 이 영역의 문호를 개방했다. 테러 조직들은 종종 초국가적 차원을 지니기도 하지만 이제 정보혁명은 알카에다를 지역별 하부 조직을 통해 전 세계로 연결되는 네트워크로 변모시켰다.

테러리즘은 아주 오랜 역사적 기원을 지닌 폭력의 수단이다. 19세기에 여섯 명의 국가 수반이 무정부주의자들이나 다른 초국가적 혁명가들이 시도한 테러로 인해 살해되었고, 20세기에 제1차 세계대전은 테러 조직 출신의 암살자 한 명에 의해 촉발되었다. 오늘날 새로운 현상이라면 기술이 불순한 개인들이나 집단들에게 과거에 정부들의 전유물이나 다름없었던 파괴력을 안겨주고 있다는 것이다. 이런 이유에서 일부 논평가들은 테러리즘을 전쟁의 사유화라고 지칭하고 있다. 더욱이 기술은 현대사회의 복잡한 시스템들을 대규모 공격에 더욱 취약하게 만들었다. "이처럼 취약성이 증가되는 추세는 이미 인터넷이 보급되기 전부터 일어나고 있었다."[10]

현세대의 과격한 이슬람 극단주의자들은 7세기 이슬람의 이상을 찬양할지도 모르지만 21세기의 인터넷을 활용하는 데도 매우 능숙하다. 극장과 마찬가지로 테러리즘도 일종의 관객을 끌기 위한 경쟁이다. 충격적인 사건들은 관심을 끌어내고 목표 대상의 분열과 과잉 반응을 유발하기 위해 계획된다. 2004년에 알카에다의 조직원 아부 무사브 알자르카위가 이라크에서 미국인의 목을 베는 끔찍한 장면은 인터넷에서 수백만 건의 다운로드 횟수를 기록하며 다른 조직들에게 참수형을 따라하도록 자극하는 계기가 되었다.

테러범들에게 가장 어려운 일은 여러 지역들에서 정보원이나 경찰에게 발각되지 않을 수 있는 믿음직한 하부 조직을 구축하는 것이다. 테러범들은 1990년대의 물리적 은신처에서 인터넷의 가상 은신처로 이동함으로써 위험부담을 덜어낸다. 조직원의 선발은 더 이상 모스크나 감옥 같은 물리적 장소에서 이루어지지 않는다. 오히려 조직원들은 고립된 은신처에서 전 세계의 동료 신봉자들이 조직한 새로운 가상의 공동체와 접선할 수 있다. 이런 웹사이트들은 조직원의 선발뿐만 아니라 훈련까지 담당한다. 폭탄 제조법, 출입국

요령, 살상 장비의 설치와 폭파법이 자세한 설명서 형식으로 제시된다. 전문가들은 채팅이나 메시지를 활용해서 훈련생들의 질문에 답변한다. 작전과 지시는 암호 메시지를 통해 전달된다. 물론 이런 웹사이트들은 정부들에 의해 감시될 수 있다. 일부는 폐쇄하기도 하지만 다른 일부는 발각되도록 놔두기도 한다.[11] 그러나 정부 요원들과 초국가적 테러범들 간의 강자 대 약자 구도의 추적전은 아주 치열한 양상이다.

테러범들은 많은 새로운 초국가적 행위자들 중에서 가장 극적인 부류다. 미국처럼 강력한 하드 파워를 갖춘 강대국들조차 새로운 행위자들과 무대를 공유해야 하고 국경의 통제가 더욱 어렵다는 것을 알게 된다. 사이버 공간은 지리적 공간을 대체하지도 못하고, 국가의 주권을 폐지하지도 못하겠지만, 그것은 봉건시대의 마을 시장 town market처럼 공존하면서 21세기에 주권국가나 강대국이 지니는 의미를 더없이 복잡하게 만들 것이다.

사이버 파워

정보 자원에 근거한 권력은 전혀 새로운 것이 아니다. 사이버 파워도 마찬가지다. 사이버 공간에 대한 정의는 수십 가지가 존재하지만 일반적으로 '사이버'는 전기 및 컴퓨터와 관련된 활동 앞에 붙는 접두사다. 한 정의에 따르면, '사이버 공간은 상호 연결된 시스템들과 그 시스템들과 연계된 하부 조직을 통해 정보를 활용해서…… 전자공학을 기반으로 형성된 활동 영역이다.'[12]

이따금 우리는 새로운 사이버 공간이 탄생하게 된 과정을 잊어버리곤 한다. 1969년에 미국의 국방부는 아르파넷ARPANET이라고 불리는 기초적 수준의 컴퓨터 연결망을 개발했고, 1972년에 패킷 단위로 디지털 정보의 교환을 수행할 수 있는 초보적 수준의 인터넷을 구성하기 위한 정보교환코드TCP/IP가 개발되었다. 도메인 형식의 인터넷 주소는 1983년에 시작되었고, 그 무렵 최초의 컴퓨터 바이러스도 등장했다. 1989년에는 월드와이드웹이 개설되었고, 1998년에는 가장 보편적인 검색 엔진인 구글이 설립되었으며, 정보 공유형 백과사전인 위키피디아는 2001년에 시작되었다. 1990년대 후반에 여러 산업들은 복잡한 세계 공급 체인에서 생산과 조달을 전환하기 위해 신기술을 활용하기 시작했다. 최근에는 기업들과 개인들이 데이터를 웹에 저장할 수 있는 '클라우드 컴퓨팅'을 지원하는데 필요한 대역폭과 서버팜이 등장했다.

국제인터넷주소기구ICANN는 1998년에 설립되었고, 미국 정부는 2000년대에 들어서야 사이버 보안을 위한 본격적인 국가 계획의 개발에 착수했다. 1992년에 인터넷 사용자는 고작 100만 명에 불과했지만, 그 인원은 15년 만에 무려 10억 명으로 늘어났다.[13] 처음 인터넷이 보급된 시절에 자유주의자들은 '정보의 무료화'를 주장하며 인터넷을 정부 통제의 종말과 '거리의 소멸'로 묘사했다. 실제로 정부와 지역 관할권은 여전히 중요한 역할을 하지만 도메인도 권력 분산으로 인해 주목을 받는다.[14]

우리는 다양한 활동 영역의 관점에서 사이버 공간을 개념화할 수 있지만 단순하고 직관적인 정의는 그것을 물리적 자질과 가상의 자질이 뒤섞인 독특한 혼종 체제로 설명한다.[15] 물리적 하부 구조의 영역은 경합적 자원들과 한계 비용 체증의 경제 법칙과 주권 관할권과 통제의 정치 법칙을 따른다. 가상의, 혹은 정보의 영역은 규모에 따라 수익이 증가하는 경제적 네트워크의 특성과 관할권 통제를 어렵게 만드는 정치적 성격을 지닌다.[16] 상대적으로 비용이 저렴한 정보의 영역은 자원이 희박해서 상당한 비용이 소요되는 물리적 영역에 공격을 가할 수도 있다. 반대로 물리적 영역의 통제는 정보의 영역 내외에서 모두 영향을 미칠 수 있다.

사이버 파워는 전자공학과 컴퓨터에 근거한 정보(하부 구조, 네트워크, 소프트웨어, 인간관계 기술)의 생성, 통제, 교류와 관련된 자원의 관점에서 정의될 수 있다. 여기에는 컴퓨터 네트워크인 인터넷뿐만 아니라 인트라넷, 셀룰러 기술, 위성통신도 포함된다. 행태적 관점에서 정의하면 사이버 파워는 사이버 공간에서 전산으로 상호 연결된 정보 자원의 활용을 통해 바람직한 결과를 얻을 수 있는 능력이다. 사이버 파워는 사이버 공간 내에서 바람직한 결과를 창출하는 데 활용될 수도 있고, 사이버 공간 외의 다른 영역들에서 바람직한 결과를 창출하기 위해 사이버 수단을 활용할 수도 있다.

유추를 하자면 해군력은 대양의 영역에서 해전의 승리, 해협 같은 요충지의 운행 통제, 해상권 입증을 위한 자원의 활용을 지칭하지만 지상전, 무역, 내륙의 여론에 영향을 미치기 위해 대양을 활용하는 능력도 포함된다. 1890년에 알프레드 세이어 마한은 증기 추진, 장갑, 장거리포 같은 신기술의 맥락에서 해군력의 중요성을 대중화했다. 시어도어 루스벨트 대통령은 대양 해군을 편성하고 1907년에 세계 일주를 수행하도록 지시했다. 제1차 세계대전에서 비행기가 도입된 후에 군인들은 공군력의 영역과 국경을 넘지 않고도 적국의 도심을 직접 공격하는 능력에 대해 이론화하기 시작했다. 프랭클린 루스벨트의 공군력에 대한 투자는 제2차 세계대전에서 핵심적인 비중을 차지했다. 1960년대에 대륙 간 탄도미사일과 감시 및 통신위성이 개발된 후에 작가들은 우주력space power의 영역에 대해 이론화하기 시작했고, 존 F. 케네디 대통령은 우주 개발을 미국이 선도하고 인간을 달에 보내기 위한 프로그램에 착수했다. 마찬가지로 2009년에 버락 오바마 대통령은 새로운 사이버 파워의 주도권을 강조하면서 다른 정부들도 동참할 것을 요청했다.[17] 기술의 변화가 권력의 영역을 재편성하면서 정치 지도자들도 서둘러 그런 추세에 따르고 있다.

사이버 영역은 인간에 의해 창조되고, 최근에 등장했으며, 급격한 기술의 변화에 다른 영역들보다 많은 영향을 받는다는 점에서 매우 독특하다. 한 논평가는 이렇게 표현한다. "사이버 공간의 지형은 다른 환경들보다 훨씬 더 변화무쌍하다. 산과 바다는 이동시키기 어렵지만 사이버 공간의 영토는 버튼 조작에 의해 생겼다가 사라진다."[18] 낮은 진입 장벽은 사이버 영역에서의 권력 분산에 기여한다. 거대한 선박이 바닷물의 마찰을 헤치고 장거리를 이동하는 것보다 전자가 세계를 가로질러 이동하는 것이 비용 면에서도 훨씬 저렴하고 속도 면에서도 빠르다. 항공모함 선단과 잠수함 함대의 개발 비용은 엄청난 진입 장벽을 생성하며, 이런 이유에서 미국이 여전히 해상권을 장악하고 있다고 말할 수 있다. 비록 해적 행위가 소말리아나 말라카 해협 같은 지역에서 비국가적 행위자들이 활용할 수 있는 방식으로 남아 있지만, 해상권은 여전히 비국가적 행위자들에게 함부로 넘볼 수 없는 영역이다. 마찬가지로 공중의 영역에서도 많은 민간 행위자들과 정부 행위자들이 존재하지만, 아직까지 국가들만이 5세대 전투기와 위성 지원 시스템에 대한 막대한 투자를 통해 제공권 장악을 추구할 수 있다.

그러나 사이버 영역은 워낙 진입 장벽이 낮기 때문에 비국가적 행위자들과 약소국들이 저비용으로도 중요한 역할을 담당할 수 있다. 해상, 항공, 우주의 영역과 달리 '사이버 영역은 더욱 방대한 차원을 지니지만 대규모의 참가 인원, 진입의 용이성, 은폐의 기회라는 세 가지 특징을 지상전과 공유하는데……지상의 영역에서 우위는 쉽게 달성할 수 있는 범주가 아니다.'[19] 비록 미국, 러시아, 영국, 프랑스, 중국 같은 국가들이 다른 국가들보다 월등한 역량을 지녔다는 평판을 듣지만 해군력이나 공군력의 경우처럼 사이버 공간에서 우위를 거론하기에는 턱없이 부족하다. 무엇보다 군사 활동과 경제 활동을 지원하기 위해 복잡한 사이버 시스템에 의존하는 방식은 자칫 비국가적 행위자들에 의해 악용될 소지가 있기 때문에 강대국들에 새로운 취약성을 유발한다.

사이버 영역에서의 극단적인 충돌, 혹은 '사이버 전쟁'도 전혀 다른 양상을 나타낸다. 물리적 세계에서 정부들은 대규모 무력의 사용을 거의 독점하는데, 방어자가 지형을 상세히 파악하고 있다면 소모전 끝에 공격은 허사로 돌아가게 된다. 가상의 세계에서 행위자들은 매우 다양하고 간혹 정체도 불분명하며, 물리적 거리는 아무 의미도 없고 '한 차례 가상의 공격은 거의 비용이 소요되지 않는다.'[20] 인터넷은 보안성보다 사용의 편의성 위주로 개발되었기 때문에 현재의 환경에서 공격은 방어에 비해 유리하다. 이런 성향은 대폭적인 보안 강화를 위한 일부 시스템의 '재구성'을 포함한 기술의 진보에 따라 장기적으로 변화될지도 모르지만, 현재의 단계에서는 그대로 유지되고 있다. 규모가 큰 세력이라도 적대 세력의 무력화나 격퇴, 영토 점령, 대응 전력 전략의 효과적인 사용에서 발휘할 수 있는 능력은 제한적이다. 이 장의 후반부에서 살펴보겠지만 억제가 불가능한 것은 아니나 공격원의 특성에 따라 차이가 난다. 모호성은 도처에 편재하면서 통상적인 전쟁의 안개를 심화한다. 잉여성,

회복력, 신속한 재건력은 방어의 핵심적인 요소가 된다. 한 전문가는 이 상황을 다음과 같이 요약한다. "다른 유형의 전쟁에서 정책의 기조를 도입하려는 시도는 그저 실패로만 끝나지 않고 정책과 계획까지 저해할 것이다."[21]

사이버 파워는 전쟁부터 상업에 이르기까지 다른 많은 영역들에 영향을 미친다. 우리는 사이버 파워를 '사이버 공간 내의 권력'과 '사이버 공간 외의 권력'으로 구분할 수 있는데, 해군력에서 대해상 해군력과 대지상 해군력을 구분할 수 있는 것과 마찬가지다. 예를 들면, 항공모함에 탑재된 전폭기는 지상 전투에 참가할 수 있고, 무역과 통상은 차세대 컨테이너선의 효율성에 힘입어 성장할 수 있으며, 한 국가의 소프트 파워는 인도주의적 임무를 수행하기 위한 병원선의 파견을 통해 증대될 수 있다.

표 5.1에 제시된 것처럼 사이버 영역 내에서 정보 수단은 의제 구성, 유인, 설득을 통해 사이버 공간에서 소프트 파워의 생성에 활용될 수 있다. 예를 들면, 프로그래머들의 정보 공유형 소프트웨어 공동체에게 새로운 기준을 따르도록 유인하는 것은 사이버 공간 내부를 겨냥한 소프트 파워의 사례에 해당된다. 사이버 자원도 사이버 공간 내에서 하드 파워를 창출할 수 있다. 예를 들면, 국가들이나 비국가적 행위자들도 2008년에 조지아에서 일어났던 것처럼 기업이나 국가의 인터넷 시스템에 침투해 기능을 마비시키는 수십만 대, 혹은 그 이상의 오염된(좀비) PC로 이루어진 '봇넷'들을[22] 활용한 디

표 5.1 사이버 파워의 물리적, 가상적 차원

행동의 유형		
	사이버 공간 내부	사이버 공간 외부
정보 수단	**하드 파워:** 디도스 공격 **소프트 파워:** 규범과 기준의 설정	**하드 파워:** SCADA 시스템에 대한 공격 **소프트 파워:** 여론을 동요시키기 위한 민간 외교 캠페인
물리적 수단	**하드 파워:** 기업들에 대한 정부의 통제 **소프트 파워:** 인권 활동가들을 돕는 소프트웨어	**하드 파워:** 라우터의 파괴나 케이블의 절단 **소프트 파워:** 사이버 공급자들의 이름을 부각시켜 수치심을 유발하는 반대 시위

도스distributed denial of service(분산 서비스 거부) 공격을 조직할 수 있다. 보안이 허술한 컴퓨터들에 바이러스를 침투시켜 봇넷을 조직하는 것은 비교적 저렴한 비용에 실행할 수 있으며, 봇넷들은 인터넷에서 불과 수백 달러에 불법적으로 임대할 수 있다. 이따금 개인들이 갈취를 목적으로 이런 방법을 활용해 범죄를 저지르기도 한다.

다른 경우들에는 '핵티비스트hacktivist'들이나 이상적인 동기를 지닌 해커들이 포함될지도 모른다. 예를 들면, 대만과 중국의 해커들은 주기적으로 양국의 웹사이트들에 침입해 전자 그래피티로 시스템을 마비시킨다. 2007년에 에스토니아는 소련군의 제2차 세계대전 참전 기념물을 철거하는 운동에 반감을 가진 러시아 '애국 해커들'이 주도한 디도스 공격에 시달렸다. 2008년에 러시아의 침공이 시작되기 직전에 조지아는 인터넷 접근을 차단하는 디도스 공격을 받았다(그러나 이 두 사례에서 러시아 정부는 해커들을 지원한 듯하지만 명확한 답변을 내놓지 않았다). 사이버 공간 내에서 나타나는 다른 유형의 하드 파워에는 시스템을 교란하거나 지적 재산을 도용하기 위한 악성 코드의 삽입이 포함된다. 범죄 집단들은 이익을 위해 이런 방법을 활용하며 정부들도 경제적 자원을 확충하기 위한 목적으로 악성 코드를 활용할지 모른다. 예를 들면, 중국은 이런 행위에 대해 많은 국가들에게 비난을 받고 있다. 그러나 공격자들이 침입 경로의 추적을 교란하기 위해 다른 국가들의 서버를 활용하기 때문에 이런 공격의 출처나 동기를 입증하기란 몹시 어렵다. 예를 들면, 에스토니아와 조지아를 겨냥한 공격은 대다수가 미국의 서버를 통해 이루어졌다.[23]

사이버 정보는 사이버 공간을 통해 전파되어 다른 국가들의 국민들을 유인함으로써 소프트 파워를 창출할 수 있다. 앞서 4장에서 언급했던 것과 같은 인터넷을 통한 민간 외교 캠페인이 한 가지 사례에 해당된다. 그러나 사이버 정보는 다른 국가들의 물리적 대상들에 타격을 가하는 하드 파워 자원도 될 수 있다. 예를 들면, 오늘날 많은 산업들과 시설들은 SCADA(감시 제어 및 자료 수집) 시스템에 연결된 컴퓨터들에 의해 통제되는 프로세스를 지닌다. 이런 시스템에 삽입된 악성 소프트웨어는 2010년에 이란의 핵 시설에 침투했던 스

표 5.2 사이버 영역에서의 권력의 세 가지 양상

첫 번째 측면
(A가 B에게 애초에 원하지 않은 것을 하도록 이끄는 것)
하드 파워: 디도스 공격, 악성 코드 삽입, SCADA 교란, 블로거들의 체포
소프트 파워: 해커들의 본래 기호를 바꾸기 위한 정보 캠페인, 테러 조직들의 조직원 선발

두 번째 측면
(A가 B의 전략을 배제해서 B의 선택권을 사전에 차단하는 것)
하드 파워: 방화벽, 필터, 기업들의 일부 아이디어를 배제한다는 압박
소프트 파워: ISP와 검색 엔진에 대한 자체적 모니터링, 도메인명에 대한 ICANN의 규정, 널리 인정되는 소프트웨어 기준

세 번째 측면
(A가 B의 기호를 형성해서 일부 전략이 아예 고려조차 되지 않게 하는 것)
하드 파워: 검열된 자료를 배포하는 블로거들에 대한 처벌의 위협
소프트 파워: 기호를 생성하는 정보(예를 들면, 민족주의 해커와 애국주의 해커로의 전환 독려), 반감의 기준 개발(예를 들면, 아동 포르노)

턱스넷의 경우처럼 프로세스를 차단하라는 명령을 실행할 수 있다. 만약 어떤 해커나 정부가 2월 중순에 시카고나 모스크바 같은 도시의 전력 공급을 차단한다면 그 피해는 대량의 폭탄이 투하된 것보다 더 심각할 수도 있다. 병원 같은 일부 시설들은 파괴 공작의 상황에서도 비상 발전기를 가동해서 피해를 최소화할 수 있지만 광범위한 지역에 걸친 정전 사태에는 대응책을 마련하기가 매우 어렵다.

표 5.1에 제시된 것처럼 물리적 수단들이 사이버 세계에서 작용하는 권력 자원을 제공할 수 있다. 예를 들면, 인터넷에서 전자의 전송을 담당하는 라우터와 서버, 광섬유 케이블은 정부들의 관할권

내에 위치하고 있으며, 인터넷을 운영하고 사용하는 기업들은 그런 정부들의 법규에 종속된다. 정부들은 기업들과 개인들을 규제하기 위해 소위 '전통적인 법률 체제의 특징'인 물리적 강압을 실행할 수 있다. 야후는 법적 소송으로 인해 프랑스에서 배포하는 것들에 대해 프랑스의 법을 준수해야 했고, 구글은 독일의 검색어에서 증오 언설hate speech●을 삭제해야 했다. 비록 그 기업들의 '모국'인 미국에서는 언론의 자유가 보장되었지만 현지의 법적 판결을 준수하지 않으면 수감, 벌금, 중요한 시장의 상실 같은 결과를 감수해야 했다. 정부들은 인터넷 서비스 업체, 브라우저, 검색 엔진 같은 중개자들과 금융 중개자들에게 전통적인 물리적 위협을 동원해서 인터넷상의 행위를 통제한다.[24]

소프트 파워를 창출하는 물리적 자원에 대한 투자와 관련해서 정부들은 국내의 정보 차단을 목적으로 방화벽을 동원하는 다른 정부들을 상대로 인권 보호의 메시지를 전달하려는 인권 운동가들을 지원하는 특별한 서버와 소프트웨어를 구축할 수 있다. 예를 들면, 이란 정부가 2009년 대통령 선거 이후에 시위자들을 탄압하자 미국의 국무부는 이란 시위자들의 메시지를 전파할 수 있도록 돕기 위한 소프트웨어와 하드웨어에 투자했다.

● 특정한 집단에 속한 사람들에 대한 편견, 폭력을 부추길 목적으로 이루어지는 의도적인 폄하, 위협, 선동 등을 포함한 발언 – 옮긴이

마지막으로 표 5.1에 예시된 것처럼 물리적 수단들은 인터넷에 대응해 활용할 수 있는 하드 파워와 소프트 파워 자원을 모두 제공할 수 있다. 사이버 정보의 영역은 정부들과 비국가적 행위자들(테러범이나 범죄자)에 의한 군사적 공격이나 방해 공작에 취약성을 지니는 물리적 하부 구조에 의존한다. 일단 서버가 파손되고 케이블이 절단되면 인터넷은 사용할 수 없다. 소프트 파워의 영역에서 비국가적 행위자들과 NGO들은 인터넷을 악용한 기업들과 정부들을 상대로 이름을 부각해서 수치심을 유발하는 물리적 시위운동을 조직할 수 있다. 예를 들면, 2006년에 시위자들은 워싱턴에서 가두 행진을 벌이며 중국 시민 운동가들의 이름을 공개해서 중국 정부에 체포되는 단초를 제공한 야후를 비롯한 다른 인터넷 기업들을 비난했다.

사이버 영역에서 권력을 바라보는 또 다른 관점은 1장에서 설명했던 관계적 권력의 세 가지 양상과 연관해서 생각하는 것이다. 우리는 사이버 공간에 적용한 경우에도 그 세 가지 양상에서 하드 파워와 소프트 파워 행동의 증거를 찾을 수 있다. 권력의 첫 번째 양상은 한 행위자가 다른 사람들에게 그들의 기호나 전략과 반대되는 행동을 하도록 이끄는 능력이다. 하드 파워와 연관된 사례들은 앞서 언급한 디도스 공격뿐만 아니라 반체제 블로거들의 체포나 보호도 포함될 수 있다. 예를 들면, 2009년 12월에 중국은 인권 운동가이자 인권 블로거인 류샤오보에게 '공권력의 전복을 선동한 혐의로'

11년형을 선고하면서 개인 웹사이트의 등록과 운영에 대한 새로운 규제를 도입했다. 중국의 한 웹호스팅 서비스 운영자는 이렇게 언급했다. "지난 9년 동안 나는 합법적인 사업을 성공적으로 운영해 왔는데, 이제 갑자기 내가 하는 일이 범죄라는 말을 듣게 되었다."[25]

소프트 파워의 관점에서 개인이나 조직은 다른 사람들에게 태도를 바꾸도록 설득할 수 있다. 중국 정부는 이따금 일본이 1930년대 중일관계에 대한 중국인들의 시각을 왜곡하는 입장을 취할 때면 인터넷을 활용해서 학생들을 동원한 반일 운동을 펼치기도 한다. 인터넷에서 알카에다의 명분을 추종하는 조직원들의 모집을 목적으로 제작된 동영상은 사람들의 기호와 전략을 변화시키는 데 활용되는 소프트 파워의 또 다른 사례에 해당된다.

권력의 두 번째 양상은 한 행위자가 다른 사람들의 전략을 배재해서 그들의 선택을 차단하는 의제 설정이나 의제 구성이다. 만약 의제 구성이 다른 사람들의 의지와 어긋난다면 그것은 하드 파워의 차원이고, 의제 구성이 정당한 것으로 인정된다면 그것은 소프트 파워의 사례에 해당된다. 예를 들면, 2010년 2월의 이란 혁명 기념일에 이란 정부는 6개월 전처럼 시위자들이 시위 영상을 유튜브에 게시하는 것을 막기 위해 인터넷 속도를 지연시켰다. 이란 출신의 한 망명자는 이렇게 말한다. "그날은 녹색당이 성장하면서 이란 이슬람공화국처럼 완고한 정부와 투쟁하려면 페이스북 팬페이지, 트위터 클라우드, 유튜브 클립보다 훨씬 강력한 것이 필요하다는 것을 알게 된 날이었다."[26] 강자와 약자의 투쟁에서 기술은 자유와 탄압 모두를 촉진하는 데 사용될 수 있다.

오픈 넷 이니셔티브에 의하면, 최소한 40개국이 수상한 자료에 대한 토론을 막기 위해 극도로 제한적인 필터와 방화벽을 사용하고 있다. 18개국은 정치적 검열을 시행하고 있는데, 오픈 넷 이니셔티브는 중국, 베트남, 이란에서 '만연하고' 리비아, 에티오피아, 사우디아라비아에서 '심각하다'고 언급한다. 30개국 이상이 사회적 이유로 섹스, 도박, 마약 같은 주제와 관련된 콘텐츠를 차단하고 있다. 심지어 미국과 유럽의 많은 국가들도 '선택적으로' 필터링을 실행한다.[27] 이런 차단은 경우에 따라 수용되기도 하고 수용되지 않기도 한다. 만약 필터링이 은밀하게 이루어진다면 시민들은 자신이 알지 못하는 것들을 알기가 매우 어렵다. 1세대 필터링 기술은 인터넷의 핵심적인 요충지들에 설치되어 사전에 설정된 웹사이트와 주소 목록에 대한 차단 요청에 따라 작동했다. 이런 기술은 종종 사용자들에게 알려지기도 하지만 더 은밀하고 적극적이며 대상에 대해 '최적화된' 기술을 통해 보완되기도 한다.[28] 일부 경우에 한 집단에게 하드 파워로 여겨지는 것이 다른 집단에게 매력적으로 여겨지기도 한다. 2009년에 신장성에서 폭동이 일어난 후에 중국은 수천 개의 웹사이트를 폐쇄하고 텍스트 메시지를 검열함으로써 그 지역 거주민들의 교류를 어렵게 만들었지만, 한편으로 국수주의적인 '애국 해커들'에게 매력적으로 여겨지던 유튜브, 페이스북, 트위터 같은 외국의 웹사이트에 상응하는 자국의 웹사이트를 육성하는 계기가 되었다.[29] 미국의 음반업체들이 1만 2,000명이 넘는 미국인들에게 불법 다운로드를 통한 지적 재산권 도용으로 소송을 제기했을 때, 그것은 소송을 당한 사람들뿐만 아니라 소송을 당하지 않은 많은 사람들에게도 하드 파워로 여겨졌다. 그러나 애플 같은 초국가적 기업이 자사의 아이폰에 특정한 어플리케이션의 다운로드를 허용하지 않기로 결정했을 때 많은 소비자들은 잠재적인 의제의 차단을 인식조차 하지 못했고, 오직 극소수만이 정보 검색의 지침이 되는 알고리듬을 이해했을 뿐이다.[30]

권력의 세 번째 양상은 한 행위자가 다른 행위자의 본질적인 기호를 형성해서 일부 전략을 고려조차 하지 못하도록 만드는 것을 포함한다. 기업들이 소프트웨어 제품에 단 하나의 코드만을 적용하기로 결정하면 소비자들은 그것을 거의 인식하지 못한다.[31] 중국 파룬궁의 경우처럼 정부들은 특정한 사상을 불법으로 규정하는 캠페인을 실행하면서 국민들이 그런 사상을 접하기 어렵도록 인터넷을 통한 전파를 억제할지도 모른다. 사우디아라비아는 특정한 이교도 웹사이트들에 대해 국민들이 접속할 수 없도록 차단했다. 미국 정부는 신용카드 회사들에게 압력을 행사해서 국민들이 신용카드로 인터넷 도박을 이용할 수 없도록 막았다. 프랑스와 독일은 인터넷상에서 나치 사상에 대한 토론을 금지했다. 간혹 아동 포르노의 경우처럼 특정한 관념과 영상을 금지하는 광범위한 초문화적 공감대가 이루어지기도 한다.

행위자들과 그들의 관계적 권력 자원

사이버 공간에서의 권력 분산은 그 안의 수많은 행위자들과 그들 간에 존재하는 권력 격차의 상대적 감소를 통해 설명된다. 10대의 어린 해커부터 강대국의 정부에 이르기까지 누구라도 사이버 공간에서 피해를 유발할 수 있으며 유명한 〈뉴요커〉의 만화에서 언급되었던 것처럼 '인터넷에서는 아무도 당신이 개라는 것을 알지 못한다.' 필리핀의 한 해커에 의해 전파되었던 악명 높은 '러브 버그' 바이러스는 무려 150억 달러의 손실을 입힌 것으로 추산된다.[32] 펜타곤은 1만 5,000개의 네트워크에서 700만 대의 컴퓨터를 운영하는데, 그 네트워크에는 '매일 수십만 명의 외부인들이 접근한다.'[33] 2008년에 사이버 범죄 집단들은 데이터와 지적 재산에 관련해서 1조 달러 이상을 도용한 것으로 알려졌다.[34] 한 사이버 스파이 네트워크(고스트넷〔GhostNet〕)는 103개국에서 1,295대의 컴퓨터를 감염시켰는데, 그 중 30퍼센트가 중요한 정부 시설들이었다.[35] 테러 집단들은 새로운 조직원의 선발과 작전 계획의 수립에 인터넷을 활용한다. 정치 운동가들과 환경 운동가들은 기업과 정부의 웹사이트들을 교란시킨다.

사이버 영역에서 권력의 특징은 초창기에 사이버 자유주의자들이 예상했던 것처럼 정부가 배제되지는 않지만 다양한 행위자들이 서로 다른 권력 자원을 지니고 점차 정부들과 비정부적 행위자들의 격차가 줄어들고 있다는 것이다. 그러나 권력 격차의 상대적 감소는 방정식과 같지는 않다. 거대한 정부들은 여전히 더 많은 자원을 보유한다. 인터넷에서 모든 개들이 동등하지는 않은 것이다.

대체로 우리는 사이버 공간의 행위자를 정부, 조직과 고도로 체계화된 네트워크, 개인과 단순한 체계의 네트워크의 세 가지 범주로 구분할 수 있다(물론 그 외에 많은 하위 범주들이 존재하고 몇몇 정부들은 다른 정부들보다 훨씬 많은 역량을 지니고 있지만 이것은 개략적인 구분이다).

정부

인터넷의 물리적 하부 구조는 지리적 공간에 귀속되고 정부는 그런 공간에 대한 주권을 지니기 때문에 영토는 사이버 영역의 자원으로서 중요하다. 정부들은 내적(국내) 역량의 개발을 촉진할(혹은 저해할) 수 있는 기반 시설, 컴퓨터 교육, 지적 재산권의 보호를 지원하기 위한 조치를 취할 수 있다. 합법적이고 규제적인 환경을 포함한 공공재의 보급은 사이버 역량의 상업적 성장을 자극할 수 있다. 예를 들면, 한국은 정부적 차원에서 브로드밴드 역량의 개발을 주도하고 있다. 정당하고 관대하고 탁월하다는 평판은 사이버 영역에서 다른 행위자들에 대한 정부의 소프트 파워를 강화할(혹은 약화시킬) 수 있다.

표 5.3 사이버 영역에서의 행위자들의 관계적 권력 자원

주요한 정부들

1. 기반 시설, 교육, 지적 재산의 개발과 지원
2. 영토 내부에 위치한 개인들과 매개체들에 대한 법적, 물리적 강압
3. 시장의 규모와 접근에 대한 통제(예를 들면, 유럽연합, 중국, 미국)
4. 사이버 공격과 사이버 방어를 위한 자원: 제도, 예산, 정보기관
5. 상업에 필요한 규제 같은 공공재의 제공
6. 소프트 파워를 창출하는 정당성, 관대함, 역량에 대한 평판

결정적인 취약성: 쉽게 붕괴되는 복잡한 시스템에 대한 지나친 의존도, 정치적 불안정성, 평판 저하의 가능성

조직들과 고도로 체계화된 네트워크

1. 막대한 예산과 인적 자원, 대규모의 경제
2. 초국가적 융통성
3. 코드, 제품 개발, 어플리케이션의 생산성에 대한 통제
4. 브랜드와 평판

결정적인 취약성: 법적 소송, 지적 재산권 도용, 시스템 붕괴, 평판 저하의 가능성(이름을 부각한 수치심 유발 캠페인)

개인들과 단순한 체계의 네트워크

1. 낮은 초기 투자비
2. 가상의 익명성, 탈퇴의 용이성
3. 정부들과 대규모 조직들과의 비대칭적 취약성

결정적인 취약성: 체포될 경우에 정부와 조직들에게 받는 법적, 불법적 강압

지리적 공간은 정부에게 합법적인 강압과 통제를 행사할 수 있는 근간이 되기도 한다. 예를 들면, 2009년에 신장성에서 폭동이 일어나자 중국 정부는 텍사스보다 2배나 큰 그 지역에서 1,900만 명의 주민들에게 텍스트 메시지와 국제 전화의 사용을 금지했고, 인터넷

접속도 소수의 정부 관할 웹사이트만으로 제한할 수 있었다. 비즈니스와 관광산업에서 피해가 막대했지만 중국 정부는 정치적 안정을 더 우려했던 것이다.[36] 2010년에 은행들 간의 금전 조달을 관장하는 국제적 네트워크 SWIFT가 핵심 컴퓨터 서버를 미국에서 유럽으로 이전했을 때 테러 방지를 목적으로 미국 재무부에 데이터를 전송하는 절차에 대해 유럽연합의 승인을 받아야 했다. 유럽의회가 공식적인 승인을 유보하자 SWIFT는 자사의 유럽센터에서 미국 재무부로 데이터를 전송하는 것에 대한 아무런 법적 근거가 없다고 발표했다. 이후의 협상에서 유럽의회는 데이터 전송에 대한 새로운 개인정보 보호규정을 시행했다.[37]

만약 시장이 크다면 정부는 국외에서도 권력을 행사할 수 있다. 유럽의 엄격한 개인정보 기준은 세계적으로 영향을 미쳤다. 야후나 다우존스 같은 기업들은 프랑스나 오스트레일리아에서 인터넷 활동에 대한 법적 소송에 직면했을 때 그 시장을 떠나기보다 시장의 규칙을 따르기로 결정했다. 이것은 분명히 큰 시장에 대한 관할권을 지닌 정부들에게 유용한 권력 자원이지만, 모든 정부들에게 해당되지는 않는다.

정부들은 사이버 공격을 실행할 수 있는 능력도 지니고 있다.[38] 예를 들면, 미국의 해군 10함대와 공군 24비행단은 전함이나 전투기를 보유하고 있지 않다. 그들의 전장은 사이버 공간이다.[39] 그들은 전함이나 전투기가 아닌 컴퓨터와 인터넷을 사용한다. 불행히도 '수많은 공격'에 대해 보도한 뉴스 기사들은 '공격'이라는 단어를 컴퓨터 포트 스캐닝부터 해킹이나 웹사이트 교란, 물리적 파괴를 위한 전면적인 작전에 이르는 모든 행위를 두루 지칭하기 위해 사용한다. 우리는 인터넷에서 누구나 다운로드할 수 있는 저렴한 수단을 활용하는 단순한 공격과 아직까지 패치가 연구되지 않은 신종 바이러스와 '제로 데이 공격'을 비롯한 새로운 취약성을 유발하는 고차원적인 공격을 구분해야 한다. 이런 공격은 단순한 해킹보다 훨씬 더 수준 높은 기술을 필요로 한다. 전문가들도 정탐을 위한 사이버 도용과 파괴나 교란을 위한 사이버 공격을 구분한다. 정부들은 그 두 가지 유형의 활동을 모두 실행한다. 사이버 스파이에 대해 공개적으로 확인된 사실은 거의 없지만, 대부분의 보도 자료들은 컴퓨터 시스템에 대한 침투가 만연하며 단지 정부들에 국한되지 않는다고 설명한다.

2003년의 이라크나 2008년의 조지아, 그리고 전자 설비에 대한 은밀한 방해 공작의 경우에 전쟁과 연관된 공격이라는 보도가 나기도 했다.[40] 이스라엘은 2007년 9월에 비밀 원자로에 대한 폭격을 앞두고 시리아의 대공 방어를 교란하기 위해 사이버 수단을 사용한 것으로 여겨진다.[41] 대부분의 전문가들은 사이버 공격을 국가 간의 전쟁에서 압도적인 무기가 아닌 중요한 부속물로 간주한다. 국가들은 장차 충돌이 일어날 수 있는 '전장에 대한 준비 작업'으로 상대국의 사이버 시스템에 침투한다. 미국과 중국의 군사 이론가들은 그런 방식들에 대해 논의했지만 공격적인 사이버 정책에 대한 공개적인 언급은 거의 없었다. 2009년에 국가조사위원회는 보고서를 통해 '현재 미국의 사이버 공격을 관리하고 규제하는 정책과 법률 체제는 허술하고 부실하며 극도로 불확실하다'고 결론지었다.[42] 이런 공격의 성공 여부는 목표 대상의 취약성에 의해 좌우되며 미숙한 실행이나 부주의한 노출은 효과를 반감시키지만 아마도 많은 유력한 정부들이 그런 활동을 벌이고 있을 것이다. 사전 경고가 없는 제로 데이 공격은 가장 효과적일 수 있는데, 그 효과는 목표 대상이 회복력을 갖추기 위해 동원하는 수단들에 따라 달라지며 그중 일부는 공격자가 완전히 파악하지 못할 수도 있다.

고도로 체계화된 네트워크를 지닌 비정부적 행위자

서비스를 차단하거나 시스템을 교란하는 사이버 공격은 비국가적 행위자들도 실행하지만, 그런 집단들은 유력한 정부들과 같은 역량을 발휘하지는 못한다. 방위통신 시스템 같은 중요한 목표물에 대한 치밀한 공격은 물리적 침투(공급 경로나 스파이를 통해)를 감행하거나 고난도의 암호를 파해하는 정보기관이 개입한다. 10대 해커와 유력한 정부는 모두 인터넷에서 심대한 피해를 유발할 수 있지만, 그들이 사이버 영역에서 동등한 권력을 행사하는 것은 아니다. 권력 분산은 권력 균등화와 다르다. 일부 정부의 전문가들은 암호화와 판독 체제에 대한 기술을 공동으로 개발하면 향후 5년에서 10년 이내에 대폭적으로 위협을 축소할 수 있을 것이라고 믿는다.[43] 전임 국가정보국장 마이크 매코널은 이렇게 말한다. "기술은 이미 공공 영역과 민간 영역에서 두루 사용할 수 있으며, 그것들을 우리의 시스템으로 통합할 의지만 있다면 한층 더 발전시킬 수도 있다."[44]

일부 다국적 기업들은 막대한 예산, 숙련된 인력 자원, 독점 코드의 통제권으로 권력 자원의 측면에서 많은 정부들보다 우위를 점유하고 있다. 2009년에 마이크로소프트, 애플, 구글은 각각 580억, 350억, 220억 달러의 연 수익을 거두었고, 세 회사가 총 15만 명 이상의 직원을 고용했다.[45] 아마존, 구글, 마이크로소프트를 비롯한 여러 기업들은 클라우드 컴퓨팅 기술을 개발하기 위해 경쟁하면서 5만 개 이상의 서버로 이루어진 서버팜들을 운영하고 있다. 그들은 이런 초국가적 구조를 바탕으로 전 세계의 시장과 자원을 활용할 수 있다. 더불어 그들은 브랜드 자산과 법적 지위를 유지하기 위해 강력한 인센티브를 동원해서 지역의 법 체제를 준수한다.

아무리 세밀한 법률이라도 범죄 조직의 권력을 억제하지는 못한다. 일부 조직들은 소규모의 '치고 빠지기' 운영으로 정부와 단속 기관이 포착하기 전에 신속히 이익을 거둔다.[46] 다른 일부 조직들은 초국가적 규모의 위세를 과시하며 약소한 정부들을 매수해서 비호를 받을 것이다. 사법당국에 의해 드러나기 전까지 다크 마켓 온라인 네트워크는 전 세계 2,500명 이상의 조직원들을 통해 도난당한 금융 정보, 암호, 신용카드를 매매했다.[47] 네트워크에 연결된 컴퓨터들의 4분의 1 정도는 봇넷의 일부일지도 모르며, 일부 봇넷들은 수백만 대의 컴퓨터를 거느린다. 비록 추정치에 차이가 있지만, 사이버 범죄는 매년 기업들에게 1조 달러 이상의 피해를 유발할 수 있다.[48] 러시아 비즈니스 네트워크RBN와 같은 일부 범죄 집단들은 소련의 해체 이후에 일부 역량을 이어받았을지도 모르며, 현재 러시아 정부와 비공식적인 연계를 유지하고 있다고 여겨진다. 영국의 한 행정관의 말에 의하면, "RBN이 상트페테르부르크의 경찰, 법원, 정부를 장악하고 있다는 유력한 징후가 포착되었다. 우리의 수사가 심각한 장애에 부딪혔다."[49] 더욱이 '범죄 집단의 해킹 기술은 사이버 공격에는 가담하지 않고 역량만을 증대하려는 국가들과 자연스러운 연계를 이끌어낼지도 모른다.'[50] 일부 범죄 작전은 엄청난 규모에 막대한 비용이 소요되지만 확실한 이익이 보장된다. 2006년에 미국의 연방회계감사원은 그동안 체포되거나 처벌된 사이버 범죄자들의 비율이 고작 5퍼센트에 불과하다고 추정했다.[51]

그동안 파괴 활동에 가상의 수단이 직접적으로 활용된 경우가 드물었기 때문에 사이버 테러리즘이 폭넓게 정의되지 않았지만, 앞서 살펴보았던 것처럼 테러 단체들은 사이버 수단을 적극적으로 활용한다. 비록 테러 집단들이 뛰어난 컴퓨터 전문가를 선발하거나 인터넷에서 범죄 집단에게 악성 코드를 구매하는 행위를 제지하지는 못하지만 '사이버 공격은 물리적 공격보다 효용성이 크게 떨어지는 것처럼 보인다. 잠재적인 희생자들을 공포에 휩싸이게 하지 못하고, 사진이나 영상으로 촬영되지 못하며, 대부분의 사람들에게 인상적인 사건으로 인식되지 않기 때문이다.'[52] 9.11 테러 이후에 발각된 22건의 음모들에는 모두 폭발물이나 소형 화기가 동원되었는데, '미국의 금융 부문과 전자적으로 연결되는 핵심적인 기반 시설은 사이버 공간을 통한 공격에 취약함에도 불구하고 알카에다는 그런 취약성을 활용할 능력도 미흡하고 의향도 부족하다.'[53] 다른 부분들도 그다지 낙관적이지는 않다. 예를 들면, 매코널은 금융 시스템과 전자 시스템의 취약성이 모든 파괴적 성향의 집단들에게 훌륭한 목표물을 제공하며, 그런 집단들이 다른 국가들보다 훨씬 위협적인 능력을 갖추게 될 것이라고 믿는다. 그의 말에 따르면, "테러 집단들은 역량을 갖추면 언제든 그것을 사용할 것이다."[54]

테러범들은 아직까지 자신들의 목적을 감안하면 폭탄이 투자에 대비해 효과가 큰 수단이라고 여기는 듯하다. 하지만 그것은 테러 집단이 테러리즘의 촉진을 위해 인터넷을 사용하지 않는다는 의미가 아니다. 앞서 살펴보았던 것처럼 인터넷은 테러 집단들에게 분화된 하부 조직의 네트워크를 운영하고, 브랜드 이미지를 창출하고, 추종자들을 선발하고, 자금을 모금하고, 훈련 교본을 제공하고, 작전을 수립하기 위한 핵심적인 수단이 되었다. 세관과 입국 심사대를 거쳐 조직원들을 파견하는 것보다 컴퓨터로 전자 신호를 송신하는 것이 훨씬 안전하다. 이런 사이버 수단 덕분에 알카에다는 지역별로 구성된 점조직으로 제한되는 수직적 조직에서 세계 전역에서 조직원을 선발할 수 있는 수평적 네트워크로 전환할 수 있었다. 한 테러 전문가가 언급한 것처럼 "급진주의의 요지要地는 파키스탄도, 예멘도, 아프가니스탄도 아닌……은밀한 가상의 공동체, 바로 인터넷의 움마ummah•이다."[55]

단순한 체계의 네트워크를 구성한 개인들

이것은 사이버 수단이 고도로 체계화된 네트워크를 지닌 조직들과 단순한 체계의 네트워크를 구성한 개인들 간의 경계를 흐리기 시작한 과정을 보여주는 사례다. 앞선 수많은 사례들에서 나타났던 것처럼 개인들은 저렴한 진입 비용, 가상의 익명성, 탈퇴의 용이성 덕분에 사이버 영역에서 아주 쉽게 활동할 수 있다. 이따금 그들은 정부의 승인을 받고 활동하기도 하고, 때로는 정부를 상대로 투쟁하기도 한다. 예를 들면, 2008년에 러시아의 조지아 침공을 앞두고 '사이버 전사가 되고자 하는 모든 러시아인들은 출생지와 상관없이 친러시아 웹사이트에 접속해서 조지아에 대한 디도스 공격에 필요한 소프트웨어와 설명서를 다운로드 받을 수 있었다.'[56] 2009년에 이란의 학생 시위가 벌어지던 기간에 트위터와 소셜 네트워크 사이트들은 시위를 조직하고 보도하는 데 중요한 역할을 담당했다. 미국 정부는 트위터 경영진에게 사이트의 점검 시간에도 서비스를 중

• 이슬람의 교단, 혹은 종교 공동체를 일컫는다 – 옮긴이

단하지 말라고 요청했다. 서비스가 중단되면 트위터를 활용해서 시위를 조직하는 데 지장을 초래할지도 모르기 때문이었다. 그러나 6개월 후에 이란 사이버 군대라고 불리는 정체불명의 단체가 트위터의 접속자들을 반미 메시지를 전달하는 웹사이트로 유도하는 데 성공했고, 2010년 2월에 이란 정부는 트위터와 다른 사이트들에 대한 접속을 대부분 차단했다.[57]

우리는 앞서 3장에서 비대칭적 상호 의존이 권력의 생성에 기여하는 방식에 대해 논의했는데, 그 관점에서 보면 사이버 공간의 개인 행위자들이 정부들과 대규모 조직들을 상대로 비대칭적 취약성에서 이익을 취하는 것은 주목할 만한 가치가 있다. 그들은 투자도 매우 적게 하고 탈퇴나 재가입으로 인한 손실도 거의 없다. 그들의 주요한 취약성은 체포될 경우에 정부들과 조직들에게 합법적, 불법적 강압에 시달린다는 것이지만, 실제 체포되는 인원은 소수에 불과하다. 반면 기업들은 복잡한 운영 체제, 지적 재산, 브랜드 평판을 위해 고정적인 대규모 투자를 지속하기 때문에 심각한 취약성을 지닌다. 마찬가지로 정부들도 쉽게 교란될 수 있는 복잡한 체제, 정치적 안정성, 평판을 통한 소프트 파워에 의존한다. 비록 개인들의 치고 빠지는 사이버 공격이 정부들이나 기업들을 무너뜨릴 가능성은 희박하지만 최소한의 투자로 정부나 기업의 운영과 평판에 심대한 피해를 유발할 수 있다. 정부는 인터넷의 강자로 군림하지만 약자들도 공격을 가할 수 있으며, 그런 공격에 대처하는 과정에서 정치

구도가 복잡하게 변화될 수 있다.

구글과 중국

정부 행위자들과 민간 행위자들 간의 복잡한 상호 작용은 미국 기업인 구글과 중국 정부의 소송을 통해 나타나고 있다.[58] 2010년 초에 구글은 중국에서 사업을 철수한다고 발표하면서 중국의 소프트 파워에 상당한 타격을 입혔다. 이 소송에는 기술적으로 차이가 있지만 정치적으로 연관되는 세 가지 문제가 얽혀 있었다. 그것은 구글의 소스 코드(지적 재산)를 탈취하려는 중국 정부의 시도, 중국 행위자들의 G메일 계정(인권) 침투, 구글 차이나의 검색 검열에 대한 구글 본사의 거부(4년 동안 검열을 수락했다)였다. 구글이 중국의 서버를 사용하지 않기 때문에 기술적으로 중국에서의 철수는 소스 코드 탈취와 메일 계정 침투의 문제에 대한 해결책이 아니었다. 그러나 구글은 (마이크로소프트 같은 경쟁업체들과의 경쟁에서) 클라우드 사업자로 선정되기를 열망했고, 이미 중국 기업인 바이두가 선점하고 있던 중국의 검색 시장을 확보하는 것보다 보안과 인권에 대한 회사의 평판을 지키는 것이 더 중요하다고 결정했을지도 모른다. 더욱이 중국의 검색 시장은 구글의 주요한 수입원도 아니었다.

중국에서 외국 기업들의 지적 재산권을 탈취하기 위한 공격은 그리 드문 일도 아니었지만, 전문가들은 2009년 7월 이후에 새로운 수법의 치밀한 공격(제로 데이 공격)에 노출된 다수의 기업들을 노골적으로 압박하는 분위기를 감지했다. 중국은 압박의 강도를 높이는 듯했고, 중국 시장에서 남으려면 사실상 선택의 여지가 없는 저급 기술 기업들과 달리 구글은 소프트 파워의 측면에서 창의적인 인재의 선발과 육성을 위해 표현의 자유를 옹호하는 회사의 평판과 G메일 브랜드의 보안에 대한 평판을 유지해야 했다.

이 시점에서 미국 정부가 개입하게 되었다. 구글은 회사의 발표를 앞두고 백악관에 우려를 표명했다. 국무장관 클린턴은 이미 인터넷 자유에 대한 연설을 준비하고 있었는데, 구글의 사례를 추가해서 그 문제를 정부적 수준으로 격상시켰다. 처음에 중국 정부는 단순히 상업적 분쟁으로 치부했지만, 미국 정부가 개입하면서 중국법 준수의 필요성과 미국의 사이버 제국주의에 대한 불만을 제기하는 정치적 성명을 내보냈다.[59] 중국의 일부 행정관들은 인터넷 패권을 유지하기 위한 미국의 시도라고 지적하기도 했다. 한편 다른 중국인들의 견해도 표출되었다. 시민들은 구글의 로고에 꽃다발을 내걸며 조의를 표시하기도 했고, 구글의 철수로 바이두가 시장을 독점하면 중국이 퇴보할 것이라고 걱정하기도 했다. "중국 기업들은 해외로 진출하면 자신들이 국내에서 경쟁할 때만큼 경쟁업체들을 이해하지 못한다는 사실을 알게 될 것이다."[60] 처음에 구글은 중국 본토의 사용자들을 자동으로 홍콩 사이트로 연결시켰지만, 중국은 그 정책에 반발하면서 구글의 인터넷 사업자 면허를 갱신하지 않겠다고 위협했다. 그러자 구글은 방문객들에게 홍콩 사이트의 연결을 선택할 수 있도록 랜딩 페이지를 추가했다. 구글은 중국에 남았지만 중국 정부는 중국법 우선주의를 거듭 주장했다.[61]

하지만 미국 정부는 이 사례를 계기로 새로운 인터넷 규범을 촉구했다. 그런데 미국 정부도 정작 자국이 중단해야 할 사항을 제시하지 않았다. 예를 들면, 미국 정부는 중국의 시스템에 대한 개인들의 해킹을 금지하려고 할 것인가? 중국과 미국의 컴퓨터 시스템을 해킹했던 많은 사건들은 양국 상호간에 이루어진 것이다. "간단히 말하자면, 미국은 국무장관 클린턴이 비난했던 바로 그 사항들을 요란하게 해대고 있다. 미국은 중국과 달리 미국 기업들의 지적재산을 탈취하거나 민주주의 옹호자들의 계정을 해킹하지 않는다. 하지만 미국도 이익이 될 만한 목적에는 똑같거나 유사한 컴퓨터 기술을 적극적으로 사용한다."[62] 사이버 전문가들에 대한 설문조사에서 미국은 가장 위험한 해킹 국가로 지목되었으며 중국과는 아주 근소한 차이밖에 나지 않았다.[63] 미국에서 비롯된 많은 해킹 사건들 중에는 명백하게 정부가 주도한 경우도 있었지만, 개인 핵티비스트들이 중국과 다른 국가들에서 인권과 인터넷 자유를 촉진하기 위해 일으킨 경우도 적지 않았다. 미국은 이런 핵티비스트들을 통제할 능력이나 의지가 있는 것인가? 인권 문제의 경우는 그렇지 않은 듯하지만 중국 정부는 티베트 망명자들과 파룬궁 해커들만큼은 국가 보안에 대한 위협으로 간주한다. 우리는 대체로 일부 영역에서 중국과 미국의 목표들이 충돌하는 상황을 가정할 수 있지만, 민간 기업이 지적 재산의 탈취와 인권 해킹에 연관되면 훨씬 더 복잡한 정치적 상황이 일어날 수 있다. 기업들, 정부들, 개인 해커들은 모두 사이버 영역에서 원하는 결과를 얻기 위해 저마다 다양한 수단을 최대한 활용했다.

정부와 통제

어떤 사람들은 사이버 공간을 통제되지 않는 무법천지의 개척 시대 서부와 흡사하다고 여기지만, 실제로는 민간과 정부의 통제가 이루어지는 많은 영역들이 존재한다. 인터넷 프로토콜에 관련된 일부 기술기준은 비정부단체인 국제인터넷표준화기구IETF를 비롯한 엔지니어들의 합의를 통해 결정된다. 그런 기준이 광범위하게 적용될지의 여부는 대체로 그것을 상업적 제품에 반영하는 민간 기업들의 결정에 의해 좌우된다. 비정부기구인 월드와이드웹 컨소시엄은 인터넷의 기준을 개발한다. 비록 운영 절차에 정부의 의향이 반영되도록 변화되었지만, 국제인터넷주소기구ICANN는 미국법에 따른 합법적인 비영리단체의 지위를 지닌다. 어떤 경우라도 ICANN의 권한은 도메인명과 라우팅에 대한 관리로 제한되며, 사이버 공간에 대한 전적인 통제는 허용되지 않는다. 간혹 세계지적재산권기구와 세계무역기구의 틀에 얽매이고 까다로운 협상과 소송을 벌여야 하지만, 국가들의 정부는 저작권법과 지적 재산권법을 통제한다. 정부들은 국제전기통신연합과 협의된 국제 협력 체제 내에서 국가의 전파 할당도 결정한다. 사이버 영역의 기술적 변동성은 항상 법과 규제가 움직이는 대상을 추적해야 한다는 것을 의미하지만, 무엇보다 정부들은 국가의 법 체제 내에서 보안, 첩보, 범죄에 관한 문제들을 관리하기 위해 노력한다. 현재 사이버 공간의 통제를 위한 단일 제도는 없지만 위계적 규칙을 통해 제재를 가하는 통합된 제도와 고도로 세분화된 절차와 법령 사이에 자리하는, 뚜렷한 핵심과 연계가 없는 규범과 법령의 다소 느슨한 조합이 존재한다.[64]

사이버 공간의 영역은 흔히 공공재나 국제 공유지global commons로 기술되지만, 그런 용어들로는 완벽하게 설명되지 않는다. 공공재는 아무도 배제되지 않고 모두가 이용할 수 있는 것으로, 여기에는 일부 인터넷의 정보 프로토콜이 해당될 수도 있지만, 주권국가의 영토에 속한 물리적 기반 시설은 해당되지 않는다. 사이버 공간은 부분적으로 주권국가들의 통제를 받기 때문에 공해 같은 공공지도 아니다. 기껏해야 '불완전한 공유지'나 규칙이 정립되지 않은 공동 통치지에 해당된다.[65]

사이버 공간은 노벨상 수상자 엘리너 오스트롬이 고안한 용어로서 구성원의 배제가 어렵고 한 집단이 이용하면 다른 집단들에게 돌아갈 가치가 반감될 수 있는 '공유 자원common pool resource'의 범주에 포함시킬 수 있다.[66] 정부는 이런 공유 자원의 문제에 대한 유일한 해결책이 아니다. 오스트롬은 특정한 조건에서 공동체의 자기 조직화가 가능하다고 지적한다. 하지만 그녀가 성공적인 자기 통치에 결부시킨 조건은 사이버 공간에서 취약한데, 그 이유는 방대한 규모의 자원, 엄청난 사용자 인원, 시스템의 발전 방식에 대한 이해의 부족 때문이다. 초창기에 인터넷은 신원이 확실한 사용자들의 작은 마을과 비슷했고, 코드 인증 장치는 필요하지 않았으며, 기준의 개발은 단순했다. 이 모든 상황은 급격한 성장과 함께 변화되었다. 교류의 매개체로서 사이버 공간의 개방성과 접근성은 모든 사람들에게 소중한 혜택을 제공하지만, 범죄, 공격, 위협의 형태로 무임승차를 시도하는 행위가 불안을 유발한다. 그 결과로 단편화fragmentation, '월드 가든walled garden', 개인 네트워크, 현대판 인클로저(17세기에 그 당시 '공유 자원의 비극'을 해소하기 위해 사용되었던 방법) 같은 보호 장치에 대한 필요성이 부각된다.[67]

안전의 보장은 국가의 기본적인 기능이며, 일부 논평가들은 불안이 증가하면 사이버 공간에서 정부의 기능도 확대될 것이라고 믿는다. 많은 국가들이 사이버 공간에서 자국의 주권을 확장하려고 하면서 그런 목표를 실현하기 위한 기술적 수단을 강구한다. 두 명의 전문가가 말한 것처럼 "사이버 공간의 보안은 확실히 '국가의 귀환'을 수반하지만, 그것은 국가주권을 명시한 전통적인 베스트팔렌 체제로의 회귀를 제창하는 방식이 아니다." 네트워크의 보안을 위한 노력은 비국가적 행위자들을 활성화하고 종종 개인 행위자들에게 책임과 권한을 이전함으로써 네트워크의 사용을 촉진하는 데 기여한다.[68] 예를 들면, 은행들과 금융 회사들은 연계된 네트워크를 통해 정교한 보안과 재제 시스템을 개발해서 상습 불량자들에게 거래권을 박탈하고, 수상한 행위에 연관된 주소들에 속도를 늦추고 수수료를 인상했다. 웹호스팅 서비스나 소셜 미디어 플랫폼을 제공하는 기업들은 수익 창출에 거의 도움이 되지 않고 다른 사용자들의 불만으로 손실만 초래하는 골치 아프고 인기 없는 사용자들을 퇴출하기 위해 강력한 인센티브를 시행한다.[69] 정부들은 인터넷을 보호해서 사회가 지속적인 혜택을 누릴 수 있기를 바라는 한편, 인터넷에서 비롯되는 위험으로부터 사회를 보호하고자 한다. 예를 들면, 중국은 자국의 기업들을 보호할 방화벽의 개발과 기업들이 공격을 받으면 인터넷을 차단할 계획을 진행하고 있는 것으로 파악된다.[70] 그럼에도 중국은(다른 국가들도 마찬가지다) 여전히 연계성을 통한 경제적 혜택을 추구한다. 그로 인한 갈등은 불완전한 협상과 절충으로 이어진다.[71]

만약 우리가 핵티비즘●을 단순한 폐해 정도로 취급한다면, 국가 보안에 관한 중대한 사이버 위협은 산업 스파이, 사이버 범죄, 사이

● 해킹을 통해 국가나 기관에 압력을 행사하는 행위를 일컫는다 – 옮긴이

버 전쟁, 사이버 테러의 네 가지로 압축된다. 그것들은 각기 다른 시평과 다른 해결책을 지닌다. 현재 미국은 처음 두 개의 범주에서 가장 많은 피해를 받고 있지만 10년 후에는 그 순서가 역전될지도 모르며, 다양한 행위자들 간의 동맹과 전술이 진화하면서 그 범주는 점차 중복될 수도 있다. 전임 국가정보국장은 이렇게 말했다. "오늘날 테러 조직들은 사이버 전쟁의 역량에서 거의 바닥 수준에 머물러 있다. 범죄 조직들은 그보다 조금 나은 수준이다. 여기에도 등급이 존재한다. 파괴를 실행할 수 있는 국가들부터 절도를 저지를 수 있는 범죄자들과 성가시지만 치밀한 해커들까지……조만간 테러 조직들은 고도의 사이버 역량을 갖출 것이다. 그것은 핵 확산과 다름없지만 너무나 쉽게 이루어진다."[72]

오바마 대통령의 2009 사이버 보고서에 의하면, 다른 국가들과 기업들에 의한 지적 재산의 도용은 가장 심각하고 직접적인 피해를 야기했다. 그것은 경제적 손실을 초래했을 뿐만 아니라 경쟁력의 우위를 소실시켜 미래의 하드 파워를 위협하기도 했다.[73] 매년 미국 의회도서관에 소장된 지적 재산보다 몇 배나 많은 양의 지적 재산이 기업, 정부, 대학의 네트워크를 통해 유출되고 도용되면서 세계적으로 미군의 효용성과 미국 경제의 경쟁력을 위협하고 있다.[74] 앞서 살펴보았던 것처럼 사이버 범죄자들도 경제에 상당한 부담을 가중한다. 또 앞으로 살펴보겠지만, 다른 국가들이 핵심적인 기반 시설에 대한 사이버 공격의 역량을 개발하고 미군이 지닌 정보력의 우위를 탈취할 수 있게 되면서, 미국은 하드 파워에서 심대한 타격을 받을 수 있게 되었다. 파괴를 조장하려는 테러 조직들 역시 충분한 역량을 갖추면서 엄청난 피해를 입힐 수 있게 되었다. 이런 위협들에 대한 대처 방법은 유형별로 큰 차이가 나타난다.

사이버 전쟁은 잠재적인 위협의 측면에서 가장 치명적이다. 사이버 전쟁은 국가들 간의 억제(전통적인 핵 억제와는 차이가 있다), 공격 능력의 강화, 억제의 실패에 대비한 네트워크와 기반 시설의 회복력 구축을 통해 조절할 수 있다. 이런 단계들은 장차 기본적인 규범으로 체계화할 수 있을지도 모른다.[75] 전쟁의 경우에 전투는 무력충돌에 관한 기존의 규정에서 핵심이 되는 전통적인 구별과 균형의 규범을 따르지만, 사이버 전쟁은 군사적 목표 대상과 민간인의 구분법과 부수적인 피해의 범위에 대한 확인법이라는 새롭고 난해한 문제를 야기한다. 예를 들면, 미국의 한 장군은 미국의 기술자들이 프랑스에서 제작한 이라크의 대공 방어 네트워크를 무력화하는 데 특정한 사이버 기술 한 가지만을 사용하지 않았으며, 그 이유는 "파리의 모든 은행 자동화기기를 마비시킬까 우려했기 때문이다"라고 말한다. 더욱이 사이버 방어는 이따금 악당이 총을 쏘기 전에 그 총을 쏘아 떨어뜨리는 것이 되기 때문에 처음 공격이 감지되었을 때 '넷스피드'로 작동하는 장비로 대처해야 하고, 공격과 방어의 구분이 애매하며, 민간인들을 통제하는 교전 원칙을 확립하기가 어려워진다.[76]

일부 논평가들은 공격원의 특성을 파악하기 어렵기 때문에 사이버 공간에서 억제가 효과적이지 않다고 주장한다. 그러나 이런 공통된 시각은 너무 단순화된 것이다. 사이버 영역에서 국가들 간의 억제가 더 어려운 것은 사실이지만, 아예 불가능한 것은 아니다. 흔히 사람들은 억제를 지난 반세기 동안 주류를 이루었던 핵의 관점에서 생각하는데, 핵 억제의 경우에 응징성 보복의 위협이 워낙 치명적이기 때문에 공격이 억제되었다고 믿는다. 하지만 핵 억제는 결코 그처럼 간단하지 않다. 2차 공격 능력과 상호 확증 파괴●가 본토에 대한 공격을 예방하는 효과가 있을지 모르지만, 이해관계의 범위에서 말단에 있는 문제들에 대해서는 결코 신뢰할 수 없었다. 이런 극단적인 조건들 속에서 동맹국들에 대한 공격의 억제와 냉전 시대 베를린과 같은 취약한 지역의 방어가 파생되었다. 핵 억제는 다른 수단들(예를 들면, 전통적 무력의 전진 배치), 무력의 움직임을 포착하는 다양한 경보 장비들, 수십 년에 걸쳐 지속되며 비확산부터 해상 사고처리에 이르기까지 협정의 영역으로 이어진 학습 과정에 의해 보완되었다.

사이버 공격은 핵 공격 같은 치명적인 영향이 없고 특성의 파악이 더욱 어렵지만, 연계와 거부를 통한 국가들 간의 억제가 가능하다. 심지어 공격원이 '위장 전술'을 통해 은폐될 수 있더라도 다른

● 적이 핵 공격을 가할 경우, 남아 있는 핵전력으로 상대편을 전멸시키는 보복 전략 – 옮긴이

정부들은 서로가 복잡한 상호 의존 관계로 연계되어 있어 대규모의 공격이 역효과를 일으킬 수 있다는 것을 알게 될지도 모른다. 냉전 시대에 미국과 소련을 연계했던 유일한 군사적 상호 의존과 달리, 현재 미국과 중국을 비롯한 많은 국가들은 다수의 네트워크로 연계되어 있다. 예를 들면, 중국은 미국 경제에 심각한 타격을 입혔던 공격으로 자신들도 피해를 입었다.

더불어 정체불명의 공격자는 거부를 통해 억제될 수도 있다. 만약 방화벽이 강력하거나 자기 구속적 반응이 실행될 수 있다면('전기 장벽') 공격은 본래의 가치를 상실하게 된다. 즉각적인 대응을 위한 공격 능력은 불시의 공격에 대해 상대 공격자의 정체가 완전히 밝혀지지 않은 경우에도 억제 장치로 작용할 수 있는 적극적인 방어를 창출할 수 있다. 무익無益도 정체불명의 공격자를 억제하는 효과를 발휘할 수 있다. 만약 목표 대상이 방어를 철저히 하거나 잉여성과 회복력으로 빠르게 복구할 수 있다면 공격의 위험에 대비한 효과가 감소되기 때문이다. 마지막으로 위장 전술이 불완전하고 공격원의 소문에 대한 신빙성이 있다면 공격자의 소프트 파워에 미치는 평판의 타격은 억제의 효과를 발휘할지도 모른다.

사이버 테러와 비국가적 행위자들은 억제하기가 더욱 어렵다. 앞서 살펴보았던 것처럼 사이버 공격은 오늘날 테러범들에게 가장 선호하는 경로는 아니지만, 테러 조직들이 장차 기반 시설에 심대한 타격을 입힐 수 있는 역량을 개발한다면 사이버 공격에 대한 유혹이 증대될 것이다. 이 경우에는 속성의 파악이 어렵기 때문에 선제 공격과 대인 첩보 같은 진보된 방어가 중요해진다. 더 근본적인 차원에서 많은 전문가들은 보안보다 사용의 편의를 강조하는 현재의 구조에서 그런 공격을 시도하기 어렵게 인터넷을 재구성하는 프로그램이 장기적인 해결책이 될 것이라고 믿는다. 한 가지 방법은 국가의 일부 민감한 기반 시설들에서 인터넷과의 연계성을 축소함으로써 취약성을 줄이는 것이다. 일부 전문가들은 핵심적인 기반 시설(금융 및 전기)의 개인 소유주들에게 개방형 인터넷에 의존하지 않고 보안 시스템에 가입하도록 특별한 '사전 동의' 방식의 인센티브를 부여해야 한다고 제안한다.

마찬가지로 사이버 범죄도 일부 시스템들에 대해 현재보다 접근을 어렵게 만드는 방식을 적용하면 감소시킬 수 있다. 더불어 과거에 해적 행위를 억제하기 위해 시도했던 것과 유사한 방식으로 사이버 범죄를 제한하는 국제 협력의 수위를 높이는 것도 가능할지 모른다. 한때 많은 정부들이 일부 해적 행위와 사략 행위(1856년 파리 선언 전까지)를 묵인하는 것이 편하다고 여겼던 것처럼 오늘날 일부 정부들도 인터넷상의 범죄 행위에 대해 비슷한 태도를 보이고 있다. 예를 들면, 러시아와 중국은 이미 30개국 이상이 동의한 유럽 평의회의 사이버 범죄 협약에 대한 서명을 거부했다. 하지만 그들의 태도는 시간이 흘러 점차 손실이 이익을 초과하면 변하게 될지도 모른다. 예를 들면, '러시아의 사이버 범죄자들은 국내의 목표 대상에 대해 더 이상 무간섭 규칙을 따르지 않으며, 러시아 당국은 자유방임 정책을 포기하려는 모습을 보이고 있다.'[77] 이 협약의 즉각적인 효과에 대한 전망은 불확실하지만 장차 더 엄격한 기준을 확립하고 돈세탁 규정이나 대량살상 무기 확산 방지 조치의 경우처럼 중대한 규범을 위반하는 국가들에 대한 제재를 강화하는 데 협력하는 것을 예상할 수는 있다.

인터넷 스파이 활동은 새로운 국가론이 등장하지 않는 한 변함없이 지속될 전망이다. 스파이 활동은 인류의 역사만큼 오래되었고, 국제법의 어떤 조항에도 위배되지 않는다. 그럼에도 한때 정부들은 스파이 활동을 제한하기 위한 규칙을 확립하고 협력을 촉진하기 위한 징벌적 보복을 실행했다. 여러 실험들을 통해 죄수의 딜레마 게임과 공공재 게임의 참가자들이 오랜 시간 게임을 반복하다 보면 협력할 수 있다는 것이 입증되었다.[78] 비록 정부들이 스파이 활동의 금지에 동의하는 조약을 체결하기 어려울지라도 실질적인 차원에서 피해를 제한할 수 있는 규칙을 고안하기 위한 시도를 거듭할 것이라고 예상할 수는 있다. 미국의 사이버 보안책임자 하워드 슈미트는 이렇게 말했다. "핵심 사항들 중 하나가 스파이 활동의 근원지로 의심을 받는 국가들에게 돌아가고 있다. 만약 자신이 아니라면 그것을 자신이 직접 조사해야 한다는 것이다."[79] 만약 적절한 대응이 없으면 그에 대한 보복이 뒤따를 수도 있다. 국제법의 원칙에서 보복 수단은 설사 정부가 관여하지 않았더라도 그 국가에서 비롯된 폐해에 따라 정해질 수 있다. 비록 완벽하지는 않지만 국가들에게 국내에서 비롯된 행위를 책임지도록 구속함으로써 비국가적 행위자들에 대한 조치도 이끌어낼 수 있다. 도발이나 이탈의 고착화를 방지하려면 원조를 제공하면서 완벽히 합의된 규범은 아니더라도 공감을 이끌어낼 수 있는 논의를 지속하는 것이 바람직하다. 이런 '학습 과정'은 사이버 영역에서 아직 초기 단계에 불과하며 1950년대 초반의 원자력 시대에 일어났던 상황과 흡사하다.[80]

이 단계에서 제한적인 협약은 가능할지도 모르지만, 대규모의 군축 조약은 검증 능력 없이는 효과를 기대하기 어렵다.[81] 2000년대에 유엔총회는 범죄 행위를 처벌하고 정부들이 취할 수 있는 방어 수단에 관심을 갖는 결의안을 통과시켰다. 그 기간에 러시아는 기만 행위나 전시에 활성화할 수 있는 악성 코드나 악성 회로의 유입을 금지하는 광범위한 인터넷 감시를 위한 조약을 체결하고자 했다. 하지만 미국인들은 공격을 금지하는 수단이 기존의 방어 체계를 훼손할 수도 있고, 검증이나 실행이 불가능할 수 있다고 주장했다. 더욱이 그들은 독재 정부의 인터넷 검열을 합법화할 수 있는 협약에 반대했다. 그럼에도 미국은 러시아와 비공식적인 논의를 시작했다.[82] 정보 작전을 위한 국제법의 옹호론자들조차 미래의 기술적 변동성 때문에 명확하고 세부적인 규칙을 포함하는 제네바 협정 같은 다자 조약에 회의적인 반응을 보이면서 유사한 견해를 지닌 국가들이 미래의 규범을 형성할 수 있는 자치 규정을 선포할 수 있다

고 주장한다.[83]

기준의 차이는 인터넷 콘텐츠의 규제에 대한 일반적인 합의를 도출하는 데 어려움을 유발한다. 앞서 살펴보았던 것처럼 미국은 '세계적인 네트워크로 연결된 공유지에 대한 존중을 촉구하는 국가들 간의 행동 기준'을 마련해야 한다고 호소했지만, 잭 골드스미스의 주장에 의하면 "우리가 지구상에서 모든 사이버 공격을 중단시킬 수 있다고 해도 그렇게 하기를 원하지는 않을 것이다. 개인적 차원에서 핵티비즘은 해방 운동의 수단이 될 수 있다. 국가적 차원에서 핵심적인 컴퓨터 시스템에 대한 최고의 방어는 간혹 훌륭한 공격이기도 하다."[84] 미국의 관점에서 트위터와 유튜브는 개인의 자유에 관한 문제지만 베이징이나 테헤란의 관점에서는 공격의 수단이다. 심지어 처벌의 기준이 광범위하게 공유되는 아동 포르노의 문제조차 정부들은 서비스 제공자들에게 강력한 경고를 전달하고 해당 국가의 법적 처벌을 적용하기보다 일방적으로 자국의 필터링 기술을 실행하려는 성향을 나타낸다. 예를 들면, 호주는 어떤 민주국가들보다 강력한 인터넷 필터링을 실행하고 있다.[85] 이처럼 자구책은 유력한 기준으로 지속되고 있다.

사이버 영역은 새로이 등장한 가변성을 지닌 인위적인 환경이다. 사이버 공간의 특성은 행위자들 간의 일부 권력 격차를 감소시켰고, 이런 이유에서 금세기의 세계 정치를 상징하는 권력 분산의 좋은 사례를 제공한다. 강대국들은 이 영역을 해상이나 공중 같은 다른 영역들만큼 장악할 수 없는 듯하다. 그러나 사이버 공간의 경우도 권력 분산이 권력 균등이나 세계 정치에서 최강의 행위자로서 정부의 대체를 의미하지 않는다는 것을 입증한다. 심지어 약소국인 아랍에미리트조차 블랙베리 제조사에 협상을 강요할 수 있다. "리서치 인 모션은 다른 기업들이 이미 체득했던 교훈을 배우고 있다. 2000년에 야후가 프랑스에서 나치 기념물을 판매하기 위한 포럼에 실패하고 최근에 구글이 중국에서 무검열 검색을 제공하려는 시도에 실패했던 것처럼 어떤 정보 서비스 제공업체도 국가의 권력에서 자유로울 수는 없다. 이 분야를 오직 사익에만 할양하는 것은 정부들에게 너무 부담이 크다."[86] 하지만 기업들이 법률을 준수할 의향을 보인다고 해도 범죄자들이나 테러범들 같은 다른 비국가적 행위자들은 그리 구속을 받지 않는다.

비록 사이버 공간이 약소국들에게 비대칭 전쟁을 통해 부상할 수 있는 제한적인 기회를 개방해서 국가들 간의 권력 이동을 창출할지 모르지만, 그것은 우리가 다음 장에서 살펴볼 권력 전이의 판도를 뒤바꿀 요소는 아닌 것처럼 보인다. 그러나 정부가 최강의 행위자로 건재하더라도 사이버 영역에서 비국가적 행위자들과 네트워크는 21세기 권력의 핵심적인 차원으로 권력 분산에서 그 중요성이 증대될 전망이다.

6

패권국의 쇠퇴와 권력의 이동

권력의 측정 방식과 관계없이 국가들 간에 권력의 균등한 분배가 이루어지는 경우는 극히 드물다. 흔히 불평등한 성장의 과정은 일부 국가들이 부상하면 다른 국가들은 쇠퇴한다는 것을 의미한다. 한 국가가 자원에서 압도적인 우위를 지닐 때 논평가들은 종종 그 상황을 '패권(헤게모니)'이라고 지칭하는데, 고대 그리스로 거슬러 올라가면 역사가들은 대규모 전쟁들의 근원을 패권 전이의 관점에서 설명했다. 투키디데스는 펠로폰네소스 전쟁(기원전 5세기에 그리스의 도시국가 체제를 붕괴시켰다)의 원인을 아테네 권력의 부상과 그에 대한 스파르타의 우려로 판단했다. 마찬가지로 많은 역사가들은 세계에서 유럽의 중요성을 무너뜨린 제1차 세계대전의 근원을 독일 권력의 부상과 그에 대한 영국의 우려라고 분석한다. 한 정치학자는 이렇게 말한다. "패권 분쟁은 권력의 궁극적 쇠퇴와 명백한 침식에 대한 불안으로 인해 촉발되는 경우가 가장 많았다."[1]

일부 전문가들은 21세기에 중국의 부상이 미국에 유사한 영향을 미칠 것이라고 예상한다. 한 중국 연구가는 "현재의 추세가 지속된다면 조만간 아시아에서 전쟁이 일어날지도 모른다……오늘날 중국은 제1차 세계대전 이전에 독일이 영국을 위협하려고 했던 것처럼 미국을 동아시아에서 내몰기 위해 위협하고 있다"고 주장한다. 마찬가지로 칼럼니스트 로버트 케이건은 이렇게 주장한다. "중국의 리더십은 1세기 전의 빌헬름 2세와 유사한 관점에서 세계를 바라본다……중국의 리더들은 자신들을 억제하는 구속에 분개하면서 국제 체제가 자신들을 변화시키기 전에 자신들이 국제 체제의 규칙을 변화시켜야 한다고 생각한다."[2] 시카고 대학의 정치학 교수 존 미어샤이머는 "노골적으로 말해, 중국은 평화로이 부상할 수 없다"고 단언한다.[3] 다른 두 명의 신중한 분석가들도 이렇게 주장한다. "중국이 미국의 이익을 위협하게 되는 상황이 불가피하지는 않지만 미국은 다른 어떤 강대국들보다 중국과 전쟁을 벌이게 될 가능성이 크다."[4]

패권 전이

그러나 압도적인 자원을 지닌 국가와 부상하는 권력을 지닌 국가 간의 전쟁이 불가피한 것은 아니다. 1890년대에 영국은 전쟁의 위기에도 불구하고 부상하는 미국의 권력을 성공적으로 수용했는데,[5] 1500년대 이후에 일어난 아홉 차례의 전면전이나 세계대전이 모두 패권과 관련된 것은 아니었다.[6] 더욱이 '패권'이라는 단어는 다양하고도 애매하게 사용된다. 패권이 얼마나 불균형적이고 어떤 유형의 권력 자원으로 구성되는지에 대한 견해는 일치되지 않는다. 일부 작가들은 그 단어를 '제국'과 혼용하면서 19세기에 영국이 GDP에서 미국과 러시아에 이어 3위였고, 권력의 정점에 이른 1870년에도 군사 원정에서 러시아와 프랑스에 뒤진 3위에 그쳤음에도 패권 국가라고 지칭한다.

제2차 세계대전 이후에 미국이 세계 생산의 3분의 1 이상을 차지하고 핵무기에서 압도적인 자원을 보유했을 때 많은 사람들이 미국을 세계의 패자라고 여겼지만, 미국은 중국의 '상실'● 을 막지 못했고, 동유럽에서 공산주의를 억제하지 못했으며, 한국전쟁에서 분단을 예방하지 못했고, 북베트남에서의 '패배'를 멈추지 못했으며, 쿠바의 카스트로 정권을 무너뜨리지 못했다. 심지어 소위 미국의 패

● 공산화 - 옮긴이

권기에도 다른 국가들에게 변화를 강제하는 과정에서 군사적 위협의 고작 5분의 1과 경제적 제재의 절반만이 성공을 거두었을 뿐이다.[7] 앞서 1장에서 살펴보았던 것처럼 자원을 기준으로 평가하는 권력이 원하는 결과를 얻어내는 권력을 의미하지는 않는다. 반드시 상황, 범위, 영역이 규정되어야 하며 과거의 찬란한 영광이 역사의 평가를 윤색할 위험이 존재한다. 애매한 정의와 자의적인 역사는 우리에게 패권과 쇠락의 대이론을 경계하게 한다.

많은 사람들이 현재 권력 자원에서 미국의 압도적 우위는 패권을 지닌 것이며, 과거에 패권을 지녔던 영국과 마찬가지로 미국도 쇠락할 것이라고 믿는다. 일부 미국인들은 정치의 민감한 부분을 건드리기 때문에 쇠락의 개념에 감정적으로 반응하지만, 미국이 영원히 압도적인 권력 자원의 우위를 유지하리라는 믿음은 반직관적이고 반역사적이다. 그러나 '쇠락'이라는 단어에는 두 가지 상이한 차원이 혼재한다. 자국의 자원을 효과적으로 사용하는 능력의 감소나 상실의 관점에서 절대적인 쇠락과 다른 국가들의 권력 자원이 급격히 성장하거나 더 효과적으로 사용되는 관점에서 상대적인 쇠락이 있다. 예를 들면, 서로마제국은 다른 국가들의 부상이 아닌 내적 타락과 야만족들의 이주로 인해 몰락했다. 영국의 한 역사가는 이렇게 경고한다. "파멸론자들은 미국 패권의 몰락을 주장하기 위해 로마와 영국의 사례를 들춰낸다. 그 과정에서 그들은 전혀 동떨어진 시대를 비교하는 위험성에 대해 경고하는 기번의 충고를 간과한다.” 로마는 내분으로 몰락한 농경 사회였고, 작은 섬나라에 기반을 둔 대영제국은 ‘화분 속의 참나무’였다.[8]

영국의 쇠락에 빗댄 역사적 비유는 흔히 통용되지만 잘못된 것이다. 영국은 압도적인 해군력으로 인류의 4분의 1 이상을 지배하는 태양이 지지 않는 제국을 건설했지만, 대영제국과 현재 미국의 상대적인 권력 자원에는 중요한 차이가 존재했다. 제1차 세계대전 당시에 영국은 강대국들 중 병력과 GDP에서 고작 4위에 불과했고, 군비에서도 3위에 머무르는 수준이었다.[9] 국방비는 GDP의 2.5에서 3.4퍼센트를 차지했고, 제국은 대체로 지역의 군대에 의해 통치되었다. 1914년에 영국은 자본의 순수출로 중요한 재정 적립금을 확보했고(일부 역사가들은 영국이 국내 산업에 투자하는 편이 나았을 것이라고 생각한다), 제1차 세계대전에 투입한 860만의 병력 중 거의 3분의 1을 해외 식민지에서 충당했다.[10] 그러나 민족주의가 대두되면서 점차 제국을 위한 전쟁을 선포하기가 어려워졌고, 제국의 수호는 자산이라기보다 부채에 가까워지고 말았다. 반면 미국은 1865년 이후로 민족주의적 붕괴의 우려가 없는 대륙 규모의 경제를 구축했다. 아메리칸 제국에 대해 이런저런 말들이 많지만 미국은 영국보다 구속을 적게 하고 자유를 많이 허용한다. 또한 양국은 지정학적으로도 차이가 있다. 영국이 독일, 러시아 같은 부상하는 주변국들과 직면했던 반면, 미국은 두 개의 대양이 보호막 역할을 하고 주변에 약소국들만 있다는 이점을 누린다.

이런 차이에도 불구하고 미국인들은 주기적으로 미국의 쇠퇴에 대한 믿음을 갖는 성향을 나타낸다. 일부는 미국의 문제를 제국주의적 과대 확장이라고 여기고, 다른 일부는 다른 국가들의 부상으로 인한 상대적인 쇠퇴라고 판단하며, 또 다른 일부는 절대적인 쇠퇴나 쇠락의 과정으로 생각한다. 미국의 국부들은 로마공화정의 쇠퇴와 비교하는 것에 대해 염려했다. 문화적 비관주의는 청교도의 근원으로 이어지는 지극히 미국적인 발상이다. 찰스 디킨스는 한 세기 반 전에 이렇게 말했다. "미국의 시민들을 생각해보면, 미국은 언제나 침울하고 침체되고 항상 심각한 위기에 빠져 있으며, 그렇지 않았던 적이 없었다."[11]

과거에 여러 여론조사들에서 소련이 1957년에 스푸트니크를 발사한 후, 1970년대 닉슨의 경제 정책이 실행되고 석유 파동이 일어난 후, 1980년대에 러스트벨트 산업지대가 폐쇄되고 레이건 행정부의 예산 적자가 발생한 후에 쇠락에 대한 믿음이 나타났다. 1980년대 후반에 미국인들은 자국이 쇠퇴한다고 믿었지만, 이후 10년 만에 미국이 유일한 초강대국이라고 믿었고, 지금은 많은 사람들이 다시 미국이 쇠퇴하고 있다고 믿는다.[12] 쇠퇴론의 주기는 우리에게 권력 자원의 근원적인 전이보다 심리적인 측면에 대해 더 많은 것을 보여준다.[13] 이 장에서는 논란의 소지가 있는 역사적 비유나 단기적 주기를 통한 전망에 의존하기보다, 먼저 다른 국가들의 권력에 대비한 상대적인 쇠퇴를 검토한 후에 국내의 변화에 근거한 절대적인 쇠퇴를 살펴보면서 미국 권력의 문제를 조명할 것이다.

권력 자원의 분포

21세기는 지극히 불평등한 권력 자원의 배분으로 시작되었다. 세계 인구의 5퍼센트가 거주하는 미국은 세계 생산의 약 4분의 1과 세계 군비의 거의 절반을 차지하고 문화와 교육에서 가장 광범위한 소프트 파워 자원을 보유했다. 두 학자의 말에 의하면, "주권국가들의 어떤 체제에서도 한 국가가 물질적으로 압도적 우위를 지닌 적은 없었다."[14] 그러나 앞서 살펴보았던 것처럼 권력 자원이 항상 권력의 산출로 이어지지는 않는데, 제2차 세계대전 당시에 막강했던 미국조차 원하는 결과를 달성하는 데 어려움을 겪는 경우가 잦았다. 하지만 상대적인 권력 자원에서 21세기는 그 용어의 현실주의적 이해의 관점에서 어떤 국가도 미국과 균형을 이룰 수 없는 지경에 이른 권력 자원의 분포로 시작했다. 비록 모든 측면에서는 아닐지라도 권력 자원의 분포에서 미국의 우위가 존재했다. 표 6.1에 제시된 것처럼 미국은 세계 인구에서 4위를 차지하며, 유럽연합이 근소하게 미국보다 큰 규모의 경제를 운용한다.

세계 자원의 점유율에서 이런 미국의 우위를 두고 그 미래의 전망에 대해 뜨거운 논쟁이 벌어지고 있다. 비록 단기적인 사건들을 통해 장기적인 추세를 예상하는 것은 오류일지라도, 2010년 다보스 세계경제포럼 같은 미디어 행사들에서 제기된 일반적인 통념은 세계적 금융 위기를 이미 권력 균형이 이동하기 시작했다는 증거로 해석했다.[15] 한 금융 전략가는 이렇게 말했다. "월스트리트의 추락은 세계 구조의 변화를 예고한다. 미국 권력의 쇠퇴가 시작되는 것이다. 대제국과 거대 문명은 정점에 이르는 과정이 역사의 비문에 뚜렷이 새겨져 있다."[16] 반면 다른 사람들은 미국의 장악력이 너무 강력해서 '미국의 보안 정책에 대한 체제적 구속이 전반적으로 무력해지게 된다고 주장한다.'[17] 장기적인 관점에서 국가정보위원회의 2025년 예상 보고서는 '미국이 초강대국의 지위를 유지하지만 미국의 우위는 대폭적으로 감소할 것'이라고 전망했다.[18] 소위 BRIC으로 불리는 국가들(브라질, 러시아, 인도, 중국)에게 많은 관심이 쏟아지는데, 일부 전문가들은 2027년이면 이 국가들이 생산의 측면에서 부유한 국가들을 앞설 것이라고 예상한다. 그러나 표 6.1에 제시된 수치는 전통적인 권력 자원에 근거해 측정했기 때문에 금세기 초반에는 유럽과 일본이 BRIC 국가들보다 상당히 앞서 있다. 우리는 먼저 미국의 부유한 우방인 유럽과 일본을 살펴본 후에 BRIC 국가들의 상대적인 권력 자원을 평가할 것이다.

유럽

21세기 초에 미국이 직면한 가장 대등한 세력은 유럽 연합이다.

표 6.1 21세기 초반 권력 자원의 분포

	미국	일본	유럽연합	러시아	중국	인도	브라질
기본 자원							
영토 1,000평방킬로미터 단위	9,827	378	4,325	17,098	9,597	3,287	8,515
인구 100만 명 단위(2009)	307	127	492	140	1,339	1,166	199
식자율	99	99	99	99	91	61	89
군사적 자원							
실전 배치 핵탄두(2009)[1]	2,702	0	460	4,834	186	60–70	0
군비 지출 10억 달러 단위(2008)[2]	607	46	285[3]	59(추정치)	85(추정치)	30	24[4]
군비 지출, 세계 점유율(2008)[5]	42	3	20(2007)	4(추정치)	6(추정치)	2	2
경제적 자원							
GDP 10억 달러 단위 구매력평가지수(2008)	14,260	4,329	14,940	2,266	7,973	3,297	1,993
GDP 10억 달러 단위(2008)	14,260	4,924	18,140	1,677	4,402	1,210	1,573
1인당 국민 소득 구매력평가지수(2008)	46,900	34,000	33,700	16,100	6,000	2,900	10,200
100명당 인터넷 사용자(2007)	74(2008)	69	50(2006)	21	19(2008)	7	32
소프트 파워 자원							
상위 100위권 대학 순위(2009)[6]	55	5	16	1	0	0	0
영화 제작편수(2006)[7]	480	417	1,155(추정치)	67	260(2005)	1,091	27
유학생 1,000명 단위(2008)[8]	623	132(2010)	1,225(추정치)	89	195	18(2007)	자료없음

출처: 《CIA 세계 편람》, 별도 사항은 제외

1. "Chapter 8: World Nuclear Forces," SIPRI Yearsbook *2009(Stockholm: Stock* holm International Peace Research Institute, 2009), summary at www.sipri.org/yearbook/2009/08.
2. "Appendix 5A: Military Expenditure Data, 1999-2008," SIPRI Yearbook 2009*(Stockholm: Stockho* lm International Peace Research Institute, 2009), summary at www.sipri.org/yearbook/2009/05/05A.
3. Calculated from % of GDP spending from CIA World Factbook.
4. *National Cong*ress of Brazil, Federal Budget, www.camara.gov.br/internet/comissao/index/mista/orca/orcamento/OR2009/Proposta/ projeto/volume4/tomo2/07_md.pdf
5. Ibid
6. Institute of Higher Education of Shanghai Jiao Tong University, China, "Academic Ranking of World Universities-2009," www.arwu.org/ARWU2009.jsp.
7. United Nations Educational, Scientific and Cultural Organization, "Cinema: Production of Feature Film,"
8. Institute of International Education, "Atlas of Student Mobility: Country Profiles," www.atlas.iienetwork.org/?p=48027. Statistics for Russia from Ministry of Education and Science of the Russian Federation, "Education in Russia for Foreigners," http://en.russia.edu.ru.

미국 경제는 독일보다 4배 정도 큰 규모지만 유럽연합의 전체 경제는 미국에 근소하게 앞서며 약 5억 명에 달하는 유럽의 인구는 미국의 3억 명에 비해 월등히 많다. 1인당 국민 소득은 유럽연합에 기존의 서유럽 핵심 국가들에 비해 가난한 많은 신입 회원국들이 가입한 탓에 미국이 유럽연합보다 높지만, 인적 자본, 기술, 수출의 관점에서 유럽은 미국의 유력한 경쟁 세력으로 손꼽힌다. 그리스와 다른 지역들의 재정 문제가 금융 시장의 불안을 유발한 2010년 봄의 위기가 찾아오기 전까지 경제학자들은 조만간 유로화가 세계 제일의 준비 통화로서 달러화를 대체할 것이라고 전망했다. 하지만 유럽의 정부들과 IMF는 시장의 신뢰를 회복하기 위해 9억 2,500만 달러의 구제 정책을 수립해야 했고, 독일의 총리 앙겔라 메르켈은 만약 유로화가 실패한다면 '단순히 통화의 실패로 끝나지 않고, 유럽과 유럽 공동체의 개념까지 실패하게 될 것'이라고 경고했다.[19]

군사적 측면에서 유럽은 미국의 국방비에 절반도 못 미치는 예산을 사용하지만 더 많은 병력을 보유하고 있으며, 두 국가가 핵무기를 보유하고 있다. 소프트 파워에서 유럽 문화는 세계 전역에 널리 보급되어 오랜 세월 호응을 받았고, 브뤼셀을 중심으로 통일된 일종의 유럽 의식은 주변국들에게 상당한 매력으로 작용했다. 유럽인들은 중요한 선구자로도 활약하면서 국제기구에서 중추적인 역할을 담당했다. 유럽의 자원을 평가하는 핵심적인 질문은 유럽이 광범위한 국제 문제들에 한 목소리를 낼 수 있을 만큼 정치적, 사회 문화적 일치를 이끌어낼 수 있는지, 혹은 극도로 상이한 민족주의, 정치 문화, 외교 정책을 지닌 국가들의 제한된 집합으로 남을 것인지의 여부다. 요컨대, 유럽은 어떤 권력 전환 능력을 지니고 있는가?

그 대답은 사안에 따라 차이가 난다. 무역과 국제무역기구 내의 영향력에서 유럽은 미국과 동등한 위치에서 미국의 권력과 균형을 이룰 수 있다. 1999년 초에 유럽경제통화동맹이 설립되고 유로화가 발행되면서 유럽과 IMF는 통화 문제에서 미국의 역할에 거의 필적하게 되었다(물론 2010년 그리스의 부채로 인한 위기가 유로화의 신뢰를 떨어뜨리기는 했다). 독점 금지와 관련된 사안에서 유럽 시장의 규모와 매력은 유럽 진출을 원하는 미국의 기업들에게 미국 법무부뿐만 아니라 유럽위원회의 승인도 얻어야 한다는 것을 의미했다. 사이버 세계에서 유럽연합은 개인정보 보호에 관한 세계 기준을 정립하고 있다.

한편 유럽은 통일성에서 심대한 한계에 직면하고 있다. 국가별 정체성은 여전히 유럽 공동체의 정체성보다 강하고, 60년에 걸친 통합에도 불구하고 과거에 비해 덜하지만 국가의 이익은 여전히 중요한 비중을 차지한다.[20] 27개국을 포함하는 유럽연합의 확장(향후 몇몇 국가들이 더 합류할 예정이다)은 유럽의 제도가 독특한 존재로 남을 가능성이 크고 강력한 유럽연방이나 단일국가를 생성할 가능성이 적다는 것을 의미한다. 어떤 경우라도 유럽의 제도와 그동안의 성과를 폄훼하지는 못할 것이다. 법적 통합이 확대되면서 유럽 재판소의 평결은 회원국들에게 정책을 변경하도록 강제한다. 그러나 입법과 실행의 세부적인 통합이 지연되었고 외교관계의 대표자와 실무자를 선출했음에도 외교 및 방위 정책의 통합은 여전히 제한되고 있다. 전임 유럽위원회의 임원이었던 로드 패턴의 말에 의하면, "미국과 달리 우리는 모든 지역을 중요하게 여기지 않는다."[21]

유럽은 수십 년 동안 지나친 낙관주의에 사로잡혀 있었지만, 간헐적으로 현재와 같은 '유럽식 비관주의'에 빠져들기도 했다. 2010년에 한 저널리스트는 이렇게 보도했다. "유럽은 기존의 미국과 중국으로 대표되는 신흥 강국들이 장악한 새로운 지정학적 질서에서 패배자처럼 보이기 시작하고 있다……어떤 유럽인도 12월 18일에 미국의 오바마 대통령과 중국의 원자바오 총리의 주도로 무난히 코펜하겐 합의문을 도출했던 회의에 초빙되지 않았다. 중국은 인도, 브라질, 남아프리공화국의 지도자들을 초청했다. 유럽이 부재한 그 회의는 '2009년의 중요한 이미지'였다."[22] 더욱이 2008년 금융 위기 이후에 특히 그리스를 비롯한 몇몇 유럽연합 회원국들의 재정 문제는 유로존이 지닌 재정 통합의 한계를 드러냈다.

〈이코노미스트〉에서 언급되었던 것처럼 '현재 어디서든 유럽의 상대적인 쇠퇴에 대한 논의가 벌어지는 듯하다……어쩌면 사람들은 유럽의 미래에 대한 암울한 수치들과 몇몇 이유들을 듣게 될지도 모른다. 유럽은 1900년에 세계 인구의 4분의 1을 차지했다. 2060년에 그 수치는 6퍼센트까지 감소할지 모르며, 그중 거의 3분의 1은 65세 이상의 고령자들이 될 것이다.' 유럽은 극심한 인구 문제에 직면해 있지만 인구의 규모는 권력과 밀접한 상관관계에 있지 않으며 '유럽의 몰락에 대한 예측은 오래전부터 어긋나기 일쑤였다.'[23] 1980년대에 분석가들은 유럽의 우경화와 심각한 침체를 전망했지만, 1990년대 이후에 유럽은 괄목할 만한 성장과 제도적 발전을 이루어냈다. "유럽의 방식(권력을 공유하고, 합의를 도출하고, 끊임없이 위원회에 의지해 갈등을 해결하는)은 고리타분할 수도 있고, 자칫 실망스럽기까지 할 수도 있다. 그러나 점차 네트워크로 연결되고 상호 의존이 부각되는 세계에서 유럽은 세계적 기준이 되고 있다."[24] 유럽외교관계이사회의 총장은 이렇게 말했다. "통상적으로 유럽의 시대는 저물었다고들 생각한다. 비전의 부재, 분열, 법 제도에 대한 집착, 군사력의 활용에 대한 의지박약, 침체된 경제는 과거 로마보다도 더 압도적인 미국과 전혀 상반된다……하지만 문제는 유럽이 아니라 권력에 대한 우리의 구시대적인 이해에서 비롯된다."[25]

정치학자 앤드루 모라브치크는 유럽 국가들이 단독적이든 집합적이든 미국을 제외하면 "'하드' 파워에서 '소프트' 파워에 이르는 모든 영역에 걸쳐 세계적인 영향력을 행사할 수 있는 유일한 국가들이라는 유사한 주장을 펼친다. 그 용어(양극 체제)가 의미를 유지하는 한 세계는 양극 체제이며 예측이 가능한 미래까지 그 상태를 유지할 가능성이 크다." 비관적인 예상은 '권력이 세계 총 자원의 상대적 점유율과 연관되며 국가들은 끊임없는 제로섬 경쟁을 펼친다'는 19세기 현실주의의 관점에 근거한다.[26] 그러나 그가 지적한 것처럼 유럽은 세계 군비의 21퍼센트를 차지하며 5퍼센트의 중국, 3퍼센트의 러시아, 2퍼센트의 인도, 1.5퍼센트의 브라질보다 앞선 세계 2위의 군사력을 구축하고 있다. 수만 명의 병사들이 조국을 떠나 시에라리온, 콩고, 아이보리코스트, 차드, 레바논, 아프가니스탄으로 파병되었다. 경제력의 관점에서 유럽은 세계 최대의 시장이며 세계무역에서 12퍼센트의 미국보다 앞선 17퍼센트를 차지하고 해외 원조에서도 미국이 20퍼센트에 그치는 데 비해 유럽은 50퍼센트를 부담한다.

상대적 권력의 관점에서 유럽연합이 내적 곤경을 극복하고 세계무대에서 미국의 도전자가 되기 위해 노력한다면, 이런 자산들은 미국의 권력에 역습을 가할지도 모른다. 하지만 유럽과 미국이 느슨한 동맹이나 중립적인 태도를 유지한다면 이런 자원들은 서로를 강화할 수도 있다. 10년 전에 〈이코노미스트〉에서 조사했던 것처럼, 군사 보안의 관점에서 '2030년 무렵에 유럽과 미국은 모두 러시아, 중국, 서남아시아 무슬림 같은 다른 세계들과 갈등을 일으킬 수 있다.'[27]

미국과 유럽은 경제적 분리가 일어날 가능성도 적다. 새로운 기술, 노동 시장의 유연성, 막강한 벤처 캐피탈, 기업 문화는 유럽의 투자자들에게 미국 시장을 매력적으로 보이게 한다. 미국은 대학들과 R&D에 예산의 2.7퍼센트를 할애하는데, 이것은 유럽의 2배에 해당하는 수치다. 미국과 유럽 간의 직접 투자는 양측이 각각 아시아와 맺은 직접 투자보다 규모가 크며, 그 관계는 양측의 경제를 견고히 다지는 데 기여한다. 무역의 3분의 1 이상은 다국적 기업들 내에서 이루어진다. 더욱이 무역이 국가들의 내부 정책에서 불가피한 마찰을 일으키더라도 그것은 서로 공조할 의지가 있다면 양측이 이익을 거둘 수 있는 게임이며, 미국은 아시아와의 무역보다 유럽과의 무역에서 더 균형을 이루고 있다.

문화적 차원에서 미국과 유럽은 두 세기 이상 서로를 공략하면서도 존중해왔다. 할리우드 영화나 맥도널드에 대한 온갖 불만에도 불구하고 해마다 수백만의 유럽인들이 누구의 강요도 아닌 자의로 영화관과 매장을 찾는다. 일부 유럽 국가들과 조지 W. 부시 행정부가 마찰을 빚었지만, 버락 오바마는 유럽의 대부분 지역에서 우상에 가까운 인기를 누리게 되었다. 어떤 의미에서 두 대륙 간의 불가피한 마찰은 거리감보다 친밀감을 보여준다. 또 더 넓은 의미에서 미국과 유럽은 세계의 다른 어떤 지역들보다 민주주의와 인권의 가치에 대해 서로 많은 부분을 공유한다. 권력 자원의 균형에 대한 전통적인 현실주의적 평가에서 미국과 유럽은 서로 상대의 핵심적인, 혹은 중요한 이익을 위협할 가능성이 적다.[28] 상충하는 이익을 둘러싼 권력 투쟁은 그저 무난한 수준에 머무를 가능성이 크다. 공조보다 군림을 요구하는 권력의 사안들에서 유럽은 막강한 역량을 보유하고 있다.

일본

일본 경제는 1990년대 초반에 터진 투기성 버블에 이은 형편없는 정책들로 지난 20년 동안 더딘 성장에 시달렸다. 2010년에 중국 경제는 비록 1인당 기준(구매력평가지수로 측정한)에서 고작 일본의 6분의 1 수준에 머물렀지만, 달러로 집계한 총 규모에서는 일본을 추월했다.[29] 1988년에 시가총액에서 세계 10대 기업 중 여덟 곳이 일본 기업이었지만, 현재는 단 하나도 찾아볼 수 없다.[30] 최근의 실적에도 불구하고 일본은 여전히 상당한 권력 자원을 지니고 있다. 일본은 세계 3위 규모의 국가 경제, 고도로 발전된 산업, 아시아에서 가장 현대화된 군대를 보유하고 있다. 비록 중국이 핵무기를 보유하면서 더 많은 병력을 유지하지만 일본의 군대는 더 우수한 장비를 갖추고 있다. 더불어 핵무기를 보유하고자 하면 신속하게 개발할 수 있는 기술력도 지니고 있다.

불과 20년 전에 일본이 1인당 국민 소득에서 미국을 앞서자, 많은 미국인들은 자칫 일본에 추월당할지도 모른다고 우려했다. 1989년에 〈뉴스위크〉의 한 기사는 그런 상황을 간결하게 요약했다. '전 세계적으로 기업들의 회의실과 정부들의 집무실에서는 과연 일본이 태평양의 거물, 더 나아가 세계 제일의 국가로 발돋움하며 미국을 대신해 초강대국이 될 것이냐는 불편한 질문이 제기되고 있다.'[31] 여러 서적들은 미국을 배제한 일본 위주의 태평양 블록과 심지어 일본과 미국의 전쟁까지 예상했다.[32] 미래학자 허먼 칸은 장차 일본이 핵무기를 보유한 강대국이 될 것이며, 일본의 역할 전환은 '1870년대 프로이센의 부상이 유럽과 세계에 일으켰던 변화'와 유사할 것이라고 전망했다.[33] 이런 견해는 일본이 거둔 놀라운 수치에 근거해 제기되었지만, 현재는 급격하게 부상한 권력 자원에 근거한 1차원적인 전망의 위험성을 상기시키는 좋은 사례로 활용되고 있다.[34]

제2차 세계대전 직전에 일본은 세계 공업 생산의 5퍼센트를 차지했다. 하지만 전쟁으로 황폐화된 후에 1964년까지 그 수치를 회복하지 못했다. 1950년부터 1974년까지 일본은 놀랍게도 연평균 10퍼센트의 성장을 거듭했고, 1980년대에는 세계 생산의 15퍼센트를 차지하는 세계 2위의 경제대국으로 부상했다.[35] 일본은 세계 최대의 채권국이자 해외 원조 기부국이 되었다. 일본의 기술력은 미국과 거의 대등했고, 일부 제조 분야에서는 다소 앞서기까지 했다. 일본은 무력 증강을 극도로 자제하면서(군비 지출을 GNP의 약 1퍼센트로 제한했다) 고도의 성공 전략으로 경제 성장에 치중했다. 그럼에도 앞서 언급했던 것처럼 동아시아에서 가장 현대화된 고성능 재래식 무기를 갖춘 군대를 창설했다.

일본은 역사적으로 두 차례의 놀라운 '재창조'를 이루어낸 전력이 있다. 한 세기 반 전에 일본은 근대적 세계화에 성공한 최초의 비서구 국가가 되었다. 수 세기에 걸친 고립 이후에 메이지 유신을 통해 외부 세계의 문물을 선별적으로 수용했고, 반세기 만에 러일 전쟁에서 유럽의 강대국을 물리칠 만큼 강성해졌다. 1945년 이후에 일본은 제2차 세계대전의 폐허 속에서 부상했다. 2000년에 일본 수상은 21세기 일본의 목표로 새로운 재창조를 촉구했다.[36] 그러나 정치 절차의 결점, 규제 완화의 필요성, 인구의 노령화, 이민에 대한 반감을 감안하면 이런 변화는 결코 쉽지 않을 것이다.[37] 일본은 2050년에 인구가 1억 명까지 감소할 것으로 전망되는데, 문화적으로 이민자들의 수용에 반발하는 성향이 있어 심각한 인구 문제에 직면해 있다.[38] 하지만 일본은 높은 생활수준, 고도로 숙련된 노동력, 안정된 사회, 여러 분야의 기술적 리더십과 제조 기술을 유지하고 있다. 더욱이 문화(전통 문화와 대중 문화), 해외 개발 원조, 국제기구에 대한 지원을 통해 적잖은 소프트 파워 자원도 축적하고 있다.

부활한 일본이 향후 10년에서 20년 안에 경제적, 혹은 군사적으로 10년 전에 예상했던 것처럼 세계 무대에서 미국의 도전자가 될 수 있을까? 그럴 가능성은 크지 않은 듯하다. 국토 면적이 캘리포니아 정도에 불과한 일본은 영토나 인구의 규모에서 미국을 따라갈 수 없을 것이다. 근대화, 민주주의, 대중 문화에서 거둔 성공은 일본에 어느 정도 소프트 파워를 부여하지만 자민족 중심적 태도와 정책은 그 효과를 반감시킨다. 일부 정치인들은 일본 군대의 자위권을 제한하는 헌법 9조를 개정하려는 움직임을 보이기 시작했고, 다른 소수의 정치인들은 핵무장을 언급하기도 했다. 만약 미국이 일본과의 동맹을 파기하려고 한다면 자칫 일본이 자체적인 핵무기의 개발에 착수할지 모른다는 불안감이 조성될 수 있지만 설령 그런 상황이 되더라도 일본은 대등한 경쟁국과는 전혀 거리가 멀 것이다.

한편 만약 일본이 중국과 동맹을 맺으려고 한다면 양국의 결합된 자원은 강력한 연합 세력을 탄생시킬 것이다. 2006년에 중국은 일본의 최대 무역 상대국이 되었고, 2009년에 민주당이 집권한 일본의 새로운 정부는 중국과의 관계를 개선하고자 노력했다. 그러나 긴밀한 동맹은 이루어지지 않을 듯하다. 일단 1930년대의 상처가 완전히 아물지도 않았을 뿐만 아니라, 양국은 아시아와 세계에서 일본의 적절한 위상에 대한 비전을 두고서도 갈등하고 있기 때문이다. 중국은 일본을 억제하려고 하지만 일본은 그런 구속을 싫어할 것이다. 지극히 현실성이 없는 상황이지만 미국이 동아시아에서 철수하게 된다면 일본이 중국의 시류에 동참할지도 모른다. 그러나 일본이 중국 권력의 부상을 우려한다는 점을 감안하면 미국과의 동맹을 지속할 가능성이 더 크다. 권력 자원의 전통적인 균형의 관점에서 일본은 중국으로부터 독립을 지속하기 위해 미국의 지원을 얻으려고 할 가능성이 크며, 이런 상황은 미국의 위상을 강화한다. 동아시아 동맹은 미국을 대체하는 도전 세력이 될 수 있는 유력한 후보가 아니다.[39]

요컨대, 세계에서 1인당 국민 소득과 고도로 발전된 경제가 미국과 유사한 두 세력이 모두 미국과 동맹을 맺고 있는 것이다. 권력 자원의 균형에 대한 전통적인 현실주의의 관점에서 이런 상황은 미국 권력의 위상에 큰 차이를 만든다. 더불어 다른 국가들에 군림하지 않고 다른 국가들과 공조하는 권력의 보다 정합적인 관점에서 유럽과 일본은 공동의 초국가적 문제들을 처리하기 위한 최대의 자원고資源庫를 제공한다. 비록 그들의 이해관계가 미국과 일치하지 않을지라도 사회적, 국가적 네트워크에서 중복되는 많은 부분들은 공동의 이익을 위해 협력할 기회를 부여한다.

BRIC 국가들

소위 BRIC 국가들은 다소 상황이 다르다. 골드만삭스는 2001년에 자체 판단에서 '신흥 시장'으로 분류한 국가들에 내재된 수익 창출성에 대한 이목을 끌기 위해 이 용어를 만들어냈다. 2000년부터 2008년 사이에 BRIC 국가들의 세계 생산 점유율은 16퍼센트에서 22퍼센트로 급상승했고, 2008년에 시작된 세계적인 경기 침체에도 일괄적으로 평균 이상의 수치를 기록했다. 이 4개국은 세계 인구의 42퍼센트를 차지하며 금세기의 첫 10년 동안 세계 성장의 33퍼센트를 담당했다.[40] 미국(3위)을 제외하고 세계에서 가장 인구가 많은 4개국인 중국, 인도, 인도네시아, 브라질은 모두 금세기 첫 10년 동안 5퍼센트 이상의 탄탄한 경제 성장률을 기록했다.[41] 반면 그 기간에 1.9퍼센트를 기록한 미국의 성장률은 과거의 장기적인 평균치를 밑도는 것이었다. 중국은 가장 좋은 실적을 나타냈고 러시아는 경기 침체 이후로 형편없는 실적을 보였다.

역설적이게도 러시아는 이 범주에 적절히 들어맞지 않았지만, 이 경제적 용어는 정치적 삶을 시작했다. 〈베이징 리뷰〉에서 언급했던 것처럼 "2001년에 골드만삭스가 BRIC이라는 두문자어를 만들었을 때, 경제학자들도 다른 국가들도 브라질, 러시아, 인도, 중국이 함께 어우러져 언젠가 견고한 기반을 구축할 것이라고 예상하지 못했다."[42] 2009년 6월에 4개국의 외무장관들은 '이 그럴 듯한 두문자어를 유력한 국제 세력으로 전환하기 위해' 러시아의 예카테린부르크에서 회동을 가졌다.[43] 비록 대부분은 중국의 몫이었지만, BRIC 국가들은 2조 8,000억 달러, 한편으로 세계 외환 보유액의 42퍼센트를 보유했다. 러시아의 메드베데프 대통령은 만약 금융 수단이 단 하나의 통화에 의해 장악된다면 세계 통화 체제는 성공할 수 없다고 지적했고, 중국이 미국을 제치고 브라질의 최대 무역 상대국이 된 후에 베이징과 상파울루는 무역 화폐로 달러가 아닌 자국의 통화를 사용한다는 계획을 발표했다. 비록 중국의 무역에서 러시아의 점유율은 고작 5퍼센트에 불과했지만 양국은 마찬가지로 유사한 협약을 체결했다.[44]

최근의 금융 위기 이후에 골드만삭스는 기대치를 상향 조정하며 'BRIC 국가들의 합산한 GDP는 10년 전 우리가 애초에 예상했던 것보다 이른 시점인 2027년에 G-7 국가들의 합산한 수치를 넘어설지도 모른다고 전망했다.'[45] 이런 1차원적인 경제적 전망의 가치가 무엇이든 간에 이 용어는 권력 자원의 장기적인 평가의 관점에서는 정치적 의미를 지니지 못한다. 비록 BRIC 국가들의 회합이 단기적인 외교 전술에 용이할지도 모르지만 이것은 큰 차이를 지닌 국가들을 일률적으로 다루는 것으로, 과거 초강대국이었던 러시아와 현재 경제 발전을 이루는 세 국가를 연계하는 것은 거의 의미가 없다. 4개국 중 러시아는 인구가 가장 적고 교육 수준과 1인당 국민 소득이 가장 높지만, 더 중요한 사실은 많은 논평가들이 권력 자원의 측면에서 러시아는 쇠퇴하고 있는 반면 다른 세 국가들은 부상하고 있다고 판단한다는 것이다. 불과 20년 전만 해도 '러시아는 중국, 인도, 브라질을 모두 합한 것보다 많은 연구를 실행하던 과학 초강대국이었다. 그 후 러시아는 과학 분야에서 세계를 놀라게 하는 성장세를 보이는 중국뿐만 아니라 인도와 브라질에게도 추월을 허용했다.'[46] 앞으로 살펴보겠지만 두문자어 BRIC의 핵심은 바로 중국 자원의 부상이다.

러시아

1950년대에 많은 미국인들은 소련이 미국을 제치고 세계 최강국이 될 것이라고 걱정했다. 소련은 세계 최대의 영토와 세계 3위의 인구, 세계 2위의 경제를 자랑했고, 사우디아라비아보다 많은 석유와 가스를 생산했다. 세계 핵무기의 거의 절반을 보유했고, 미국보다 많은 병력을 유지했으며, 연구 개발에 종사하는 인력도 가장 많았다. 소련은 1952년 미국이 수소 폭탄 개발에 성공한 이듬해에 곧 바로 수소 폭탄을 실험했고, 1957년에는 최초로 우주 공간에 인공위성을 발사했다. 소프트 파워의 측면에서 제2차 세계대전 이후에 공산주의 이념은 파시즘에 반대하는 유럽과 탈식민지화 운동을 추구하는 제3세계에서 호응을 얻었다. 소련은 적극적인 선전 공세를 통해 필연적으로 공산주의가 승리한다는 믿음을 조장했다.

니키타 흐루쇼프는 소련이 1970년, 혹은 적어도 1980년에 미국을 추월할 것이라고 장담했다. 1976년에 레오니트 브레즈네프는 프랑스 대통령에게 1995년 무렵이면 공산주의가 세계를 장악할 것이라고 말했다. 이런 예상은 1950년부터 1970년까지 5퍼센트에서 6퍼센트를 유지하던 연간 경제 성장률과 11퍼센트에서 12.3퍼센트로 증가한 세계 생산 점유율에 의해 뒷받침되었다. 하지만 그 후로 소련은 경제 성장률과 세계 생산 점유율에서 기나긴 하락을 시작했다. 1986년에 고르바초프는 소련 경제를 '극도로 혼란스럽다'고 표현했다. "우리는 모든 지표에서 뒤처져 있다."[47] 1년 후 외무장관 에두아르트 셰바르드나제는 수하의 외교관들에게 "여러분과 나는 지난 15년 동안 점차로 주도적인 산업강국의 입지를 상실하고 있는 대국을 대표하고 있다"고 말했다.[48] 그 당시를 돌이켜볼 때 놀라운 사실은 소련에 대한 미국의 평가가 터무니없이 부정확했다는 것이다. 1970년대 후반에 '위기관리위원회'는 소련의 권력이 미국을 추월하고 있다고 주장했고, 1980년 대통령 선거에는 그런 우려가 반영되었다.

1991년에 일어난 소련의 붕괴는 러시아에 영토(소련의 76퍼센트), 인구(소련의 50퍼센트), 경제(소련의 45퍼센트), 병력(소련의 33퍼센트)의 측면에서 상당한 위축을 초래했다. 더욱이 공산주의 이념이 지닌 소프트 파워는 사실상 소멸되었다. 그러나 군비가 세계 군비의 고작 4퍼센트에 머무르고(미국의 10퍼센트) 권력 투사 능력도 대폭 감소했지만, 러시아는 거의 5,000기의 핵무기와 100만 이상의 병력을 보유했다. 경제적 자원의 측면에서 러시아의 GDP 2조 3,000억 달러는 미국의 14퍼센트에 불과했고, 1인당 국민 소득(구매력평가지수에서) 1만 6,000달러는 미국의 약 33퍼센트 수준에 머물렀다. 러시아 경제는 석유와 가스의 수출에 크게 의존했고, 첨단 제품의 수출은 제조품 수출에서 고작 7퍼센트에 불과했다(미국의 28퍼센트와 비교해 현저히 떨어진다). 소프트 파워의 측면에서 러시아는 전통 문화의 매력에도 불구하고 세계적으로 거의 존재감을 지니지 못한다. 러시아의 한 분석가의 말에 따르면, "러시아는 무력을 포함한 하드 파워를 사용해야 한다. 왜냐하면 러시아는 훨씬 더 위험한 세계에 살고 있고, 그 세계로부터 보호해줄 우방이 전혀 없으며, 소프트 파워, 즉 사회적, 문화적, 정치적, 경제적 매력이 거의 없기 때문이다."[49]

러시아는 더 이상 공산주의 이념과 주체스러운 중앙 기획 체제에 구속받지 않으며, 비록 여전히 위험 요소로 남아 있지만 민족적 분열의 가능성은 과거에 비해 줄어들고 있다. 러시아인은 구소련에서 고작 50퍼센트에 불과했지만 현재 러시아연방에서는 80퍼센트를 차지하고 있다. 효과적인 시장 경제를 위한 정치 제도는 미비하고 부정부패가 심각하다. 러시아의 약탈 자본주의robber baron capitalism는 시장관계의 신뢰를 창출하는 효과적인 규제가 부족하다. 허술한 공중 보건 체제로 인해 사망률은 증가하면서 출산율은 감소하고 있다. 러시아 남성의 평균 수명은 59세로, 선진국임에도 극도로 낮은 수치를 나타낸다.[50] 메드베데프 대통령은 이렇게 말한다. "해마다 러시아인들이 점점 더 줄어들고 있다."[51] 유엔 인구통계학자들은 러시아의 인구가 현재 1억 4,500만 명에서 금세기 중반에 1억 2,100만 명까지 감소할지도 모른다고 예측한다.[52] 한 전문가는 러시아가 인구를 현재의 수준으로 유지하려면 2020년까지 1,200만 명의 이민자를 수용해야 할 것이라고 전망했지만, 그런 상황이 일어날 가능성은 없을 듯하다.[53]

러시아의 미래는 많은 가능성을 지닌다. 한 가지 극단적인 경우는 적잖은 사람들이 러시아의 쇠퇴를 전망하면서 러시아를 부패한 제도와 주체할 수 없는 인구 및 보건 문제에 시달리는 '하나의 상품에만 의존하는 경제'로 판단하는 것이다. 다른 사람들은 개혁과 현대화를 통해 러시아가 그런 문제들을 극복할 수 있을 것이며, 리더십이 그런 방향을 지향해야 한다고 주장한다. 2009년 말에 메드베데프 대통령은 "러시아가 천연자원에 대한 굴욕적인 의존에서 벗어나고 세계적인 강국으로 존속하기 위한 노력을 저해하는 소련식의 태도를 근절해서 경제의 현대화를 이루어야 한다"는 전면적인 결단을 발표했다.[54] 그러나 일부 비평가들은 러시아 리더들의 현대화 개념은 지나치게 국가 주도적이고 공공 제도의 기능이 너무 형편없어 문제가 많다고 지적한다. "혁신적인 경제는 개방 시장, 벤처 캐피탈, 자유로운 사고방식을 지닌 기업가들, 견실한 파산 법원, 지적재산권의 확실한 보호를 필요로 한다. 하지만 러시아는 지나친 독점, 만연한 부정부패, 지독한 국가의 간섭, 허술하고 모순된 법률로 얼룩져 있다."[55]

기능을 상실한 정부와 고질적인 부정부패는 현대화를 어렵게 만들고 있다. 알파 은행의 회장 페터 아벤은 "러시아는 경제적으로 점점 더 소련과 닮은꼴이 되는 것 같다"고 주장한다. "석유에 크게 의존하고 자본이 부족하며 심각한 개혁이 요구되는 한편, 사회적 부담이 극심하다. 경기 침체의 위험이 매우 크다."[56] 러시아의 한 경제학자는 "여론은 현대화에 전혀 호의적이지 않다"고 단호하게 말한다.[57] 어떤 결과가 나오든 간에 엄청난 인적 자본, 사이버 기술, 유럽과의 인접성, 중국과의 동맹 가능성이 있기에 러시아는 더 이상 과거 냉전 시대처럼 미국과 권력의 균형을 이룰 능력은 없을지라도 미국에 문제를 일으킬 만한 자원을 보유할 수는 있을 것이다.

러시아-중국의 축이 이루어질 가능성을 어떻게 전망하는가? 권력 정치의 전통적인 균형의 관점에서 예상하면 미국이 지닌 압도적인 권력 자원의 우위는 그런 반응을 유발할 수도 있다. 실제로 그런 동맹이 이루어졌던 역사적 전례도 존재한다. 1950년대에 중국과 소련은 미국을 견제하는 동맹을 체결했다. 하지만 1972년에 닉슨이 중국에 개방 정책을 펼치고 미국과 중국이 모두 위협적으로 여기던 소련의 권력을 제한하기 위해 공조하면서 세 국가의 관계는 다른 양상으로 전개되었다. 이 동맹은 소련의 붕괴와 함께 해체되었다. 1992년에 러시아와 중국은 양국의 관계를 '건설적인 파트너십'라고 천명했고, 1996년에는 '전략적인 파트너십'이라고 지칭했으며, 2001년 6월에는 양국이 '우호와 협력'의 조약에 서명했다. 이 파트너십의 한 가지 주제는 현재 미국이 장악한 '단극화 세계'에 대한 공동의 견제다.[58] 일부 러시아인들은 "비록 '자세를 낮추더라도' 러시아가 중국과의 공조를 우선하는 방향으로 빠르게 흘러가고 있다"고 믿는다.[59]

화려한 포장에도 불구하고 전술적인 외교 공조를 초월하는 중국과 러시아의 동맹에는 심각한 장애물들이 존재한다. 프랑스의 한 분석가는 이렇게 요약한다. "비록 상당한 성공을 거두기도 했지만 그들의 쌍무적 계약은 어설프고 애매하게 지속될 것이며……러시아와 중국은 세계관도 상반되고 외교 정책도 다르며, 간혹 우선순위가 상충되기도 한다."[60] 극동 지역의 인구 상황은 러시아의 국경 인근에 600만 명이 거주했던 반면 중국의 국경 인근에는 무려 1억 2,000만 명이 거주했던 관계로, 모스크바에 적잖은 불안을 유발했다. 러시아의 경제적, 군사적 쇠퇴는 중국 권력의 부상에 대한 우려를 더욱 증폭시켰다. 메드베데프 대통령은 이렇게 말한다. "만약 러시아가 극동 지역에서 국민들을 보호하지 못한다면 결국 중국인들에게 '모든 것을 빼앗길 수도 있다.'"[61] 2009년에 러시아는 핵무기의 선제 사용권을 유지하는 새로운 군사 정책을 발표했고, 다량의 전술적 단거리 핵무기를 계속 보유했다. 과거 냉전 기간에 미국은 유럽에서 러시아가 지니는 재래식 군사력의 우위를 견제하기 위해 유사한 핵무기 정책을 활용했다. 많은 군사 전문가들은 러시아의 새로운 정책도 동아시아에서 중국이 지니는 재래식 군사력의 우위에 대해 비슷한 반응을 보이는 것이라고 여긴다. 전통적인 현실주의자라면 중국의 권력이 성장하는 동안 러시아와 인도, 러시아와 일본, 심지어 러시아와 미국의 관계가 개선될 것이라는 예상까지 할지도 모른다.

러시아는 미국을 공격할 수 있는 충분한 양의 미사일과 핵탄두를 보유하고 있으므로 여전히 미국에게 잠재적 위협이 되지만, 러시아의 상대적인 쇠퇴는 핵 보유국의 지위를 더 포기하기 어렵게 만들었다. 러시아는 방대한 영토, 교육 수준이 높은 국민, 뛰어난 과학자들과 엔지니어들, 풍부한 천연자원을 보유하고 있다. 하지만 러시아가 제2차 세계대전 이후에 소련이 40년 동안 미국과 권력 균형을 이루었던 것과 같은 수준의 자원을 다시 보유하게 될 가능성은 크지 않을 듯하다.

인도

인도는 종종 미래의 강대국으로 언급되고는 하는데, 12억의 인구는 미국보다 4배 많으며 2025년에는 중국마저 추월할 가능성이 있다. 일부 인도인들은 21세기 중반에 미국, 중국, 인도의 삼극화 세계가 이루어질 것이라고 예상한다.[62] 한 경제학자는 '현재의 추세를 근거로 예상하면 인도는 향후 25년 안에 국민 소득에서 미국과 중국에 이어 세계 3위에 이르게 될 것'이라고 주장한다.[63]

인도는 수십 년 동안 매년 간신히 1퍼센트를 넘는 소위 '힌두식 경제 성장'에 시달렸다. 인도는 1947년에 독립국가가 된 이후 중공업에 주력하는 내부지향적 정책을 고수했다. 그러나 경제 성장률은 힌두 문화보다 영국식 파비안 사회주의 계획 경제의 영향이 더 큰 것으로 드러났다. 이런 형태는 1990년대 초반에 시장 지향적 개혁이 이루어진 후에 변화되었고, 성장률은 전반적으로 7퍼센트까지 상승하면서 향후 두 자릿수의 성장을 예고했다. 영국의 칼럼니스트 마틴 울프는 인도를 '조숙한 초강대국'으로 지칭하는데, 그것은 생활수준은 낮지만 엄청난 경제를 지닌 국가를 의미한다. 그는 인도 경제가 규모 면에서 10년 안에 영국을, 20년 안에 일본을 추월할 것이라고 생각한다.[64] 인도는 수억 명의 중산층이 부상하고 있으며, 약 5,000만 명에서 1억 명이 영어를 공용어로 사용하고 있다. 또한 우주 개발 프로그램도 적극적으로 추진하고 있다.

인도는 상당한 군사적 권력 자원을 보유하고 있다. 약 60~70기로 추산되는 핵무기, 다량의 중거리 미사일, 130만의 병력을 유지하고, 우주 개발 프로그램을 진행하며, 세계 군비의 2퍼센트에 해당하는 거의 300억 달러에 이르는 연간 군비를 지출한다. 소프트 파워의 측면에서 인도는 민주주의를 확립했고, 초국가적 영향력을 발휘하는 활기찬 대중 문화를 지녔다. 인도는 유력한 해외 교포들이 많고, 인도의 영화산업 볼리우드는 아시아 일부와 중동에서 할리우드를 제치면서 매년 제작되는 영화 편수로 세계 최대의 규모를 자랑한다.[65]

한편 인도는 문맹과 가난에 벗어나지 못하는 국민들이 수억 명에 달하는 저개발 국가이기도 하다. "인도는 11억에 달하는 인구의 약 3분의 1이 극심한 가난에 시달리고 있는데, 전 세계 빈곤층의 약 3분의 1이 인도에 거주하고 있다."[66] 인도의 GDP 3조 3,000억 달러는 중국과 비교하면 간신히 33퍼센트를 넘고, 미국과 비교하면 고작 20퍼센트에 불과하다. 인도의 1인당 국민 소득 2,900달러(구매력평가지수에서)는 중국의 50퍼센트에 불과하고, 미국의 7퍼센트에도 미치지 못한다. 더욱 충격적인 사실은 중국 인구의 91퍼센트가 교육을 받고 43퍼센트가 도시에 거주하는 데 반해, 인도의 수치는 각각 41퍼센트와 29퍼센트에 불과하다는 것이다. 인도는 매년 '미국보다 약 2배 많은 엔지니어와 전산 전문가를 배출하지만……고작 4.2퍼센트만이 소프트웨어 제조 회사에서 실무를 수행할 수 있는 인력이며, 겨우 17.8퍼센트만이 그나마 6개월의 연수 과정을 거쳐야 IT 서비스 기업에 근무할 수 있는 수준이다.'[67] 이런 상황의 전조는 인도의 대학들과 세계의 다른 대학들과의 비교에서 나타난다.

"고등 교육 컨설팅 회사 QS가 조사한 2009년 아시아 대학 순위에서 인도의 최고 대학은 IIT 봄베이로 30위였고, 중국과 홍콩의 10개 대학이 그보다 높은 순위를 기록했다."[68] 인도의 첨단 제품 수출은 총 수출에서 고작 5퍼센트에 불과하며, 중국의 30퍼센트와 비교하면 현저히 뒤떨어진다.

인도는 금세기 중반 안에 세계 무대에서 미국의 도전자로 나설 만큼 권력 자원을 개발할 가능성이 낮지만, 중국-인도 연합의 규모를 증대할 수 있는 상당한 자산을 보유하고 있다. 이 두 국가의 급속한 성장과 무역의 증가로 인해 일부 논평가들은 양국의 결합을 지칭하는 '친디아Chindia'라는 용어를 사용하기 시작했지만, 아직까지 양국은 엄청난 차이가 존재한다.[69] 이런 연합이 강력한 반미 동맹으로 발전할 가능성은 크지 않다. 중국-러시아의 관계에서 의혹이 끊이지 않는 것처럼 중국과 인도 간에도 비슷한 경쟁이 이루어진다. 비록 1993년과 1996년에 양국이 지난 1962년에 전쟁까지 치닫게 했던 국경 분쟁의 평화적 해결을 약속하는 협정에 서명했지만, 1998년 3월에 핵 실험을 목전에 두고 인도의 국방장관이 중국을 '최대의 잠재적 적국'으로 지목했던 것과 2009년에 국경 분쟁이 재차 논란을 일으켰던 것은 주목할 만한 대목이다. 인도의 행정관들은 공개적으로 중국과의 관계에 한층 신중해졌지만, 여전히 내부적으로는 몹시 불안해한다.[70] 인도는 중국과 동맹을 맺기보다 중국과 균형을 이루려는 아시아 국가들의 집단에 동참할 가능성이 크다.

브라질

이따금 브라질인들은 농담 삼아 "우리 조국은 위대한 미래를 맞이할 것이다. 언제나 그럴 것이다!"라고 말하곤 했다.[71] 전임 대통령 이그나시오 룰라 다 실바는 "브라질은 항상 이류 국가처럼 행동했다. 우리는 스스로 항상 미래가 촉망되는 국가라고 말했지만, 결코 그런 자질을 제대로 구현하지 못했다"고 말했다.[72] 1825년에 포르투갈로부터 독립을 쟁취한 후 브라질의 실제 수입은 19세기 내내 증가하지 않았다. 20세기 중반에 시작된 성장은 반폐쇄 경제에 해외 부채로 자금이 충당된 것이었고, 이런 경제는 1970년대 석유 파동 기간에 붕괴되고 말았다. 한 해에 700퍼센트 이상 치솟기도 했던 지독한 인플레이션이 1990년대 초반까지 20년 동안 이어졌다. 1994년에 브라질은 새로운 변동 환율제를 도입했고, 인플레이션에 집중하라고 중앙은행에 지시했으며, 정부의 재정을 안정시켰다.

브라질의 미래는 더 이상 농담으로 치부되지 않는다. 처음 BRIC 국가들이라는 신조어가 등장했을 때 일부 논평가들은 "성장률이 얇은 수영복처럼 빈약하고, 모든 금융 위기에 취약하며, 만성적인 정치 불안에 시달리고, 축구와 카니발의 명성만큼 확실한 잠재력을 허비하는 무한한 능력으로 유명한 국가는 새로이 부상하는 이 거인들과 어울리지 않는 것 같다"고 반박했다. 〈이코노미스트〉는 세부적으로 묘사했다. '현재 브라질은 일부 분야에서 다른 BRIC 국가들보다 우위에 있다. 브라질은 중국과 달리 민주주의를 시행한다.

또한 인도와 달리 폭도들도 없고, 인종 충돌과 종교 분쟁도 일어나지 않으며, 적대적인 주변국들도 없다. 그리고 러시아와 달리 석유와 무기에 수출이 편중되지 않고 해외 투자자들을 존중하는 태도로 대한다.' 브라질은 강력한 정치 제도를 수립했고 해외 투자를 유치하고 있다. 비록 부정부패가 많고 대부분 처벌되지 않지만, 활기차고 자유로운 언론은 왕성하게 비리를 파헤친다.[73]

브라질은 1990년대에 인플레이션을 억제하고 시장 개혁을 단행한 후 2000년대에 들어 5퍼센트 정도의 인상적인 경제 성장률을 보이면서 일부 분석가들에게 향후 그 수치가 증가할지도 모른다는 믿음을 주기도 했다.[74] 인도보다 거의 3배나 넓은 영토, 2억의 인구 중 90퍼센트에 달하는 교육률, 러시아와 비슷한 2조 달러의 GDP, 인도보다 3배 많고 중국보다 거의 2배나 많은 1만 달러의 1인당 국민 소득을 자랑하는 브라질은 상당한 권력 자원을 보유하고 있다. 2007년에 인근 해안에서 발견된 엄청난 규모의 유전은 브라질에 에너지 분야에까지 막강한 권력을 보장했다. 브라질은 아주 소규모의 군대를 유지하며, 다른 BRIC 국가들과 달리 핵무기를 보유하지 못했다. 하지만 남미 대륙에서 가장 큰 국가이고, 주변에 대등한 경쟁국들도 없다. 소프트 파워에서 카니발과 축구로 대표되는 브라질의 대중 문화는 초국가적 매력을 지니며, 정부는 라틴아메리카와 다른 지역들에까지 긍정적인 이미지를 투사하기 위한 외교 정책을 채택하고 있다.

그러나 브라질도 심각한 문제들을 떠안고 있다. 기반 시설이 부족하고 법 제도는 과부하에 허덕이며 살인율이 매우 높고 부정부패가 심하다. 국제투명성기구의 부패인식지수에서 브라질은 180개국 중 75위에 위치한다(중국은 79위, 인도는 84위, 러시아는 146위다). 경제적 경쟁력에서 세계경제포럼은 브라질을 133개국 중 56위로 선정한다(중국은 27위, 인도는 49위, 러시아는 63위다). 브라질은 연구 개발에 지출하는 비용이 OECD 평균에도 못 미치는 수준인데, 한국은 인구가 브라질의 25퍼센트에 불과하지만 약 30배나 많은 특허를 등록하고 있다. 브라질은 생산성의 성장이 더디며 비록 일부 성공한 다국적 기업들의 본산지지만, 한 경영자가 말한 것처럼 "브라질에는 하버드나 구글이 들어서지 못할 것이다."[75] 일부 브라질인들은 저축을 증대하고 교육에 더 많은 투자를 하지 않으면 생산성 증가율을 높이지 못할 것이라고 믿는다.[76]

가난과 불평등은 브라질에서 매우 심각한 문제다. 브라질의 지니계수Gini coefficient index는 0.55로, 미국의 0.45, 중국의 0.42, 인도의 0.37, 러시아의 0.42와 비교된다. 최근에 브라질은 가난과 불평등을 줄이기 위한 많은 조치를 취했다. 그 결과 2003년과 2008년 사이에 극도의 빈곤층은 50퍼센트 감소했고, 불평등은 5.5퍼센트 축소되었다.[77] 2003년에 브라질 전체 인구의 28퍼센트였던 빈민층은 2008년에 16퍼센트까지 감소했다.[78]

외교 정책 목표의 관점에서 브라질은 이제 겨우 그 중요성을 깨닫기 시작하면서 이란과 베네수엘라 같은 국가들에 대한 자국의 정책을 변경하도록 요청하는 미국에 반발하고 있다.[79] 그러나 브라질은 2003년에 설정한 세 가지 외교 정책(유엔 안전보장위원회 상임이사국, WTO 도하라운드의 세계무역 협정, 강력한 남미 블록의 구축)에 대해서는 뚜렷한 진전을 이루지 못하고 있다.[80] 2010년에 중국의 인위적인 고정환율이 브라질에 문제를 유발하기 시작했을 때 '불행히도 브라질은 중국에 논쟁을 벌일 수 있는 처지가 아니었다. 브라질의 외교관들은 부상하는 BRIC 국가들 간의 연대를 존중했다……심지어 그 연대가 브라질의 BRIC 국가로서 위상이 전제되는 성장을 위협할 수 있을 경우라도 마찬가지였다.'[81] 브라질은 뒤늦게 중국에게 평가절상을 해주는 것이 좋을 듯하다고 요청했다. 이것은 비록 새로운 브라질이 과거에 비해 미국의 외교를 복잡한 양상에 빠뜨릴 수 있을지라도 금세기 안에 미국의 대등한 경쟁국으로 나설 가능성이 적다는 것을 나타내는 사례이기도 하다. 그 역할은 중국에 돌아갈 것이다.

중국

중국은 BRIC 국가들 중에서도 가장 큰 거인으로, 인구와 경제에서 다른 3국을 모두 합한 것과 같은 규모를 지니고 있다. 더욱이 중국은 4개국 중에서 가장 큰 규모의 군대, 가장 많은 군비 예산, 가장 높은 경제 성장률, 가장 많은 인터넷 사용자를 자랑한다. 비록 1

인당 국민 소득과 인터넷 및 무선전화 보급률에서 러시아와 브라질에 뒤떨어지지만, 이 수치는 최근의 높은 성장률을 유지한다면 뒤바뀔 수 있다. 매년 7퍼센트 이상의 성장을 기록한 모든 분야들에서 중국 경제는 10년 안에 2배로 증가한 수치를 나타낼 것이다. 중국은 2008년 경제 위기에서 빠르게 회복했고, 앞서 언급했던 것처럼 골드만삭스는 2027년에 중국 경제의 총 규모가 미국을 추월할 것으로 전망한다. 노벨상을 수상한 한 경제학자는 조금 더 먼 장래를 예상하면서 2040년에 중국이 세계 GDP의 40퍼센트를 차지할 것이라고 추정한다.[82]

중국은 울프가 지정한 또 다른 조숙한 초강대국이기도 하다. 현재 중국의 권력에 대한 평판은 미래를 예상한 전망의 덕을 톡톡히 보고 있다. 한 통계조사에서 참여자의 44퍼센트가 이미 중국이 세계 최대의 경제를 갖추었다고 착각했는데, 정확히 미국(중국 경제보다 규모가 3배 크다)을 선택한 참여자는 27퍼센트였다.[83] 무려 10년 이상 많은 사람들이 중국이 미국의 권력과 균형을 이루거나 추월할 가장 유력한 도전자라고 여겨왔다.[84] 심지어 최근에 한 책은 《중국이 세계를 지배할 때: 서구 세계의 종말과 새로운 세계 질서의 탄생 *When China Rules the World: The End of the Western World and the Birth of a New Global Order*》이라는 제목으로 출간되기까지 했다.[85] 과거 1990년대에 실시되었던 여론조사들에서도 미국 대중의 50퍼센트가 중국이 21세기에 미국의 세계 권력 지위에 가장 큰 위협이 될 것이라고 생

각한다는 결과가 나타났다(일본은 8퍼센트, 러시아와 유럽은 각각 6퍼센트에 그쳤다).[86]

비록 중국의 권력에 대한 대부분의 전망이 급속한 GDP 성장률에 근거하고 있지만, 중국은 다른 중요한 권력 자원들도 보유하고 있다. 기본 자원의 측면에서 중국의 영토는 미국과 거의 대등하며, 인구는 미국보다 4배나 많다. 중국은 세계 최대의 군대를 보유하고 있고, 약 200기의 핵무기와 우주 및 사이버 영역에서 현대적 기술을 갖추고 있다(세계 최대의 인터넷 사용자 수를 포함한다). 소프트 파워 자원에서 중국은 아직까지 할리우드나 볼리우드와 경쟁할 수 있는 문화산업을 갖추지 못했고, 중국의 대학들은 미국의 대학들에 뒤떨어지며, 미국에 비해 NGO들(미국 소프트 파워의 대부분을 창출했다)이 턱없이 부족하다. 그러나 중국은 소프트 파워를 증대하기 위해 엄청난 노력을 기울이고 있다. 오랜 세월 동안 매력적인 전통 문화를 이어온 중국은 자국의 언어와 문화를 가르치기 위해 전 세계에 수백 곳의 공자 학원을 설립했다. 중국은 여러 가지 불안을 완화하고 다른 국가들이 신흥 강국으로 부상하는 자국과 균형을 맞추려 연합할 가능성을 줄이기 위해 더 많은 다변적 협약을 활용하는 방향으로 외교 방식을 조정했다.

중국은 엄청난 권력 자원을 보유하고 있지만 현재의 성장률과 정치적 화술에 근거한 전망에 대해서는 의문을 가져야 한다. 중국과 미국 모두에서 상대국에 대한 인식은 국내의 정치 분쟁에 의해 크게 영향을 받으며, 양국의 사람들 중에는 서로를 적국으로 간주하려는 부류도 있다. 심지어 이런 왜곡이 없더라도 양국의 군대는 모든 우발적 상황에 대한 대비를 하지 않으면 국민들에게 직무에 태만하다는 인식을 심어주게 될 것이다. 앞서 언급했던 역사적 비유를 재차 살펴보면, 1900년에 이르러 독일은 산업 권력에서 영국을 추월했고 황제는 다른 강대국들과 충돌을 일으키게 될 모험적이고 세계 지향적인 외교 정책을 추구했다. 그러나 중국은 아직 경제적으로 미국에 훨씬 뒤떨어져 있고, 주로 국내 지역과 경제 개발을 위한 정책에 집중하고 있다. 중국의 '시장-레닌주의' 모델(소위 베이징 컨센서스)은 독재국가들에게 소프트 파워를 제공하지만, 많은 민주국가들에서는 역효과를 일으킨다.[87] 그럼에도 중국의 부상은 투키디데스의 경고를 떠올리게 하는데, 불가피한 충돌에 대한 믿음은 그 충돌의 주요한 원인이 될 수도 있다는 것이다.[88] 양측이 결국 서로 전쟁을 하게 될 것이라고 믿으면 엄청난 군사적 준비를 하게 되고, 그로 인해 양측은 모두 최악의 상황을 확신한다고 여기게 된다.

사실 중국의 부상은 잘못된 표현이다. 규모와 역사에서 과거의 왕조들이 오랜 세월 동아시아의 강대국으로 군림했기 때문에 재부상이 보다 정확한 표현일 것이다. 기술과 경제의 관점에서 중국은 500년부터 1500년까지 세계를 주도하던 강대국이었다. 단지 지난 500년 동안 산업혁명에 힘입은 유럽과 미국에 처음으로 추월당했을 뿐이었다. 1980대 초반에 이루어진 덩샤오핑의 시장개혁 이후에

8~9퍼센트를 유지하던 중국의 높은 연간 성장률은 20세기의 마지막 20년 동안 GNP의 3배 증가라는 놀라운 결과로 이어졌고, 이런 실제적인 경제 실적은 공자 문화와 더불어 중국의 소프트 파워를 강화했다.

중국은 권력 자원에서 미국과 대등해지려면 오랜 시간이 필요하며 여전히 많은 장애물들이 발전을 가로막고 있다. 21세기의 시작점에서 미국 경제는 구매력평가지수로 중국의 약 2배에 달하는 규모였고, 공식 환율에서 3배 이상 큰 규모를 나타냈다. 하지만 이런 비교와 전망은 다소 자의적인 측면이 있다. 예를 들면, 구매력평가지수는 서로 다른 사회의 복지수준을 동일하게 측정하기 위해 경제학자들이 고안해낸 추정치다. 몇 해 전에 세계은행의 경제학자들이 방식을 수정하자 구매력평가지수에 따른 중국의 GDP는 마우스 클릭 한 번에 40퍼센트까지 떨어졌다.[89] 한편 현재의 환율(미국이 중국에 훨씬 앞선다)에 따른 비교는 환율 가치의 변동에 의존하는데, 중국은 수출을 촉진하기 위해 인위적으로 낮은 환율을 활용하고 있다. 그럼에도 환율 비교는 종종 권력 자원의 평가에서 더 정확한 근거가 되기도 한다. 음식이나 미용, 혹은 주택의 가격은 구매력평가지수를 통해 최적화된 비교가 이루어지지만, 수입산 석유나 최첨단 전투기의 가격은 구입 대금에 적용되는 환율을 통해 더 정확히 평가되기 때문이다.

비록 중국이 2030년경에 총 GDP에서 미국을 추월한다고 해도,

양국의 경제는 규모 면에서 대등할지 몰라도 구성 면에서는 대등해지지 않을 것이다. 중국은 여전히 저개발된 지역들이 허다할 것이며, 20세기에 실행한 1가구 1자녀 정책의 지발 효과delayed effect로 인구 문제에 직면하게 될 것이다.[90] 중국 노동 시장의 신규 인력은 2011년에 감소하기 시작하고, 중국의 노동력은 2016년에 정점에 도달할 것이다. 더욱이 지방이 개발되면 성장률이 더뎌지는 성향이 나타난다. 만약 우리가 2030년 이후에 중국이 6퍼센트, 미국이 고작 2퍼센트의 성장을 지속한다고 가정해도, 중국은 21세기 후반의 한 시점까지(비교 수단에 따라 차이가 난다) 1인당 국민 소득에서 미국과 대등해지지 못할 것이다.[91]

1인당 국민 소득은 경제의 다변화를 위한 수단을 부여한다. 달리 말해, 중국은 엄청난 규모의 인구에 놀라운 성장률이 결합되어 향후 어느 시점에서 총 규모로 미국 경제를 추월하게 될 것이다. 이미 중국은 이런 식으로 상당한 권력 자원을 얻었지만, 그것은 미국과 대등한 수준이 아니다. 또한 미국이 그 기간에도 계속 정체할 가능성은 없기 때문에 중국이 지난 세기 초반에 독일 황제가 영국을 추월했을 때 그랬던 것처럼 미국의 우위에 도전하기에는 한참 부족한 상황이다. 비록 난해한 패권 전이 이론이 이보다 더 구체적일지라도, 이 시점에서 불안을 조장하는 임박한 전쟁에 대한 예상을 합리화하지는 못한다.[92]

더욱이 경제 성장의 추세에 대한 1차원적 전망은 자칫 오류를 유발할 수도 있다. 국가들은 경제 성장의 초기에 해외에서 도입한 기술에 의존할 때면 손쉬운 결과를 추구하는 성향을 보이며, 성장률은 대체로 경제가 더 높은 수준으로 발전하는 동안 더디게 증가한다. 1인당 국민 소득이 1만 달러를 넘어서면 성장률은 둔해지게 된다. 게다가 중국 경제는 비효율적인 국영 기업들, 증폭되는 불평등, 대규모의 국내 이주, 부적절한 사회 안전망, 부정부패, 정치 불안을 심화할 수 있는 제도 같은 심각한 장애물들에 직면해 있다. 중국의 북부와 동부는 남부와 서부에 비해 빠른 속도로 개발되었다. 중국의 32개성 중 고작 10개성만이 1인당 국민 소득에서 전국 평균치를 상회하고, 티베트와 신장성 같은 소수 민족의 비율이 높은 지방들은 저개발 지역에 속해 있다. 또 개발도상국들 중에 거의 유일하게 중국만이 급속한 노령화가 진행되고 있다. 2030년에 중국은 '어린이들보다 피부양 고령자들이 많아질 것'으로 전망되며, 중국의 일부 인구통계학자들은 '부자가 되기 전에 늙는 것'에 대해 우려한다.[93]

2000년대에 중국은 세계 9위의 수출국에서 세계 최대의 수출국으로 도약했지만, 중국의 수출 위주의 개발 모델은 2008년 금융 위기 이후에 세계무역과 재정 균형이 더욱 심각한 쟁점이 되었기 때문에 아마도 수정이 불가피할 것이다. 세계은행의 로버트 졸릭 총재는 중국의 수출 위주의 성장 모델은 8퍼센트의 성장을 지속하려면 2020년에 중국의 수출 점유율이 2배가 되어야 하기 때문에 시간이 흐를수록 유지하기 어렵다고 주장한다. 저축 감소와 소비 증가가 확실한 해답이지만 그리 쉽지만은 않을 것이다. 그 이유는 고령 인구로 인해 가계 저축이 높은 수준으로 유지될지도 모르고, 높은 기업 저축에는 일부 분야에서의 특별한 이익과 제한된 경쟁이 수반되기 때문이다.[94]

비록 중국이 정부의 통제를 받는 많은 금융 제도를 정리하고 상업적 기강과 투명성을 실행하기 전까지 규모에 근거한 순위는 오류를 유발할 소지가 다분하지만, 2010년에 중국은 세계 2대 은행과 10대 은행 중 네 곳의 본거지였다.[95] 일부 경제학자들은 중국이 고통스러운 금융 침체를 겪을 수 있지만 붕괴가 일어나지는 않을 것이라고 생각한다. "중국의 성장은 확실히 더뎌지겠지만 중국은 다른 국가들보다 빠른 성장을 지속할 것이다."[96] 앞서 3장에서 살펴보았던 것처럼 비록 중국이 엄청난 외환 보유고를 유지하고 있지만, 자국의 통화를 해외에 차관으로 제공해서 재무 레버리지•를 증대하기는 어려울 것이다. "중국이 정부가 아닌 시장에 의해 수익률이 결정되는 성숙하고 개방된 채권 시장을 갖기 전까지는 위안화 자산의 투자자들은 지극히 제한될 수밖에 없을 것이다."[97]

이제까지 중국의 독재주의 정치 체제는 특정한 목표들에 대해 인상적인 권력 전환 능력을 보여주었다. 예를 들면, 올림픽을 성공적으로 개최했고, 고속철도 프로젝트도 완성했으며, 경제를 촉진해서

• 부채를 보유함으로써 금융 비용을 부담하는 것 – 옮긴이

세계적 금융 위기에서 빠르게 회복하기까지 했다. 중국이 이런 능력을 장기적으로 유지할 수 있을지의 여부는 외부인들과 중국의 지도자들 모두에게 미스터리로 다가온다. 민주 헌법으로 탄생한 인도와 달리 아직까지 중국은 1인당 국민 소득의 증가에 수반되는 사회 현상인 정치 참여에 대한 요구를 해결할 방안을 찾지 못했다. 공산주의 이념은 오래전에 사라졌고, 집권당의 당위성은 경제 성장과 한족 중심주의에 의존한다. 한 전문가는 중국의 정치 체제가 당위성이 부족하고, 극심한 부정부패에 시달리며, 자기 개선을 위한 뚜렷한 비전도 없고, 경제가 흔들리면 혼란에 빠지기 쉽다고 지적한다. "경제적 성공과 증대된 국방력에도 불구하고 중국의 국제적 영향력은 효과적인 정치 체제를 갖추지 못하면 제한적인 수준에 머무를 것이다."[98] 또 다른 전문가는 경제적 변화가 정치적 변화를 이끌어낼 것이며, 2020년에 1인당 국민 소득이 7,500달러(구매력평가지수에서)에 이르게 되면 중국은 프리덤 하우스•에서 '부분적 자유국가'로 분류하는 싱가포르 같은 국가들의 대열에 합류하게 될 것이라고 믿는다.[99] 싱가포르의 고위 지도자 리콴유는 해외에서 유학한 젊은 세대가 권력으로 부상하는 10년 내지 15년 안에 정치적 변화가 찾아올지도 모른다고 믿는다. "그들은 체제의 문제를 이해하고 있고

• 워싱턴 D. C.에 위치한 비정부기구로, 민주주의, 정치적 자유, 인권을 위한 활동을 펼친다 – 옮긴이

중국의 이익을 위해 굳게 단결하면서 변화에 대한 폭넓은 시야를 갖출 것이다."[100] 중국이 점차 확대되는 도시 중산층, 지역적 불평등, 소수 인종의 분노에 대한 처리 방안을 마련할 수 있을지 여부는 시간을 두고 지켜보아야 할 문제로 남아 있다. 기본적인 사실은 중국인들을 포함해 그 누구도 중국의 정치적 미래가 어떤 식으로 전개될지, 또 그것이 경제 성장에 어떤 영향을 미칠지 알지 못한다는 것이다.[101]

사이버 정치는 또 다른 문제를 제기한다. 앞서 5장에서 살펴보았던 것처럼 중국은 4억 명이 넘는 세계 최대의 인터넷 인구를 보유하고 있을 뿐만 아니라, 정부의 통제와 감시가 이루어지는 고도로 발전된 시스템도 구축하고 있다. 많은 인터넷 사용자들은 극도로 민족주의적이며, 소수의 자유주의적 견해가 감시되고 반체제적 견해는 처벌까지 당한다. 그럼에도 일부 정보의 누출은 피할 수 없다. 규제가 경제 성장을 저해할 수 있는 시기에 엄청나게 증가하는 정보의 흐름을 통제하는 것은 중국의 지도자들에게 심각한 딜레마를 제기한다. 실제로 일부 논평가들은 중국의 부상보다 중국의 붕괴로 인해 야기되는 불안을 우려한다. 중국 전문가 수전 셔크의 말에 의하면, "가장 큰 위험을 유발하는 것은 중국의 증대되는 위력이 아니라 중국의 내부적 허술함이다. 공산당의 미약한 당위성과 지도자들의 불안감은 위기에서 중국의 무분별한 행동을 촉발할 수 있다."[102] 또 1999년에 미국의 대통령 빌 클린턴이 언급했던 것처럼, 대부분의 사람들이 강성한 중국의 도전에 대해 걱정하지만 "우리는 내부 갈등, 사회 혼란, 범죄 활동으로 인해 아시아의 방대한 불안지대로 전락할 수도 있는 취약한 중국의 위험을 잊지 말아야 한다."[103] 이주의 물결, 세계 기후의 환경적 영향, 내부 갈등을 통제할 수 없는 중국은 심각한 문제를 야기한다. 이따금 정치는 경제적 전망을 혼란에 빠뜨리는 요소가 된다.

중국 경제가 성장을 지속하면 중국의 군사적 권력이 증대될 가능성이 크고 그만큼 중국은 주변국들에게 더 위험한 존재로 부각된다. 중국의 군비에 관한 공식 보고서들은 미국의 국방 예산에 비해 목록이 부실하지만 예산 구성과 관계없이 1989년부터 2008년까지 중국의 국방 예산은 매년 두 자릿수로 증가했다. 1991년의 걸프전, 1995년과 1996년에 걸친 대만과의 대치, 1999년의 코소보 사태는 중국의 지도자들에게 현대적 군사력에서 중국이 한참 뒤떨어졌다는 것을 보여주었고, 결국 그들은 1990년대 전반에 걸쳐 군비 예산을 거의 2배까지 확충했다. 중국은 러시아에서 군사 기술을 도입했고, 미국의 화력에 필적하는 일부 무기 시스템을 자체적으로 생산했다. 2010년에 펜타곤의 한 보고서는 중국의 총 군비가 1,500억 달러(미국은 7,190억 달러)로 GDP의 약 2퍼센트(미국은 GDP의 4퍼센트)에 이른다고 추정했다.[104] 랜드 연구소의 한 검토서는 2025년에 중국의 군비는 1,850억 달러(2001년 환율) 이상이 될 것이라고 전망하는데, 그 수치는 현재 미국 국방 예산의 약 25퍼센트에 해당된다.[105]

비록 우월한 세계적 무력 투사 능력을 갖추지는 못했지만, 중국은 다수의 장거리미사일과 증편된 잠수함 함대로 자국의 근해에서 미국의 해군 작전을 교란할 수 있으며, 이것은 새롭게 남중국해의 통제권에서 '핵심 이익'을 주장한 중국의 태도에 대한 의혹을 일으켰다. 중국 전문가 케네스 리버설의 말에 의하면, "중국에 대한 전반적인 인상은 현실에 얽매인 미국과의 권력 격차가 좁혀지고 있다는 느낌이다. 그럼에도 중국은 다소 국가적으로 과장된 측면도 있다."[106] 더불어 중국은 항공모함을 갖춘 대양 해군의 개발이라는 복잡한 과정을 겨우 시작하는 단계일 뿐이다.[107]

그러나 중국의 증대되는 군사력은 아시아 동맹국들의 안전을 보장하는 미국의 모든 군사적 역할에 더 많은 자원이 필요하게 된다는 것을 의미한다. 게다가 앞서 2장과 5장에서 살펴보았던 것처럼 중국은 사이버 공간에서의 비대칭적 충돌과 관련된 역량을 개발하기 위해 엄청난 노력을 기울이고 있다.

덩샤오핑은 1974년 유엔총회에서 "중국은 초강대국이 아니며 초강대국이 되려고 하지도 않을 것이다"라고 말했다.[108] 고도의 경제성장이 국내 정치의 안정에 핵심이라는 것을 깨달은 현세대의 중국 지도자들은 경제 발전과 중국의 성장을 저해하지 않을 소위 '조화로운' 국제 환경에 초점을 맞추고 있다. 하지만 세대는 변하기 마련이고, 권력은 종종 오만을 낳으며, 식욕은 더러 먹을수록 왕성해진다. 마틴 자크는 "한 시대에 부상하는 강대국들은 광범위한 정치적, 문화적, 군사적 목적을 위해 새로이 축적한 경제력을 활용한다. 그것이 바로 패권 국가가 진화하는 방식이며, 중국은 틀림없이 패권 국가가 될 것이다"라고 말했다.[109] 전통적으로 중국은 자국을 동아시아 조공 체제의 중심국, 혹은 '중화제국'으로 여겼으며, 다시금 이런 질서를 조성하려고 할 것이다.[110] 존 아이켄베리 같은 사람들은 현재의 국제 질서는 중국이 주도하는 질서로 대체되지 않고 중국을 흡수할 만한 개방성, 경제 통합, 역량을 갖추고 있다고 주장한다.[111] 이제까지 중국의 지도자들은 패권국이든 '책임 있는 이해관계국'이든 세계적으로 중요한 역할을 맡기에는 너무 하찮은 행동만을 해왔다. 그들은 여전히 무임 승차자처럼 행동하고 있지만 '처음으로 자신들이 통제를 가하는 제국이 되기보다 자신들이 통제를 당하는 세계에 의지하려는 모습을 보인다.'[112]

앞서 살펴보았던 것처럼 일부 회의론자들은 중국이 '단기적으로 미국을 대신해 아시아의 주도국으로 나서고 장기적으로 세계의 주도국을 노리며 미국의 지위에 도전할 것이라고 주장했다.'[113] 비록 이 견해가 중국의 의도를 정확히 파악한 것일지라도 중국이 그럴 만한 군사력을 갖출 수 있을지는 의심스럽다. 더욱이 중국의 지도자들은 자체적인 경제 성장 목표와 외부의 시장 및 자원의 필요성으로 인해 야기되는 제약뿐만 아니라 다른 국가들의 반응에도 대처해야 할 것이다. 중국 군대의 지나치게 공격적인 태도는 자칫 주변국들의 반동맹을 유도해서 하드 파워와 소프트 파워를 모두 저하시킬 위험이 있다. 예를 들면, 2010년에 중국이 베트남 동부해안에서 250마일 떨어진 서사군도의 소유권을 강력히 주장하자, 베트남은 그 주장에 반발하며 막후에서 압력을 행사해 다른 국가들을 협상에 끌어들여 결국 중국이 본래의 의도와 달리 다국적 환경에서 각 국가들과 일대일 협상을 진행할 수밖에 없도록 만들었다.[114] 더욱이 16개국을 대상으로 실시한 퓨 리서치 센터의 조사에서 응답자들은 중국의 경제적 부상에 대해 긍정적인 태도를 보였지만, 군사적 부상에 대해서는 그렇지 않았다. "중국이 대체로 경제적 행위자로 인식되는 경우에 응답자는 중국의 부상과 친미적 성향을 모두 인정할 것이다. 반면 중국의 증대되는 군사력을 위주로 바라본다면, 그 응답자의 친미적 정서는 종종 중국의 부상에 대한 반감을 의미하게 된다."[115]

중국이 세계 무대에서 미국과 대등한 경쟁국이 될 가능성이 적다는 것이 아시아에서 중국이 미국에 도전할 수 없다는 의미는 아니지만, 앞서 언급했던 것처럼 아시아에서 중국 권력의 부상은 인도와 일본을 비롯한 여러 국가들에 견제를 받게 되고, 그런 상황은 미국에 상당한 권력의 우위를 가져다준다.[116] 1996년에 클린턴과 하시모토가 탈냉전 시대에 동아시아의 안정을 위한 기반으로 선포했던 미국-일본의 동맹은 이후에 부시 행정부에서 추진했던 미국-인도의 관계 개선과 마찬가지로 중국의 야망을 가로막는 중요한 장애물이다. 이것은 동아시아 강대국들 간의 외교에서 중국이 쉽게 미국을 배제할 수 없음을 의미한다. 이런 유리한 입장에서 미국, 일본, 인도, 호주를 비롯한 여러 국가들은 중국과 교섭하며 책임 있는 역할을 수행하도록 독려하는 동시에, 중국의 권력이 성장하면서 공격적인 태도를 나타낼 가능성을 예방할 수 있다.

미국의 권력: 국내적 쇠퇴

일부 전문가들은 권력 행사의 대가로 결국 모든 제국이 과도한 부담에 시달렸고 미국의 제국주의적 과대 확장 때문에 장차 권력 전이가 일어날 것이라고 주장한다.[117] 이제까지 상황은 이 이론에 크게 부합하지는 않는데, 외부적 부담이 시간이 흘러도 증가하지 않았기 때문이다. 오히려 지난 수십 년 동안 미국은 GNP에서 국방비와 외교비의 비율이 감소했다. 그럼에도 미국은 상대적 권력의 측면에서 제국주의적 과대 확장이 아닌 국내적 역량 감소로 인해 쇠퇴할 가능성이 있다. 역사가들이 지적하는 것처럼 로마는 내부에서 부패했다. 사람들은 문화와 제도에 대한 신뢰를 잃었고, 상류층은 권력 다툼을 벌였으며, 부정부패가 증가했고, 경제는 적절한 성장을 이어가지 못했다.[118]

미국이 내부적 문화 갈등, 제도의 붕괴, 경제적 침체로 인해 세계적인 영향력을 상실할 수도 있을까? 가령 미국의 사회와 제도가 붕괴되는 듯한 인상을 준다면 미국은 다른 국가들에 호감을 잃게 될 것이다. 만약 경제가 무너진다면 미국은 하드 파워와 소프트 파워를 모두 잃을지도 모른다. 또 엄청난 군사적, 경제적 자원과 소프트 파워 자원을 계속 보유할지라도 미국에 그 자원을 효과적인 영향력으로 전환하는 능력이 부족할 수도 있다. 결국 카드 게임에서 몇몇 사람들은 좋은 패를 쥐고도 패배한다.

사회와 문화

미국은 많은 사회 문제들을 지니고 있지만 지속적으로 악화되지는 않는 듯하다. 범죄, 이혼율, 10대 임신 같은 일부 문제들은 개선되고 있다. 동성 결혼과 낙태 같은 문제들에 대한 문화적 분쟁이 일어나지만 여론조사들에서는 전반적으로 용인하는 분위기가 강해지는 것으로 나타난다. 시민사회는 활기가 넘치고 교회 출석률은 42퍼센트에 달할 정도로 높다.[119] 그럼에도 여론조사들은 인식과 현실 간의 '낙관주의적 공백'을 보여준다. 여기에는 나쁜 뉴스의 주제와 일치하는 많은 스토리들을 강조하는 언론의 성향이 어느 정도 반영되어 있다. 국가적 차원의 추세에 대한 반응은 거의 모든 사람들이 직접 경험하지 못하는 매개된 현상이다. 이런 상태에서 대다수는 국가적 차원의 상황에 대해 걱정하면서도 여론조사관들에게 자신의 생활, 지역사회, 학교, 정치인들에 대해 괜찮다고 응답한다. 만약 모든 사람들이 언론을 통해 국가적 차원의 상황이 혼란스럽다는 것을 '접하고' 자신들에게 국가적 차원의 직접적인 경험이 없다는 것을 인식한다면 여론조사관들에게 국가적 상황에 대한 통념을 말할 것이다. 이런 식으로 발생하는 낙관주의적 공백은 쇠퇴를 입증할 수 있는 타당한 증거가 아니다. 과거에 이민, 노예 제도, 진화론, 금주 제도, 매카시즘, 인권을 둘러싼 문화적 분쟁은 현재 벌어지는 어떤 논쟁들보다도 진지하고 심각했다. 여론조사들을 보면 사람들은 종종 찬란한 영광을 과거의 덕이라고 생각하는 것으로 나타났다. 과거의 좋은 점들을 현재의 나쁜 점들과 비교해서 쇠퇴를 보여주기란 쉬운 일이다.

이런 문화적 판단은 두 가지 방식으로 미국의 국가 권력에 악영향을 미칠 수 있다. 첫째, 미국인들이 사회적, 문화적 문제들로 인한 내적 분쟁으로 분열되어 외교 정책에서 단합하는 능력을 상실하면 미국의 하드 파워는 감소하게 될 것이다. 이 문제는 1970년대에 베트남전을 둘러싼 극심한 분열의 후유증을 통해 드러난 듯했다. 하지만 이라크전에 대한 지지는 2003년에 72퍼센트에서 2008년에 36퍼센트로 크게 감소했어도 미국의 여론은 꾸준히 적극적인 외교를 지지했다.[120]

둘째, 미국의 사회적 환경 수준의 저하는 소프트 파워를 감소시킬 수 있다. 비록 일부 사회 문제들에 개선이 이루어지고 있을지라도 미국은 유아 사망률, 평균 수명, 빈곤 아동, 자살률에서 다른 부유한 국가들에 뒤떨어져 있다. 이런 비교는 미국의 소프트 파워에 악영향을 미칠 수도 있지만 오직 미국만이 논란을 유발하는 많은 문화적 변화를 겪고 있는 것은 아니다. 그 문제들이 공론화되면 비교가 그리 불쾌하지도 않고 소프트 파워를 크게 저해하지도 않을 것이다. 예를 들면, 1960년 이후에 서구 세계 전반에 걸쳐 권위에 대한 존중과 일부 행동 규범이 저하되었다. 하지만 개인의 책임에 관련된 미국 사회의 수준이 서구의 다른 선진 사회들보다 낮다는 징후는 거의 없으며, 자선 기부와 사회 봉사의 수준은 대체로 더 높은 편이다.[121]

이민

더 심각하게 우려되는 상황은 미국이 폐쇄적으로 변하면서 이주를 급격히 축소하는 경우다. 현재의 이주 수준을 감안하면 미국은 인구 통계학적 쇠퇴를 피하면서 세계 인구의 점유율을 유지할 수 있는 소수의 선진국에 속하지만, 이런 상황은 참혹한 테러 사건들의 후유증이나 대중의 외국인 기피증으로 인해 국경을 폐쇄하게 되면 순식간에 바뀔지도 모른다. 미국의 정체성과 국가적 가치에 미치는 이민의 영향에 대한 우려는 건국 초기부터 존재했다. 19세기의 부지당Know Nothing Party은 이민자들, 특히 아일랜드계 이주민을 거부하는 취지로 설립되었다. 아시아인들은 1882년부터 배제 대상으로 분류되었고, 1924년에 이민 제한법이 제정되면서 40년 동안 이민자들의 유입은 감소했다. 1910년에 미국은 해외 출생 거주민의 비율이 인구의 14.7퍼센트에 이르며 사상 최고치를 기록했다. 현재 그 수치는 11.7퍼센트에 머무르고 있다.[122]

비록 미국이 이민자들의 국가임에도 미국인들 중에는 이민에 공감하기보다 회의적인 사람들이 더 많다. 여러 여론조사들을 살펴보면 다수의 미국인들은 이민자들의 유입이 줄어들기를 바라는 것으로 나타난다.[123] 경기 침체는 이런 성향을 더욱 심화시켰는데, 미국인들 중 이민 축소를 지지하는 비율은 2008년에 39퍼센트에서 2009년에 50퍼센트로 늘어났다.[124] 신규 이민자들의 규모와 출신지는 이민이 미국 문화에 미치는 영향에 대한 우려를 불러일으켰다. 2000년의 인구조사 자료는 신규 이민자들의 물결을 타고 급증한 합법적, 불법적 히스패닉 인구가 기존의 흑인들을 대신해 미국 최대의 소수 인종이 되기 직전에 있음을 보여주었다.[125] 인구통계학자들은 2050년에 미국에서 비히스패닉계 백인들이 빈약한 다수 인종으로 전락할 것이라고 전망했다. 그 무렵에는 히스패닉인들이 25퍼센트, 흑인들이 14퍼센트, 아시아인들이 8퍼센트를 차지할 것이다.[126]

통신과 시장의 힘은 이민자들에게 영어를 습득하고 융화를 수용하는 데 강한 동기를 부여한다. 최근의 이민자들이 적어도 그들의 선조들만큼 빠르게 융화되고 있다는 것이 많은 징후를 통해 드러나고 있다. 1세기 전과 달리 오늘날 이민자들은 첨단 미디어를 통해 사전에 새로이 정착할 국가에 대해 더 많은 정보를 얻을 수 있다. 비록 불법 이민이 여러 사회 문제들을 유발할 수 있지만, 이민 옹호론자들은 장기적으로 합법 이민이 미국의 권력을 강화할 것이라고 주장한다. 대부분의 선진국들은 21세기 후반으로 갈수록 인구의 감소를 겪게 될 것이다. 현재 약 83개국이 일정한 인구를 유지하는 데 필요한 수준 이하의 출산율을 기록하고 있다. 현재의 수준으로 인구를 유지하려면 일본은 향후 50년 동안 매년 35만 명의 이민자를 수용해야 하는데, 역사적으로 이민에 비우호적이었던 일본 문화를 감안하면 몹시 어려운 일이다.[127] 비록 모순적 성향을 지니고 있지만 미국은 이민 수용국으로 남을 것이다. 인구조사국은 향후 40년 동안 미국의 인구가 49퍼센트 증가할 것으로 전망한다.

현재 미국은 세계 3위의 인구 대국이며, 15년 후에도 중국과 인도에 이어 3위를 유지할 가능성이 크다. 인구는 경제력과 연관되며 거의 모든 선진국들이 고령화와 노인 복지에 대한 부담에 직면해 있기 때문에 이민은 골치 아픈 정책 문제를 완화하는 데 기여할 수 있다. 더불어 유능한 이민자들은 특정한 분야에서 중요한 경제적 효과를 창출할 수 있다. 물론 여러 연구 자료에 의하면 국가적 차원에서 단기적으로 직접 측정할 수 있는 경제적 효과는 상대적으로 적을 수도 있고, 평범한 근로자들은 경쟁에서 도태될 수도 있는 측면도 존재한다. 수치상으로 미국에서 발급된 H-1B 비자와 미국에서 출원된 특허 간에는 밀접한 상관관계가 있다. 이주민 대학 졸업자의 비율이 1퍼센트 증가하면 1인당 특허 출원의 비율이 6퍼센트 증가하는 것이다.[128] 1998년에 중국과 인도 출신의 엔지니어들은 실리콘밸리의 첨단기술 사업체들 중 4분의 1을 운영하며 178억 달러의 판매 수익을 거두었고, 2005년에 해외 이민자들은 앞선 10년 동안 미국의 모든 신규 기술 사업체 네 곳 가운데 한 곳에서 근무했다.[129]

마찬가지로 이민자들이 미국의 소프트 파워에 미치는 효과도 매우 중요하다. 미국으로 이민을 희망하는 사람들은 미국의 매력을 증대하고 이민자들의 증가세는 다른 국가들의 국민들에게 호감을 유발한다. 미국은 자석이 되고, 많은 사람들은 미국인이 된 자신의 모습을 상상할 수 있다. 많은 성공한 미국인들이 다른 국가들 출신의 '이민자들인 것처럼 보인다.' 더욱이 이민자들은 고향의 가족들과 친구들과 교류하며 미국에 대한 정확하고 긍정적인 정보를 전달할 수도 있다. 게다가 다양한 문화의 공존은 다른 국가들과의 연결로를 창출하고 세계화 시대에 중요한 미국적 방식의 확장을 이끌어낸다. 이민은 하드 파워와 소프트 파워를 저해하지 않고 두 가지 모두를 강화한다. 오랜 기간 동안 미국과 중국을 예리하게 논평했던 리콴유는 21세기에 중국이 세계의 주도국으로서 미국을 추월하지 못할 것이라고 결론지으면서 주요한 이유로 다른 국가들의 가장 유능한 인재들을 끌어들여 창조적인 다문화로 융화시키는 미국의 능력을 꼽았다. 그의 견해에 의하면 중국은 국내에서 인재를 선발할 수 있을 만큼 많은 인구를 지니고 있지만, 중화 문화는 미국만큼 인재들의 창조성을 이끌어내지 못할 것이다.[130]

경제

이제까지 논의했던 사회와 문화의 문제들은 미국의 권력을 약화시키지 않는 듯하지만, 미국 경제의 실적 감퇴는 매우 중요한 문제일 것이다. 경제난은 모든 자본주의 경제에서 정상적으로 일어나는 경기 침체를 의미하지 않고, 지속적인 성장을 위한 생산성과 역량의 차원에서 장기적인 부진을 의미한다. 비록 거시 경제 차원의 예상(기상 예보와 마찬가지로)은 미덥지 못한 것으로 악명 높지만, 미국은 2008년 금융 위기 이후에 10년 동안 더딘 성장을 이어가게 될 듯하다. IMF는 현재의 경기 침체 이후에 2014년까지 경제 성장률을 평균 2퍼센트 정도로 예상한다. 하버드 대학의 경제학 교수 마틴 펠드슈타인도 비슷한 수치로 향후 10년의 경제 성장률을 예상한다. 이 수치는 지난 수십 년 간의 평균치보다 낮지만 '앞선 10년간의 평균치와는 대략 비슷하다.'[131]

1980년대에 많은 논평가들은 미국 경제가 활력을 잃었다고 믿었다. 자동차와 가전제품을 비롯한 일부 제조 분야에서 기술적 우위는 사라졌다. 노동 생산성의 연간 증가율은 제2차 세계대전 이후 20년 동안 평균 2.7퍼센트를 기록했지만, 1980년대에 이르러 1.4퍼센트까지 하락했다. 미국의 생활수준은 여전히 세계 7대 시장 경제들 중 가장 높지만 1972년 이후로 다른 국가들에 비해 고작 4분의 1에 불과한 속도로 성장했다. 1987년에 한 유력한 경제 잡지에서 게재한 기사에 의하면, '미국은 성장의 위기에……한때 고민할 필요도 없었던 개인적, 국가적 사안들에 대해 갑자기 비용의 부담이 너무 커진 듯하다.'[132] 일본과 독일이 장차 미국을 추월할 것이라고 여겨졌고, 이런 믿음은 미국의 하드 파워와 소프트 파워를 잠식했다. 미국은 경쟁력의 우위를 상실하는 것처럼 보였다. 하지만 현재 금융위기와 그에 따른 경기 침체가 닥친 후에도 세계경제포럼은 국가경쟁력에서 미국을 스위스, 스웨덴, 싱가포르에 이은 4위에 선정했다. 반면 중국은 27위에 머물렀다.[133] 미국 경제는 정보기술, 생명공학기술, 나노기술 같은 많은 새로운 부문에서 선두를 달리고 있다. 미국은 연구 개발의 측면에서 다른 상위 7개국의 예산을 합한 것보다 더 많은 예산을 지출한다.[134] 일부 경제학자들은 "미국의 대담한 지출은 미국의 기업가적 사업 문화와 정확히 상응한다"고 주장한다.[135]

과연 생산성의 성장이 금세기에도 미국의 권력을 무난히 지탱해줄 것인가? 낙관론자들은 미국이 정보기술의 창출과 사용에서 선두를 달리고 있다는 점을 내세운다. 1995년 이후에 전산 비용이 꾸준히 큰 폭으로 감소하면서 미국의 생산성은 강화되었다. 생산성은 대단히 중요한 요소다. 그 이유는 노동자들의 시간당 생산량이 증가할수록 경제는 결손과 인플레이션 없이 성장할 수 있기 때문이다. 인플레이션 없는 지속적인 성장은 하드 파워에 투자할 수 있는 자원과 소프트 파워를 강화할 수 있는 자원을 모두 공급한다. 결국 장비에 대한 신규 투자와 신규 조직의 구성이 이루어지기 때문에 생산성은 한층 더 증가할 수 있다.

정보기술이 미국 생산성의 유일한 원천은 아니다. 미국은 획기적인 농업혁명을 이루었고 세계화에 대한 개방도 주도했지만, 컴퓨터와 전자산업이 1960년부터 2006년까지 44퍼센트의 생산성 성장을 이끌었고 IT 분야는 다른 주요한 산업국들보다 GDP에서 더 많은 점유율을 차지한다. 한 유력한 전문가는 다음과 같이 결론을 내린다. '놀랍게도 미국 경제의 생산성은 2000년에 닷컴 기업들이 몰락한 이후로 높은 혁신율을 보이며 급격한 상승세를 이어갔고' 이런 성장은 현재 유저산업들user industry로 확산되고 있다. 미국의 생산성 성장 속도는 유럽연합의 주요한 국가들과 차이가 난다.[136] 일부 경제학자들은 미국의 생산성 성장이 2.25퍼센트까지 둔화될 것이라고 전망하는 반면, 다른 경제학자들은 10년 안에 1.5퍼센트에 근접한 수치가 될 것이라고 예상한다.[137]

연구 개발에 대한 투자의 차원에서 미국은 2007년에 3,690억 달러를 지출하며 아시아(3,380억 달러)와 유럽연합(2,630억 달러)에 앞선 세계 1위를 유지했다. 하지만 세계 총액에서 북미의 점유율은 1996년에 40퍼센트에서 2007년에 35퍼센트로 하락했고, 아시아는 31퍼센트로 상승했다. 미국은 GDP의 2.7퍼센트를 연구 개발에 지출했는데, 이 수치는 중국보다 거의 2배나 높지만 3퍼센트를 기록한 일본과 한국에는 다소 뒤떨어진다.[138] 2007년에 미국의 발명가들이 등록한 특허는 약 8만 건으로, 다른 국가들에서 출원한 모든 특허를 합한 것보다 많았다.[139] 많은 보고서들에서는 법인세율, 인적 자본, 해외 특허의 성장과 같은 문제들에 대해 우려를 나타낸다. 어떤 사람들은 미국의 기업가적 문화 때문에 미국인들이 기술의 사용과 상업화에 더 혁신적인 태도를 보인다고 주장한다. 미국의 벤처 캐피탈 회사들은 자금의 70퍼센트를 해외가 아닌 자국의 신생 기업들에 투자한다. 세계 기업가 정신 설문조사에서 미국이 다른 국가들보다 앞선 순위를 차지할 수 있었던 요인은 바람직한 문화, 가장 성숙한 벤처 캐피탈 산업, 긴밀한 산학 협력의 전통, 개방된 이민 정책이 뒷받침되었기 때문이다.[140]

새로운 생산성 성장률의 유지 여부의 문제와 더불어 미국 경제의 미래에 대한 다른 불안 요소에는 낮은 개인 저축률, 경상수지 적자(미국이 외채를 지게 된다는 의미), 정부 부채의 증가가 포함된다. 개인 저축은 산출하기도 어렵고 측정 오류도 심하지만 추세를 살펴보면 1970년대에 개인 수입의 9.7퍼센트였던 것이 2001년에 거의 0에 가까워질 만큼 확실한 감소세를 보이다가, 2008년과 2009년에 걸친 금융 위기 이후에 약 4.5퍼센트로 회복되었다.[141] 이런 쇠퇴의 원인은 부분적으로 소비주의 문화의 확장과 더욱 용이해진 신용 대출에서 비롯되었다. 이런 쇠퇴가 얼마나 중요한 의미를 지니는지 정확히 판단하기란 어려운 일이다. 국가 저축률은 정부 저축과 기업 저축을 포함하며 구시대적 측정법에 기반을 둔다.[142] 일본은 높은 개인 저축률을 유지했지만 경제는 침체되었다. 미국에서 자본재가 저렴하다는 사실이 반영되면 미국의 실질 투자는 다른 OECD 국가들과 비교 우위에 있다.[143] 비록 일부의 예상과 달리 여전히 달러가 안전 자산으로 통용되고 재무부는 2008년 금융 위기 직후에도 미국의 신용 등급을 AAA로 유지했지만, 극심한 침체기에 외국인들이 서둘러 투자를 철회해서 경제에 불안을 증폭시킬지도 모르는 위험이 내재한다. 그럼에도 미국이 높은 저축에서 비롯된 투자를 통해 더 많은 재정을 충당한다면 수입은 증가하고 불안의 위험은 감소할 것이다.

금융 위기 이후에 가장 불안한 요소는 정부의 부채 수준이 되었다. 영국의 역사학자 니얼 퍼거슨의 말에 의하면, "이것은 제국이 쇠퇴하는 과정이다. 제국의 쇠퇴는 부채의 폭발과 함께 시작한다." 단순히 은행의 구제 금융과 케인즈식 경기 부양책만이 부채를 가중하는 것이 아니라, 사회보장, 의료 보건, 부채 상환을 위한 복지 후생 비용도 향후 세수에서 큰 비중을 차지할 것이다. "복지 후생이 축소되거나 세금이 인상되지 않으면 다른 방식으로는 결코 수지의 균형을 이루지 못할 것이다." 퍼거슨은 덧붙여 말한다. "미국이 '안전 자산'이라는 생각은 허황된 착각이다. 미국 정부의 부채는 1941년의 진주만과 다를 바 없는 안전 자산이다."[144] 하지만 미국은 그리스가 아니다.

미국의 의회 예산처는 정부의 총 부채가 2023년에 GDP의 100퍼센트에 이르게 될 것이라고 추산한다. 많은 경제학자들은 부유한 국가들의 부채 수준이 90퍼센트를 초과할 때를 우려하지만 '미국은 세계 최대의 준비 통화와 재무성 채권이라는 가장 유동적인 자산 시장을 동시에 보유하고 있어, 다른 국가들에 비해 부채에 차분히 대처할 수 있다는 큰 이점을 지닌다.'[145] 금융 위기 기간에 달러는 상승하고 채권 수익률이 하락하면서 미국은 적자를 충당하기가 더 수월해졌다. 갑작스러운 신용 위기는 장기적인 경제 안정에 영향을 미치는 점진적인 부채 상환 비용의 증가보다 심각한 문제는 아니다. 여러 연구 결과들에 따르면, GDP에 대비한 부채 비율이 1퍼센트 증가할 때마다 이자율이 0.03퍼센트 증가한다면 높은 이자율은 민간 부문의 투자가 낮아지고 장기적으로 성장이 더뎌지는 것을 의미한다. "이런 효과들은 적절한 정책을 통해 완화될 수도 있고 형편없는 정책에 의해 악화될 수도 있다."[146] 비록 위험을 증폭시키기는 해도 부채의 증가가 반드시 쇠퇴로 이어지는 것은 아니다.

고학력 노동 인구는 정보화 시대에 경제적 성공을 이루기 위한 또 다른 핵심 요소다. 일단 미국은 좋은 상황을 유지하고 있다. 2006년에 성인의 84퍼센트가 고등학교를 졸업했고 27퍼센트는 대학교까지 졸업했다.[147] 미국은 GDP 비율로 프랑스, 독일, 영국, 일본보다 2배나 많은 비용을 고등 교육에 투자한다.[148] 미국의 고등 교육 체제는 세계 최고의 수준이며, 미국의 대학들은 지난 수십 년 동안 학술적 평판에서 영국, 유럽, 일본의 대학들과의 격차를 벌여놓았다. 영국의 〈타임스〉는 세계대학평가순위Higher Education

Supplement에서 상위 10대학 중 6개 대학을 미국의 대학들로 선정했고, 중국의 상하이 지아오 통 대학이 실시한 조사에서는 상위 20개 대학 중 17개 대학이 미국의 대학들로 채워졌는데, 중국의 대학들은 그 안에 진입하지 못했다.[149] 미국은 다른 어떤 국가들보다 많은 노벨상 수상자를 배출하며, 가장 많은 과학 논문을 전문적인 평가가 이루어지는 학술서들에 게재한다(중국의 3배에 달한다).[150] 이런 성과들은 경제력과 소프트 파워를 모두 증대한다.

그러나 미국의 교육은 상위 수준에서 견실하지만 하위 수준에서는 다소 취약하다. 미국의 교육은 최고의 수준(대부분의 대학과 상위권의 중등 교육기관)에서 세계적 기준을 충족하거나 선도하지만, 최악의 수준(특히 빈민 구역에 속한 대다수의 초등 교육기관과 중등 교육기관)에서는 형편없이 뒤떨어진다. 이런 사실은 노동 인구의 자질이 정보에 기반을 둔 경제에서 점차 높아지는 기준을 따라가지 못할 것이라는 의미일 수도 있다. 비록 지난 10년 동안 약간의 향상이 이루어졌지만, 2007년 전국 교육성취도평가에서 4학년 중 수학에서 숙달 등급 이상을 받은 학생의 비율은 고작 39퍼센트였고, 읽기에서 그 정도 등급을 받은 학생의 비율은 33퍼센트였다.[151] 과거에 비해 학생들의 실력이 저하되고 있다는 신뢰할 만한 증거는 없지만 더 많은 국가들이 과거에 비해 향상되고 있다는 점에서 미국의 교육적 우위는 잠식되고 있다. 세계 30대 부국들 중 현재 뉴질랜드, 스페인, 터키, 멕시코만이 고등학교 경쟁률에서 낮은 수치를 나타낼 뿐이다.[152] 이런 상황은 고등 교육에서도 마찬가지다. 미국의 젊은 성인들 중 40퍼센트가 최소한 준학사 학위를 취득하는 수치에는 변화가 없지만, 그동안 세계 1위를 유지하던 순위가 현재 36개 선진국들 중 겨우 20위에 불과하다.[153] 미국의 학생들은 진보하는 경제에 보조를 맞출 수 있을 만큼 충분한 지식과 기술을 습득하지 못하는 듯하다. 만약 정보화 시대의 경제에서 요구하는 기준을 충족하고자 한다면 미국의 교육 체제는 개선이 이루어져야 할 것이다.

국가 수익 분포의 변형도 미국 경제에 문제를 일으킨다. 인구조사국에 따르면, 1947년부터 1968년까지 가정 수입의 불균형은 감소했다. 그러나 1968년 이후에 불균형이 증가하기 시작했다. 미국의 지니계수 0.45는 국제 기준에서 높은 수준이며 '지난 수십 년 동안 꾸준히 상승했고, 지난 10년 동안에는 고소득층과 중산층 간의 격차가 벌어졌다.'[154]

저학력 노동자들을 기피하는 노동 수요의 전환은 임금 하락에 대한 가장 중요한 설명이 될지도 모른다.[155] 이 문제는 정의에 관한 사안일 뿐만 아니라 경제의 생산성을 저해하고 하드 파워와 소프트 파워의 기반인 고도의 경제 성장을 늦출 수 있는 정치적 반응을 유발할지도 모르는 불평등의 단초이기도 하다.

미국 경제에서 창출되는 소프트 파워는 결론을 내리기 힘든 문제다. 많은 사람들이 미국 경제가 장기간에 걸쳐 이룬 성공을 존중하지만, 최근의 금융 위기로 평판이 퇴색되기 전에도 미국 경제를 본보기로 삼지는 않았다. 미국 경제에서 정부는 부차적인 역할을 담당하며 GDP의 3분의 1만을 지출하는 반면, 유럽에서는 정부들이 거의 GDP의 절반을 지출한다. 완전 경쟁 시장의 힘은 더 커지고 사회 안전망은 더 약해진다. 노동 조합은 더 약해지고 노동 시장은 규제가 더 완화된다. 미국의 의료 보건은 비용도 높을 뿐만 아니라 불평등의 정도도 극심하다. 문화적 태도, 파산법, 금융 구조는 창업에 대해 매우 우호적이다. 규제는 더 투명해지고 주주들은 기업의 경영자들에게 더 많은 영향을 행사한다. 비록 외국인들은 이런 덕목들에 대해 칭찬하지만, 다른 사람들은 그런 시장의 힘에 대한 지나친 의존에 수반되는 불평등, 불안정, 거시 경제의 불안에 대해 반발한다.

정치 제도

이런 문제들과 불확실성, 일부 정체 현상에도 불구하고 적절한 정책이 뒷받침된다면 미국 경제는 꾸준히 하드 파워를 창출할 수 있을 듯하다. 미국의 제도에 관한 문제는 더욱 불확실한 상황이다. 많은 논평가들은 정치 체제의 마비로 인해 미국이 권력 자원을 바람직한 결과로 전환하지 못하게 될 것이라고 주장한다. 오랫동안 중국에 거주했던 중견 언론인 제임스 팔로즈의 견해에 따르면, "미국은 여전히 거의 모든 구조적인 약점들을 해결할 수 있는 수단을 보유하고 있는데, 에너지 사용, 의료 비용, 견실한 중산층의 재건을 위한 교육과 직업의 적절한 연계……등은 미국이 21세기 초반에 맞이한 비극이다. 활기차고 자기 쇄신적인 문화는 전 세계의 인재들을 끌어들이지만 통치 체제는 점점 더 우스꽝스럽게 보인다."[156] 비록 경기 침체기의 정치적 마비는 더러 좋지 않은 인상을 주기도 하지만 그런 어려움은 과거에 비해 상황이 훨씬 심각하다는 것을 여실히 입증한다.

권력 전환은 미국에 오랜 세월 이어져온 문제다. 미국 헌법은 권력 분립을 통해 상호 견제와 상호 균형을 이루어야 권력이 가장 잘 유지된다는 18세기 자유주의적 견해에 근거한다. 외교 정책에서 헌법은 항상 대통령과 의회에 조정을 이루도록 노력할 것을 요구한다. 강력한 경제적, 인종적 압력 집단들은 자기 편의에 따라 국익의 정의를 내리기 위해 대립하고, 미국 예외주의의 정치 문화는 외교 정책을 독자적인 훈계 방식으로 변질시켜 상황을 더욱 복잡하게 만든다. 의회는 항상 시끄러운 문제들에 주목하는데, 특수한 이익에 대해 외교 정책의 전술과 다른 국가들에 대한 제재를 포함한 행동 지침을 합법화하라는 압력에 시달린다. 한때 키신저는 이렇게 지적했다. "외국의 비평가들이 미국의 장악 욕구라고 제기하는 것은 흔히 자국의 압력 집단들의 반응이다." 그 누적 효과는 "미국의 외교 정책을 일방적이고 군림적인 행위로 이끌어간다. 통상 대담의 형식으로 이루어지는 외교적 접촉과 달리 법률 제정은 교섭의 여지가 없는 규정으로 전환되는 운영상의 최후 통첩이다."[157]

한편 제도에 대한 대중의 신뢰가 하락할 우려도 있다. 2010년의 한 여론조사에서 응답자의 61퍼센트는 미국이 쇠퇴하고 있다고 생각했고, 고작 19퍼센트만이 정부가 항상, 혹은 대체로 잘하고 있다고 신뢰했다. 다른 조사에서는 정부가 항상, 혹은 대체로 잘하고 있다고 믿는 응답자의 비율이 22퍼센트로 나타났다.[158] 윌리엄 갈스턴은 이렇게 말한다. "신뢰는 국민들에게 밝은 미래를 위해 희생을 요구할 때 무엇보다 더 중요하다. 이런 요구를 하는 정부에 대한 불신은 국가의 쇠퇴를 알리는 전조, 더 나아가 원인까지 될 수도 있다."[159]

1964년에 미국 대중의 4분의 3이 연방 정부가 대체로 잘하고 있다면서 신뢰한다고 말했다. 현재는 고작 5분의 1만이 이런 높은 기준에서 신뢰한다고 말한다. 그 수치는 점차 하락하기 전까지 시간의 흐름에 따라 다소 차이가 있었지만 2001년 9월 11일 이후에 상승했고, 주정부와 자치단체 정부에 대한 수치는 과거 32퍼센트에서 38퍼센트로 약간 향상되었지만 2009년에 새로이 저점까지 하락했다.[160] 이런 상황은 정부에만 해당되는 것은 아니다. 지난 수십 년 동안 다수의 주요한 기관들에 대한 대중의 신뢰는 하락세를 이어왔다. 대학의 신뢰도는 61퍼센트에서 30퍼센트로, 주요한 기업들에 대한 신뢰도는 55퍼센트에서 21퍼센트로, 의료계에 대한 신뢰도는 73퍼센트에서 29퍼센트로, 언론에 대한 신뢰도는 29퍼센트에서 14퍼센트로 떨어졌다. 지난 10년 동안 교육 기관과 군대에 대한 신뢰

도는 상승했던 반면, 월스트리트와 주요한 기업들에 대한 신뢰도는 하락했다.[161]

미국은 정부에 대한 다소간의 불신을 기반으로 건국되었고, 미국의 헌법은 의도적으로 중앙집중형 권력을 제지하기 위해 제정되었다. 미국은 오랜 제퍼슨주의의 전통이 남아 있어 정부의 신뢰도에 대해 지나치게 걱정하지 않는 분위기다. 더욱이 정부의 일상 행정이 아닌 근본적인 제도적 기반에 대해 대중은 매우 긍정적인 반응을 보인다. 만약 미국인들에게 가장 살기 좋은 곳이 어디냐고 묻는다면 80퍼센트는 미국이라고 말할 것이다. 또 그들에게 정부의 민주주의 체제를 좋아하느냐고 물으면 90퍼센트는 그렇다고 대답할 것이다. 오직 극소수만이 미국의 체제가 부패했기 때문에 전복되어야 한다고 느낄 것이다.[162]

현재 상황의 일부 양상들은 주기적인 것일 수도 있지만, 다른 양상들은 현재의 정치 분쟁과 교착 상태에 대한 불만을 나타낸다. 과거에 비해 붕당 정치는 더욱 양극화되었지만 추잡한 정치는 전혀 새로운 것이 아니다. 대공황과 제2차 세계대전에서 살아남은 세대에게 정부에 대한 신뢰가 비정상적으로 높아졌다는 것은 다소 평가에 문제가 있음을 나타낸다. 이 경우에 미국 역사의 장기적인 관점에서 1950년대와 1960년대 초의 정부에 대한 과신은 매우 이례적인 사례다. 더욱이 정부에 대한 신뢰 하락의 증거는 대부분 여론조사에서 비롯되며, 응답자들의 대답은 질문이 주어지는 방식에 민감하다. 여기서 간과하면 안 되는 사항은 오랜 세월 반복되는 똑같은 질문에 하향세가 나타났지만 그 하락이 지니는 의미는 여전히 확실하지 않다는 것이다. 무엇보다 가장 급격한 하락은 약 40년 전인 1960년대 후반과 1970년대 초반 존슨과 닉슨 행정부 시절에 일어났다.

이것은 정부에 대한 신뢰 하락의 표출에 전혀 문제가 없다는 의미가 아니다. 하락의 이유가 무엇이든 간에 대중이 세금 같은 중요한 자원의 납부나 자발적인 법규의 준수를 꺼리게 되거나, 젊은 인재들이 정부의 공무원직을 거부한다면, 정부의 역량은 저하되고 국민들은 정부에 더욱 불만을 갖게 될 것이다. 더욱이 불신이 팽배한 분위기는 1995년에 일어난 오클라호마 시티 연방 정부 건물 폭탄 테러의 경우처럼 비정상인들에게 극단적인 행동을 유발할 수도 있다. 그런 결과들은 미국의 하드 파워와 소프트 파워를 모두 약화시킬 수 있다.

하지만 아직까지 그런 행태적 결과들이 실현되지는 않은 듯하다. 미국 국세청은 세금과 관련된 부정행위가 증가하지 않는 것으로 파악한다.[163] 여러 소식통에 의하면 정부의 공무원들은 예전보다 부패도가 줄어들었고, 세계은행은 미국에 '부패 억제'에 대해 높은 점수(19위 이상)를 부여했다.[164] 국세조사에 대한 자발적 회신률은 2000년에 67퍼센트로 증가하고 2010년에 다소나마 상승하면서 1970년 이후로 30년 동안 이어진 하락세를 반전시켰다.[165] 투표율은 1960

년 이후에 40년 동안 62퍼센트에서 50퍼센트까지 감소했지만, 그 하락세는 2000년에 멈추었고 2008년에는 58퍼센트까지 회복했다. 사람들의 행동은 설문조사의 질문에 대한 응답처럼 급격하게 변하지는 않은 듯하다. 2000년의 치열했던 대통령 선거 직후에 표출된 제도적 위기에 대한 예상에도 불구하고, 차기 부시 행정부는 통치력을 발휘하며 재선에도 성공했다.

대부분의 다른 선진국들이 유사한 현상을 겪고 있는 것만 봐도 정부기구에 대한 신뢰의 하락 역시 미국의 소프트 파워를 급격히 약화시키는 듯하지는 않다. 일단 캐나다, 영국, 프랑스, 스웨덴, 일본이 비슷한 추세를 나타내고 있다. 제도에 대한 신뢰의 상실이 표출되는 원인은 모든 포스트모던 사회의 특징인 권력에 복종하기보다 개인주의를 추구하려는 강한 성향에서 비롯될지도 모른다. 앞서 사회 변화에 대해 살펴보았던 것처럼 이런 태도가 대부분의 선진 사회들에서 주류를 이루게 되면 다른 국가들에 대비해 미국의 매력을 폄하하는 불쾌한 비교를 하기 어려워진다.[166]

미국 제도의 효율성에 근간이 되는 사회 자본에서 이런 변화는 얼마나 심각한 수준인가? 로버트 퍼트넘은 지난 세기에 지역사회의 연대가 지속적으로 약화되지 않았다고 지적한다. 오히려 미국 역사는 자세히 살펴보면 시민 참여에서 그저 하락만이 아닌 상승과 하락(몰락과 재건)을 거듭해온 스토리다.[167] 그는 21세기 초반에 이루어진 재건에 공헌했을지도 모르는 많은 정책들이 지난 세기의 진보

운동으로 창출되었던 정책들과 유사하다고 말한다. 미국인의 4분의 3은 지역사회와 연대감을 느끼며 생활수준이 훌륭하거나 만족스럽다고 말한다. 퓨 리서치 센터의 여론조사에 의하면 미국인들 중 1억 1,100만 명이 지난 12개월 동안 지역사회의 문제 해결을 위해 자발적으로 시간을 할애했으며, 6,000만 명은 정기적으로 자원봉사에 나섰다. 미국인의 40퍼센트는 지역사회의 주민들과 함께 활동하는 것이 자신들이 할 수 있는 가장 중요한 일이라고 말했다.[168]

최근에 미국의 정치와 정치 제도는 대중에 나타나는 여론의 분포보다 더 양극화되었다. 이런 상황은 2008년 이후의 경제 침체로 인해 더욱 심화되었다. 영국의 한 논평가는 이렇게 말한다. "미국의 정치 체제는 연방 차원의 입법을 어렵게 만들기 위해 고안되었고, 따라서 기본적인 체제가 운영되더라도 그것이 하원의 유리한 지역구 지정, 상원 규정의 차단 절차, 의사 방해 연설 같은 개혁이 가능한 영역들을 간과하는 것에 대한 변명이 될 수는 없다."[169] 미국의 정치 체제가 자체적인 개혁을 실행하고 여기에 지적한 문제들을 처리할지의 여부는 시간을 두고 지켜보아야 하지만, 과거 로마나 다른 제국들의 내부적 쇠퇴와 비교하는 비평가들의 견해처럼 절망적이지는 않다. 미국의 내부적 쇠퇴가 금세기 첫 10년 이내에 급격한 권력 전이로 이어지지는 않을 듯하다.

총평

향후 수십 년 동안 미국의 권력에 대한 총괄 평가를 내리는 것은 많은 어려움이 있을 것이다. 앞서 살펴보았던 것처럼 그동안 많은 시도들이 예상을 빗나갔기 때문이다. 1970년대 소련의 권력과 1980년대 일본의 권력에 대한 미국의 예측이 얼마나 과장된 것인지 기억한다면 쓰라린 실패의 교훈을 되새길 수 있다. 오늘날 일부 전문가들이 21세기에 중국이 미국을 대체할 것이라고 자신 있게 예측하는 반면, 다른 전문가들은 '그저 미국은 권력의 초기에 불과할 뿐'이라고 강력히 주장한다. 21세기는 미국의 세기가 될 것이다.[170] 그러나 종종 예측할 수 없는 사건들이 이런 예상들을 보기 좋게 깨뜨리기도 한다. 미래의 상황은 단 하나가 아닌 수많은 가능성에 따라 전개된다.

중국과 연관된 미국의 권력은 많은 부분에서 향후 중국의 정치적 변화의 불확실성에 영향을 받을 것이다. 이런 정치적 불안정성을 제외하면 중국은 경제의 규모와 높은 성장률을 바탕으로 상대적 권력에서 거의 미국을 앞서게 되겠지만, 그렇다고 해서 중국이 세계 최강국으로서 미국을 능가하게 된다는 것은 아니다. 비록 중국이 심각한 정치적 실패를 겪지 않을지라도 오직 GDP 성장에만 근거한 현재의 많은 예상들은 지나치게 1차원적이며 미국이 지닌 군사력과 소프트 파워의 우위를 무시하고 있을 뿐만 아니라, 미국이 유럽, 일본, 인도를 비롯한 다른 국가들과 우호적 관계를 유지하는 데 반해 중국이 아시아의 권력 균형에서 지리적 열세에 있다는 점도 간과하고 있다. 내가 예상하는 미래는 중국이 미국과 치열한 경쟁을 벌일 가능성이 크지만 금세기 중반까지 중국은 전반적인 권력에서 미국을 능가하지 못하리라는 것이다. 역사를 돌이켜보면, 영국의 전략가 로렌스 프리드먼은 '과거의 초강대국들과 미국이 구분되는 두 가지 특징을 언급한다. 미국의 권력은 식민지가 아닌 동맹에 기반을 두며, 미국은 유연한 이념을 토대로 지나치게 팽창한 후에도 그 이념으로 회귀할 수 있다.'[171] 앤-메리 슬로터는 미래를 예상하면서 네트워크가 계층적 권력을 보완하는 세계에서 개방과 혁신의 미국 문화가 꾸준히 중추적 역할을 할 것이라고 주장한다.[172] 미국은 그런 네트워크와 동맹관계를 통해 이득을 얻게 될 것이다.

미국은 상대적이 아닌 절대적인 쇠퇴의 문제에서 부채, 중등 교육, 정치적 마비 같은 심각한 문제들에 직면해 있지만, 그것은 단지 전체적인 상황의 일부분에 불과할 뿐이다. 기존의 통념을 초월해 바라보면서 편의에 따라 분석하지 않는 것이 중요하다. 미국의 부정적인 미래 중에는 테러범들의 공격에 폐쇄 정책으로 과도하게 대처하면서 개방 정책을 통해 얻는 이득을 스스로 차단하는 경우가 있다. 그러나 이런 실수를 배제하면 장기적인 관점에서 장기 부채(예를 들면, 소득세 부과와 경기가 회복되면 복리후생에 지출할 예산 삭감)와 정치적 마비(예를 들면, 유리한 지역구 지정을 막기 위한 선거구 재조정과 상원 규정의 변경 등) 같은 현재 미국이 직면한 심각한 문제들에 대한 해결책은 존재한다. 물론 영원히 이런 해결책에 도달하지 못할지도 모른다. 그러나 (헌법의 개정 없이도) 원칙적으로 해결할 수 있는 상황과 어떤 해결책도 없는 상황을 구분하는 것은 큰 차이가 있다.

21세기의 권력 전이를 미국의 쇠퇴에 관한 문제로 설명하는 것은 정확하지도 않고 오해를 일으킬 소지도 다분하다. 이런 분석은 가령 중국에 과감한 정책을 부추기거나 미국을 불안에 빠뜨려 과잉 반응을 일으키는 식으로 위험한 정책 결정을 유발할 수도 있다. 미국은 절대적인 쇠퇴를 겪고 있지 않으며, 비록 금세기 초반에 비해 경제적, 문화적 우위가 다소 줄어들게 될지라도 향후 수십 년 동안 여전히 세계 최강국으로 남을 가능성이 크다. 더불어 미국은 권력 자원의 측면에서 많은 국가들과 비국가적 행위자들의 부상에도 직면할 것이다. 장차 미국이 맞이하게 될 문제들도 군림하는 권력이 아닌 공조하는 권력을 해결책으로 요구하는 경우가 많아질 것이다. 미국이 동맹관계를 유지하고 네트워크를 창출하는 능력은 하드 파워와 소프트 파워의 중요한 국면이 될 것이다. 이런 환경에서 자원을 외적 권력으로 전환하는 현명한 전략을 개발하면서 내부적 개혁을 추진하는 일은 그 어느 때보다 중요해질 것이다.

3부 행동 원칙

7

스마트 파워

권력은 그 자체로 좋거나 나쁜 것이 아니다. 그것은 다이어트에서 칼로리와 같은 작용을 한다. 더 많은 양이 항상 좋은 것은 아니다. 자원의 측면에서 너무 부족한 권력은 바람직한 결과를 이끌어낼 가능성이 줄어든다는 의미지만, 너무 많은 권력도 지나친 과신과 부적절한 권력 전환 전략으로 이어질 경우에는 오히려 축복이 아닌 저주가 될 수 있다. 과거 액턴 경이 말했던 "권력은 부패하며 절대적인 권력은 절대적으로 부패한다"는 유명한 격언을 뒷받침하는 훌륭한 증거가 존재하며, 여러 연구들에서 권력은 특히 권력을 당연히 자신의 것이라고 여기는 사람들을 부패하게 만드는 것으로 나타난다.[1] 한 심리학자는 '권력의 모순'을 권력은 사회 지능적으로 더 큰 명분의 이익을 주도하는 개인들, 집단들, 국가들에 주어지지만 '사람들이 리더들에게 원하는 것(사회 지능)은 권력의 소유로 인해 훼손된 것이다'라고 정의한다.[2] 우리가 간혹 어떤 사람이 너무 잘생기거나 똑똑해서 자기밖에 모른다고 말하는 것처럼 사람들과 국가들은 '권력의 저주'에 시달릴지도 모른다.[3] 성경의 다윗과 골리앗 이야기에서 블레셋 사람의 월등한 권력 자원은 골리앗에게 형편없는 전략에 의존하는 실수를 저지르게 했고, 결국 그를 패배와 죽음에 이르게 만들었다.[4]

21세기의 스마트 파워 화술은 권력의 극대화나 패권의 유지를 위한 것이 아니다. 그것은 권력 분산과 '나머지 국가들의 부상rise of the rest'이라는 새로운 상황에서 자원을 성공적인 전략으로 전환하는 방법을 찾기 위한 것이다. 세계 최강국으로서 미국의 리더십은 여전히 국제 정세에서 중요한 비중을 차지하지만, 미국의 우위를 과시하는 구태의연한 20세기의 화술이나 미국의 쇠퇴를 우려하는 화술은 모두 향후에 필요한 전략의 형태를 잘못된 방향으로 이끌어갈 것이다.

전략은 목적을 위한 수단을 나타내며, 뚜렷한 목표(원하는 결과), 가용 자원, 가용 전술을 필요로 한다. 현명한 전략은 다섯 가지 질문에 대한 해답을 제시한다. 첫째, 어떤 목표나 결과를 바라는가? 대체로 우리는 살아가는 동안 자신이 원하는 모든 것을 가질 수 없기 때문에 이 질문의 대답은 그저 무한한 희망 목록을 작성하는 것이

되어선 안 된다. 그것은 이해득실에 따른 우선순위를 설정하는 것을 의미한다. 또 가시적인 점유적 목표와 일반적인 구조적 목표 간의 관계뿐만 아니라, 어떤 목표가 다른 국가들에 군림하는 제로섬 권력을 포함하고, 어떤 목표가 다른 국가들과 공조해야 하는 공동의 이익을 포함하는지 여부에 대한 이해가 수반되어야 한다. 한 역사학자는 국방장관 딕 체이니의 '1990년대 국방 전략'에 대해 "그 이상의 어떤 뚜렷한 목표도 없이 미국의 우위를 확보하려고 한다"고 말했다.[5]

현명한 전략은 두 번째 질문에 대한 해답도 제시해야 한다. 어떤 자원을 어떤 상황에서 활용할 수 있는가? 가용 자원에 대한 정확하고 완벽한 목록뿐만 아니라 그 자원을 언제 사용할 수 있고 다른 상황에서 어떻게 용도를 전환할 수 있을지에 대한 이해도 필요하다. 이제 스마트 파워 전환 전략은 세 번째 질문을 제기할 것이다. 영향력을 행사하려는 목표 대상들이 어떤 위치에 있으며 어떤 기호를 지니고 있는가? 전통적인 전략 연구에서 강조하는 것처럼 잠재적인 적대 세력들의 역량과 성향에 대한 정확한 분석과 평가는 더없이 중요하고 필수적이다.[6] 그들이 무엇을 보유하고 있으며, 특히 무슨 생각을 하고 있는가? 그들의 기호와 전략이 어떤 기간에 어떤 영역에서 어느 정도의 강도와 유연성과 변화의 가능성을 나타낼 것인가? 간혹 극단적인 파괴 행위로 치닫는 경우에 목표 대상의 기호는 성공 여부에서 큰 비중을 차지하지 않기도 한다. 예를 들면, 내가 오직 상대방의 암살만을 노린다면 상대방의 의사는 중요하지 않을지도 모른다. 그러나 대부분의 경우에 목표 대상에 대한 정확한 정보는 권력 자원을 조합하고 전술을 조정하는 데 필수적이다.

그러면 네 번째 질문으로 이어진다. 어떤 유형의 권력 행동이 가장 성공 확률이 높은가? 주어진 상황에서 당신이 하드 파워를 앞세운 강압적 행위를 활용할 경우와 의제 구성, 설득, 유인 같은 포섭적 행위를 활용할 경우와 두 가지를 조합한 행위를 활용할 경우에 어떤 형태가 적당한 기간과 비용으로 가장 성공할 가능성이 높은가? 이런 행위를 활용하는 전술이 어떻게 서로 상충되고, 서로를 강화할 것인가? 예를 들면, 하드 파워와 소프트 파워를 동시에 사용하면 언제 서로를 강화하고, 서로를 약화시킬 것인가? 그런 성향은 시간의 흐름에 따라 어떻게 변할 것인가?

다섯 번째, 성공 확률은 어느 정도인가? 고귀한 명분도 성공 확률에 대한 지나친 낙관주의나 의도적인 무관심이 동반되면 자칫 참담한 결과로 이어질 수 있다. 예를 들면, 미국의 이라크 침공은 아무리 목적이 좋았다고 해도 결과적인 시간과 비용에 대한 오만한 무관심으로 입증된 형편없는 태도가 동반되었다. 오랜 세월 통용되어온 정당한 전쟁 이론에서는 수단의 균형성과 구별성뿐만 아니라 성공 확률과 결과의 상관관계도 고려한다는 것을 기억해야 한다. 이것이 바로 현실주의자들이 스마트 파워 전략의 신중성에 대해 극찬하는 이유이기도 하다. 마지막으로 신중한 판단을 통해 성공 확률이 희박하다고 결정되면 첫 번째 질문으로 돌아가서 목표, 우선순위, 이해득실을 재평가하도록 하라. 다시 목표를 조정한 후에 단계별로 차분히 스마트 파워 전략을 진행하라.

여러 국가들의 스마트 파워 전략

국무부의 한 고위 관계자에 의하면, "스마트 파워 개념은 오바마 대통령과 클린턴 국무장관이 내세우는 정책 비전의 핵심이다."[7] 이 용어가 오바마 행정부에서 채택되었기 때문에 일부 분석가들은 그것이 오직 미국에만 해당된다고 생각하며 비평가들은 '사랑의 매'처럼 그저 허울 좋은 슬로건일 뿐이라고 불만을 제기한다. 그러나 '스마트 파워'라는 용어가 슬로건으로 고착된다고 해도 스마트 파워는 분석에도 활용될 수 있으며, 결코 미국에만 국한되지도 않는다.

약소국들은 종종 스마트 파워 전략에 아주 능숙한 모습을 보이기도 한다. 싱가포르는 위협적인 주변국들에 만만한 인상을 주지 않기 위해 군사적 자원에 상당한 투자를 하면서도 동남아시아 국가연합에서 외교 활동을 적극적으로 후원할 뿐만 아니라, 자국의 대학들이 동남아시아의 비정부적 활동 네트워크에서 중추적 역할을 하도록 많은 노력을 기울이고 있다. 스위스는 오랫동안 의무병역제와 산악지형의 조합을 전쟁 억제 자원으로 활용하면서 은행, 상업, 문화 네트워크를 통해 다른 국가들에 호의적인 인상을 부각시켰다. 사우디아라비아의 해안에서 돌출된 작은 반도국인 카타르는 자국의 영토를 미군에 이라크 침공을 위한 본부로 사용하도록 허용하는 동시에, 중동 지역에서 가장 유명한 방송국으로 미국의 행위를 극렬히 비판하던 알자지라를 후원했다. 노르웨이는 국가의 안보를 위해 나토에 가입하는 한편, 소프트 파워를 증대하기 위해 해외 개발 원조와 평화 조정에 적극적인 정책을 실행했다.

신흥 국가들은 역사적으로 스마트 파워를 사용해서 효과를 거두었다. 19세기에 오토 폰 비스마르크의 프로이센은 적극적인 군사 전략으로 세 차례의 전쟁에서 덴마크, 오스트리아, 프랑스를 물리치며 독일의 통일을 이루었지만, 일단 1870년에 그 목표를 달성하자 주변국들과 동맹을 체결하고 베를린을 유럽의 외교와 중재를 이끄는 중심지로 만드는 정책을 실시했다. 20년 후에 독일 황제는 비스마르크를 해임하는 치명적인 실수를 저지르면서 러시아와의 재보장 조약을 갱신하는 데 실패했고, 공해상에서 해군력의 우위를 차지하기 위해 영국에 도전했다. 메이지유신 이후에 일본은 군사력을 증강하면서 1905년에 러시아를 물리쳤지만, 영국과 미국에 화친 정책을 시도하며 해외에 긍정적인 인상을 주기 위해 막대한 자원을 투자했다.[8] 1930년에 대동아공영제국 계획이 실패하고 제2차 세계대전에서 패배한 후 일본은 군사력을 최소화하고 미국과의 동맹에 의존하는 전략을 고수했다. 일본은 오직 경제 성장에만 집중해서 목표 달성에 성공했고, 군사력과 소프트 파워는 그저 적당한 수준으로 강화했다.

마오쩌둥 치하의 중국은 군사력(핵무기를 포함한다)을 증강하고 마오쩌둥 개혁주의와 제3세계 연대의 소프트 파워를 활용해서 해외 동맹을 체결했지만, 1970년대에 마오쩌둥주의 전략이 고갈되자 중국의 지도자들은 경제 발전을 촉진하기 위해 시장 체제에 의존했다. 덩샤오핑은 중국인들에게 내적 발전을 위협할지도 모르는 외적 모험을 삼가야 한다고 경고했다. 2007년에 후진타오 주석은 중국의 소프트 파워에 대한 투자의 중요성을 공표했다. 경제력과 군사력에서 엄청난 도약을 이루어낸 국가의 관점에서 그것은 매우 현명한 전략이었다. 하드 파워의 증강과 자국의 호감을 증대하기 위한 노력을 병행하면서 중국은 자칫 주변국들 사이에서 증폭될지도 모르는 불안과 권력 균형을 이루려는 성향을 저감하려고 했다.

2009년에 중국은 세계적 경기 침체에도 높은 경제 성장률을 기록하며 이루어낸 성공을 대단히 자랑스러워했다. 많은 중국인들이 이것을 세계적 권력 균형의 이동과 미국의 쇠퇴를 나타내는 징후라고 결론지었다. 어떤 사람은 2000년을 미국의 권력이 정점에 이른 해로 기록하기도 했다. 중국 인민 대학의 캉 샤오궝 교수는 이렇게 말했다. "지도층부터 학술계, 일반 대중에 이르기까지 사람들은 이제 서구를 얕잡아보고 있다."[9] 하지만 이런 화술은 갈등으로 이어질 수 있다. 권력 평가에 대한 과신(국내 정세의 불안과 결합되어)은 2009

년 후반에 더욱 독단적인 외교 정책 행동으로 이어졌다. 일부 논평가들은 중국이 신흥 국가의 현명한 전략에서 벗어나 중국은 조심스럽게 발전하며 "능숙하게 저자세를 유지해야 한다"고 말했던 덩샤오핑의 조언에 역행하고 있다고 우려했다.[10]

강대국들도 하드 파워와 소프트 파워 자원을 결합하기 위해 노력한다. 제국은 강압의 하드 파워뿐만 아니라 유인의 소프트 파워까지 사용할 경우에 더욱 쉽게 통치할 수 있다. 로마는 정복당한 엘리트 계층에 로마의 시민권을 부여했고, 프랑스는 레오폴드 상고르 같은 아프리카 지도자들을 포섭해서 프랑스의 정치와 문화를 경험하도록 했다. 빅토리아 시대의 영국은 박람회와 문화를 활용해 제국에서 엘리트들을 끌어들였고, 앞서 살펴보았던 것처럼 방대한 제국의 대부분에서 소규모의 군대만으로 지역민들을 통치할 수 있었다. 물론 이런 상황은 민족주의의 부상으로 대영제국의 소프트 파워가 잠식되면서 점차 어려워지게 되었다. 영국 연방의 탄생은 식민지 이후의 새로운 상황에서 남아 있는 소프트 파워를 유지하기 위한 노력이었다.

한 국가의 '대전략grand strategy'은 국가에 안보, 복지, 정체성(제퍼슨의 용어에서 '삶, 자유, 행복 추구'였다)을 제공하기 위한 지도자의 이론과 구상이며, 그 전략은 상황의 변화에 따라 조정되어야 한다. 전략에 대해 너무 경직된 접근법은 역효과를 일으킬 수도 있다. 전략은 정부의 고위 계층에게만 해당되는 신비주의적 전유물이 아니다. 그것은 모든 계층에 두루 적용될 수 있다.[11] 국가는 반드시 총괄적인 전략을 보유해야 하지만, 상황에 따라 유연성을 유지해야 한다. 한 역사가의 말에 의하면, 건전한 대전략은 "목적과 수단의 균형이 아주 견고하게 유지되기 때문에 전략, 작전, 전투에서 실패를 거듭하더라도 결국 승리를 이끌어낸다."[12] 냉전 시대 이후에 일부 미국의 분석가들은 과거의 '봉쇄 정책'과 마찬가지로 자동차 범퍼 스티커의 문구로 축약해서 활용할 수 있는 화술을 고안하기 위해 노력한다. 하지만 그들은 똑같은 슬로건과 정책이 간혹 상충하기도 했다는 사실을 간과한다.[13] 몇몇 사람들에게 봉쇄 정책은 베트남전을 합리화했지만, 전략가 조지 케넌에겐 해당되지 않았다. 단순한 공식이나 영악한 슬로건보다 더 중요한 것은 권력의 추세에 대한 정확한 평가와 현명한 정책안에 대한 예상을 도출해내는 상황 지능이다.[14]

앞서 살펴보았던 것처럼 대학 교수들, 전문가들, 대통령들도 종종 세계에서 미국이 차지하는 위치에 대한 평가에서 실수를 저지르곤 했다. 예를 들면, 20년 전에는 미국이 제국주의적 과대 확장으로 인해 쇠퇴하고 있다는 것이 일반적인 통념이었다. 그리고 10년 후에는 냉전의 종식과 함께 세계가 미국 패권의 단극 체제로 전환되었다는 것이 새로운 통념으로 자리를 잡았다. 일부 논평가들은 미국이 너무 막강해서 임의대로 정의를 결정할 수 있고, 다른 국가들은 그 결정에 따를 수밖에 없다고 결론지었다. 찰스 크라우트해머는 이런 추세를 '신 일방주의the new unilateralism'라고 명명하면서, 이런 독단적인 화술이 2001년 9월 11일의 테러 공격이 벌어지기 전부터 부시 행정부에 큰 영향을 미치며 예방 전쟁과 강압적인 민주화로 대표되는 새로운 '부시주의bush doctrine'를 탄생시켰다고 주장했다.[15] 그러나 신 일방주의는 세계 정치에서 권력의 본질에 대한 심각한 오해와 그런 상황에서 우월한 자원의 보유가 바람직한 결과를 창출할 것이라는 착각에서 비롯되었다.

현재 세계적 환경의 주요한 특징들은 무엇이며, 그것들은 어떻게 변화하는가?[16] 서문에서 나는 현재의 정치 상황을 3차원 체스 게임에 비유했다. 그 체스판에서 국가들 간의 군사력은 미국에 극도로 집중되어 있고, 국가들 간의 경제력은 미국, 유럽연합, 일본, BRIC 국가들에 다극 체제로 분포되어 있으며, 기후변화, 범죄, 테러, 전염병 같은 초국가적 문제들에 대한 권력은 두루 분산되어 있다. 행위자들 간의 자원 분포에 대한 평가는 각각의 영역에 따라 차이가 나타난다. 세계는 단극 체제도, 다극 체제도, 혼돈 상태도 아니며, 그 세 가지 상태가 동시에 혼재한다. 따라서 현명한 대전략은 영역에 따라 전혀 판이한 권력 분포에 대처하고, 그것들 간의 이해득실을 파악할 수 있어야 한다. 오직 상단 체스판에만 집중하는 현실주의의 시각이나 주로 다른 체스판들에 주목하는 자유주의적 제도주의의 시각에서 세계를 바라보는 것은 더 이상 의미가 없다. 오늘날 상황 지능은 3차원 체스판을 두루 살펴보는 '자유주의적 현실주의'라는 새로운 복합적 시야를 요구한다. 무엇보다 3차원 게임에서 오직

한 체스판에만 집중하는 선수는 결국 패배할 수밖에 없다.

이런 환경에서 승리를 거두려면 다른 국가들에 군림하는 권력뿐만 아니라 다른 국가들과 공조하는 권력까지 행사하는 방법을 이해해야 할 것이다. 상단 체스판에서 국가들 간의 군사적 관계에서 부상하는 문제들에 대해서는 동맹을 형성하고 권력 균형을 이루는 방법을 이해하는 것이 여전히 결정적인 요소로 작용할 것이다. 그러나 군사적 전투에 관한 최적의 질서는 전염병이나 기후변화 같은 하단 체스판에서 벌어지는 비국가적 행위자들과 초국가적 위협에 관한 많은 문제들을 해결하는 데 거의 도움이 안 될 것이다. 그런 문제들은 전통적으로 국가의 전략에 근간이 되는 군사적 위협보다 훨씬 큰 규모로 수백만에 달하는 인명의 안전에 위협을 가할 수 있다. 따라서 모두에게 이익이 되고 아무도 배제되지 않도록 원활한 공조, 확실한 제도, 공공재의 추구를 통해 해결해야 할 것이다.

패권 이론가들은 앞서 6장에서 살펴보았던 것처럼 패권 전이와 충돌의 양상에 관한 문제들에 주목했을 뿐만 아니라 공공재의 공급을 위한 패권의 긍정적 영향에 대해서도 연구했다. 그런 노력은 패권 안정 이론theory of hegemonic stability을 탄생시켰다. 모두에게 이익이 될 수 있는 공공재는 부족하게 창출되기 마련이다. 그 이유는 아무런 대가 없이 창출된 공공재의 혜택을 누리려는 사람들을 차단할 능력이 부족해서 공공재를 창출하기 위한 동기가 줄어들기 때문이다. 만약 모두가 '무임승차'를 하려고 한다면, 아무도 투자할 의미를 찾지 못할 것이다. 예외적인 경우라면 한 국가가 다른 국가들보다 월등한 능력을 지니고 있어 약소국들이 무임승차를 하더라도 그 국가가 실행한 공공재에 대한 투자의 혜택을 인식할 수 있는 상황일 것이다. 이런 '골리앗의 사례'에서[17] 약소국들은 공공재를 창출할 동기나 능력이 부족하기 때문에 패권 국가들은 세계적 지배력을 가져야 하며 세계적 공공재의 창출을 주도해야 한다.

강대국들이 앞장서서 그런 역할을 수행하지 않는다면 그 결과는 국제 체제에 재앙을 초래할 수도 있다. 예를 들면, 제1차 세계대전 이후에 미국이 영국을 제치고 금융과 무역에서 세계 최강국이 되었을 때 미국은 그 의무를 충실히 수행하지 않았고, 결국 비참한 대공황이 발생하고 말았다. 일부 분석가들은 그런 재앙이 재발할지도 모른다고 우려한다.[18] 경제적 자원의 점유율에서 미국에 근접한 중국이 책임 있는 이해관계국의 역할을 할 것인가, 아니면 제1, 2차 세계대전의 전간기에 미국이 그랬던 것처럼 계속 무임승차자로 남을 것인가?

다행히 패권의 우위가 세계적 공공재를 창출하기 위한 유일한 방법은 아니다. 로버트 코헨은 '패권 이후' 시대에 상호 협조와 무임승차의 문제를 해결하기 위한 국제기구를 조직할 수 있다고 주장한다.[19] 더욱이 다른 이론가들이 지적했던 것처럼 순수한 공공재는 지극히 드물고 강대국들이 간혹 혜택을 제공하면서 일부 국가들을 배제하는 경우도 있기 때문에 패권 안정 이론은 지나치게 단순화된 것이다.[20] 안보 협정이나 무역 협정 같은 일부 보편재broad good는 다수에게 혜택이 돌아가지만 일부가 배제될 수 있는 '집단재club good'로 변질될 수도 있다.

세계 정부는 21세기에 탄생할 가능성이 적지만 세계 통치는 이미 어느 정도 존재한다. 세계는 무선통신부터 민간항공, 해양투기, 무역, 핵무기 비확산에 이르기까지 광범위한 국가들 간의 행위 영역을 통치하기 위한 수백 개의 조약, 기구, 제도를 운영하고 있다. 그러나 이런 기구들은 독자성을 갖춘 경우가 드물다. 그들은 강대국들의 리더십을 통해 지원을 받는다. 강대국들이 21세기에도 이런 역할을 지속할지 여부는 시간을 두고 지켜보아야 할 것이다. 권력이 증대된 중국과 인도가 이런 측면에서 어떤 행동의 변화를 보일 것인가? 자유주의 학자 존 아이켄베리 같은 일부 전문가들은 현재 국제기구들의 환경은 상당히 개방적이고 유연성이 있어 중국이 자국의 이익을 찾아서 동참하게 될 것이라고 주장한다.[21] 다른 전문가들은 증대된 권력을 토대로 중국이 영향력을 행사하고자 독자적인 국제기구를 설립할 것이라고 믿는다. 한편 21세기 중반에 미국, 중국, 인도가 주도하는 삼극 체제가 성립되리라고 예상하는 사람들에겐 역설적이지만 그 3개국은 모두 주권의 보호에는 가장 적극적이면서도 베스트팔렌 조약 이후의 세계에 대한 인정에는 가장 소극적인 국가들이다.

비록 유럽연합이 세계 정치의 주도적 역할을 유지하면서 제도적 개혁을 강행할지라도 제2차 세계대전 같은 재앙을 제외하면 세계는 1945년 이후에 유엔을 창설하면서 경험했던 것 같은 '합법적으로 조직을 구성하는 순간'을 맞이할 가능성이 적다. 오늘날 세계 기구로서 유엔은 합법성 판단, 위기 외교, 평화 유지, 인도주의적 활동에서 결정적인 역할을 담당하지만, 그 규모에서 다른 많은 기능들을 수행하기 힘들다는 것이 입증되었다. 예를 들면, 코펜하겐 유엔 기후변화 협약에서 나타났던 것처럼 거의 200개국이 참여한 회담이 정작 문제 해결을 위한 자원이 부족해서 주제와 동떨어진 국가들에 의해 종종 혼란스러워지고 블록 정치와 권모 술수에 휘말리게 된다.

다자간 외교의 한 가지 딜레마는 모든 국가들을 활동에 참여시키고 꾸준히 활동하도록 이끄는 것이다. 그 해답은 유럽인들이 '가변기하학variable geometry'이라고 부르는 것에 내재하는 듯하다. 다자주의는 다양한 문제들에서 권력 자원의 분포에 따라 달라질 것이다. 일례로 통화 문제의 경우에 IMF는 브레튼 우즈 협정을 통해 1944년에 출범된 이후 186개국으로 규모가 확장되었지만, 1970년대까지 통화 협력은 달러화의 강세가 주도했다. 달러화의 약세가 시작되고 닉슨 대통령이 달러의 금태환 중단을 선언한 이후에 프랑스는 1975년에 랑부예 성의 도서관에서 5개국을 소집시켜 회담을 열고 통화 문제에 대해 논의했다.[22] 이 회담은 이내 G-7으로 성립되었고, 이후 범위가 확장되면서 회원국은 8개국(러시아가 참가했고, 다수의 관료들과 여러 언론들도 참관했다)까지 늘어났다. 이런 과정을 통해 탄생한 G-8은 BRIC 국가들을 비롯한 다른 국가들에서 5개국을 회담에 초청하기 시작했다. 2008년 금융 위기 이후에 이 체제는 더 많은 회원국을 받아들이며 새로운 G-20 회담으로 발전되었다.

한편 G-7은 보다 제한된 통화 의제들에 대해 장관급 회담을 지속하면서 금융안정포럼 같은 새로운 기구를 설립했고, 미국과 중국의 양자회담도 꾸준히 중요한 역할을 담당했다. 한 노련한 외교관은 이렇게 말한다. "만약 당신이 20개국과 환율 거래를 협상하거나 과거 클린턴의 재임 초기처럼 멕시코에 대한 구제 금융을 20개국과 협상하려고 한다면, 그것은 쉽지 않은 일일 것이다. 만약 당신이 상대할 대상이 10명만 넘어도 결과를 이끌어내기가 지독하게 어려울 것이다."[23] 무엇보다 대상이 세 명이면 세 가지 관계가 형성되고, 대상이 10명이면 45가지 관계가 형성되며, 대상이 100명이면 거의 5,000가지 관계가 형성된다. 다른 사례로 기후변화의 문제를 살펴보면 유엔 기후변화 협약은 향후에도 지속적인 역할을 수행하겠지만, 온실가스 배출량의 80퍼센트를 차지하는 약 10개국 정도가 소규모 포럼을 형성해서 한층 집중적인 협상이 진행할 가능성이 크다.[24]

세계 통치는 대부분 공식적, 비공식적 네트워크들에 의존하게 될 것이다. 네트워크 조직들(예를 들면, G-20)은 의제 구성, 여론 형성, 정책 조정, 정보 교류, 기준 설정을 위해 활용된다.[25] 앞서 1장에서 논의했던 것처럼 네트워크의 중추는 권력이 근원이 될 수 있지만 "이런 형태의 연계에서 비롯되는 권력은 결과를 강제하는 권력이 아니다. 네트워크는 지시와 통제가 아닌 운영과 조정을 통해 작동된다. 다수의 참여자들은 부분의 총합보다 더 큰 전체로 통합된다."[26] 다시 말해, 네트워크는 군림이 아닌 공조를 통해 바람직한 결과를 달성할 수 있는 권력을 부여한다. 우리는 네트워크에서의 권력이 강력한 연대와 미약한 연대에서 모두 비롯될 수 있다는 것을 확인했다. 동맹과 같은 강력한 연대는 '기지 설치권, 정보 공유, 무기 합작 및 구입, 군대의 공동 파견, 다자간 기구, 상호 무역의 혜택, 상호 안보의 보장 등을 통해 모든 면에서 한 국가의 권력을 증대한다.' 세계적 규모의 다자간 기구 같은 미약한 연대는 '온갖 명백한 단점에도 불구하고 여전히 중요한 비중을 차지하며 한 국가는 적어도 유엔, IMF, 세계은행에 필적하는 강력한 목소리를 낼 수 없다면 강대국이 될 수 없다.'[27] 이런 관점에서 아시아의 시대에 대한 예상은 아직 시기상조이며, 미국은 세계 통치의 밀집된 조직망에서 다른 국가들보다 더 중추적인 역할을 하게 될 것이다.

미국의 스마트 파워 전략

앞서 언급했던 성공적인 전략을 위한 다섯 단계로 돌아가서 다섯 가지 질문을 미국의 스마트 파워 전략에 대입해 생각해보자.

첫 번째 단계

앞서 논의했던 것처럼 스마트 파워 전략을 개발하기 위한 첫 번째 단계는 뚜렷한 목표를 설정하는 것이다. 대전략의 관점에서 미국인들은 권력의 적절한 목표에 대해 오랜 논쟁을 벌여왔다. 최근에는 권력 자원의 우위를 유지하는 방안과 국내에서 완전한 민주주의를 구현하거나 해외에서 자유주의적 개입주의를 실행함으로써 미국의 가치를 촉진하는 방안 중에 무엇을 주요한 목표로 추구해야 하는지를 두고 논쟁이 벌어졌다. 이런 논쟁은 간혹 현실주의와 이상주의의 갈등으로 여겨지지만 미국의 화술이 성공을 거두려면 두 가지를 모두 수렴해야 한다.[28] 미국적 가치는 미국의 외교 정책에서 본질적인 요소나 다름없다. 미국 예외주의는 구세계의 반응에서 자국을 다른 국가들과 공유할 보편적 가치를 보유한 언덕 위의 도시로 여기며 탄생한 공화국의 초창기부터 시작되었다. 키신저가 지적했던 것처럼 현실주의자들은 균형과 안정을 추구하는 반면, 이상주의자들은 전환을 갈망한다. 하지만 그는 두 이념 간의 논쟁이 지나치게 과장되고 있다고 말한다. 현실주의자들은 이상과 가치의 중요성을 인정할 수 있고, 이상주의자들은 모든 지정학적 제한을 부정할 이유가 없다.[29] 그럼에도 두 이념 간의 갈등은 오랜 기간 지속되고 있다.

전통적인 현실주의자들은 종종 가치에 근거한 외교 정책과 이익에 근거한 외교 정책을 구분하곤 한다. 그들은 안보에 직접적인 영향을 미치기 때문에 무력의 사용을 검토해야 하는 경우를 '필수적인' 이해관계라고 묘사하는데, 가령 미국에 대한 공격을 예방하고 아시아나 유럽에서 적대적인 패권국의 부상을 방지하고 국경이나 해상권에 대한 분쟁을 일으키는 적대 세력을 차단하고 미국의 동맹국들에 대한 생존권을 보장하기 위한 무력의 사용이 그런 경우에 해당된다.[30] 이런 상황에서 인권, 민주주의, 혹은 특정한 경제 부문의 촉진은 우선순위에서 밀려나게 된다. 그러나 이런 전통적인 접근법은 분석적 측면에서 너무 편협하고, 미국 정치 문화의 본질과도 좀처럼 어울리지 않는다.

필수적인 국익은 생존이 걸린 문제라면 당연히 우선권이 주어져야 하지만, 특정한 사건과 국가 생존의 위협 간의 관계에는 여러 원인들의 복잡한 연쇄 작용이 포함될지도 모른다. 사람들은 인권 같은 가치의 추구보다 우선되는 그런 연쇄 작용에서의 연관성과 동떨어진 위협에 대한 '보장'의 효과에 대해 반대할 수 있다. 민주주의에서 국익은 적절한 논의를 거쳐 국민들이 직접 결정하는 것이다. 비록 필수적인 전략의 이익이 중요한 비중을 차지할지라도 국익은 그보다 더 광범위한 영역을 아우른다. 국익은 인권과 민주주의 같은 가치를 포함할 수 있으며, 특히 미국의 대중이 그런 가치들을 그들의 '정체성'으로 매우 중요하게 여긴다면 기꺼이 그것들을 촉진하는 대가를 치르려고 할 것이다. 요컨대 가치는 무형의 국익이다. 만약 미국인들이 특정한 가치와 그것을 해외에 촉진하는 행위가 그들의 이익에 포함된다고 생각한다면 그것은 국익의 일부가 될 것이다. 리더들과 전문가들은 특정한 가치의 추구에 수반되는 손실에 대해 지적할지도 모르지만, 현명한 대중이 반대한다면 전문가들은 여론의 당위성을 부정할 수 없다.

실제로 외교 정책 목표에서 미국의 전통은 현실주의와 이상주의 간의 단순한 이분법보다 광범위한 영역을 아우른다.[31] 미국인들은 자신들이 추구하는 목적과 사용하는 수단에서 다른 사람들의 이익에 얼마나 주의를 기울이는지에 대해 논쟁한다. 민족주의자들은 세계주의자들과 논쟁하고, 일방주의자들은 다자주의자들과 논쟁한다. 대부분의 대통령들과 여론형성자들은 여러 전통에 근거해서 행동한다. 해리 트루먼, 드와이트 아이젠하워, 존 케네디를 보면 알 수 있을 것이다.

결국 목표의 절충은 불가피하다. 문제는 그것들이 양립하는 방식이다. 현실주의자들은 무제한적인 개혁 운동에 대해 경고하면서 목표 달성의 성공 확률에 대한 신중한 판단의 중요성을 강조한다. 많은 사람들이 미국이 보유한 수단의 범위에서 '온건한 외교 정책'을 요구하는데, 그것은 그 자체로 아주 건전한 조언이다. 그러나 온건함은 애매한 목표이며, 지지자들은 그것을 다른 방식으로 정의한다. 몇몇 사람들에게 '억제 전략의 첫째 덕목은 미국의 권력을 절약하는 것이다.'[32] 하지만 그 덕목은 절약된 권력을 사용하는 방식에 관한 문제를 남긴다. 우리는 세계적 공공재의 공급에서 강대국의 중요성을 떠올리며 이 논쟁을 더욱 심도 깊게 이어갈 수 있다. 앞서 살펴보았던 것처럼 만약 한 공공재의 최대 수혜국(예를 들면, 미국)이 공공재의 조달을 위해 불균형적인 자원의 공급에서 주도적인 역할을 하지 않는다면 중소 수혜국들은 많은 국가들이 연관되는 경우에 집단적 행동을 결성하기 어렵기 때문에 공공재를 창출하지 못할 가능성이 크다.[33]

대전략은 생존의 보장을 우선으로 하지만, 그 다음은 공공재의 공급에 치중해야 한다. 광의적 차원에서 국제 질서는 모든 국가들이 다른 국가들의 가용성을 침해하지 않으면서 소비할 수 있는 세계적 공공재에 해당된다.[34] 미국이 지역의 평화, 공해의 자유, 개방무역, 전염병 통제, 금융 시장의 안정을 통해 이익을 누린다면 약소국들도 다른 국가들의 이익을 침해하지 않으면서 똑같은 이익을 누릴 수 있다. 물론 앞서 살펴보았던 것처럼 순수한 공공재는 지극히 드물다. 만약 일부 국가들이 배제된다면 그것은 집단재나 부분적 공공재에 해당된다. 이따금 미국인들의 시각에서 좋게 보이는 것들이 외국인들의 시각에서는 나쁘게 보일지도 모른다. 너무 편협한 탓에 공공재로서 호소력을 지니지 못하는 것은 이기적인 이데올로기가 될 수 있지만, 그것은 중요한 전략적 원칙을 폐기해야 하는 이유가 아닌 다른 사람들의 의견에 귀 기울여야 한다는 교훈이 된다.

미국은 이런 전략으로 두 배의 효과를 이끌어냈다. 그들이 창출한 공공재 자체와 그 과정에서 창출할 수 있는 소프트 파워를 통해 모두 이익을 거두었던 것이다. 만약 미국이 다른 국가들의 이익을 포함하는 재화의 차원에서 국익을 정의한다면 자국의 목표 달성에 필요한 폭넓은 지지를 얻어낼 가능성이 더욱 높은 화술을 창출할 수 있다. 특히 미국이 새로운 국가와 비국가적 행위자들의 부상에 직면해서 네트워크에서의 공조를 필요로 할 경우에 매우 효과적일 것이다.

미국은 19세기에 대영제국이 유럽 주요 국가들 간의 권력 균형 유지, 개방형 국제 경제 체제의 촉진, 공해의 자유 같은 개방된 국제 공유지의 유지에 초점을 두었던 행적에서 교훈을 얻을 수 있다. 이 세 가지 사항들은 21세기에 미국이 직면한 상황과 연관되어 있다. 지역의 권력 균형을 유지시키고 국경의 변경을 위한 무력의 사용을 억제시키는 것은 비록 모든 국가들은 아니지만 많은 국가들에 공공재를 제공한다. 미군의 존재는 특히 유럽과 아시아 같은 중요한 지역들에서 '그런 환경을 조성하는 데' 기여한다. 개방형 국제 경제 체제의 촉진은 비단 미국뿐만 아니라 다른 국가들의 경제 성장에도 긍정적인 효과를 일으킨다. 세계 시장의 개방은 미국에도 이익이 되지만 빈곤한 국가들의 가난을 경감하기 위한 필요 조건이다(물론 충분 조건은 아니다). 더불어 장기적으로 경제 성장은 다른 국가들에서 안정된 중산층을 육성할 가능성이 크다. 19세기의 영국처럼 미국도 공해와 같은 국제 공유지를 유지하는 데 관심을 갖고 있다. 하지만 오늘날 국제 공유지는 세계적 기후변화, 멸종 위기의 생물 보호, 우주 공간의 사용뿐만 아니라 사이버 공간의 불완전한 '가상의 공유지' 같은 새로운 문제들을 포함한다.

21세기에는 세계적 공공재의 부가적 차원들이 존재한다. 그중 하나는 무역과 환경뿐만 아니라 핵무기 비확산, 평화 유지, 인권 같은 문제들을 처리하기 위한 국제적 행동을 결성할 수 있는 국제법과 국제기구를 개발하고 유지하는 것이다. 금세기의 세계적 공공재를 위한 담론도 국제적 발전과 연관된다. 세계적으로 대다수의 빈곤층이 질병, 가난, 정치적 불안의 악순환에 시달리고 있다. 이따금 경제 원조가 도움이 되기도 하지만 개발을 실행하기에는 턱없이 부족한 수준이며, 그보다는 시장 개방, 책임 있는 제도의 강화, 부정부패의 방지가 훨씬 더 중요하다. 개발에는 오랜 시간이 소요되기 때문에 우리는 빈곤층에게 실제로 도움이 되는 더 좋은 방법을 찾아야 하지만 소프트 파워의 차원까지 감안해서 신중하게 판단하면 개발에 높은 우선순위를 두는 것이 바람직하다.

마지막으로 강대국으로서 미국은 제휴를 이끌어내는 중재자와 조정자로 활동함으로써 중요한 공공재를 제공할 수 있다. 수단과 중동 같은 지역들에서 해외 주재소를 통해 갈등을 중재한다면 미국은 자국과 다른 국가들 모두에게 이익이 되는 방향으로 국제 질서를 형성하는 데 기여할 수 있다. 일부 윤리적, 종교적 갈등은 해결하기 어렵고 간혹 다른 국가들이 효과적으로 중재자의 역할을 수행할 수 있는 상황들도 있지만, 미국이 그런 상황에서 중재에 나서서 성공을 거둔다면 자국의 평판과 소프트 파워를 증대하면서 불안의 근원까지 제거할 수 있다.

두 번째 단계

가치와 이익이 조화된 적절한 목표를 설정했다면 스마트 파워 전략의 개발을 위한 두 번째 단계는 가용 자원의 목록을 정확히 작성하고 그 목록이 상황의 변화에 따라 어떻게 달라지는지 평가하는 것이다.

군사적 자원의 측면에서 미국은 세계 군비의 거의 절반을 지출하면서 첨단기술까지 보유하고 있기 때문에 어떤 국가도 전통적인 관점에서 미국의 권력과 균형을 이룰 수 없다. 이런 강점을 유지하면서 군사적 우위에 도전할 경쟁자의 부상을 예방하는 것은 1991년에 소련이 붕괴된 이후로 미국의 전략에서 중요한 목표가 되었다. 하지만 이 접근법에는 한계가 존재한다. 미국은 1만 5,000피트 이상의 상공, 우주 공간, 공해에 대해 군사적 지배권을 갖는다. 이런 역량은 금세기 동안 중국이나 다른 국가들이 쉽게 넘볼 수 없을 듯하다. 이것을 토대로 미국은 막강한 세계적 무력 투사를 실행할 수 있지만 도심지, 원거리 지역, 연안해 같은 분쟁지대에서는 여전히 도전을 받을 수 있다.[35] 또 불완전한 공유지인 사이버 공간에서 미국은 세계 최강의 공격력을 지니고 있을지 모르지만 사이버 네트워크에 의존하기 때문에 미국도 다른 국가들의 공격에 극도로 취약하며, 사이버 방어의 경우에는 경쟁의 환경이 훨씬 더 공평하다.

사회적인 무장 집단들에 대한 통제에는 엄청난 손실이 수반될 수 있다. 게릴라들이 사용하는 사제 폭발물 같은 간단한 기술은 미국이 개발한 스마트 폭탄과는 비용의 측면에서 비교조차 되지 않는다. 점령국들에서 주민 20명당 병사 한 명의 비율로 편성되는 전면적인 대게릴라 정책에는 막대한 자원이 투입되어야 한다. 예를 들면, 아프가니스탄에 배치된 미군 병사나 해병 한 명에게 지출되는 연간 비용은 거의 100만 달러에 이르는 것으로 추산된다.[36] 비록 예산이 충당된다고 해도 과연 미국과 다른 동맹국들의 대중이 얼마나 오래 그런 정책을 지지할 것인지에 대한 의문은 반란군들에게 심리적 우위를 허용하는 빌미가 된다. 요컨대 미국은 군사적 자원에서 우위를 유지할 가능성이 크지만 장차 여러 중요한 상황들에서 그 자원의 효용성과 비용에 대비한 효과는 줄어들 것이다.

미국은 경제적 자원이 풍부하지만 일부 영역에서 유럽연합이 미국의 경제력과 균형을 이룰 수 있으며, 중국 경제가 향후 20년 안에 총 규모에서 미국을 추월할지도 모른다는 전망도 제기된다. 미국의 권력 자원은 이미 경제 영역에서 다른 국가들과 균형을 이루고 있고, 이런 추세는 미래에 더욱 심화될 가능성이 크다. G-20 네트워크 조직의 개발과 IMF의 투표권 재분배는 이런 상황을 입증한다.

비록 기술적, 기업적, 인구통계학적 우위를 어느 정도 유지하게 되더라도 장차 미국은 다른 국가들과 동등한 입장에서 협상해야 하는 경우가 잦아질 것이다. 더욱이 재정 적자의 기간에 수단은 제한되기 마련이며, 경제적 자원에 대한 현실주의적 평가에 맞게 선택되어야 한다. 미국이 경제를 강화하기 위한 내부 개혁을 실행하고 네트워크의 중추로서 자국의 권력을 증대하는 국제적 경제 기구들과 공조한다면, 그런 협상에서 더 좋은 결과를 얻게 될 것이다.

비록 미국의 문화와 가치에 대한 호감도에 따라 차이가 있지만 소프트 파워에서도 미국은 대부분의 국가들보다 더 많은 자원을 보유하고 있다. 미국의 가치를 투영하는 수단 중에서 언덕 위의 도시 접근법은 적극적인 해외 개입에 비해 손실이 적다. 미국의 대학들과 미디어는 향후에도 꽤 오랜 기간 우위를 유지할 가능성이 크지만, 다른 국가들이 그런 분야의 역량을 강화하는 동안 미국의 우위는 점차 줄어들 것이다. 한편 강압적이거나 불법적으로 인식되는 정책은 문화와 가치를 통해 창출된 소프트 파워를 훼손할 수 있다.

세 번째 단계

미국의 스마트 파워 대전략을 위한 세 번째 단계는 영향력을 행사하려는 목표 대상들의 자원과 기호를 평가하는 것이다. 가령 탈산업화된 국가들(예를 들면, 유럽), 산업화된 국가들(예를 들면, BRIC 국가들), 비산업화된 국가들(예를 들면, 아프리카의 대부분)처럼 세 범주가 각각 극명한 차이를 보일 경우에 군사력이 쓸모가 없어진다고 포괄적인 진술을 하는 것은 거의 의미가 없다. 군사력의 정당한 사용을 지향하는 태도는 각각의 상황에 따라 달라진다. 예를 들면, 전쟁의 문제에 대해 유럽인들은 고작 25퍼센트만이 특정한 조건에서 전쟁이 정의를 쟁취하기 위해 필요하다고 믿는데(반면 미국인들은 71퍼센트가 이런 믿음을 지닌다), 유럽인들은 경제력이 군사력보다 중요하다고 생각하는 성향을 보인다.[37] 탈산업화된 민주국가들 간의 복잡한 상호 의존 관계에서 경제적 자원과 소프트 파워 자원은 그 역할이 더욱 확대될 가능성이 크며 군사력의 사용은 점차 용인하기 어려워질지도 모른다. 비록 방어적 측면에서 여전히 군사력이 중요한 비중을 차지하지만 국제적 기구들과 네트워크에서 미국의 역할은 부유한 민주국가들 간의 관계에서 더욱 중요해진다. 반면 아시아에서 중국의 증대되는 하드 파워 자원과 균형을 이루는 문제로 고심하는 국가들은 종종 미군의 주둔을 환영하기도 하며 라이베리아와 시에라리온 같은 국가들에 적극적인 평화 유지군 활동은 매우 중요할 수 있다.

국가들 간의 차이에 못지않게 비국가적 행위자들 간의 차이도 중요하다. 예를 들면, 테러 집단들에 대한 대처에서 너무 유약한 대응은 극단주의를 부추길 수 있지만 잘못된 형태의 군사적 대응은 자칫 역효과를 일으킬 수 있다. 한때 럼스펠드가 말했던 것처럼 테러범들과의 전쟁에서 승리는 그들이 소프트 파워로 포섭할 수 있는 사람들의 수보다 우리가 하드 파워로 제거하고 퇴치하는 테러범들의 수가 많은지의 여부에 따라 결정된다. 예를 들면, 극단적인 이슬람 테러범들을 저지하려면 정보력과 경찰력의 국제적 공조뿐만 아니라 급진적인 가담자들의 원천적 근절도 필요하다. 향후에도 군사적 하드 파워는 핵심적인 비중을 차지하겠지만 아부 그레이브나 관타나모의 경우처럼 하드 파워의 사용이 부당하게 인식된다면 그것은 이슬람 주류의 민심을 얻는 데 필요한 소프트 파워를 저해하고 더 많은 테러범들을 양산할 것이다. 예를 들면, 한 유명한 테러 전문가는 미국의 이라크전과 핵심 국가들에 대한 맞춤 전략의 개발 실패로 인해 반미주의가 더욱 심화되었다고 결론지었다. 국제적인 지하드 단체들은 2001년 이후에 3년 동안 조직원들이 증가했고, 그전보다 2배나 많은 테러 공격을 감행했다.[38] 마찬가지로 영국 정보기관 MI5의 전임 국장은 이라크전 진상조사위원회 청문회에서 전쟁이 테러범들의 조직을 축소시키지 못하고 오히려 확장시키는 결과를 초래했다고 말했다.[39]

네 번째 단계

스마트 파워 전략을 위한 네 번째 단계는 권력 행동의 선택으로, 상황에 따라 강제력이나 포섭력을 선택한 후에 그 두 가지가 서로를 저해하지 않고 강화할 수 있도록 전술을 조정하는 것이다. 냉전 기간에 군사적 억제는 유럽에서 소련의 공격을 예방하는 데 기여했고, 문화와 사상을 앞세운 소프트 파워는 철의 장막 뒤에 내재된 공산주의에 대한 믿음을 잠식했다. 대전략으로서 케넌의 봉쇄 정책은 시간의 흐름에 따라 철의 장막 뒤에서 변화가 일어날 것이라고 거의 확신했고, 아이젠하워는 민간 외교와 민간 교류를 전폭적으로 신뢰했다. 그러나 동남아시아 같은 다른 지역들에서 봉쇄 정책은 성공할 가능성이 다소 적었다. 미국은 베트남 민족주의자들의 욕구와 집념을 이해하지 못했고, 베트남에서의 군사적 행동은 미국의 소프트 파워를 크게 훼손했다.[40]

20세기 미국 권력의 절정기에 아이젠하워가 보였던 신중한 태도는 미국이 하드 파워를 바탕으로 강력한 주도권을 행사해서 다른 국가들에 거의 선택의 여지가 없이 따르도록 강제하는 리더십을 발휘해야 한다고 믿으며, 21세기로 들어서는 모습과 대비된다. 부통령 딕 체이니는 '다른 국가들이 미국의 행동을 제지할 수 없다고 인식하게 되면 미국의 명분을 따르게 될 것'이라고 믿었다. 그는 미국이 자체적인 진실을 창조할 수 있다고 믿었다.[41] 그러나 이라크 침공의 최종적인 결과는 오히려 적대 세력들의 규합과 우방국들의 분열로 나타났고, 여론조사에서도 전 세계적으로 미국의 호감도가 하락한 것으로 드러났다. 비록 최강의 군사력을 유지하는 것이 억제력의 행사와 동맹국들의 보호에 유용할지라도 미국의 군사적 우위가 2001년에 채택되어 2002년 국가 안보 전략에 명기된 전략을 실행할 수 있을 만큼 월등하다고 생각하는 것은 착각이다.

전술적 측면에서 대게릴라 정책은 한 지역의 게릴라들을 소탕하는 데 필요한 군사력과 민심의 기반이 되는 민간인들에 대한 피해 간의 절충에 중점을 둔다. 일부 경우에 절충은 불가피하다. 예를 들면, 탈레반과 알카에다에 대한 무인 폭격기 공격은 북부 파키스탄에서 실행할 수 있는 극소수의 수단 중 하나지만(파키스탄이 미군의 지상 이동을 반대하는 상황을 감안하면), 그것은 파키스탄 대중에게 미국의 소프트 파워에 대한 반감을 유발한다. 이런 전술적 문제들은 사례별 기준에 따라 결정되어야 할 것이다.

이것은 단순히 군사적 자원의 사용 여부에 관한 문제가 아니다. 그 이유는 군사적 자원이 하드 파워 및 소프트 파워 행동의 창출에 모두 사용될 수 있기 때문이다. 전투와 위협은 하드 파워 행동이고 방어와 지원은 소프트 파워 행동이다. 이따금 다른 행동들 간의 조정이 이루어지기 어려운 경우도 있다. 일례로 2008년에 펜타곤은 아프리카의 지역통합사령부를 설립했는데, 펜타곤의 관계자들에 따르면 'AFRICOM은 본질적으로 민간 외교를 위한 것'이지만 아프리카의 어떤 정부도 사령부의 유치에 나서지 않았다. 한 논평가가 말한 것처럼 "전통적인 군사령부로서 그것은 완벽한 기능을 하지만, 민간 외교의 수단으로써 AFRICOM은 그 역할을 수행할 수 있는 능력과 회의론자들을 납득시킬 수 있는 능력을 입증해야 한다."[42] 그보다 앞서 펜타곤이 창설했던 라틴아메리카의 SOUTHCOM은 그동안 직접적인 군사 행동에 주력했지만 '이제는 지역의 군대에 대한 교육 및 지원 프로그램, 경제 발전을 위한 지원 활동, 보건 의료 봉사 활동, 마약 단속에 주력한다.'[43] 그러나 이런 새로운 목표를 높이 평가하는 사람들도 외교 정책의 과도한 군사화와 국무부 권위의 소실에 대해 걱정했다. 국방부에서 관할하는 개발 원조의 비율은 금세기 첫 10년 동안 거의 4분의 1정도 증가했던 반면, AID에서 관할하는 비율은 65퍼센트에서 40퍼센트로 감소했다.[44] 이것은 하드 파워와 소프트 파워 행동을 조합한 통합 군사령부의 가치를 부정하려는 것이 아니라, 사람들의 인식과 의도하지 않은 결과의 문제에 대한 관심을 촉구하려는 것이다.

경제적 행위 중에서 시장 조성은 중요하지만 종종 다른 구조를 통해 이익이나 손해를 보는 개인들과 기업들의 저항에 부딪히기 때문에 수단을 행사하기가 어렵다. 기업들과 미국 정부의 의도는 이따금 일치하기도 하고 때로는 상충하기도 한다. 여러 제재들에 대해 우리는 종종 그 행위가 지나치게 선전되는 것을 알지만, 그럼에도 비용에 대비한 효과와 전달력의 측면에서 다른 대안들보다 더 효과적이다. 개발 원조는 개발의 명분에 대한 불확실성 때문에 수단으로써 문제점이 더 많지만 특정한 목적과 제도적 구조를 위한 원조는 간혹 효과적일 수 있으며, 개발은 스마트 파워 화술의 중요한 부분이다. 국가 건설의 노력은 종종 지나치게 선전되기도 하지만 제재와 마찬가지로 특정한 상황에서 유용하다는 것을 입증할 수 있다. 문제는 간혹 그 규모를 판단하기가 어렵다는 것이다. 목표가 뚜렷한 소규모의 프로젝트가 관료적 차원의 대규모 프로젝트보다 성공을 거두는 경우가 많지만 정부는 그런 식으로 조직되지 않는다. 항상 그런 것은 아니지만 비정부적 행위자들이 더 융통성을 발휘하는 경우가 많다.

민간 외교부터 원조 프로그램에 이르기까지 소프트 파워 행동은 종종 우호적인 환경을 조성하는 데 기여하지만, 그런 노력도 간혹 단기적인 결과의 관점에서 평가를 내리기 어려울 경우가 있다. 2009년에 새로운 정부가 출범된 후 오바마 대통령은 여러 연설과 상징을 통해 미국의 위상을 높일 수 있었지만, 다른 국가들의 행동을 통해 파악되는 그 변화는 단기적 관점에서 제한적이었다. 한편 그런 판단을 내리는 과정에서 시간의 지평과 목표의 유형을 고려하는 것은 매우 중요하다. 전임 영국 외무부장관 데이비드 밀리밴드는 이렇게 말한다. "우리는 흔히 장기적 관점에서 소프트 파워의 영향을 과소평가하고 단기적 관점에서 하드 파워의 영향을 과대평가한다."[45]

전반적으로 미국은 하드 파워와 소프트 파워를 조합하는 통합 계획을 개발하지 못했다. 2008년과 2009년에 작성된 20개 비정부기구의 보고서에 대한 조사에서 "강력한 국방과 더불어 국익의 촉진을 위한 필수적인 수단으로써, 특히 개발과 외교에서 미국의 민간 역량을 향상하고 증진하기 위한 새로운 '스마트 파워' 전략의 실행에 대한 초당적 합의가 이루어진 것"으로 드러났다.[46] 그러나 많은 공식적인 소프트 파워 수단들(민간 외교, 방송, 교류 활동, 개발 원조, 재난 구호)은 정부의 주위에 흩어져 있으며, 그것들을 하드 파워와 조합해서 총체적인 스마트 파워 전략으로 전환하기 위한 통합적인 전략이나 예산은 존재하지 않는다. 미국은 방송과 교류 활동에 비해 약 500배나 많은 예산을 군대에 투입한다. 과연 이것이 정보화 시대에 적절한 비율인가? 어떻게 그것을 알 수 있는가? 어떻게 절충할 것인가? 또 정부와 시민사회에서 비롯되는 비공식적인 소프트 파워 창출원(할리우드부터 하버드 대학, 빌 앤드 멜린다 게이츠 재단에 이르는 모든 것들)을 연계할 방안에 대한 계획도 거의 전무하다. 앞서 살펴보았던 것처럼 국방장관 게이츠는 소프트 파워에 더 많은 투자를 해야 한다고 주장했고, 2008년 초에 새로운 기관의 설립을 주장하면서 전임 국방장관 럼스펠드는 미국이 "세계적인 아이디어 경쟁에서 마냥 방관하고 있었고, 우리는 경쟁에 뒤쳐져 있으며, 그런 이유에서 우리는 패배하고 있는 것이다"라고 말했다.[47] 냉철한 두 명의 분석가는 이렇게 결론을 내렸다. "전략과 수행은 별개의 문제다. 비록 군대의 지휘관들과 민간의 지도자들이 독자적인 공조 체제를 통해 이제 미국의 소프트 파워를 더 효과적으로 사용할 수 있도록 지원하지만, 우리는 전략보다 행위에 중점을 두는 방향으로 시급히 전환해야 하며, 소프트 파워를 더 효과적으로 행사할 수 있는 민간 역량을 꾸준히 배양해야 한다. 소프트 파워의 대안은 덜 효과적인 하드 파워인 동시에 덜 위력적인 권력일 뿐이다."[48]

다섯 번째 단계

마지막으로 스마트 파워 전략을 위한 다섯 번째 단계는 대전략과 특정한 전술들의 차원에서 모두 목표 달성의 성공 확률에 대해 신중한 평가를 하는 것이다. 여기에는 국제적 한계에 대한 명확한 평가가 요구된다. 폴 케네디는 이렇게 지적한다. "로마처럼 현명하게 오랜 기간 존속했던 제국은 그들의 한계를 인식하고 좀처럼 그 한계를 넘지 않았다. 게르만의 울창한 숲에서 3개 군단이 전멸한 후에 아우구스투스와 그의 후계자들은 라인강의 서부를 따라 국경을 세우기로 결정했다."[49] 최강국이라고 해서 모든 국경에 군대를 배치하고 모든 지역에서 강력해야 할 필요는 없다. 그런 시도는 베트남전에서 프랑스 진영에 동조해 직접 개입하는 것을 반대했던 아이젠하워의 신중함에 위배된다.

군사력을 뒷받침하는 미국 경제의 힘을 유지해야 한다는 아이젠하워의 신념은 오늘날에도 유효하다. 현재의 세계에 적용하면 그것은 아시아 대륙에서 지상전의 참전을 지양해야 한다는 의미로 해석된다. 미국이 미래의 바람직한 입지를 구축해가는 과정에서 어떤 난관에 부딪힌다고 해도 이런 접근법은 유용할 것이다. 오바마 대통령은 아프가니스탄에 대한 파병 확대를 발표하면서 "우리의 번영은 우리의 권력을 위한 기반을 제공한다. 그런 이유로 아프가니스탄에서 우리 군대의 책무는 제한되어선 안 된다"고 말했고, 그의 2010년 국방 전략에는 '우리의 전략은 우리가 해외에서 행사하는 힘과 영향력이 국내에서 취하는 조치들에서 시작된다는 인식에서 출발한다'고 명시되어 있다.[50] 전략가 앤서니 코즈먼은 이렇게 지적한다. "액면 그대로 받아들이면 이것은 개입과 협력이라는 더 고전적인 미국의 외교 정책으로 회귀하는 것으로, 조금만 수정하면 아이젠하워 행정부에서 작성했다고 해도 무방할 정도다."[51] 전통적인 신중함으로의 회귀는 21세기 스마트 파워 화술의 일부가 되어야 한다. 글로벌 리더십은 글로벌 개입주의를 필요로 하지 않는다.

대게릴라전은 하드 파워와 소프트 파워의 전술적 균형에 세심한 주의를 기울이기 때문에 정책으로서 매력적이지만 전략적 관점에서 모든 지역에 적합한 전술이라고 하기는 어렵다. 아시아에서 대규모 지상전을 지양해야 한다는 것은 일본과 한국 같은 국가들에서 주둔군을 철수하거나 파키스탄이나 예멘 같은 국가들에 실행하는 다양한 형태의 군사적 지원을 중단해야 한다는 의미가 아니라, 여러 분쟁 지역들에서 주둔군에 과거 로마제국의 라인강 경계선 같은 명확한 한계를 설정해야 한다는 의미다. 일부 분석가들은 이것을 '역외 균형offshore balancing' 전략이라고 지칭하지만 그 용어는 단순한 해군 및 공군 활동 이상의 의미로 해석되어야 한다.[52] 예를 들면, 유럽과 일본에서 환영과 지지를 받는 미군이 일개 슬로건에 의해 배제되어선 안 된다. 이처럼 신중함을 발휘한다면 미국의 군사적 우위는 책무가 아닌 경제적 자산을 의미할 수 있다.

끝으로 성공 확률에 대한 확실한 평가에서도 미국의 국내 제도와 대중적 태도의 차원에서 뒷받침할 수 있는 것들에 대한 이해가 요구된다. 영국의 역사학자이자 열성적인 제국 찬양론자인 니얼 퍼거슨은 이라크전 당시에 미국에는 인적 자원(신병의 부족), 관심(장기 점령에 대한 대중적 지지의 부족), 재정(공공 지출에 대비한 저축과 세수의 부족)이라는 세 가지 국내의 결점 때문에 제국의 역량이 부족했다고 안타까워했다.[53] 그의 지적은 정확했다. 제국 건설이나 식민지 점령에 대한 욕망은 미국의 정치 문화와 19세기 영국의 정치 문화 간에 나타나는 중요한 차이점 중 하나다. 찬사를 하든 통탄을 하든, 그것은 미국의 정치 문화를 이루는 본질이다. 동시에 보편적 가치의 고수와 '정의'에 입각한 개입의 욕구도 미국의 정치 문화를 이루는 본질이다. 신중함은 국제적, 국내적 한계에 대한 이해와 그에 따른 목표의 조정에서 비롯된다. 미국은 끊임없이 다른 국가들을 자국의 이미지로 재구성하려는 유혹에 시달리겠지만, 권력 자원에 부합하는 실용적인 외교 정책을 수립하는 것이 21세기 스마트 파워 전략과 화술의 핵심이다.

결론

스마트 파워 전략은 현실주의와 자유주의 간의 고루한 구분에서 벗어나 자유주의적 현실주의라고 지칭할 수 있는 새로운 통합체를 필요로 한다. 자유주의적 현실주의 스마트 파워 전략은 어떻게 이루어지는가?

첫째, 그것은 미국 권력의 강점과 한계에 대한 이해에서 출발한다. 우세는 제국이나 패권을 의미하지 않는다. 미국은 영향력을 행사할 수 있지만 다른 국가들을 통제할 수는 없다. 권력은 항상 상황에 따라 결정되며 초국가적 관계(기후변화, 마약, 전염병, 테러리즘)에서 권력은 이리저리 분산되어 무질서하게 분포되어 있다. 군사력은 이런 새로운 위협에 대한 해결책의 일부분에 불과하다. 이런 해결책에는 정부들과 국제기구들 간의 공조가 필요하다. 심지어 상단 체스판(미국이 세계 군비에서 거의 절반을 차지한다)에서도 미국의 군대는 공중, 해상, 우주 같은 국제 공유지에서 최강의 위용을 자랑하지만, 여러 점령 지역들에서 민족주의 세력을 통제하는 능력은 현저히 떨어진다. 리처드 하스는 이렇게 말했다. "미국은 세계 최강국의 독보적인 지위를 이어가겠지만, 단독으로는 세계의 평화와 번영을 증진하기도 버거울뿐더러 유지할 수도 없을 것이다."[54] 그것에 성공하려면 동반자들이 필요한데, 결국 기존의 동맹국들을 유지하면서 중국, 인도, 브라질 같은 신흥 강국들이 포함된 새로운 네트워크를 개발해야 할 것이다.

둘째, 자유주의적 현실주의 전략은 하드 파워와 소프트 파워를 조합해서 냉전을 승리로 이끌었던 것과 같은 스마트 파워를 창출하는 통합적 대전략을 개발하는 것이 중요하다고 강조한다. 미국은 테러와의 전쟁에서 극렬한 테러범들에게 하드 파워를 사용해야 하지만, 이슬람 주류의 민심을 얻지 못하면 승리에 대한 희망을 가질 수 없다.

셋째, 자유주의적 현실주의의 목표는 국내 경제와 국제 경제를 견실히 유지하고, 전염병과 기후악화 같은 환경 재난을 예방하고, 국내와 해외에서 적절한 수준으로 자유민주주의와 인권을 촉진하면서, 미국과 동맹국들에 안전을 보장하는 중추적 기틀을 마련하는 것이다. 이것은 무력으로 미국의 가치를 강요하는 것을 의미하지 않는다. 민주주의의 촉진에는 무자비한 강압보다 부드러운 유인이 더 효과적이며, 그 목표의 달성에는 시간과 인내가 필요하다. 여기서 우리는 레이건 행정부 당시의 언덕 위 빛나는 도시의 효과적인 화술을 상기하면서 과거의 교훈을 되새기고 솔선수범해야 한다. 미국은 다양성의 현실을 인정하면서 민주주의로의 점진적인 발전을 독려하는 현명함을 발휘해야 한다. 민주주의의 번영을 위해 세계를 안전하게 만들겠다는 목표는 '다양성의 공존을 위해 세계를 안전하게 만들겠다'는 케네디의 화술과 조화되지 않으면 윌슨주의적 요구를 축소해야 한다.

이런 전략은 다섯 가지 주요한 과제에 우선순위를 두어야 한다. 아마도 미국적 생활 방식에 대한 최대의 위협은 테러리즘과 핵무기의 결합일 것이다. 그런 위기를 방지하려면 테러 방지, 핵무기 비확산, 해외 핵물질의 통제, 중동 지역의 안정 조성, 실패 국가들의 감시를 위한 정책이 필요하다.

정치적 이슬람political Islam과 그것이 발전되는 양상은 두 번째 과제다. 현재 벌어지는 극단적인 이슬람 테러리즘과의 전쟁은 '문명의 충돌'이 아닌 이슬람의 내전이다. 급진적인 소수 세력이 더 다양한 시각을 지닌 주류 세력을 상대로 원론적이고 이념적인 이슬람주의를 실행하기 위해 폭력을 이용하고 있는 것이다. 이슬람교도들은 아시아에 가장 많이 거주하지만 다른 지역들에 비해 세계화, 개방성, 제도적 발전, 민주화에서 뒤떨어지는 중동에서 벌어지는 이런 분쟁의 본질에 영향을 받는다. 개방 무역, 경제 성장, 교육 확대, 시민사회 제도의 발전, 정치 참여의 점진적 증대는 향후 이슬람 주류 세력의 강화뿐만 아니라 유럽과 미국에서의 이슬람교도들에 대한 처우 방식의 개선에도 기여할 것이다. 마찬가지로 서구의 중동 정책과 그것이 이슬람 주류 세력의 호응을 이끌어낼지, 이슬람과의 전쟁에 대한 급진적 화술을 증폭시킬지의 여부도 중요할 것이다.

세 번째 과제는 세계 인구의 절반 이상을 차지하는 아시아가 점차 인구에 비례한 세계 경제의 점유율을 회복함에 따라 우려되는 적대적인 패권 국가의 부상일 것이다. 이 문제에 대해서는 중국을 책임 있는 이해관계국으로 받아들이는 한편 일본, 인도를 비롯해 미군의 주둔에 호의적인 다른 아시아 국가들과 긴밀한 관계를 유지함으로써 잠재적인 적대 세력을 봉쇄하는 정책이 필요하다.

네 번째 과제는 재정적 과실로 촉발될 수 있는 경제 불황이나 세계 석유 보유고의 3분의 2를 차지하는 페르시아만에 대한 접근이 차단되는 위기 상황일 것이다. 이런 사태에 전략적으로 대응하려면 미국 경제가 세계 에너지 시장에서 고립되어서도 안 되고 미국이 소모적이고 비생산적인 보호무역주의에 굴복해서도 안 된다는 것을 인식하면서, 점차 석유에 대한 의존도를 줄이는 정책을 수립해야 한다.

다섯 번째 과제는 전염병과 기후악화 같은 생태학적 재난일 것이다. 이 문제의 해결에는 국제기구를 통한 광범위한 공조가 필요할 뿐만 아니라 신중한 에너지 정책과 기후변화에 대한 리더십도 동반되어야 한다.

마지막으로 스마트 파워 전략은 세계 질서의 장기적인 변화에 주의를 기울이고 세계적 공공재나 국제 공유지의 창출을 주도해야 하는 국제 체제 최강국의 책임을 인식해야 한다. 19세기에 영국은 광범위하게 국익을 정의하면서 공해의 자유, 개방형 국제 경제, 유럽의 안정된 권력 균형을 포함시켰다. 그런 공공재는 영국뿐만 아니라 다른 국가들에도 이익이 되었다. 그것은 영국의 당위성과 소프트 파워의 증진에도 기여했다. 20세기의 최강국으로서 미국도 개방형 국제 경제와 국제 공유지(공해, 우주, 인터넷)를 촉진하고, 국제 분쟁이 심각한 사태에 이르기 전에 중재하고 국제법과 국제기구를 개발해야 한다.

세계화로 기술력이 널리 보급되고 정보기술로 광범위한 세계적 교류가 실현되면서 금세기 초반에 미국이 지녔던 경제적, 문화적 우위는 점점 더 감소할 것이다. 하지만 그것은 쇠퇴의 담론이 아니다. 미국은 고대 로마처럼 몰락하거나 중국을 포함한 다른 국가에 추월당하지 않을 것이다. 21세기 전반부에 '미국 이후의 세계'가 펼쳐질 가능성은 적지만, 미국은 '나머지 국가들의 부상(국가들과 비국가적 행위자들 중에서)'에 대처하기 위한 전략을 수립해야 한다.[55] 미국은 글로벌 정보화 시대의 새로운 상황에 적합한 동맹, 제도, 네트워크를 강조하는 스마트 파워 전략과 화술을 필요로 할 것이다. 요컨대 21세기에 성공을 거두려면 미국은 현명한 강대국(스마트 파워를 갖춘 국가)이 되는 방법을 재발견해야 할 것이다.

감사의 말

이 책은 수년에 걸친 권력에 대한 고찰의 결정판이기 때문에 나는 기억하기도 힘들 만큼 많은 분들에게 지적 신세를 졌다. 누구도 독불장군일 수 없으며 나 역시 많은 분들에게 감사해야 한다. 나는 공동 강의를 하는 교수님들부터 많은 대학생들과 대학원생들, 정부와 학계의 동료들에 이르기까지 수많은 스승들로부터 가르침을 얻었다. 옥스퍼드 대학과 아스펜 전략 그룹의 친구들은 몇몇 아이디어에 대해 듣고서 조언을 해주었다. 특히 변함없이 날카로운 비평과 함께 모든 장의 초안을 다듬어주었던 로버트 O. 코헨에게 고맙다는 말을 전하고 싶다. 더불어 여러 해 동안 밥과 나는 많은 책들과 기사들을 공동으로 저술했는데, 이제는 더 이상 그 아이디어들이 둘 중

누구의 것이었는지 구분도 되지 않는다. 또 나는 각주를 명시하는 과정에서 다른 여러 친구들과 동료들에게서 아이디어를 차용했다는 것을 확인했다. 하버드 대학 케네디 행정 대학원의 공공 리더십 센터와 벨퍼 센터에서 보내준 행정적 지원에 대해서도 감사하게 생각한다. 사려 깊고 너그러운 사람들과 함께 작업할 수 있었던 나는 아주 행복한 사람이다. 모든 분들에게 감사의 마음을 전한다.

이 책의 내용에 조언이나 도움을 주었던 분들에게 특별히 감사하다는 말을 전한다. 그레이엄 앨리슨, 로버트 액셀로드, 타이슨 벨랑제, 스티븐 비들, 스티브 챈, 나즐리 초크리, 제프리 쿠퍼, 리처드 쿠퍼, 마이클 도일, 피터 피버, 앨런 프리드먼, 잭 골드스미스, 펜 햄슨, 앤드루 허렐, 로저 허위츠, 숀 린 존스, 데일 조젠슨, 비제이 조시, 피터 카첸스타인, 앤드루 코헛, 매트 코헛, 제니퍼 러너, 이타마라 로차드, 존 맬러리, 새라 시월, 데브라 시노트, 앨리슨 스텐저, 그레그 트레버튼, 알렉산더 뷰빙, 스티븐 월트, 데이비드 웰치, 제드 윌라드, 알리 웨인이 그들이다. 더불어 스콧 모이어스와 클라이브 프리들은 편집 과정에서 아주 소중한 조언을 해주었다. 마이아 우스이와 잭 선은 탁월한 연구 보조원이었고, 잔 마라스카는 훌륭한 개인 비서였다.

무엇보다 나는 평생의 동반자인 몰리와 세 아들 존, 벤, 댄, 그리고 손주들인 터퍼, 해나, 세이지, 에이버리, 콜, 메기, 앨리, 브룩, 몰리에게 고마운 마음을 전한다.

주

서문

1 White House Press Office, "Inaugural Address by President Barack Hussein Obama," January 20, 2009, www.whitehouse.gov/the-press-office/president-barack-obamas-inaugural-address; National Public Radio, "Transcript of Clinton's Confirmation Hearing," January 13, 2009, www.npr.org/templates/story/story.php?storyId=99290981.

2 Thom Shanker, "Defense Secretary Urges More Spending for U.S. Diplomacy," *New York Times*, November 27, 2007.

3 Leslie Gelb, *Power Rules: How Common Sense Can Rescue American Foreign Policy* (New York: HarperCollins, 2009), 32.

4 Dominique Moisi, "Russia's Neurotic Invasion," *Project Syndicate*, August 21, 2008; Edward Luttwak, "Georgia Conflict: Moscow Has Blown Away Soft Power," *Telegraph*, August 16, 2008.

5 Alexei Mukhin, director of the Center for Political Information, quoted in Ellen Barry, "Russia's Neighbors Resist Wooing and Bullying," *New York Times*, July 3, 2009.

6 Fu Mengzhi, quoted in Geoff Dyer, "The Dragon Stirs," *Financial Times*, September 25, 2009.

7 Pew Research Center, "13 of 25-China Will Be World's Top Superpower," htpp://pewresearch.org/databank/?NumberID=832.

8 National Intelligence Council, "Global Trends 2025: A Transformed World" (Washington, DC: GPO, 2008); Dmitri Medvedev, quoted in Andrew Kramer, "Moscow Says U.S. Leadership Era Is Ending," *New York Times*, October 3, 2008; Michael Ignatieff, quoted in "The Ignatieff Revival," *The Economist*, April 25, 2009, 42.

9 Horace Walpole, quoted in Barbara Tuchman, *The March of Folly* (New York: Random House, 1984), 221.

10 John Arquilla and David Ronfeldt, *The Emergence of Noopolitik: Toward an American Information Strategy* (Santa Monica, CA: RAND, 1999), ix-xii.

11 Richard Armitage and Joseph S. Nye, "CSIS Commission on Smart Power: A Smarter, More Secure America" (Washington, DC: Center for Strategic and International Studies, 2007).

12 August Cole, "Defense Industry Pursues Gold in Smart Power Deals," *Wall Street Journal*, March 23, 2010.

13 Peter Morriss, *Power: A Philosophical Analysis*, 2nd ed. (Manchester, UK: Manchester University Press, 2002), 33-35.

14 상황 지능에 대해서는 내 책 *The Powers to Lead*의 제5장에서 상세히 논의되었다(Ocford, UK: Oxford University Press, 2008).

1장 권력은 어떻게 작동하는가

1 For a classic exploration of this problem, see James G. March, "The Power of Power," in David Easton, ed., *Varieties of Political Theory* (Englewood Cliffs, NJ: Prentice-Hall, 1966), 39-70. Other classic articles on power by Robert Dahl, John C. Harsanyi, Hebert Simon, and others are collected in Roderick Bell, David V. Edwards, and R. Harrison Wagner, eds., *Political Power: A Reader in Theory and Research* (New York: Free Press, 1969).

2 Bertrand Russell, *Power: A New Social Analysis* (London: Allen and Unwin, 1938), quoted in Dacher Keltner, Cameron Anderson, and Deborah Gruenfeld, "Power, Approach, and Inhibition," *Psychological Review* 110(2003): 265.

3 Ray S. Cline, *World Power Assessment* (Boulder, CO: Westview Press, 1977). For a canonical approach, see Hans J. Morgenthau, *Politics Among Nations: The Struggle for Power and Peace* (New York: Knopf, 1948).

4 Ashley Tellis, Janice Bially, Christopher Layne, Melissa McPherson, and Jerry Solinger, *Measuring National Power in the Postindustrial Age: Analyst's Handbook* (Santa Monica, CA: RAND, 2000).

5 A. J. P Taylor, *The Struggle for Mastery in Europe, 1848-1918* (Oxford, UK: Oxford University Press, 1954), xxix.

6 "In bargaining, weakness may be strength." Thomas C. Schelling, *The Strategy of Conflict* (Oxford, UK: Oxford University Press, 1960), 62.

7 Christian Oliver and Geoff Dyer, "Kim Holds Ace as Visit Shows Limits of Chinese Influence,"

Financial Times, May 8, 2010.

8 스테파노 구치니는 권력을 이론에 의존해 설명한다는 것은 모든 유형의 권력을 설명할 수 있는 하나의 개념이 존재하지 않는다는 것을 의미한다고 주장한다. Stefano Guzzini, "Structural Power: The Limits of Neorealist Power Analysis," *International Organization* 47, no. 3 (Summer 1993): 446.

9 David A. Baldwin, "Power and International Realations," in Walter Carlsnaes, Thomas Risse, and Beth A. Simmons, eds., *Handbook of International Relations* (London: Sage, 2002), 179.

10 Kenneth E. Boulding uses both in *Three Faces of Power* (London: Sage, 1989), 15.

11 권력은 인과관계를 내포하며 '원인'이라는 단어와 일맥상통한다. 우리는 인과관계에 대해 말할 때 길고 복잡하게 얽힌 일련의 사건들에서 두 사건의 관계를 추려내려고 하는데, 그 이유는 우리가 다른 수많은 것들보다 그 두 가지에 관심을 갖기 때문이다. 우리는 한 사건이 야기하는 것을 파악하지 않은 채 "그 사건이 야기한다"고 추상적으로 말하지 않는다.

12 Peter J. Katzenstein, ed., *Civilizations in World Politics: Plural and Pluralist Perspectives* (New York: Routledge, 2009).

13 한 경제학자가 말한 것처럼 '사회과학자들이 B에 대한 A의 권력이라는 개념을 사용하는 주요한 이유들 중 하나는 A에게 실현이 가능한 정책을 설명하기 위한 것'이다. John Harsanyi, "The Dimension and Measu rement of Social Power," reprinted in K. W. Rothschild, *Power in Economics* (Harmondsworth, UK: Penguin Books, 1971), 80.

14 Max Weber, *The Theory of Social and Economic Organization* (New York: Oxford University Press, 1947), 152.

15 Jack Nagel, *The Descriptive Analysis of Power* (New Haven, CT: Yale University Press, 1975), 14.

16 이 통상적인 권력은 수전 스트레인지가 강조하는 대목이다. *States and Markets* (New York: Blackwell, 1988).

17 의도와 권력에 관해, 피터 모리스 참고, *Power: A Philosophical Analysis*, 2nd ed. (Manchester, UK: Manchester University Press, 2002), 25-28.볼드윈도 참고, "Power and International Relations," 181. "권력의 의도하지 않은 결과를 설명하기 위해 권력의 개념에 대한 근본적인 재정립을 할 필요는 없다." 예를 들면, 우드로 윌슨 대통령의 사상은 아시아와 중동에서 반식민지 운동의 부상에 영향을 미쳤다. 그것은 변화를 일으키는 능력의 광범위한 의미에서 의도하지 않은 권력이었지만 윌슨은 아시아 국가들의 독립에 관심이 없었기 때문에 원하는 결과를 달성하는 능력의 의미에선 의도하지 않은 권력이 아니었다.

에레즈 마넬라 참고, *The Wilsonian Moment: Self-Determination and the International Origins of Anticolonial Nationalism* (New York: Oxford University Press, 2007).

18 Harold Lasswell and Abraham Kaplan, *Power and Society: A Framework for Political Inquiry* (New Haven, CT: Yale University Press, 1950).

19 제2차 세계대전 초반에 러시아와 전쟁을 치른 후에 핀란드가 냉전 기간에 소련을 자극하지 않기 위해 주의하면서 독립을 유지할 수 있었던 사실은 주목할 만한 가치가 있다. 결과는 항상 모 아니면 도로 나타나는 것이 아니다.

20 앤서니 케니와 피터 모리스 같은 철학자들은 권력을 자원으로 한정하는 것은 '매개어 오류'를 유발한다고 주장하지만 키스 다우딩은 "가령 돈의 권력이 돈의 분배와 상응하는 것처럼 자원이 합리적으로 평가된다면 매개어 오류는 오류가 아니다"라고 반박한다. 그러면 전략적 사고는 권력이라는 개념의 본질을 다루어야 된다. Keith Dowding, "Power, Capability, and Ableness: The Fallacy of the Vehicle Fallacy," *Contemporary Political Theory* 7 (2008): 238-258.

21 볼드윈, "Power and International Relations," 185-186. 볼드윈은 내 주장에 반박하지만 내 주장을 뒤집을 만한 확실한 증거를 제시하지 못한다. 내가 정부에서 경험한 바로는 정책 입안자들은 자원에 치중하는 성향을 보인다.

22 Leslie Gelb, *Power Rules: How Common Sense Can Rescue American Foreign Policy* (New York: HarperCollins, 2009), 28.

23 Alan Axelrod, *Eisenhower and Leadership: Ike's Enduring Lessons in Total Victory Management* (San Francisco: Jossey-Bass, 2006), 120, 283.

24 Robert A. Dahl, *Who Governs: Democracy and Power in an American City* (New Haven, CT: Yale University Press, 1961).

25 기호와 전략은 밀접하게 연관된다. 기호는 주어진 상황에서 결과를 평가하며 전략은 그 상황에서 최대한 바람직한 결과에 근접하기 위한 행위자의 노력이다. 분석적 관점에서 보면, 한 상황에서 기호가 다른 상황에서 전략이 될지도 모른다. 제프리 A. 프리덴 참고, "Actors and Preferences in International Relations," in David A. Lake and Robert Powell, eds., *Strategic Choice and International Relations* (Princeton, NJ: Princeton University Press, 1999), 41. 따라서 총을 든 강도의 사례에서 본래 A의 기호는 목숨과 돈을 모두 포함하며, 그의 전략은 두 가지 모두를 지키는 것이다. 총을 든 강도의 위협은 이제 A가 기호를 평가하고 지갑을 건네는 전략을 선택하도록 환경을 변화시킨다. A의 기호(목숨이 돈보다 우선한다)는 바뀌지 않지만 총을 든 강도가 환경을 변화시키면 A는 전략을 바꿔야 한다.

26 Peter Bachrach and Morton Baratz, "Decisions and Nondecisions: An Analytical Framework," *American Political Science Review* 57, no. 3 (September 1963): 632-642. 윌리엄 H. 라이커는 자신이 '패자의 논리'라고 부르는 것과 유사한 개념을 고안했는데, 그것에는 "다른 사람들이 그 논리를 기꺼이 수용하는 상황을 조성하는 것이 포함된다." William H. Riker, "The Heresthetics of Constitution-Making: The Presidency in 1787, with Comments on Determinism and Rational Choice," *American Political Science Review* 78, no. 1 (March 1984): 8.

27 Steven Lukes, *Power: A Radical View*, 2nd ed. (London: Palgrave Macmillian, 2005).

28 루크스가 지적한 것처럼 내가 주장하는 소프트 파워의 개념은 그가 주장하는 권력의 세 번째 측면과 유사하지만 똑같지는 않다. 내 개념에는 유인과 설득을 통한 기호 형성뿐만 아니라 의제 구성의 자발적인 차원도 포함된다. 그것은 허위의식의 불확실한 개념보다 행위자의 행동과 더 깊이 연관된다.

29 루크스는 소프트 파워를 자신이 주장한 개념인 권력의 세 번째 측면의 '사촌'이라고 지칭한다. 하지만 그는 자유, 혹은 자발성의 정도를 구분해야 한다고 지적한다. "행위자 중심의 전략적인 나이의 견해와 대상자 중심의 구조적인 푸코의 견해는 모두 이런 구분이 결여되어……우리는 행위자들과 대상자들 모두에게 중점을 두고 행위자들이 영향을 미치려는 대상자들의 마음을 정확히 어떻게 얻는지에 대해 질문해야 한다. 대상자들에게 권력을 행사하는가, 아니면 대상자들에게 권한을 부여하는가?" Steven Lukes, "Power and the Battle for Hearts and Minds: On the Bluntness of Soft Power," in Felix Berenskoetter and M. J. Williams, eds., *Power in World Politics* (London: Routledge, 2007), 97.

30 "인간은 부대끼며 사회적 유대를 형성하는데, 그런 단편적 친절은 조작과 학대에 기인한 관계조차 심화시킬 수 있다. 일부 인질들은 학대하는 납치범들에게 극도로 모순된 감정을 느낀다고 심리학자들은 말한다." Benedict Carey, "For Longtime Captive, a Complex Road Home," *New York Times*, September 1, 2009.

31 베일 착용을 금지하는 법에 반대하는 프랑스의 한 이슬람 여성은 불만을 표출한다. "단 한 순간도 내가 남편에게 복종한다고 생각하지 마라. 문서와 돈을 관리하는 사람은 바로 나다." Steven Erlanger, "Buruq Furor Scrambles the Political Debate in France," *New York Times*, September 1, 2009.

32 John Gaventa, "Levels, Spaces, and Forms of Power," in Berenskoetter and Williams, *Power in World Politics*, 206.

33 Clarissa Hayward, *De-facing Power* (Cambridge, UK: Cambridge University Press, 2000), 37.

34 Martin J. Smith, *Power and the State* (Basingstoke, UK: Palgrave Macmillan, 2009), 36.

35 Bob Woodward, *The Agenda: Inside in Clinton White House* (New York: Simon and Schuster, 1994), 139.

36 See Keith Dowding, "Agency and Structure: Interpreting Power Relationships," *Journal of Power Studies* 1, no. 1 (2008): 21-36.

37 권력의 두 번째와 세 번째 측면은 제도와 문화 같은 구조적 요인을 아우르지만 비록 구조적 권력에 제한을 받더라도 결정을 내리는 행위자들에 주목할 여지도 남겨둔다. 많은 시장들처럼 많은 권력관계들도 구조가 불완전하며 그 구조 내의 행위자들에게 어느 정도 의지와 선택을 허용한다. 일부 작가들은 주로 구조적 권력에 치중하는 권력의 '네 번째 측면'을 제안하기도 했다. 일부 목표들에 대해 그것은 유익할 수도 있지만 리더들이 직면하는 정책 선택권을 이해하는 데는 그리 유용하지 않다. 피터 디거서는 그 용어를 사용해서 피지배자들과 사회 관습들은 누구도 피할 수 없는 권력의 산물이며 지식은 권력을 전제로 한다는 미셸 푸코의 견해를 설명했지만 디거서는 '푸코가 사용한 권력이 통상적인 용도에서 크게 벗어난 것'임을 인정한다. Peter Digeser, "The Fourth Face of Power," *Journal of Politics* 54, no. 4 (November 1992): 990. See also Michael Barnett and Raymond Duvall, "Power in International Politics," *International Organization* 59, no. 1 (Winter 2005): 39-75, 권력의 세 가지 측면의 범주를 벗어난 추상적인 네 번째 유형. 내 입장에서 푸코와 다른 구조주의자들이 제시한 견해는 개념의 복잡성과 명확성의 관점에서 너무 큰 대가를 치른다.

38 Baldwin, "Power and International Relations," 179.

39 앞서 멋진 셔츠를 고른 10대의 사례를 통해 보면, 이것은 기호 형성의 간접적인 형태(광고)나 근사한 셔츠를 입고 유인함으로써 기존의 기호를 이용하는 직접적인 형태를 활용할 수 있다.

40 Arnold Wolfers, *Discord and Collaboration: Essays on International Politics* (Baltimore, MD: Johns Hopkins University Press, 1962), 73-77.

41 Ronald Burt, *Structural Holes: The Social Structure of Competition* (Cambridge, MA: Harvard University Press, 1992), chap. 1.

42 Mark Granovetter, "The Myth of Social Network Analysis as a Special Method in the Social Sciences," *Connections* 13, no. 2 (1990): 13-16.

43 Boulding, *Three Faces of Power*, 109-110.

44 Dacher Keltner, "The Power Paradox," *Greater Good*, Winter 2007-2008, 15.

45 Hannah Arendt, *The Human Condition* (Chicago: University of Chicago Press, 1998), 200.

46 G. John Ikenberry, *Liberal Order and Imperial Ambition* (Cambridge, UK: Polity, 2006).

47 Anne Marie Slaughter, "America's Edge: Power in the Networked Century," *Foreign Affairs* 88, no. 1 (January-February 2009): 94-113.

48 이 부분에서 나는 타이슨 벨랑제에게 도움을 받았다.

49 Leslie Gelb, *Power Rules*, 69.

50 여러 차례 소프트 파워를 설명하는 과정에서 나는 '소프트 파워는 매력적인 권력이다', '소프트 파워는 무력이나 보상에 의존하지 않고 기호를 형성하거나 재형성하는 능력이다', '소프트 파워는 다른 사람들에게 당신이 원하는 것을 하고 싶도록 이끄는 능력이다'라는 문장으로 내 견해를 요약했다. 이처럼 간략한 설명은 다소 장황하고 공식적인 소프트 파워 개념의 정의와도 일치한다.

51 도표 1.1에서 행위들의 범위는 간혹 중복되기도 하지만 그것은 B의 행동에 담긴 자발성의 정도의 관점에서 이해될 수 있다. 그중에서 보상은 어느 정도 자발성을 지니며 의제 구성은 B가 완전히 수용하지 않을지도 모르는 제도나 담론에 의해 영향을 받을 수도 있다. 이런 의제 구성의 차원은 하드 파워에 의해 좌우되지만 어떤 기간의 하드 파워가 향후에 의제를 제한하더라도 널리 합법적으로 인정되는 제도를 창출할 수 있다면 의제 구성은 포섭력과 소프트 파워의 일부가 된다. 국제연합(유엔)과 브레튼 우즈 제도의 기틀을 형성하는 권력관계의 변화를 이끌어낸 제2차 세계대전의 영향이 그런 사례에 해당한다.

52 볼드윈과 다른 학자들은 초기에 내가 주장한 가지성에 대한 논의에 대해 비판했다. 나는 소프트 파워를 행위적 관점에서 포섭과 유인을 통해 다른 사람들에게 영향을 미쳐 원하는 결과를 이끌어내는 능력으로 정의했고, 소프트 파워 행동과 소프트 파워를 창출할 수 있는 자원의 불가지성 간의 불완전한 관계를 제안하는 언어의 사용에 신중을 기했다. 하지만 그 비판은 정당하며 그런 까닭에 이런 재설명을 하는 것이다.

53 Admiral Gary Roughead, Chief of Naval Operations, General James T. Conway, Commandant of the Marine Corps, and Admiral Thad W. Allen, Commandant of the Coast Guard, *A Cooperative Strategy for 21st Century Seapower* (Washington, DC: U.S. Navy, October 2007), 3.

54 Niall Ferguson, "Think Again: Power," *Foreign Policy* 134 (January-February 2003): 18-22.

55 See Joseph S. Nye, Soft Power: The Means to Success in World Politics (New York: PublicAffairs, 2004), 32, 147. 나는 이 용어를 사용할 수 있게 된 것에 대해 펜 햄슨에게 감사한다. 수잰 노셀도 '스마트 파워'라는 용어를 사용하는 데 기여한 공로를 인정받아야 한다. *Foreign Affairs* 83, no. 2 (March-April 2004): 131-142, 하지만 나는 최근까지 그 사실을 인식하지 못했다.

56 Christopher Layne, "The Unbearable Lightness of Soft Power," in Inderjeet Parmer and Michael Cox, eds., *Soft Power and U.S. Foreign Policy* (London: Routledge, 2010), 67ff.

57 Angus Taverner, "The Military Use of Soft Power-Information Campaigns: The Challenge of Applications, Their Audiences, and Effects," in Parmar and Cox, *Soft Power and U.S. Foreign Policy*, 149.

58 "Why It Will Take So Long to Win," *The Economist*, February 23, 2006, www.economist.com/opinion/displaystory.cfm?story_id=El_VVQRTTV.

2장 군사력

1 학자들은 1990년대 초반 이후로 국가들 간의 전쟁이 감소했다는 것에 동의하지만 국가 내의 충돌도 감소했다는 것에는 동의하지 않는다. 회의론자들은 주요한 데이터 프로젝트에 사용되는 정의와 기재 방식에 비판적이다. 오이빈드 오스터러드 참고, "더 평화적인 세계를 향해? 비판적 견해," *Conflict, security & Development* 8, no. 2 (June 2008): 223-240.

2 Thucydides, *History of the Peloponnesian War*, trans, Martin Hammonds (New York: Oxford University Press, 2009), liii.

3 Richard Wrangham and Dale Peterson, *Demonic Males: Apes and the Origins of Human Violence* (New York: Houghton Mifflin, 1996).

4 See the essays in Robert I. Rotberg and Theodore Raab, eds., *The Origin and Prevention of Major Wars* (Cambridge, UK: Cambridge University Press, 1989).

5 David Hume, "Of the First Principles of Government," in David Hume, *Essays Moral, Political and Literary*, ed. Eugene Miller (Indianapolis, IN: Liberty Classics, 1985), 32-33.

6 비잔티움의 흥미로운 사례는 에드워드 N. 루트워크에 의해 기술된다. *The Grand Strategy of the Byzantine Empire* (Cambridge, MA: Harvard University Press, 2009).

7 See Brian C. Schmidt, "Realist Conceptions of Power," in Felix Berenskoetter and M. J. Williams, eds., *Power in World Politics* (London: Routledge, 2007), 43-63. See also Kenneth Waltz, "The Origins of War in Neo-Realist Theory," in Rotberg and Rabb, *The Origin and Prevention of Major Wars*.

8 See, for example, Michael Doyle, "Kant, Liberal Legacies, and Foreign Affairs," *Philosophy and Public Affairs* 12, no. 3 (Summer 1983): 205-235; John M. Owen, "How Liberalism Produces Democratic Peace," *International Security* 19, no. 2 (Fall 1994): 87-125; Sebastian Rosato, "The Flawed Logic of Democratic Peace Theory," *American Political Science Review* 97, no.

4 (November 2003): 585-602; and Bruce Russett, *Grasping the Democratic Peace: Principles for a Post-Cold War World* (Princeton, NJ: Princeton University Press, 1993). See also Robert Cooper, *The Post-Modern State and the World Order* (London: Demos, 2000).

9 See Edward D. Mansfield and Jack Snyder, *Electing to Fight: Why Emerging Democracies Go to War* (Cambridge, MA: MIT Press, 2005). See also Nils Petter Gleditsch, "The Liberal Moment Fifteen Years On," *International Studies Quarterly* 52, no. 4 (2008).

10 National Intelligence Council, "Global Trends 2025: A Transformed World" (Washington, DC: GPO, November 2008).

11 Nina Tannenwald, "Stigmatizing the Bomb: Origins of the Nuclear Taboo," *International Security* 29, no. 4 (2005): 5-49.

12 Graham Allison, "Nuclear Disorder: Surveying Atomic Threats," *Foreign Affairs* 89, no. 1 (January-February 2010): 74-85.

13 See Karl W. Deutsch, *Nationalism and Social Communication* (Cambridge, MA: MIT Press, 1953). See also Benedict Anderson, *Imagined Communities* (London: Verso, 1991).

14 Joseph Joffee, "Power Failure: Why Force Doesn't Buy Order," *American, Interest*, July-August 2007, 50.

15 Robert Pape, *Dying to Win: The Strategic Logic of Suicide Terrorism* (New York: Random House, 2005). See also Robert Pape, "Dying to Kill Us," *New York Times*, September 22, 2003.

16 Peter Feaver and Christopher Gelpi, *Choosing Your Battles* (Princeton, NJ: Princeton University Press, 2004).

17 William S. Lind, Colonel Keith Nightengale, Captain John F. Schmidt, Colonel Joseph W. Sutton, and Lieutenant Colonel Gary I. Wilson, "The Changing Face of War: Into the Fourth Generation," *Marine Corps Gazette*, October 1989, 22-26.

18 Colonel Thomas X. Hammes, *The Sling and the Stone: On War in the 21st Century* (St. Paul, MN: Zenith Press, 2004), 31.

19 Martin van Creveld, "Through a Glass Darkly: Some Reflections on the Future of War," *Naval War College Review* 53, no. 4 (Autumn 2000): 29.

20 John Mueller, *Retreat from Doomsday: The Obsolescence of Major War* (New York: Basic Books, 1989).

21 See Raymond Aron, *The Century of Total War* (Garden City, NY: Doubleday, 1954). See also Morton Halperin, *Limited War* (Cambridge, MA: Center for International Affairs, Harvard

University, 1962).

22 Mikael Eriksson, Peter Wallensteen, and Margareta Sollenberg, "Armed Conflict, 1989-2002," *Journal of Peace Research* 5 (2003): 593-607.

23 Richard Schultz, Roy Godson, and Querine Hanlon, *Armed Groups and Irregular Warfare* (Washington, DC: National Strategy Information Center, 2009).

24 Rupert Smith, *The Utility of Force: The Art of War in the Modern Age* (New York: Random House, 2006), 5-6, 19-20.

25 F. G. Hoffman, "Hybrid Threats: Neither Omnipotent or Unbeatable," *Orbis* 54, 3 (Summer 2010): 443.

26 See Cori E. Dauber, *YouTube War: Fighting in a World of Cameras in Every Cell Phone and Photoshop on Every Computer* (Carlisle, PA: U.S. Army War College, 2009).

27 Patrick M. Cornin, ed., *America's Security Role in a Changing World: Global Strategic Assessment 2009* (Washington, DC: National Defense University Press, 2009), 157-158.

28 Colonel Qiao Liang, quoted in David Kilcullen, *The Accidental Guerilla: Fighting Small Wars in the Midst of a Big One* (Oxford, UK: Oxford University Press, 2009), 3.

29 이 용어는 대테러 전문가 마이클 슈어에 의해 고안되었다고 킬컬렌은 인용한다. *The Accidental Guerilla*, 28.

30 "A Nation at War: Casualties," *New York Times*, March 31, 2003. Cited source is the U.S. Department of Defense.

31 비록 판 크레펠트는 "거울을 통해 어렴풋이"에서 전쟁에서 핵무기의 효과를 크게 강조하지만, 이상하게도 핵무기는 부트의 목록에 등장하지 않는다.

32 Max Boot, *War Made New: Technology, Warfare, and the Course of History, 1500 to Today* (New York: Gotham Books, 2006), 455.

33 "Insurgents Hack U.S. Drones," *Wall Street Journal*, December 17, 2009.

34 P. W. Singer, *Wired for War: The Robotics Revolution and Conflict in the Twenty-First Century* (New York: Penguin Press, 2009).

35 See John Nagl, "Let's Win the Wars We're In," *Joint Force Quarterly* 52, no. 1 (2009): 20-26.

36 Sarah Sewall, "Introduction to the University of Chicago Press Edition," in *The U.S. Army/Marine Corps Counterinsurgency Field Manual* (Chicago: University of Chicago Press, 2007), xxvi-xxvii.

37 Thom Shanker, "Joint Chiefs Chairman Readjusts Principles on Use of Force," *New York Times*,

March 4, 2010.

38 Yunus-Bek Yevkurov, quoted in Ellen Baryy, "In Cauldron of Caucasus Region, Two Leaders Vie for the Loyalty of a Geberation," *New York Times,* April 18, 2010.

39 Richard A. Oppel, Jr., "Tighter Rules Fail to Stem Deaths of Innocent Afghans at Chekpoints," *New York Times*, March 27, 2010.

40 See Allison Stanger, *One Nation Under Contract: Outsourcing of American Power and the Future of Foreign Policy* (New Haven, CT: Yale University Press, 2009).

41 Haider Mullick, "Beefing Up COIN-Lite in Afghanistan and Pakistan," *World Politics Review,* December 11, 2009.

42 David Gompert and John Gordon IV, *War by Other Means: Building Complete and Balanced Capabilities for Counterinsurgency* (Washington, DC: RAND/National Defense Research Institute, 2008), xxiv-xxv.

43 Christopher Paul, Colin P. Clarke, and Beth Grill, *Victory Has a Thousand Fathers: Sources of Success in Counterinsurgency* (Washington, DC: RAND/National Defense Research Institute, 2010), xvi. See also John Mackinlay and Alison Al-Baddawy, *Rethinking Counterinsurgency* (Washington, DC: RAND/National Defense Research Institute, 2008).

44 Gian P. Gentile, "A (Slightly) Better War: A Narrative and Its Defects," *World Affairs* 171, no. 1 (Summer 2008): 61.

45 Kilcullen, *The Accidental Guerilla*, 268.

46 Michele Flournoy, quoted in Thom Shanker, "Pentagon to Outline Shift in War Planning Strategy," *New York Times*, June 23, 2009.

47 U. S. Department of Defense, *Quadrennial Defense Review Report* (Washington, DC: U.S. Department of Defense, February 2010).

48 Army Capstone Concept Team, presentation at Harvard Kennedy School, Cambridge, Massachusetts, November 10, 2009. H. R. McMaster, quoted in Sydney J. Freedberg, Jr., "The Army Looks Beyond Afghanistan," *National Journal*, Devember 12, 2009, 39.

49 Robert M. Gates, "A Balanced Strategy: Reprogramming the Pentagon for a New Age," *Foreign Affaris* 88, no. 1 (January-February 2009): 28-40.

50 Ashley Tellis, Janice Bially, Christopher Layne, Melissa McPherson, and Jerry Sollinger, *Measuring National Power in the Postindustrial Age: Analyst's Handbook* (Santa Monica, CA: RAND, 2000), 26, 39.

51 Stephen Biddle, *Military Power: Explaining Victory and Defeat in Modern Battle* (Princeton, NJ: Princeton University Press, 2004), 6.

52 이것은 모든 경우에 적용되지는 않는다. 일본은 자원의 열세에도 불구하고 1941년에 미국을 공격했는데, 그 이유는 일본으로서는 미국의 석유 수출 중단을 감안하면 선택의 여지가 없다고 느꼈기 때문이다.

53 Richard Halloran, "Strategic Communication," *Parameters* (Fall 2007): 4. 나는 이 대화를 상기시켜준 데브라 시노트 대령에게 감사한다.

54 Biddle, *Military Power*, 192.

55 Allen Buchanan and Robert O. Keohane, "The Legitimacy of Global Governance Institutions," *Ethics and International Affairs* 20, no. 4 (2006): 409.

56 Thom Shanker, "Top U.S. Commander Sees Progress in Afghanistan," *New York Times*, February 5, 2010.

57 Kim Gamel, "Afghanistan Needs More Than Military Force, Petraeus Says," *Atlanta Journal-Constitution*, September 15, 2008.

58 Joseph Berger, "U.S. Commander Describes Marja Battle as First Salvo in Campaign," *New York Times*, February 22, 2010.

59 Alissa J. Rubin, "Taliban Overhaul Image to Win Allies," *New York Times*, January 21, 2010.

60 Kilcullen, *The Accidental Guerilla*, 14.

61 그 결과는 사실 홍보의 효과보다 더 복잡했다. 에드워드 루트워크는 이스라엘이 헤즈볼라의 공격을 더 억제할 수 있었다고 주장한다. "In Praise of Aerial Bombing," *Foreign Policy* 178 (March-April 2010), 69.

62 Sarah Sewall, "Leading Warriors in the Long War," in Rovert Taylor, William E. Rosenbach, and Eric B. Rosenbach, eds., *Military Leadership in Pursuit of Excellence* (Boulder, CO: Westview Press, 2009), 121-123.

63 Kilcullen, *The Accidental Guerilla*, 24.

64 Barry Blechman and Stephen Kaplan, *Force Without War* (Washington, DC: Brookings Institution, 1978), chap. 4.

65 Rowan Callick, "China's Netizens Menace Vietnam," *The Australian*, September 11, 2008.

66 "Disquiet on the Eastern Front," *The Economist*, November 28, 2009, 60.

67 Rachel Bronson, *Thicker Than Oil: America's Uneasy Partnership with Saudi Arabia* (New York: Oxford University Press, 2006).

68 General Charles C. Krulak, "The Strategic Corporal: Leadership in the Three Block War," *Marines Magazine*, January 1999, 28-34.

69 Admiral Gary Roughead, Chief of Naval Operations, General James T. Conway, Commandant of the Marine Corps, and Admiral Thad W. Allen, Commandant of the Coast Guard, *A Cooperative Strategy for 21st Century Seapower* (Washington, DC: U.S. Navy, October 2007).

70 우리는 이 조합에 국가 건설과 독재의 전복 같은 다른 양상들을 추가할 수 있다.

71 Office of the Press Secretary, "Remarks by the President at the Acceptance of the Nobel Peace Prize," December 10, 2009, www. whitehouse.gov/the-press-office/remarks-president-acceptance-nobel-peace-prize.

72 David Baldwin, *Paradoxes of Power* (New York: Basil Blackwell, 1989), 151.

73 Robert J. Art, "The Fungibility of Force," in Robert J. Art and Kenneth N. Waltz, eds., *The Use of Force: Military Power and International Politics* (Lanham, MD: Rowman and Littlefield, 2004), 9.

3장 경제력

1 Richacrd N. Roserance, *The Rise of the Trading State* (New York: Bacis Books, 1986), 16, 160.

2 Ronald Robinson, John Gallagher, and Alice Denny, *Africa and the Victorians: The Official Mind of Imperialism* (London: Macmillan, 1981).

3 Robert Gilpin, *U.S. Power and the Multinational Corporation* (New York: Bacis Books, 1975), 24.

4 David A. Baldwin, *Economic Statecraft* (Princeton, NJ: Princeton University Press, 1985), 30-31.

5 Klaus Knorr, *The Power of Nations: The International Political Economy of International Realtions* (New York: Basic Books, 1975), 80.

6 Robert Powell, "Absolute and Relative Gains in International Relations Theory," *American Political Science Review* 85, no. 4 (December 1991): 1303-1320; Joseph Grieco, "Anarchy and the Limits of Cooperation: A Realist Critique of the Newest Liberal Institutionalism," *International Organization* 4, no. 3 (Summer 1988): 485-507.

7 Charles P. Kindleberger, *Power and Money: The Politics of International Economics and the Economics of International Politics* (New York: Basic Books, 1970), 56.

8 Richard N. Cooper, "Can China Be Effectively Punished Through Global Economic Isolation?" in Richard N. Rosecrance and Arthur A. Stein, eds., *No More States? Globalization, National Self-*

Determination, and Terrorism (New York: Rowman and Littlefield, 2006), 77-78.

9 John Kay, "The Fallacy of Equating Economic Power with Influence," *Financial Times*, March 25, 2009.

10 볼드윈은 무역과 자본에 영향을 미치는 열여덟 가지 부정적 경제 제재와 열두 가지 긍정적 경제 제재의 사례를 제시한다. Baldwin, *Economic Statecraft*, 41-42.

11 Albert Hirschman, *National Power and the Structure of Foreign Trade* (Berkeley: University of California Press, 1945)은 이 현상에 대한 전통적인 연구로서 1930년대 동유럽과 남동유럽을 통제하기 위한 독일의 전략을 기술한다.

12 이 내용은 내 친구 로버트 코헨과 공동으로 작업했던 연구에 크게 의존한다. See Robert O. Keohane and Joseph S. Nye, *Power and Interdependence: World Politics in Transition* (Boston: Little, Brown, 1977).

13 Yao Yang, "Smart Power Is What China Needs," *China Daily*, August 2, 2010, www.chinadaily.com.cn/usa/2010-08/02/cpmtemt_11082125/ htm.

14 Bill Geertz, "Chinese See U.S. Debt as Weapon in Taiwan Dispute," *Washington Times*, February 10, 2010.

15 Jamil Anderlini, "China Still Keen to Buy US Bonds," *Financial Times*, March 10, 2010.

16 Daniel Drezner, "Bad Debts: Assessing China's Financial Influence in Great Power Politics," *International Security* 34 (Fall 2009): 7-45.

17 See Jonathan Kirshner, *Currency and Coercion: The Political Economy of International Monetary Power* (Princeton, NJ: Princeton University Press, 1995).

18 Ibid., 68ff.

19 Charles de Gaulle, quoted in Harold James, *The Creation and Destruction of Value: The Globalization Cycle* (Cambridge, MA: Harvard University Press, 2009), 206.

20 McKinsey & Company, "An Exorbitant Privilege? Implications of Reserve Currencies for Competitiveness," discussion paper, December 2009, http://root.transitionmonetaire.org/mtm/reserve_currencies_full_discussion_paper.pdf.

21 James, *The Creation and Destruction of Value*, 211.

22 Carla Norloff, *America's Global Advantage: US Hegemony and International Cooperation* (Cambridge, UK: Cambridge University Press, 2010), 172.

23 Kenneth Rogoff, "Europe Finds That the Old Rules Still Apply," *Financial Times*, May 6, 2010.

24 Richard N. Cooper, "The Future of the Dollar" (unpublished paper, May 2009). For alternative

views, see Eric Helleiner and Jonathan Kirshner, eds., *The Future of the Dollar* (Ithaca, NY: Cornell University Press, 2009).

25 John Paul Rothbone, "Brics Balance Shared Interests with Rivalries," *Financial Times*, April 14, 2010.

26 For evidence, see Keohane and Nye, *Power and Interdependence*, chap. 7.

27 See Paul Collier, *The Bottom Billion: Why the Poorest Countries Are Failing and What Can Be Done About It* (Oxford, UK: Oxford University Press, 2007).

28 "Testing Their Metal," *The Economist*, October 24, 2009, 75.

29 David Barboza, "Chinese Court Hands Down Stiff Sentences to Four Mining Company Employees," *New York Times*, March 30, 2010.

30 일반적인 배경을 알려면 다니엘 예르긴의 이 책을 보라. *The Prize: The Epic Quest for Oil, Money, and Power* (New York: Simon and Schuster, 1991).

31 See Raymond Vernon, *Sovereignty at Bay: The Multinational Spread of U.S. Enterprises* (New York: Basic Books, 1971).

32 PetroStrategies, Inc., "World's Largest Oil and Gas Companies," www.petrostrategies.org/Links/Worlds_Largest_Oil_and_Gas_Companies_Sites.htm.

33 See Robert Stobaugh, "The Oil Companies in the Crisis," *Daedalus* 104 (Fall 1975): 179ff.

34 Rachel Bronson, *Thicker Than Oil: America's Uneasy Partnership with Saudi Arabia* (Oxford, UK: Oxford University Press, 2006), 120.

35 "Tilting to Moscow," *Financial Times*, April 27, 2010.

36 Bernard A. Gelb, "Russian Natural Gas: Regional Dependence" (Washington, DC: Congressional Research Service Report, January 2007), http://italy.usembassy.gov/pdf/other/RS22562.pdf.

37 Amy Myers Jaffee, "Shale Gas Will Rock the World," *Wall Street Journal*, May 10, 2010. See also "Gas Industry Special Report," *Financial Times*, May 26, 2010.

38 Thomas Schelling, "Promises," *Negotiations Journal*, April 1989, 117. 나는 이 일화에 대해 관심을 가질 수 있도록 해준 타이슨 벨랑제에게 감사한다.

39 Baldwin, *Economic Statecraft*, 41-42.

40 "Beijing Tightens Technology Noose," *Financial Times*, February 23, 2010.

41 Jamil Anderlini, "Frustrated Foreign Groups Rethink Their Positions," *Financial Times*, January 14, 2010.

42 Rose Gottemoeller, "The Evolution of Sanctions in Practice and Theory," *Survival* 49, no. 4

(Winter 2007-2008): 100.

43 Gary Clyde Hufbauer, Jeffrey J. Schott, and Kimberly Ann Elliott, *Economic Sanctions Reconsidered*, 2nd ed. (Washington, DC: Institute for International Economics, 1990).

44 See Robert A. Pape, "Why Economic Sanctions *Still* Do Not Work," *International Security* 23, no. 1 (Summer 1998): 67-77; and Kimberly Ann Elliott, "The Sanctions Glass: Half Full or Completely Empty?" *International Security* 23, no. 1 (Summer 1998): 50-65.

45 Baldwin, *Economic Statecraft*, 119, 174ff.

46 Meaghan O'Sullivan, *Shrewd Sanctions: Statecraft and State Sponsors of Terrorism* (Washington, DC: Brookings Institution Press, 2003), 288.

47 Francesco Giumelli, "Coercing, Constraining, and Signaling: Exploring the Purposes of UN and EU Sanctions" (paper presented at American Political Science Association, Toronto, Ontario, September 2009).

48 James Lindsay, "Trade Sanctions as Policy Instruments: A Reexamination," *International Studies Quarterly* 30, no. 2 (June 1986): 154.

49 Mark Landler and Nazila Fathi, "President of Iran Defends His Legitimacy" *New York Times*, September 4, 2009.

50 O'Sullivan, *Shrewd Sanctions*, 291-292. On Libya, see Ian Hurd, *After Anarchy: Legitimacy and Power in the United Nations Security Council* (Princeton, NJ: Princeton University Press, 2007), chap. 6.

51 See "Beats Shoveling Bird Droppings on Nauru," *New York Times*, December 19, 2009.

52 Sharon LaFraniere and John Grobler, "China Spreads Aid in Africa, with a Catch," *New York Times*, September 21, 2009. See also Simon Romero and Alexei Barrionuevo, "Deals Help China Expand Its Sway in Latin America," *New York Times*, April 16, 2009.

53 Adam Nossiter, "Defying Pariah Status, Guinea Boasts of a Deal with a Chinese Company," *New York Times*, October 14, 2009. 이 기사는 "인권 운동가들은 코나크리에서 중국의 접근법과 군사 정부에 대한 미국의 혹독한 비판을 적나라하게 비교하면서 다른 견해를 보였다"는 점까지 언급하고 있다.

54 "Crumbs from the BRICs-man's Table," *The Economist*, March 20, 2010, 68.

55 "Pentagon Taking over U.S. *Foreign Policy*," *Atlantic Free Press*, September 26, 2009, www.atlanticfreepress.com/news/1/11732-pentagon-taking-over-us-foreign-policy.html.

56 Jeffrey Sachs, *The End of Poverty: Economic Possibilities of Our Time* (New York: Penguin Books,

2005); William Easterly, *The White Man's Burden: Why the West's Efforts to Aid the Rest Have Done So Much Ill and So Little Good* (New York: Penguin Books, 2006). See also Collier, *The Bottom Billion*; and Jagdish Bhagwati, "Banned Aid: Why International Assistance Does Not Alleviate Poverty," *Foreign Affaris* 89, no. 1 (January-February 2010): 120-125.

57 Jeffrey Gittleman, "Shower of Aid Brings Flood of Progress," *New York Times*, March 9, 2010.

58 David Bearce and Daniel Tirone, "Foreign Aid Effectiveness and the Strategic Goals of Donor Governments," *Journal of Politics* 72, no. 3 (July 2010): 833-851.

59 Mark Landler, "Clinton Heads to Pakistan to Confront Rising Anti-Americanism," *New York Times*, October 28, 2009.

60 Sabrina Tavernise, "An Afghan Development Model: Small Is Better," *New York Times*, November 13, 2009. This view is confirmed by David Mansfield, Carr Center for Human Rights seminar, Harvard Kennedy School, Cambridge, Massachusetts, October 2009. For a more complete discussion, see Clare Lochart, "Afghanistan: Framing the Context and Options for the Way Forward" (paper prepared for the Aspen Strategy Group, Aspen, Colorado, August 2010).

61 "The Rise of the Hybird Company," *The Economist*, December 5, 2009, 78.

4장 소프트 파워

1 비록 나는 20세기 말의 미국 권력에 대한 논쟁의 맥락에서 이 개념을 고안했지만, 소프트 파워는 국가들이나 국제관계, 혹은 현대에만 국한되는 것이 아니다. 민주사회의 리더들은 항상 당선을 이끌어내기 위한 유인력에 의존했으며, 대학들의 학장들과 비영리단체들의 의장들도 종종 소프트 파워가 하드 파워보다 훨씬 강하다는 것을 깨닫기도 한다. 예를 들면, "소프트 파워의 중요성은 이제 국제관계의 분석에서 널리 인정받고 있다. 또 그것은 박애주의의 세계에서 점점 더 중요성이 커지게 된다. 시간의 흐름에 따라 소프트 파워는 원조와 다른 금융 거래의 하드 파워를 능가할 것이다……게이츠 재단과 포드 재단을 비롯한 다른 대규모 자선단체들은 그들의 지원 예산이 발휘하는 하드 파워보다 훨씬 더 큰 소프트 파워를 행사한다." Sean Stannard-Stockton, "Philanthropists' Soft Power May Trump the Hard Pull of Purse Strings," *Chronicle of Philanthropy*, April 22, 2010, 33. I thank Brad Voigt for calling this article to my attention.

2 비록 국제관계가 오직 합리적인 설득에만 바탕을 둘 수 없지만, 이것은 우리가 보다 건전한 소프트 파워의 사용을 위해 규범적 기호를 구축할 수 있는 수단의 차원에

해당된다. 윤리적 판단은 의도, 수단, 결과의 세 가지 차원을 지닌다. 비록 소프트 파워가 나쁜 의도에 사용되어 끔찍한 결과를 초래하기도 하지만, 그것은 수단의 관점에 따라 달라진다. 행태적 관점에서 정의된 권력은 일종의 관계이며, 소프트 파워는 하드 파워보다 그 관계에서 목표 대상의 역할에 더 많이 의존한다. 유인은 대상의 심리 변화에 의존한다. 비록 강압적인 화술의 조작이 일어날 수도 있지만, 그 수단에 소프트 파워가 포함될 경우에 대상에겐 어느 정도 자유가 허용된다. 만약 총을 든 괴한이 내게 돈을 내놓지 않으면 죽인다고 협박한다면 내겐 자유가 거의 허용되지 않을지도 모른다. 더욱이 그 괴한이 나를 죽이고 내 주머니에서 지갑을 꺼내간다면 내겐 아예 자유가 허용되지 않는다. 하지만 그가 내게 내 돈을 기부해야 할 권위자라고 설득한다면 이 권력관계에 영향을 미칠 수 있는 다른 외적 요인들뿐만 아니라 자유의 범위도 증대될 것이다. 무엇보다 마음은 시간의 흐름에 따라 변할 수 있지만 죽은 사람은 결코 부활할 수 없다. See Joseph Nye, *The Powers to Lead* (Oxford, UK: Oxford University Press, 2008), chap. 5.

3 Joshua Cooper Ramo, *The Age of the Unthinkable* (New York: Little, Brown, 2009), 76-77.

4 Daniel Byman and Kenneth Pollack, "Let Us Now Praise Famous Men: Bringing the Statesman Back In," *International Security* 25, no. 4 (Spring 2001): 107.

5 Robert H. Wiebe, *The Search for Order,* 1877-1920 (New York: Hill and Wang, 1967), 264.

6 예를 들면, 일부 비평가들은 하드 파워와 소프트 파워의 차이를 현실주의와 이상주의 간의 대비로 묘사한다. 그들에게 '소프트 파워는 윌슨주의 전통에 뿌리를 둔 제2차 세계대전 이후에 미국 외교 정책을 이끌었던 많은 자유주의적 국제 정책을 위한 그럴 듯한 용어에 지나지 않는다.' 하지만 그들은 오해하고 있다. Christopher Layne, "The Unbearable Lightness of Soft Power," in Inderjeet Parmar and Michael Cox, eds., *Soft Power and U.S. Foreign Policy* (London: Routledge, 2010), 73.

7 Kenneth Waltz, *Theory of International Politics* (Reading, MA: Addison-Wesley, 1979).

8 이 용어는 스티븐 루크스에 의해 고안된 것이다, *Power: A Radical View,* 2nd ed. (London: Palgrave Macmillan, 2005).

9 Alan Cowell, "Power of Celebrity at Work in Davos," *International Herald Tribune*, January 29, 2005.

10 Helene Cooper, "Darfur Collides with Olympics, and China Yields," *New York Times*, April 13, 2010.

11 John S. Dryzek, *Deliberative Global Politics: Discourse and Democracy in a Divided World* (Cambridge, UK: Polity Press, 2006), 82.

12 문화에 대한 정의는 권력에 대한 정의만큼이나 많다. 클리포드 기어츠는 문화를 '역사적으로 전승되어온 상징들에 내재된 의미들, 인간이 삶에 대한 태도와 지식을 전달하고 보존하고 발전시키기 위한 수단으로서 상징적 형태로 표현된 개념들의 체계'라고 정의한다. Clifford Geertz, *The Interpretation of Cultures* (New York: Basic Books, 1973), 89.

13 Norimitsu Onishi, "For China's Youth, Culture Made in South Korea," *New York Times*, January 2, 2006.

14 Qian Ning, quoted in Carol Atkinson, "Does Soft Power Matter? A Comparative Analysis of Student Exchange Programs 1980-2006," *Foreign Policy* Analysis 6, no. 1 (January 2010): 3.

15 라스머스 버텔슨은 이것을 '역소프트 파워'라고 지칭한다. Rasmus Bertelsen and Steffen Moller, "The Direct and Reverse Soft Power of American Missionary Universities in China and Their Legacies" (paper presented at the International Studies Association, New Orleans, Louisiana, February 21, 2010).

16 Martin Wolf, "Soft Power: The EU's Greatest Gift," *Financial Times*, February 2, 2005, 17.

17 Yanzhong Huang and Bates Gill, "Sources and Limits of Chinese 'Soft Power,'" *Survival* 48, no. 2 (June 2006): 17-36. See also Sheng Ding, The Dragon's Hidden Wings: How China Rises with Its Soft Power (Lanham, MD: Lexington Books, 2008).

18 "How to Improve China's Soft Power?" *People's Daily Online*, March 11, 2010, http://english.people.com.cn/90001/90785/6916487/html.

19 Ingrid d'Hooghe, *The Limits of China's Soft Power in Europe: Beijing's Public Diplomacy Puzzle*, Clingendael Diplomacy Papers No. 25 (The Hague: Netherlands Institute of International Relations Clingendael, 2010).

20 Geraldo Zahran and Leonardo Ramos, "From Hegemony to Soft Power: Implications of a Conception Change," in Parmar and Cox, *Soft Power and U.S. Foreign Policy*, 12-31.

21 Janice Bially Mattern, "Why Soft Power Isn't So Soft: Representational Force and Attraction in World Politics," in Felix Berenskoetter and M. J. Williams, eds., *Power in World Politics* (London: Routledge, 2007), 98-119.

22 Steven Lukes, "Power and the Battle for Hearts and Minds: On the Bluntness of Soft Power," in Felix Berenskoetter and M. J. Williams, eds., *Power in World Politics* (London: Routledge, 2007), 83-97.

23 Tyler Cowen, "For Some Developing Countries, America's Popular Culture Is Resistable," *New York Times*, February 22, 2007.

24 Parama Sinha Palit, "China's Soft Power in South Asia," RSIS Working Paper 200 (Singapore: Rajaratnam School of International Studies, 2010), 1.

25 See Joseph Nye and Wang Jisi, "The Rise of China's Soft Power and Its Implications for the United States," in Richard Rosecrance and Gu Guoliang, eds., *Power and Restraint: A Shared Vision for the U.S.-China Relationship* (New York: PublicAffaris, 2009), 28.

26 David Shambaugh, *China Goes Global* (forthcoming), chap. 6, presents a very through account of China's efforts to increase its soft power.

27 Huang and Gill, "Sources and Limits of Chinese 'Soft Power.'" See also Joel Wuthnow, "The Concept of Soft Power in China's Strategic Discourse," *Issues and Studies* 44, no. 2 (June 2008): 2-24; and the essays in Mingjiang Li, ed., *Soft Power: China's Emerging Strategy in International Politics* (Lanham, MD: Lexington Books, 2009).

28 David Shambaugh, "China Flexes Its Soft Power," *International Herald Tribune*, June 7, 2010.

29 Joshua Kurlantzick, *Charm Offensive: How China's Soft Power Is Transforming the World* (New Haven, CT: Yale University Press, 2007).

30 Yee-Kuang Heng, "Mirror, Mirror on the Wall, Who Is the Softest of Them All? Evaluating Japanese and Chinese Strategies in the Soft Power Competition Era," *International Relations of the Asia-Pacific* 10 (2010): 298.

31 Toshi Yoshihara and James R. Holmes, "Chinese Soft Power in the Indian Ocean" (paper delivered at the American Political Science Association, Toronto, Ontario, September 3, 2009).

32 David Bardoza, "China Yearns to Form Its Own Media Empires," *New York Times*, October 5, 2009.

33 Geoff Dyer, "China's Push for Soft Power Runs Up Against Hard Absolutes," *Financial Times*, January 4, 2010.

34 Chicago Council on Global Affairs, *Soft Power in Asia: Results of a 2008 Multinational Survey of Public Opinion* (Chicago: Chicago Council on Global Affairs, 2009), 34.

35 BBC News, "World Warming to US Under Obama," http://news.bbc. co.uk/*l*/hi/world/862604.stm.

36 Jacques Hymans, "Indis's Soft Power and Vulnerability," *India Review* 8 (July-September 2009): 2344-2365.

37 Donna Byrne, Gerald Clore, and Geroge Smeaton, "The Attraction Hypothesis: Do Similar Attitudes Affect Anything?" *Journal of Personality and Social Psychology* 51, no. 6 (1986): 1167-

1170; Fang Fang Chen and Douglas Kenrick, "Repulsion or Attraction?: Group Membership and Assumed Attitude Similartity," *Journal of Personality and Social Psychology* 83, no. 1 (2002): 111-125; Alice Eagly, Richard Ashmore, Mona Makhijani, and Laura Longo, "What Is Beautiful Is Good, but……: A Meta-analytic Review of Research on the Physical Attractiveness Stereotype," *Psychological Bulletin* 110, no. 1 (1991): 109-128.

38 Alexander L. Vuving, "How Soft Power Works" (paper presented at the American Political Science Association, Toronto, Ontario, September 3, 2009), 7-8.

39 Robert O. Keohane, "Subversive Realism and the Problem of Persuasion" (paper delivered at Stanford University, Palo Alto, California, December 3-5, 2009).

40 See Richard E. Petty and Duane T. Wegener, "Thought Systems, Argument Quality, and Persuasion," *Advances in Social Cognition* 4 (1991): 147-162; Blain T. Johnson and Alice H. Eagly, "Effects of Involvement on Persuasion: A Meta-analysis," *Psychological Bulletin* 106, no. 2 (1989): 290-314.

41 "Obama Wins More Food Aid but Presses African Nations on Corruption," *New York Times*, July 10, 2009.

42 Alan B. Krueger, "Attitudes and Action: Public Opinion and the Occurrence of International Terrorism," CEPS Working Paper No. 179 (January 2009).

43 Layne, "The Unbearable Lightness of Soft Power," 57.

44 See Atkinson, "Does Soft Power Matter?" 3. See also Antonio Spilimbergo, "Democracy and Foreign Education," *American Economic Review* 99, no. 1 (March 2009): 528-543.

45 Julie Cencula Olberding and Douglas J. Olberding, "Ripple Effects in Youth Peacebuliding and Exchange Programs: Measuring Impacts Beyond Direct Participants," *International Studies Perspectives* 11 (2010): 75-91.

46 See Joseph Nye, *Soft Power: The Means to Success in World Politics* (New York: PublicAffairs, 2004), chap. 2.

47 Raymond Bonner and Jane Perlez, "British Report Criticizes U.S. Treatment of Terror Suspects," *New York Times*, July 28, 2007.

48 See Matthew Kroenig, Melissa McAdam, and Steven Weber, "Taking Soft Power Seriously" (unpublished paper, February 23, 2009), 비록 일상적인 추론에 대한 제한된 접근법이지만 대단히 흥미롭다.

49 Richard Pells, *Not Like Us* (New York: Basic Books, 1997), xxii.

50 Geir Lundestad, *Empire by Integration: The United States and European Integration*, 1945-1997 (New York: Oxford University Press, 1998), 155.

51 Bertelsen and Moller, "The Direct and Reverse Soft Power of American Missionary Universities."

52 "Europe and an inscrutable China," *The Economist*, January 23, 2010, 52.

53 Testimony of Andrew Kohut, president of Pew Research Center, before the House Subcommittee on *International Organizations*, Human Rights, and Oversight, March 4, 2010.

54 Simon Anholt, "The $2 Trillion Man," *Foreign Policy* (December 2009). See also "Briefing Barack Obam's First Year, " *The Economist*, January 16, 2010, 29.

55 Nicholas Kulish, "Obama Gets High Marks Abroad, Survey Finds," *New York Times*, June 17, 2010.

56 Testimony of Andrew Kohut.

57 Thomas Erdbrink, "Iranians Seek Out Abuses by US," *Washington Post*, August 24, 2009.

58 Clifford J. Levy, "Russia Prevailed on the Ground but Not in the Media," *New York Times*, August 22, 2008.

59 Inderjeet Parmar, "Challenging Elite Anti-Americanism in the Cold War," in Parmar and Cox, *Soft Power and U.S. Foreign Policy*, 115.

60 Emily Rosenberg, *Spreading the American Dream* (New York: Hill and Wang, 1981), 79, 100.

61 Herbert A. Simon, "Information 101: It's Not What You Know, It's How You Know It," *Journal for Quality and Participation*, July-August 1998, 30-33.

62 John Arquila and D. Ronfeldt, *The Emergence of Noopolitik: Toward an American Information Strategy* (Santa Monica, CA: RAND, 1999), ix-x.

63 "President Kikwete's Hard Road Ahead," *The Economist*, September 1, 2007, 45.

64 For a thorough survey of American public diplomacy, see Kennon Nakamura and Matthew Weed, *U.S. Public Diplomacy: Background and Current Issues* (Washington, DC: Congressional Research Service, 2009).

65 Mark Leonard, *Public Diplomacy* (London: *Foreign Policy* Center, 2002).

66 남아프리카의 작가 마크 게비서는 이렇게 말한다. "우리가 우리 자신을 사랑하기 전에 세계는 다시 우리를 사랑해야 하며, 이따금 그런 것 같기도 하다." Barry Bearak, "South Africa World Cup Hopes Extend Beyond Playing Field," *New York Times*, June 11, 2010.

67 Hans N. Tuch, *Communicating with the World: U.S. Public Diplomacy Overseas* (New York: St. Martin's Press, 1990), 162.

68 See Watanabe Yashushi and David L. McConnell, eds., *Soft Power Superpowers: Cultural and National Assets of Japan and the United States* (London: M. E. Sharpe, 2008).

69 Ambassador John Bolton interviewed on Fox News, December 24, 2009. See Ben Armbruster, "Bolton: Strike on Iran Is No Problem as Long as It's Accompanied by a 'Campaign of Public Diplomacy,'" Think Progress (Blog), December 23, 2009, http://thinkprogress.org/2009/12/23/bolton-iran-public-diplomacy.

70 Walter Pincus, "Pentagon Reviewing Strategic Information Operations," *Washington Post*, December 27, 2009.

71 Daryl Copeland, "Guerilla Diplomacy: The Revolution in Diplomatic Affairs," *World Politics Review*, December 25, 2009, www.world-politicsreview.com/article.aspx?id=4867.

72 R. S. Zaharna, "The Soft Power Differential: Network Communication and Mass Communication in Public Diplomacy," *The Hague Journal of Diplomacy* 2 (2007): 221.

73 Jan Melissen, ed., *The New Public Diplomacy: Soft Power in International Relations* (London: Palgrave Macmillan, 2005), 22-23.

74 Kathy R. Fitzpatrick, "Advancing the New Public Diplomacy: A Public Relations Perspective," *The Hague Journal of Diplomacy* 2 (2007): 203.

75 See, for example, Jesse Lichtenstein, "Digital Diplomacy," *New York Times Magzaine*, July 18, 2010, 25-29.

76 Shambaugh, "China Flexes Its Soft Power."

5장 사이버 시대, 힘의 분산

1 Richard Haass, "The Age of Nonpolarity," *Foreign Affairs* 87, no. 3 (May-June 2008): 47.

2 Timothy Garton Ash, "As Threats Multiply and Power Fragments, the 2010s Cry Out for Realistic Idealism," *The Guardian*, December 31, 2009.

3 Alvin Toffler and Heidi Toffler, *The Politics of the Third Wave* (Atlanta: Andrews and McMeel, 1995); Esther Dyson, *Release 2.1: A Design for Living in the Digital Age* (New York: Broadway Books, 1998).

4 "Data, Data, Everywhere: Special Report on Managing Information," *The Economist*, February 27, 2010, 4.

5 Pippa Norris, *The Digital Divide: Civic Engagement, Information Poverty, and the Internet Worldwide* (New York: Cambridge University Press, 2001), 232. (패킷 라우팅의 간접적

본질을 감안하면, 이 내용은 기술적 매개체가 아니라 명백히 인간을 지칭한다.)

6 Stephen Krasner, "Sovereignty," *Foreign Policy* 122 (January-February 2001): 24ff.

7 John G. Ruggie, "Territoriality and Beyond: Problematizing Modernity in International Relations," *International Organization* 47, no. 1 (Winter 1993): 143, 155.

8 Steve Lohr, "Global Strategy Stabilized IBM During Downturn," *New York Times*, April 20, 2010.

9 Jason DeParle, "A World on the Move," *New York Times*, June 27, 2010.

10 Walter Laqueur, "Left, Right, and Beyond: The Changing Face of Terror," in James F. Hogue and Gideon Rose, eds., *How Did This Happen? Terrorism and the New War* (New York: Council on Foreign Relations/PublicAffaris, 2001). 73.

11 See Ellen Nakashima, "For Cyberwarriors, Murky Terrain," *Washington Post*, March 19, 2010, for an illustration of the tension between law enforcement and intelligence.

12 Daniel T. Kuehl, "From Cyberspace to Cyberpower: Defining the Problem," in Franklin D. Kramer, Stuart Starr, and Larry K. Wentz, eds., *Cyberpower and National Security* (Washington, DC: National Defense University Press, 2009), 26-28.

13 Stuart H, Starr, "Toward a Preliminary Theory of Cyberpower," in Kramer, Starr, and Wentz, *Cyberpower and National Security*, 52.

14 See Jack Goldsmith and Tim Wu, *Who Controls the Internet? Illusions of a Borderless World* (Oxford, UK: Oxford University Press, 2006).

15 마틴 리비키는 물리적, 통어적, 의미적 자질의 세 영역으로 구분한다, Martin Libicki, *Cyberdeterrence and Cyberwar* (Santa Monica, CA: RAND, 2009). 12. 하지만 어플리케이션에 어플리케이션이 추가되면서 인터넷은 복수의 자질로 이해될 수 있다, in Kramer, Starr, and Wentz, *Cyberpower and National Security*, 206ff.

16 나는 이 부분에서 제프리 R. 쿠퍼와 그의 출간되지 않은 저서 *New Approaches to Cyber-Deterrence*의 도움을 받고 있다(2010).

17 Ellen Nakashima and Brian Krebs, "Obama Says He Will Name National Cybersecurity Advisor," *Washington Post*, May 30, 2009.

18 See Gregory J. Rattray, "An Environmental Approach to Understanding Cyberpower," in Kramer, Starr, and Wentz, *Cyberpower and National Security*, 253-274, esp. 256.

19 Franklin Kramer, "Cyberpower and National Security," in Kramer, Starr, and Wentz, *Cyberpower and National Security*, 12.

20 LTC David E. A. Johnson and Steve Pettit, "Principles of the Defense for Cyber Networks," *Defense Concepts* 4, no. 2 (January 2010): 17.

21 Libicki, *Cyberdeterrence and Cyberwarfare*, xiii. See *a*lso William A. Owens, Kenneth W. Dam, and Herbert S. Lin, eds., *Technology, Policy, Law, and Ethics Regarding U.S. Acquisition and Use of Cyberattack Capabilities* (Washington, DC: National Academies Press, 2009).

22 2008년에 처음 개발된 컨피커 웜은 600만 대 이상의 컴퓨터를 감염시킨 봇넷을 구축하는 데 사용되었다고 추정된다. Mark Bowden, "The Enemy Within," *The Atlantic* 305, no. 5 (June 2010): 82.

23 Interviews with U.S. goverment officials, March 2010.

24 Goldsmith and Wu, *Who Controls the Internet?* 180ff.

25 "Don't Mess with Us," *The Economist*, January 2, 2010, 31.

26 Robert F. Worth, "Opposition in Iran Meets a Crossroads on Strategy," *New York Times*, February 15, 2010.

27 오픈 넷 이니셔티브의 자료에 근거한다. Richard Waters and Joseph Menn, "Closing the Frontier," *Financial Times*, March 29, 2010.

28 Ronald J. Deibert and Rafal Rohozinski, "Risking Security: Policies and Paradoxes of Cyberspace Security," *International Political Sociology* 4, no. 1 (March 2010): 25-27.

29 Sharon LaFraniere and Jonathan Ansfield, "Cyberspying Fears Help Fuel China's Drive to Curb Internet," *New York Times*, February 12, 2010.

30 See Goldsmith and Wu, *Who Controls the Internet?* 115; and Jonathan Zittrain, "A Fight over Freedom at Apple's Core," *Financial Times*, February 4, 2010.

31 Lawrence Lessig, *Code and Other Laws of Cyberspace* (New York: Basic Books, 1999).

32 Goldsmith and Wu, *Who Controls the Internet?* 165.

33 General Keith Alexander, head of Cyber Command, testimony to the Senate Armed Services Committee. "Attacks on Military Computers Cited," *New York Times*, April 16, 2010.

34 McAfee Report, "Unsecured Economies: Protecting Vital Information" (paper presented at the World Economic Forum, Davos, Switzerland, 2009). See also Tim Weber, "Cybercrime Threat Rising Sharply," *BBC News*, http://news.bbc.co.uk/2/hi/business/davos/7862549/stm. 프랭클린 D. 크라머는 Cyber Security: An Integrated Governmental Strategy for Progress (Washington, DC: Atlantic Council Issue Brief, 2010), 2.에서 400억 달러 이하로 추산한 수치를 언급한다.

35 Munk Centre for International Studies, University of Toronto, "Tracking GhostNet: Investigating a Cyber Espionage Network, *Information Warfare Monitor*, March 2009.

36 Sharon LaFraniere and Jonathan Ansfield, "Cyberspying Fears Help Fuel China's Drive to Curb Internet," *New York Times*, February 12, 2010.

37 Stanley Pignal, "US Presses Brussels on Terror Data Swaps," *Financial Times*, February 3, 2010. See also Ellen Nakashima, "European Union, U.S. to Share Banking Data to Fight Terrorism," *Washington Post*, June 29, 2010.

38 See Owens, Dam, and Lin, *Technology, Policy, Law, and Ethics.*

39 Richard Clarke, "War from Cyberspace," *National Interest*, October 27, 2009, http://nationalinterest.org.article/war-from-cyberspace-3278.

40 See, for example, John Markoff, "Old Trick Threatens Newest Weapons," *New York Times*, October 27, 2009; and Shane Harris, "The Cyberwar Plan," *National Journal*, November 14, 2009, 18ff.

41 Richard A. Clarke and Robert K. Knake, *Cyberwar* (New York: HarperCollins, 2010), chap. 1.

42 See Owens, Dam, and Lin, *Technology, Policy, Law, and Ethics*, 27.

43 Interviews with U.S. government officials, March 2010.

44 Mike McConnell, "To Win the Cyberwar, Look to the Cold War," *Washington Post*, February 28, 2010.

45 "Clash of the Clouds," *The Economist*, October 17, 2009, 81.

46 See Tyler Moore and Richard Clayton, "The Impact of Incentives on Notice and Take-Down," Seventh Workshop on the Economics of Information Security, June 2008, http://weis2008.econinfosec.org/ Moore impac.pdf.

47 Testimony of Steven R. Chabinsky before the Senate Judiciary Committee Subcommittee on Terrorism and Homeland Security, November 17, 2009.

48 Frederick R. Chang, "Is Your Computer Secure?" *Science 325*, no. 5940 (July 2009): 550.

49 Chris Bronk, "Toward Cyber Arms Control with Russia," *World Politics Review*, January 19, 2010.

50 McAfee, *Virtual Criminology Report 2009* (Santa Clara, CA: McAfee, 2009), 12.

51 Clay Wilson, "Cybercrime," in Kramer, Starr, and Wentz, *Cyberpower and National Security*, 428.

52 Irving Lachow, "Cyber Terrorism: Menace or Myth?" in Kramer, Starr, and Wentz, *Cyberpower*

and National Security, 450.

53 Robert K. Knake, "Cyberterrorism Hype v. Fact," Council on Foreign Relations Expert Brief, February 16, 2010, www.cfr.org/publication/ 21434/cyberterrorism_hype_v_fact.html.

54 마이클 맥코넬, 질 R. 아이토로가 "미국에 대규모 사이버 공격을 감행할 능력에 근접한 테러범들"에서 인용, *Nextgov*, October 2, 2010, www.nextgov. com/site_services/print_article.php?StoryID=ng_20091002_9081.

55 Olivier Roy, "Recruiting Terrorists," *International Herald Tribune*, January 11, 2010.

56 McAfee, *Virtual Criminology Report* 2009, 6. See also Project Grey Goose, "Russia/Georgia Cyber War—Findings and Analysis," October 17, 2008, intelfusion@hush.com.

57 Michael B. Farrell, "Iranian Cyber Army Hack of Twitter Signals Cyberpolitics Era," *Christian Science Monitor*, December 18, 2009, www.csmonitor.com/layout/set/print/content/view/print/269741.

58 See Kathrin Hille and Joseph Menn, "Patriotism and Politics Drive China Cyberwar," *Financial Times*, January 14, 2010; John A. Quelch, "Looking Behind Google's Stand in China," Working Knowledge (Harvard Business School), February 8, 2010, http://hbswk.hbs.edu/item/6364.html. I am also indebted to unpublished notes by Roger Hurwicz (February 2010).

59 Mark Landler and Edward Wong, "China Says Clinton Harms Relations with Criticism of Internet Censorship," *New York Times*, January 23, 2010.

60 David Barboza, "China's Booming Internet Giants May Be Stuck There," *New York Times*, March 24, 2010.

61 Kathrin Hille, "Google Attempts China Rescue," *Financial Times*, June 30, 2010.

62 Jack Goldsmith, "Can We Stop the Global Cyber Arms Race?" *Washington Post*, February 1, 2010.

63 John Markoff, "Cyberattack Threat on Rise, Executives Say," *New York Times*, January 29, 2010. 나는 로버트 셀던의 조언을 받아 이 자료가 해킹의 횟수가 아닌 해킹에 대한 인식을 나타낸다고 지적한다.

64 에너지와 기후 문제에 대한 유사한 상황은 로버트 O. 코헨과 데이비드 G. 빅터의 "The Regime Complex for Climate Change," 참고. Discussion Paper, Harvard Project on International Climate Agreements (Cambridge, MA: Belfer Center for Science and International Affaris, 2010).

65 이 비유는 제임스 A. 루이스가 제안한다. "Securing Cyberspace for the 44th Presidency:

A Report of the CSIS Commission on Cybersecurity for the 44th Presidency" 참고 (Washington, DC: Center for Strategic International Studies, 2008).

66 See Elinor Ostrom, Joanna Burger, Christopher Field, Richard Norgaard, and David Policansky, "Revisiting the Commons: Local Lessons, Global Challenges," *Science* 284, no. 5412 (April 1999): 278, for a challenge to Garrett Hardin's 1968 formulation of "The Tragedy of the Commons," *Science* 162, no. 3859 (December 1968): 1243.

67 Elinor Ostrom, "A General Framework for Analyzing Sustainability of Social-Ecological Systems," *Science* 325, no. 5939 (July 2009): 421. See also Roger Hurwitz, "The Prospects for Regulating Cyberspace" (unpublished paper, November 2009).

68 Deibert and Rohozinski, "Risking Security," 30.

69 Ethan Zuckerman, "Intermediary Censorship," in Ronald Deibert, John Palfrey, Rafal Rohozinski, and Jonathan Zittrain, eds., *Access Controlled: The Shaping of Power, Rights, and Rule in Cyberspace* (Cambridge, MA: MIT Press, 2010), 80.

70 Clarke and Knake, *Cyberwar*, 146.

71 See Jonathan Zittrain, *The Future of the Internet and How to Stop It* (New Haven, CT: Yale University Press, 2008).

72 Quoted in Nathan Gardels, "Cyberwar: Former Intelligence Chief Says China Aims at America's Soft Underbelly," *New Perspectives Quarterly 27* (Spring 2010): 16.

73 See Melissa Hathaway, "Strategic Advantage: Why America Should Care About Cybersecurity," Discussion Paper, Harvard Kennedy School (Cambridge, MA: Belfer Center for Science and International Affairs, 2009). See also Barack Obama, "Remarks by the President on Securing Our Nation's Cyber Infrastructure" (Washington, DC: White House, May 29, 2009).

74 William J. Lynn, III, "Defending a New Domain: The Pentagon's Cyberstrategy," *Foreign Affairs* 90, no. 5 (September-October 2010): 100.

75 무기 억제의 한계와 적절한 규범에 대한 논의는 클라크와 크네이크의 *Cyberwar*, 참고.

76 Christopher Ford, "Cyber-operations: Some Policy Challenges," report on a CSIS meeting, Washington, DC, June 3, 2010.

77 Joseph Menn, "Moscow Gets Tough on Cybercrime," *Financial Times*, March 22, 2010.

78 Robert Axelrod, *The Evolution of Cooperation* (New York: Basic Books, 1984). See also David Rand, Anna Drebner, Tore Ellingsen, Drew Fudenberg, and Martin Nowak, "Positive Interactions Promote Public Cooperation," *Science* 325, no. 5945 (September 2009): 1272.

79 Joseph Menn, "US Cybercrime Chief Wary on Provoking China and Russia," *Financial Times*, March 5, 2010.

80 핵 시대에 이런 학습 과정의 점진적 발전에 대한 설명은 Joseph S. Nye, "Nuclear Learning and U.S.-Soviet Security Regimes," *International Organization* 41, no. 3 (Summer 1987): 371-402 참고.

81 See Abraham Sofaer, David Clark, and Whitfield Diffie, "Cyber Security and International Agreements," *Proceedings of a Workshop on Deterring Cyberattacks* (Washington, DC: National Academies Press, 2010).

82 John Markoff, "At Internet Conference, Signs of Agreement Appear Between U.S. and Russia," *New York Times*, April 16, 2010.

83 Duncan B. Hollis, "Why States Need an International Law for Information Operations," Lewis and Clark Law Review 11, no. 4 (2007): 1059.

84 Goldsmith, "Can We Stop the Global Cyber Arms Race?"

85 Waters and Menn, "Closing the Frontier."

86 Richard Falkenrath, "Texting with Terrorists," *New York Times*, August 9, 2010. See also Miguel Helft and Vikas Bajaj, "When Silence Sows Anxiety: Blackberry's Security Stance Throws Others Off Balance," *New York Times*, August 9, 2010.

6장 패권국의 쇠퇴와 권력의 이동

1 Robert Gilpin, *War and Change in World Politics* (New York: Cambridge University Press, 1981), 239.

2 Arthur Waldron, "How Not to Deal with China," *Commentary* 103, no. 3 (March 1997): 48; Robert Kagan, "What China Knows That We Don't," Weekly Standard, January 20, 1997, 22.

3 John Mearsheimer, "The Gathering Storm: China's Challeng e to US Power in Asia," Michael Hintze Lecture, University of Sydney, Sydney, Australia, August 5, 2010, www.usyd.edu.au/news/84.html?newstoryid=5351.

4 Richacrd K. Betts and Thomas J. Christensen, "China: Getting the Questions Right," *National Interest*, Winter 2000-2001, 17.

5 Ernest May and Zhou Hong, "A Power Transition and Its Effects," in Richard Rosecrance and Gu Guliang, eds., *Power and Restraint* (New York: PublicAffairs, 2009), chap. 1.

6 See Jack S. Levy, "Declining Power and the Preventive Motivation for War," *World Politics* 40

(October 1987): 82-107.

7 Barry Blechman and Stephen Kaplan, *Force Without War: U.S. Armed Forces as a Political Instrument* (Washington, DC: Brookings Institution, 1978), chap. 4; Gary C. Hufbauer, Jeffrey J. Schott, and Kimberly Ann Elliott, *Economic Sanctions Reconsidered*, 2nd ed. (Washington, DC: Institute for International Economics, 1990).

8 Piers Brendon, "Like Rome Before the Fall? Not Yet," *New York Times*, February 25, 2010. For interesting comparisons of America and Rome, see Cullen Murphy, *Are We Rome? The Fall of an Empire and the Fate of America* (Boston: Houghton Mifflin, 2007).

9 See Paul Kennedy, *The Rise and Fall of the Great Powers: Economic Change and Military Conflict Among the Great Powers from 1500 to 2000* (New York: Random House, 1987), 154, 203. See also Bruce Russett, "The Mysterious Case of Vanishing Hegemony," *International Organization* 39, no. 12 (Spring 1985): 212.

10 Corelli Barnett, *The Collapse of British Power* (Atlantic Highlands, NJ: Humanities Press International, 1986), p. 72.

11 Charles Dickens, *Martin Chuzzlewit* (1844), quoted in David Whitman, *The Optimism Gap: The I'm OK-They're Not Syndrome and the Myth of American Decline* (New York: Walker, 1998), 85.

12 일부 논평가들은 '쇠퇴기에 대한 논쟁이 시간 낭비일지도 모른다고 믿는다. 정책 입안자들과 국민들이 가장 우려해야 하는 것은 예상치 못한 급격한 몰락이다.' 니얼 퍼거슨은 향후 10년 동안 국채가 2배로 증가한다는 예상 수치는 미국의 위력을 잠식할 수 없지만, 어떤 위기에도 대처하는 미국의 능력에 대한 오랜 믿음을 떨어뜨릴 수 있다고 주장한다. 그는 '대부분의 제국들의 몰락은 재정적 위기와 연관되지만' 로마노프제국, 오스트리아-헝가리제국, 오스만제국의 경우처럼 사실 급격한 붕괴의 가장 흔한 요인은 종종 전쟁이 된다고 주장한다. Niall Ferguson, "Complexity and Collapse," *Foreign Affairs* 89, no. 2 (March-April 2010): 31.

13 초기 주기에 대한 자세한 내용은 조지프 나이의 *Bound to Lead: The Changing Nature of American Power* (New York: Basic Books, 1990) 참고.

14 Stephen G. Brooks and William C. Wohlforth, *World Out of Balance: International Relations and the Challenge of American Primacy* (Princeton, NJ: Princeton University Press, 2008), 1.

15 Gideon Rachman, "All Eyes Are on Davos as a Shift in the Global Balance of Power Makes Itself Felt," *Financial Times*, January 27, 2010.

16 David Roche, "Another Empire Bites the Dust," *Far Eastern Economic Review* 171, no. 8 (October 2008): 11.

17 Brooks and Wohlforth, *World Out of Balance*, 4.

18 National Intelligence Council, *Global Trends 2025: A Transformed World* (Washington, DC: GPO, 2008), iv. 반면 불과 4년 전의 2020년 예상은 미국의 우위를 전망한다.

19 Ralph Atkins, "State of the Union," *Financial Times*, June 1, 2010.

20 Pippa Norris, "Global Governance and Cosmopolitan Citizens," in Joseph S. Nye and John D. Donahue, eds., *Governance in a Globalizing World* (Washington, DC: Brookings Institution, 2000), 157.

21 Chris Patten, "What Is Europe to Do?" *New York Review of Books*, March 11, 2010, 12.

22 Marcus Walker, "EU Sees Dreams of Power Wane as 'G-2' Rises," *Wall Street Journal*, January 27, 2010.

23 "Lessons from 'The Leopard,'" *The Economist*, December 12, 2009, 61.

24 Stefan Theil, "The Modest Superpower," *Newsweek*, November 16, 2009, 41.

25 Mark Leonard, *Why Europe Will Run the 21st Century* (London: Fourth Estate, 2005), 2.

26 Andrew Moravcsik, "Europe: The Quiet Superpower," *French Politics* 7, no. 3 (September-December 2009): 406-407.

27 "Weathering the Storm," *The Economist*, September 9, 2000, 23.

28 Robert D. Blackwill, *The Future of Transatlantic Relations* (New York: Council on Foreign Relations, 1999).

29 Andrew Batson, "A Sceond Look at China's GDP Rank," *Wall Street Journal* (Asian edition), January 22-23, 2010. 구매력 지수 비교는 복지 수준의 비교에 좋고 환율 비교는 대외관계의 권력에 대한 추정에 더 좋다. 각각의 방식은 서로 다른 목적에 적합하다. 구매력 지수의 관점에서 중국은 2001년에 세계 2위 규모의 국민 경제를 달성하게 되었다. 환율 비교의 관점에서 중국의 1인당 국민 소득은 100위다.

30 Hiroko Tabuchi, "China's Day Arriving Sooner Than Japan Expected," *New York Times*, October 2, 2009.

31 "Hour of Power?" *Newsweek*, February 27, 1989, 15.

32 Jacques Attali, *Lignes d'Horizon* (Paris: Foyard, 1990); George Friedman and Meredith LeBard, *The Coming War with Japan* (New York: St. Martin's Press, 1992).

33 Herman Kahn and B. Bruce-Biggs, *Things to Come* (New York: Macmillan, 1972), ix.

34 일부에서 이런 견해에 의문을 제기했다. 예를 들면, 빌 에모트의 *The Sun Also Sets* (New York: Simon and Schuster, 1989) 참고.

35 Paul Bairoch, "International Industrialization Levels from 1750 to 1980," *Journal of European Economic History*, Spring 1982, 14n.

36 Prime Minister's Commission, *The Frontier Within* (Tokyo: Cabinet Secretariat, 2000).

37 Hisashi Owada, "The Sahping of World Public Order and the Role of Japan," *Japan Review of International Affairs*, Spring 2000, 11.

38 Department of Population Dynamics Research, National Institute of Population, "Summary of the Japanese Population Projection: Population Projecrions for Japan, 2001-2050" (2000), www.ipss.go.jp/ ppnewest/e/ppfj02/suikei_g_e.html.

39 See Bill Emmott, *Rivals: How the Power Struggle Between China, India, and Japan Will Shape Our Next Decade* (New York: Harcourt, 2008).

40 "Not Just Straw Men," *The Economist*, June 20, 2009, 63.

41 Tyler Cowen, "For Much of the World, a Fruitful Decade," *New York Times*, January 3, 2010.

42 Ding Zhitao, "Bricking a Regime," *Beijing Review*, July 2, 2009, 2.

43 David Rothkopf, "A Bigger Clubhouse," *Newsweek*, November 15, 2008, 54.

44 Brendan Kelly, "The BRICs' Monetary Challenge," *PacNet* (Pacific Forum) 46 (June 25, 2009). See also Laurence Brahm, "China Thinks the Washington Consensus Is Dead!" *PacNet* (Pacific Forum) 65 (September 29, 2009).

45 Jim O'Neill, "BRICS Are Still on Top," *Newsweek*, December 7, 2009, 44. See also Goldman Sachs, *Global Economics Weekly*, no. 10/01 (January 6, 2010).

46 Clive Cookson, "Huge Shift in Bric's Scientific Landscape," *Financial Times*, January 26, 2010.

47 미하일 고르바초프가 소련 작가들에게 고하는 연설 "Gorbachev on the Future: 'We Will Not Give In,'"에서 인용. *New York Times*, December 22, 1986,

48 Eduard Shevardnadze, quoted in Stephen Sestanovich, "Gorbachev's *Foreign Policy*: A Diplomacy of Decline," *Problems of Communism*, January-February 1988, 2-3.

49 Sergei Karaganov, "Russia in Euro-Atlantic Region," Rossiyskaya Gazeta, November 24, 2009, available in English at http://karaganov.ru/ en/news/98. 다른 견해는 러시아의 소프트 파워가 2010년에 키르기즈스탄 정부의 바람직한 변화를 이끌어내는 데 기여했다는 것이다. 앤드루 크라머, "키르기즈스탄의 폭동 전, 러시아 소프트 파워의 작용," *New York Times*, April 19, 2010.

50 Murray Feshbach, "Russia's Population Meltdown," *Wilson Quarterly* 25, no. 1 (Winter 2001): 15-21; Nicholas Eberstadt, "Drunken Nation: Russia's Depopulation Bomb," *World Affaris*, Spring 2009, 53, 58.

51 Dmitri Medvedev, quoted in Anders Aslund, Sergei Guriev, and Andrew Kuchins, *Russia After the Global Economic Crisis* (Washington, DC: Peterson Institute for International Economics, 2010), 259.

52 Michael Wines, "For All of Russia, Biological Clock Is Running Out," *New York Times,* December 28, 2000.

53 Igor Yurgens, personal conversation, January 21, 2010.

54 Clifford J. Levy, "Russian President Calls for Nation to Modernize," *New York Times*, November 13, 2009.

55 Katinka Barysch, "Can the EU Help Russia Modernise?" *Centre for European Reform Insight*, May 28, 2020, 2.

56 Peter Aven, quoted in Charles Clover, "Caught Between Modernity and Chaos, Russia: Special Report," *Financial Times*, April 14, 2010.

57 Vladoslav Inozemtsev, "Dilemmas of Russia's Modernization," in Ivan Krastev, Mark Leonard, and Andrew Wilson, eds., *What Does Russia Think?* (London: European Council on Foreign Relations, 2010), 47. See also Jeffrey Mankoff, *The Russian Economic Crisis* (New York: Council on Foreign Relations, 2010).

58 Li Jingjie, "Pillars of the Sino-Russian Partnership," *Orbis*, Fall 2000, 530.

59 Karaganov, "Russia in Euro-Atlantic Region."

60 Bobo Lo, "모든 사람들이 알아야 할 중국-러시아 관계에 대한 열 가지 사항" (London: Centre for European Reform Policy Brief, December 2008).

61 디미트리 메드베데프, "아시아의 세기에서 러시아가 여전히 중요한 이유"에서 존 리가 인용. *World Politics Review*, January 19, 2010, www. worldpoliticsreview.com/articlePrint. aspx?ID=4958.

62 사리카 말로트라 "세계는 2040년경에 삼극 체제가 될 것이다." *Financial Express*, March 7, 2010. 또한 뉴델리에서의 개인 대화가 배경이 되었다. January 2010.

63 Vijay Joshi, "Economic Resurgence, Lopsided Reform, and Jobless Growth," in Anthony Heath and Roger Jeffrey, eds., *Diversity and Change in Modern India: Economic, Social and Political Approaches* (Oxford, UK: Oxford University Press, 2010).

64 Martin Wolf, "India's Elephant Charges on Through the Economic Crisis," *Financial Times*, March 3, 2010.

65 Neal M. Rosendorf, "Social and Cultural Globalization: Concepts, History, and America's Role," in Nye and Donahue, *Governance in a Globalizing World*, 122.

66 Joshi, "Economic Resurgence."

67 "The Engineering Gap," *The Economist*, January 30, 2010, 76.

68 Cookson, "Huge Shift in Bric's Scientific Landscape." See also Richard Levin, "Top of the Class," *Foreign Affairs* 89, no. 3 (May-June 2010): 63-75.

69 See Tarun Khanna, *Billions of Entrepreneurs: How China and India Are Reshaping Their Futures—and Yours* (New Delhi: Viking/Penguin, 2007).

70 Interviews with Indian government officials, New Delhi, January 2010.

71 Frenando Enrique Cardoso attributes the cliché to Stefan Zweig. See Fernando Enrique Cardoso, *The Accidental President of Brazil: A Memoir* (New York: PublicAffairs, 2006), 6.

72 Interview with Luiz Ignacio Lula da Silva, "No More Second Class," *Newsweek*, October 12, 2009, 50.

73 "Brazil Takes Off," *The Economist*, November 14, 2009, 15.

74 Jonathan Wheatley, "Size of State's Role Emerges as Key Factor in Brazil Election Battle," *Financial Times*, February 24, 2010.

75 "Getting It Together as Last: A Special Report on Business and Finance in Brazil," *The Economist*, November 14, 2009, 5, 18.

76 Interviews, Sao Paulo, April 9, 2010.

77 Mac Margolis, "The Land of Less Contrast: How Brazil Reined In Inequality," *Newsweek*, December 7, 2009, 22. See also "Getting It Together at Last," 16.

78 "In Lula's Footsteps," *The Economist*, July 3, 2010, 36.

79 Alexe*i* Barrionuevo, "Brazil's President Elbows U.S. on the Diplomatic Stage," *New York Times*, January 23, 2009.

80 "The Samba Beat, with Missteps," *The Economist*, December 20, 2008, 57.

81 Sebastian Mallaby, "Brazil's China Headache," *Washington Post*, December 14, 2009.

82 Robert Fogel, "$123,000,000,000,000," *Foreign Policy* 177 (January-February 2010): 70.

83 Barbara Demick, "China Won't Bow Down," *Los Angeles Times*, February 16, 2010.

84 Michael Brown et al., *The Rise of China* (Cambridge, MA: MIT Press, 2000).

85 Martin Jacques, *When China Rules the World: The End of the Western World and the Birth of a New Global Order* (New York: Penguin, 2009).

86 "American Opinion," *Wall Street Journal*, September 16, 1999.

87 Ingrid d'Hooghe, *The Limits of China's Soft Power in Europe: Beijing's Public Diplomacy Puzzle* (The Hague: Netherlands Institute of International Relations, 2010).

88 Thucydides, *History of the Peloponnesian War, trans. Martin Hammonds* (New York: Oxford University Press, 2009), 62.

89 Media Eghbal, "Chinese Economy Smaller Than Previously Estimated," *Euromonitor* (International Monetary Fund), February 11, 2008, www.euromonitor.com/articles.aspx?folder=Chinese_economy_smaller_than_previously_estimated&print=true.

90 Sam Roberts, "In 2025, India to Pass China in Population, U.S. Estimates," *New York Times*, December 16, 2009.

91 수치는 구매력 지수에 대해 CIA 월드팩트북(www.cia.gov/cia/ publications/factbook/)의 자료를 사용하고 공식 환율에 대해 세계은행(www.worldbank.org/data/wki2001/pdfs/tab1_1.pdf)의 자료를 사용해서 계산했다.

92 Aaron Friedberg, "The Future of U.S.-China Relations: Is Conflict Inevitable?" *International Security* 30, no. 2 (Fall 2005): 7-45.

93 "A Slow-Burning Fuse: A Special Report on Ageing Populations," *The Economist*, June 27, 2009, 14.

94 Robert Zoellick, quoted in "Can China Become the World's Engine for Growth?" A Symposium of Fifty Views, *International Economy*, Winter 2010, 9.

95 "Agricultural Bank's IPO: Agricultural Revolution," *The Economist*, July 10, 2010, 69.

96 Michael Pettis, "China Has Been Misread by Bulls and Bears Alike," *Financial Times*, February 26, 2010. See also Michael Pettis, "Sharing the Pain: The Global Struggle over Savings," Policy Brief 84 (Washington, DC: Carnegie Endowment, November 2009).

97 Geoff Dyer, "Beijing Has a Long Way to Go Before It Can Dislodge the Dollar," *Financial Times*, May 22, 2009.

98 Ambassador Charles W. Freeman, Jr., "China's Challenge to American Hegemony," Remarks to the Global Strategy Forum, January 20, 2010.

99 Henry Rowen, quoted in "A Wary Respect: Special Report on China and America," *The Economist*, October 24, 2009, 14.

100 Lee Kwan Yew, personal conversation, January 22, 2010.

101 Minxin Pei, "Think Again: Asis's Rise," *Foreign Policy* 173 (July-August 2009).

102 Susan L, Shirk, *China: Fragile Superpower* (Oxford, UK: Oxford University Press, 2008), 253.

103 Bill Clinton, quoted in "A Wary Respect," 16.

104 Thom Shanker, "Pentagon Cites Concerns in China Military Growth," *New York Times*, August 17, 2010.

105 Keith Crane, Roger Cliff, Evan S. Medeiros, James C. Mulvenon, and William H, Overholt, *Modernizing China's Military: Opportunities and Constraints* (Washington, DC: RAND, 2005).

106 Kenneth Lieberthal, quoted in Bruce Stokes, "China's New Red Line at Sea," *National Journal*, July 3, 2010, 43. See also Andrew Jacobs, "Stay Out of Island Dispute, Chinese Warn U.S.," *New York Times*, July 27, 2010.

107 Edward Wong, "Chinese Military Seeks to Extend Its Naval Power," *New York Times*, April 24, 2010.

108 Deng Xiaoping, quoted in C. Fred Bergsten, Charles Freeman, Nicholas Lardy, and Derek J. Mitchell, *China's Rise: Challenges and Opportunities* (Washington, DC: Peterson Institute, 2008), 1.

109 Jacques, *When China Rules the World*, 12.

110 David C. Kang, "Hierarchy in Asian International Relations: 1300-1900," *Asian Security* 1, no. 1 (2005): 53-79. See also Stefan Halper, *The Beijing Consensus: How China's Authoritarian Model Will Dominate the Twenty-First Century* (New York: Basic Books, 2010).

111 John Ikenberry, "The Rise of China and the Future of the West," *Foreign Affairs* 87, no. 1 (January-February 2008): 23-38.

112 Lee Kwan Yew, personal conversation, January 2010.

113 Kagan, "What China Knows That We Don't."

114 Edward Wong, "Vietnam Enlists Allies to Stave Off China's Reach," *New York Times*, Febrary 5, 2010; 더불어 2010년 1월 13-14일에 베트남 공직자들과의 인터뷰에 근거한다.

115 Zixiao Yang and David Zweig, "Does Anti-Americanism Correlate to Pro-China Sentiments?" *Chinese Journal of International Politics* 2 (2009): 457-486.

116 For a detailed analysis, see Bill Emmott, *Rivals: How the Power Struggle Between China, India, and Japan Will Shape Our Next Decade* (New York: Harcourt, 2008).

117 Kennedy, *The Rise and Fall of the Great Powers.*

118 물론 이 복잡한 현상에는 더 많은 요인들이 작용했다. See Ramsay MacMullen, *Corruption and the Decline of Rome* (New Haven, CT: Yale University Press, 1988).

119 Frank Newport, "No Evidence Bad Times Are Boosting Church Attendance," *Gallup*, December 17, 2008.

120 "A Public Opinion Review of the Bush Years," *Gallup*, January 12, 2009.

121 Derek Bok, *The State of the Nation* (Cambridge, MA: Harvard University Press, 1996), 376.

122 U.S. Census Bureau, "The Foreign Born Population of the United States," August 2004, www.census.gov/prod/2004pubs/p20- 5 5 5.pdf.

123 Kenneth Scheve and Matthew Slaughter, *Globalization and the Perceptions of American Workers* (Washington, DC: Institute for International Economics, 2001), 35.

124 Lymari Morales, "Americans Return to Tougher Immigration Stance," *Gallup*, August 5, 2009.

125 Eric Schmitt, "New Census Shows Hispanics Are Even with Blacks in US," *New York Times*, March 8, 2001.

126 Steven Holmes, "Census Sees a Profound Ethnic Shift in U.S.," *New York Times*, March 14, 1996, 16.

127 Nicholas Eberstadt, "The Population Implosion," *Foreign Policy* 123 (March-April 2001): 43-49.

128 Marjolaine Gauthier-Loiselle and Jennifer Hunt, "How Much Does Immigration Boost Innovation?" (London: Centre for Economic Policy Research, January 2009), www.cepr.org/pubs/new-dps/dplist. asp?dpno=7116. See also William Kerr and William Lincoln, "The Supply Side of Innovation: H-1B Visa Reforms and US Ethnic Invention," Working Paper (Cambridge, MA: Harvard Business School, January 21, 2009).

129 Public Policy Institute of California, "Silicon Valley's Skilled Immigrants: Generating Jobs and Wealth for California," *Research Brief* 21 (June 1999): 2. See also Elizabeth Corcoran, "Silicon Valley's Immigration Problem," *Forbes*, May 3, 2007.

130 Lew Kwan Yew, personal conversation, January 22, 2010.

131 International Monetary Fund, *United States: Selected Issues* (Washington, DC: International Monetary Fund, July 2009), 3; Martin Feldstein, "America's Growth in the Decade Ahead," *Project Syndicate*, January 25, 2010. See also Alan Beattie, "IMF Warns US to Tighten Fiscal Policy More Rapidly," *Financial Times*, June 30, 2010.

132 "Can America Compete?" *Business Week*, April 20, 1987, 45.

133 Xavier Sala-i-Martin and Jennifer Blanke, *The Global Competitiveness Report 2009-10* (Davos, Switzerland: World Economic Forum, 2009). 미국은 제도, 기반 시설, 시장 규모, 기술력 같은 대부분의 성장의 '기둥'에서 상위권에 있지만, 거시경제적 불안정성 때문에 전년도의 수위에서 하락했다.

134 Adam Segal, *Advantage: How American Innovation Can Overcome the Asian Challenge* (New York: Norton, 2011), 247.

135 Amar Bhide of Columbia Business School, quoted in "Innovation in America: A Gathering Storm?" *The Economist*, November 22, 2008, 73.

136 Dale W. Jorgenson, "Innovation and Productivity Growth," Theodore Schultz Lecture, Atlanta, Georgia, January 3, 2010, 1-2. See also Dale W. Jorgenson, ed., *The Economics of Productivity* (Cheltenham, UK: Elgar, 2009).

137 Stephen Oliner, Daniel Sichel, and Kevin Stiroh, "Explaining a Productive Decade," in *Finance and Economics Discussion Series* (Washington, DC: Federal Reserve Board, 2007), 4-6. See also "Productivity Growth: Slash and Earn," *The Economist*, March 20, 2010, 75.

138 Alice Lipowicz, "U.S. Investment in Global Research and Development Falls," *Federal Computer Week*, January 19, 2010.

139 Michael Porter, "Why America Needs an Economic Strategy," *Business Week*, October 30, 2008.

140 Fareed Zakaria, "Is America Losing Its Mojo?" *Newsweek*, November 23, 2009; Claire Cain Miller, "A $3.5 Billion Effort, Fearful the US Is Slipping, Aims to Help Tech Start-Ups," *New York Times*, February 24, 2010; "The United States of Entrepreneurs: Special Report on Entrepreneurship," *The Economist*, March 14, 2009, 9. See also ibid.

141 Roger Lowenstein, "The Way We Live Now: Should We Spend or Save to Rescue the Economy?" *New York Times*, October 14, 2009. For a more optimistic view of American savings, see Richard N. Cooper, "Global Imbalances: Globalization, Demography, and Sustainability," *Journal of Economic Perspectives* 22 (Summer 2008): 95.

142 Sylvia Nasar, "Economists Simply Shrug as Saving Rate Declines," *New York Times*, December 21, 1998. 하버드의 경제학자 리처드 N. 쿠퍼는 60년 전 산업 시대에 개발된 국가 계정은 주로 구조와 장비의 관점에서 규정되며 저축에 교육, 연구 개발, 훈련, 내구 소비재 같은 이연된 소비의 항목을 포함하지 않는다고 지적한다. Richard N. Cooper, "Remarks for Yale Workshop on Global Trends and Challenges: Understanding Global Imbalances" (unpublished

paper, January 2009).

143 Milka Kirova and Robert Lipsey, "Measuring Real Investment: Trends in the United States and International Comparisons" (Washington, DC: Federal Reserve, National Bureau of Economic Research, February 1998), 7.

144 Niall Ferguson, "An Empire at Risk," *Newsweek*, December 7, 2009, 28; Niall Ferguson, "A Greek Crisis Is Coming to America," *Financial Times*, February 11, 2010. See also Francis Warnock, "How Dangerous Is U.S. Government Debt? The Risk of a Sudden Spike in U.S. Interest Rates," *Council on Foreign Relations Report*, June 2010; www.cfr.org/publication/22408/how_dangerous_is_us_government_debt.html?excer.

145 "Repent at Leisure: A Special Report on Debt," *The Economist*, June 26, 2010, 14.

146 "Damage Assessment," *The Economist*, May 16, 2009, 84. See also C. Fred Bergsten, "The Dollar and the Deficits," *Foreign Affairs* 88, no. 6 (November-December 2009): 20-38.

147 U.S. Department of Education, "Educational Attainment of Persons 18 Years Old and Over, by State: 2000 and 2006," http://nces.ed/gov/ programs/digest/d08/tables/dt08_011.asp.

148 "Universities in Europe," *The Economist*, April 25, 2009, 57.

149 Times Higher Education, "Top 200 World Universities (2009)," www.timeshighereducation.co.uk/Rankings2009-Top200.html; Institute of Higher Education of Shanghai Jiao Tong University, "Academic Ranking of the World Universities—2009," www.arwu.org/ARWU2009.jsp.

150 *The Economist: World in Figures* (2009 Edition) (London: Profile Books, 2008), 99; *World Bank Indicators 2008* (Washington, DC: World Bank, 2008), 314; "A Special Report on Managing Information," *The Economist*, February 27, 2010, 18.

151 White House, *The Economic Report of the President* (Washington, DC: GPO, 2009), 218. 그 10년 동안 향상이 이루어졌다. 미국 교육부, 국가교육통계센터 참고, *The Condition of Education 2000* (Washington, DC: GPO, 2000).

152 Sam Dillon, "Many Nations Passing US in Education, Expert Says," *New York Times*, March 10, 2010.

153 Tamar Lewin, "한때 1위였지만 이제 미국인들은 준학사 취득에서 뒤떨어진다." *New York Times*, July 23, 2010.

154 White House, *The Economic Report of the President*, 236.

155 U.S. Census Bureau, "The Changing Shape of the Nation's Income Distribution," *Current*

Population Reports (June 2000): 1, 10.

156 James Fallows, "How America Can Rise Again," *The Atlantic*, January-February 2010, 48.

157 Henry Kissinger, "America at the Apex," *National Interest*, Summer 2001, 15.

158 NBC/*Wall Street Journal* poll, cited in David Brooks, "The Tea Party Teens," *New York Times*, January 5, 2010; Pew Research Center Publications, "Distrust, Discontent, Anger, and Partisan Rancor," April 18, 2010.

159 William Galston, "In Government America Must Trust," *Financial Times*, March 4, 2010.

160 *Washington Post*/Kaiser Family Foundation/Harvard University Survey Project, 1996; Harris Poll, 1996; and Hart-Teeter Poll for the Council of Excellence in Government, reported in the *Washington Post*, March 24, 1997. See also Seymour Martin Lipset and William Schneider, *The Confidence Gap* (Baltimore, MD: Johns Hopkins University Press, 1987); and Jeffrey Jones, "Trust in Government Remains Low," *Gallup*, September 18, 2008.

161 Harris Poll, 1966-1996. "The Harris Poll Annual Confidence Index Rises 10 Points," *Business Wire*, March 5, 2009.

162 Rasmussen Reports, "80% Say U.S. Is Best Place to Live; 41% Say U.S. Lacks Liberty and Justice for All," July 3, 2008; "62% Say Constitution Should Be Left Alone," July 1, 2010. See also Joseph S. Nye, Philip Zelikow, and David King, eds., *Why People Don't Trust Government* (Cambridge, MA: Harvard University Press, 1996).

163 U.S. Department of the Treasury, *Update on Reducing the Federal Tax Gap and Improving Voluntary Compliance* (Washington, DC: U.S. Department of the Treasury, July 8, 2009), www.irs.gov/pub/ newsroom/tax_gap_report_-final_version.pdf.

164 World Bank, *Governance Matters 2009: Worldwide Governance Indicators*, 1996-2008 (Washington, DC: World Bank, 2009).

165 Steven Holmes, "Defying Forecasts, Census Response Ends Declining Trend," *New York Times*, September 20, 2000; Sam Roberts, "1 in 3 Americans Failed to Return Census Forms," *New York Times*, April 17, 2010.

166 See Nye, Zelikow, and King, *Why People Don't Trust Government*, chaps. 9, 10, and Conclusion. See also Pippa Norris, ed., *Critical Citizens: Global Support for Democratic Government* (New York: Oxford University Press, 1999).

167 Robert D. Putnam, *Bowling Alone: The Collapse and Revival of American Community* (New York: Simon and Schuster, 2000). See also Robert D. Putnam, Lewis M. Feldstein, and Don

Cohen, *Better Together: Restoring the American Community* (New York: Simon and Schuster, 2003).

168 Pew Partnership for Civic Change, *New Eyes on Community: Eleven Years of the Pew Partnership for Civic Change* (Richmond, VA: University of Richmond Press, 2003).

169 "What's Wrong in Washington?" *The Economist*, February 29, 2010, 11.

170 George Friedman, *The Next 100 Years: A Forecast for the 21st Century* (New York: Doubleday, 2009), 18.

171 Lawrence Freedman, "A Subversive on a Hill," *National Interest*, May-June 2009, 39.

172 Anne-Marie Slaughter, "America's Edge: Power in the Networked Century," *Foreign Affairs* 88, no. 1 (January-February 2009): 94-113.

7장 스마트 파워

1 See Joris Lammers, Adam Galinsky, Ernestine Gordijn, and Sabine Otten, "Illegitimacy Moderates the Effect of Power on Approach," *Psychological Science* 19, no. 6 (June 2008): 558-564. See also "Absolutely," *The Economist*, January 23, 2010, 75.

2 Dacher Keltner, "The Power Paradox," *Greater Good*, Winter 2007-2008, 17.

3 For examples, see Giulio Gallaroti, *The Power Curse: Influence and Illusion in World Politics* (Boulder, CO: Lynne Rienner, 2009).

4 그 권력은 후일 다윗이 왕이 된 후에 한 병사의 아내를 간음하는 소위 '밧세바 증후군'을 유발하면서 그를 부패의 나락에 빠뜨렸다. 그는 자신의 행동이 잘못된 것임을 알면서도 자신을 억제할 생각을 하지 않았다. 작고 기민한 행위자들도 변화하는 상황에 따라 전략을 적용하지 못해 실패할 수도 있다. For the interesting case of César Chávez, see Marshall Ganz, *Why David Sometimes Wins* (Oxford, UK: Oxford University Press, 2009).

5 제레미 수리, "냉전의 종식부터 9.11 테러에 이르는 기간의 미국의 대전략" *Orbis* 53, no. 4 (2009): 620. 에릭 에델먼은 "장벽이 붕괴될 때: 베를린, 9.11, 그리고 불확실한 시기의 미국의 전략"(paper presented at the Miller Center Conference, Charlottesville, Virginia, October 26, 2009)에서 1992 국방계획 지침의 지나친 단순화에 대해 경고한다. 즈비그뉴 브레진스키도 *Second Chance: Three Presidents and the Crisis of American Superpower* (New York: Basic Books, 2007)에서 냉전 이후 처음 선출된 세 명의 대통령에게 진정한 대전략이 부족했다고 비판한다.

6 Gordon Craig and Felix Gilbert, "Reflections on Strategy in the Present and Future," in Peter

Paret, ed., *Makers of Modern Strategy: From Machiavelli to the Nuclear Age* (Princeton, NJ: Princeton University Press, 1986), 871.

7 Assistant Secretary of State Andrew J. Shapiro, "Political-Military Affairs: Smart Power Starts Here," keynote address to ComDef (September 9, 2009), in U.S. Depertment of State, *Diplomacy in Action* (Washington, DC: Department of State, 2009), www.state.gov/t/pm/rls/rm/ 128752.htm.

8 See examples in Watanabe Yasushi and David McConnell, eds., *Soft Power Superpowers: Cultural and National Assets of Japan and the United States* (Armonk, NY: M. E. Sharpe, 2008).

9 John Pomfret, "Newly Powerful China Defies Western Nations with Remarks, Policies," *Washington Post*, March 15, 2010.

10 덩샤오핑의 발언은 여러 언어로 번역되었지만 언제나 동일하게 신중한 감각으로 풀이되었다. 에릭 뷰켈의 "중국과 남중국해: 부상하는 중국의 주변국 정책에서 권력의 두 얼굴," 참고. May 2010, www.diis.dk/sw92785.asp.

11 Robert Kennedy, "The Elements of Strategic Thinking: A Practical Guide," in Gabriel Marcella, ed., *Teaching Strategy: Challenge and Response* (Carlisle, PA: U.S. Army Strategic Studies Institute, 2010), 6.

12 Walter A. McDougal, "Can the United States Do Grand Strategy?" *Orbis* 54, no. 2 (Spring 2010): 173.

13 See John Lewis Gaddis, *Strategies of Containment: A Critical Appraisal of Postwar American National Security Policy* (New York: Oxford University Press, 1982).

14 이런 변화에 대한 판단에는 상황 지능이 필요하다. 하버드 비즈니스 스쿨의 앤서니 메이요와 니틴 노리아는 상황 지능을 변화하는 환경을 이해하고 변화하는 시장의 추세를 활용하는 능력으로 정의했다. 외교 정책에서 상황 지능은 다양한 상황에서 현명한 전략을 창출하기 위해 전술과 목표를 일치시키는 직관적인 진단 기술이다. 상황 지능의 특성과 차원은 조지프 나이의 *The Powers to Lead* (Oxford, UK: Oxford University Press, 2008), chap 4. See also Anthony Mayo and Nitin Nohria, *In Their Times: The Greatest Business Leaders of the Twentieth Century* (Boston: Harvard Business School Press, 2005)를 참고하라.

15 Charles Krauthammer, "The Bush Doctrine: ABM, Kyoto, and the New American Unilateralism," *Weekly Standard*, June 4, 2001.

16 가장 최근의 미국의 국가 안보 전략은 "우리 시대의 과제를 극단적 파괴주의와 테러의 저지, 핵무기 확산의 억제와 핵물질 유출 금지, 기후변화에 대한 대응, 세계적 성장의

유지, 빈곤국들의 식량난과 의료보건에 대한 지원, 충돌의 예방과 중재 및 부상자 치료"로 파악한다. White House, *National Security Strategy* (Washington, DC: White House, May 2010), www.whitehouse. gov/sites/default/files/rss_viewer/national_security_strategy.pdf.

17 See Michael Mandelbaum, *The Case for Goliath: How America Acts as the World's Government in the Twenty-First Century* (New York: PublicAffairs, 2005).

18 See Charles P. Kindleberger, *World Economic Primacy: 1500-1990* (Oxford, UK: Ocford University Press, 1996), 223ff.

19 Robert O. Keohane, *After Hegemony: Cooperation and Discord in the World Political Economy* (Princeton, NK: Princeton University Press, 1984). See also Duncan Snidal, "The Limits of Hegemonic Stability Theory," *International Organization* 39, no. 4 (1985): 580-614.

20 See the critique in Carla Norrlof, America's Global Advantage: US Hegemony and International Cooperation (Cambridge, UK: Cambridge University Press, 2010), chap. 3.

21 John Ikenberry, "When China Rules the World: The End of the Western World and the Birth of a New Global Order (Review)," *Foreign Affairs* 88, no. 6 (November-December 2009): 152-153.

22 On the early stages, see Robert Putnam and Nicholas Bayne, *Hanging Together: The Seven-Power Summits* (Cambridge, MA: Harvard University Press, 1984).

23 Robert Fauver, quoted in Peter Baker and Rachel Donadio, "Group of 8 Is Not Enough Say Outsiders Wanting In," *New York Times*, July 10, 2009.

24 See Robert O. Keohane and David Victor, "The Regime Complex for Climate Change," Discussion Paper 10-33, Harvard Project on International Climate Agreements (Cambridge, MA: Belfer Center for Science and International Affairs, January 2010).

25 Leonardo Martinez-Diaz and Ngaire Woods, "The G20—the Perils and Opportunities of Network Governance for Developing Countries," briefing paper, November 2009, www. globaleconomicgovernance.org.

26 Anne-Marie Slaughter, "America's Edge: Power in the Networked Century," *Foreign Affairs* 88 (January-February 2009): 99.

27 William Inboden, "What Is Power? And How Much of It Does America Have?" *Holidays*, November-December 2009, 24-25.

28 미국이 20세기 초반에 세계적 강국으로 부상한 후에 루스벨트의 현실주의 비전과 윌슨의 이상주의 비전의 대비를 통해 긴장이 표출되었다. 전임 국무장관 헨리 키신저는 그의

외교 연구에서 윌슨이 미국 대중의 마음을 얻기 위한 경쟁에서 승리했다고 주장하며 리처드 닉슨조차 집무실에 윌슨의 사진을 걸어두었다는 사실을 언급했다. Henry Kissinger, *Diplomacy* (New York: Simon and Schuster, 1994), chap. 2.

29 Henry A. Kissinger, "Realists vs. Idealists," *International Herald Tribune*, May 12, 2005.

30 Robert Ellworth, Andrew Goodpaster, and Rita Hauser, cochairs, "America's National Interests: A Report from the Commission on America's National Interests" (Cambridge, MA: Harvard Center for Science and International Affairs, 1996), 13.

31 Walter Russell Meade, *Special Providence: American Foreign Policy and How It Changed the World* (New York: Knopf, 2001).

32 Harvey Sapolsky, Benjamin H. Friedman, Eugene Golz, and Darly Press, "Restraining Order: For Strategic Modesty," *World Affairs* 172, no. 2 (Fall 2009): 85. See also Barry R. Posen, "The Case for Restraint," *American Interest*, November-December 2007.

33 Mancur Olson, *The Logic of Collective Action: Public Goods and the Theory of Groups* (Cambridge, MA: Harvard University Press, 1965).

34 정의의 복잡성과 문제에 대한 완전한 논의는 잉어 콜, 이사벨 그룬버그, 마크 A. 스턴 등의 Global Public Goods: International Cooperation in the 21st Century (New York: Oxford University Press, 1999) 참고. 엄밀히 정의하면 공공재는 비경합적이고 비배타적이다.

35 Barry Posen, "Command of the Commons: The Military Foundation of U.S. Hegemony," *International Security* 28, no. 1 (Summer 2003): 5-46.

36 "High Costs Weigh on Troop Debate for Afghan War," *New York Times*, November 14, 2009.

37 Zaki Laidi, "Europe as a Risk Averse Power: A Hypothesis," *Garnet Policy Brief* 11 (Sciences Po) (2010): xi.

38 Richard A. Clarke, "How to Win the War on Terror," *Newark Star Ledger*, November 21, 2004.

39 Sarah Lyall, "Ex-Official Says Afghan and Iraq Wars Increased Threats to Britain," *New York Times*, July 21, 2010.

40 For more detail, see John Gaddis, *Strategies of Containment* (Oxford, UK: Oxford University Press, 1982).

41 Melvyn Leffler and Jeffrey Legro, "Dilemmas of Strategy," in Melvyn Leffler and Jeffrey Legro, eds., *To Lead the World: American Strategy After the Bush Doctrine* (Oxford, UK: Oxford University Press, 2008), 265.

42 Philip Seib, *America's New Approach to Africa: AFRICOM and Public Diplomacy* (Los Angeles:

Figueroa Press, 2009), 19.

43 Ibid.

44 Thom Shanker, "Command for Africa Established by Pentagon," *New York Times*, October 5, 2008.

45 David Milliband, quoted in David Allaby, "We Underestimate the Value of Soft Power," December 22, 2009, www.publicservice.co.uk/ print_fdeatureds.asp"type=news&id=13333.

46 Center for U.S. Global Engagement, Putting *"Smart Power" to Work: An Action Agenda for the Obama Administration and the 111th Congress* (Washington, DC: Center for U.S. Global Engagement, 2010), 15.

47 William Matthews, "Rumsfeld: U.S. Needs Online Strategic Communication Agency," *Defense News*, January 23, 2008.

48 Patrick Cronin and Kristin Lord, "Deploying Soft Power," *Defense News*, April 12, 2010.

49 Paul Kennedy, "Rome Offers Obama a Lesson in Limits," *Financial Times*, December 30, 2009.

50 David Sanger, "A Red Ink Decade," *New York Times*, February 2, 2010. See also White House, National Security Strategy.

51 Anthony Cordesman, quoted in Edward Luce, "Obama Doctrine Hinges on Economy," *Financial Times*, May 28, 2010.

52 Stephen Walt, *Taming American Power: The Global Response to U.S. Primacy* (New York: Norton, 2005).

53 Niall Ferguson, "The Decade the World Tilted East," *Financial Times*, December 28, 2009.

54 Richard Haass, "When World Is in Transition, Can Great Countries Have Good Policies?" *Sunday Times*, May 23, 2010, www.sundaytimes. lk/100523/International/int_05.html.

55 See Fareed Zakaria, *The Post-American World* (New York: Norton, 2008) for a thoughtful discussion.

권력의 미래

초판 1쇄 발행 2012년 5월 10일
개정판 3쇄 발행 2023년 5월 31일

지은이 조지프 나이
옮긴이 윤영호
펴낸이 오세인 | 펴낸곳 세종서적(주)

주간 정소연
편집 장여진 | 표지디자인 김미령 | 본문디자인 김진희
마케팅 임종호 | 경영지원 홍성우
인쇄 천광인쇄 | 종이 화인페이퍼

출판등록 1992년 3월 4일 제4-172호
주소 서울시 광진구 천호대로132길 15, 세종 SMS 빌딩 3층
전화 마케팅 (02)778-4179, 편집 (02)775-7011 | 팩스 (02)776-4013

홈페이지 www.sejongbooks.co.kr | 네이버 포스트 post.naver.com/sejongbook
페이스북 www.facebook.com/sejongbooks | 원고 모집 sejong.edit@gmail.com

ISBN 978-89-8407-813-0 03340